2025개정판
핵심(V 2.0)
i cube

www.nanumant.com
한국생산성본부 자격시험 홈페이지
https://license.kpc.or.kr
기초데이터는 LG U+ 웹하드에서 제공
www.webhard.co.kr [ID:ant6545/PW:1234]

JN362080

한국생산성본부 국가공인자격시험

나눔 ERP® 정보관리사

인사 2급

김익동 · 서승희 공저

　기업의 환경과 IT환경은 나날이 발전되어 기존의 수기작성을 벗어나 클라우드를 활용한 실시간 정보제공은 이제 당연시 되고 있습니다.

　최신의 정보기술을 활용하여 수주에서 출하까지의 업무흐름과 생산관리, 인사관리, 인사관리 등 기업의 전사적인 자원관리를 지원하는 통합경영정보시스템의 출현으로 기업의 정보화는 급속한 발전을 이루고 있으며, 이는 교육현장의 변화를 요구하고 있습니다.

　ERP(Enterprise Resource Planning, 기업자원관리)는 모든 산업현장에서 기본 프로세스로 활용되고 있으며, 이러한 실무프로세스를 반영하여 한국생산성본부에서 시행하는 **ERP정보관리사**는 국가공인자격으로 기업에서 요청하는 자격증으로 자리잡고 있습니다.

　본 서는 더존 IT그룹이 개발하여 교육기관에 보급한 *i* CUBE 핵심ERP를 기반으로 실습할 수 있도록 구성하여, ERP의 핵심적인 기능과 프로세스를 익히고, 이론뿐만 아니라 실무에서의 적응력과 응용력을 높일 수 있도록 구성하였습니다.

　PART1에서는 **경영혁신과 ERP 및 인사관리 핵심이론**을 정리하였으며,
　PART2에서는 **프로그램 실행과 데이터관리 및 인사관리 실무** 프로세스를 따라하고 데이터를 통한 시뮬레이션문제를 연습할 수 있도록 구성하였습니다.
　PART3에서는 *i* CUBE를 활용하여 그동안 자격시험에 출제되었던 **기출문제**를 풀어봄으로써 출제경향을 이해하고 **실전모의고사**를 통해 스스로를 점검하고 부족한 부분을 충분히 보충할 수 있도록 하였습니다.

　또한 '경영혁신과 ERP' 부분에서는 KPC에서 공지한 자료를 바탕으로 스마트ERP 및 인공지능과 ERP에 관련된 문항을 재편집 구성하였으며 풀이가 있는 **해답**을 제공하여, 문제에 대한 이해를 높일 수 있도록 하였습니다.

　본 서를 통해 ERP정보관리사 인사 2급 시험을 준비하는 모든 수험생에게 충실한 수험서가 되기 위하여 기출문제와 모의고사의 시뮬레이션문제에 대한 기초데이터를 제공하고 있습니다.

　본 서는 ERP의 핵심기능과 프로세스를 익히고, 이론과 실무를 겸한 수험서로서 계속 발전해 나갈 것을 약속드리며, 본 서가 나올 수 있도록 협조해주신 모든 관계자분들께 감사를 드립니다.

저자 드림

차 례

PART 1. 인사관리 이론정리

CHAPTER 1. 경영혁신과 ERP

1절 경영혁신과 ERP
- 1. ERP의 개념과 목적 ·············· 10
- 2. ERP의 발전과정 ················· 11
- 3. ERP의 특징 ····················· 12
- 4. ERP와 MIS ······················ 13
- 5. ERP와 경영혁신 ················· 14

2절 ERP의 구축과 도입
- 1. ERP 구축절차 ··················· 17
- 2. ERP의 도입예상효과 ············ 18
- 3. ERP의 선택기준 ················· 19
- 4. ERP의 성공요소와 실패요소 ···· 20
- 5. ERP도입의 성공십계명 ·········· 21

3절 확장형 ERP
- 1. 확장형 ERP의 목표와 특징 ····· 22
- 2. 확장형 ERP에 포함되어야 할 내용 ······ 22
- 3. 확장형 ERP의 구성요소 ········· 23
- 4. 확장형 ERP의 발전방향 ········· 25
- 5. 4차산업혁명과 차세대 ERP ····· 25

4절 4차 산업혁명과 스마트ERP
- 1. 4차 산업혁명과 스마트비즈니스 ········ 29
- 2. 4차 산업혁명의 핵심원천기술과 디지털 전환 ······ 29
- 3. 4차 산업혁명 시대의 통합정보시스템   33
- 4. 제조업의 스마트화(스마트 제조)와 사이버물리시스템 ············ 34
- 5. 제조업의 스마트화와 스마트팩토리 ···· 36
- 6. 스마트팩토리의 수준별 구축단계와 특성 ················ 36
- 7. 제조빅데이터분석과 ERP의 역할 ······ 37
- 8. 제품수명주기관리(Product Lifecycle Management, PLM)와 ERP ·········· 38

5절 인공지능과 ERP
- 1. 인공지능의 개요 ················· 39
- 2. 인공신경망과 딥러닝 알고리즘 ······ 41
- 3. 인공지능과 빅데이터 분석기법 ······ 41
- 4. 인공지능 적용기술(응용분야): RPA(로봇 프로세스 자동화) ····· 44
- 5. 인공지능 적용기술(응용분야): 챗봇(ChatBot) ·············· 45
- 6. 인공지능 적용기술(응용분야): 로보어드바이저(Robo-advisor) 45
- 7. 인공지능 적용기술(응용분야): 블록체인(Block Chain) ·········· 46
- 8. 인공지능 적용기술(응용분야): 예측분석(Predictive Analytics) 46
- 9. 인공지능 비즈니스 적용 프로세스 ······· 47
- 10. 인공지능 윤리 ················· 48

CHAPTER 2. 인사관리의 이해

1절 인적자원의 확보
1. 인적자원관리 ········· 53
2. 인력계획 ············· 57
3. 직무관리 ············· 60
4. 채용계획 ············· 66

2절 인적자원의 개발
1. 인사고과 ············· 74
2. 교육훈련 ············· 77
3. 이동과 승진 ·········· 81
4. 경력관리 ············· 84

3절 인적자원의 보상(임금 및 복리후생관리)
1. 임금관리 ············· 94
2. 임금체계 및 형태 ······ 97
3. 복지후생과 4대사회보험 ···· 106
4. 소득세와 연말정산 ······ 112

4절 인적자원의 유지(노사관계)
1. 근로시간관리 ·········· 122
2. 인적자원의 유지-노사관계 ·· 129

PART 2. 인사관리 실무

CHAPTER 1. 핵심ERP 구축

1절 핵심ERP의 프로그램 설치와 데이터관리
1. 핵심ERP 설치 유의 사항 ········· 142
2. ERP정보관리사 실기 프로그램 설치 · 142
3. 최초 로그인 ················· 144
4. I cube 핵심ERP 기초데이터의 저장 ·· 145
5. I cube 핵심ERP 기초데이터의 복원 ·· 146

2절 핵심ERP의 구축
1. 프로그램의 시작 ·············· 150
2. 핵심ERP 프로세스 ············· 151
3. 핵심ERP의 기본 사용방법 ········ 154

CHAPTER 2. 핵심ERP 기초정보

1절 핵심ERP 기준정보
1. 조직도 등록 ················· 156

2절 인사관리 기초환경설정
1. 인사기초코드등록 ············· 168
2. 소득세액공제환경설정 ·········· 170
3. 호봉테이블등록 ··············· 171
4. 인사급여환경설정 ············· 172
5. 급/상여지급일자등록 ··········· 174
6. 지급공제항목등록 ············· 176

차 례

CHAPTER 3. 핵심ERP 인사실무프로세스

1절 인사관리
1. 인사정보등록 ·················· 185
2. 인사기록카드 ·················· 188
3. 교육관리 ······················ 191
4. 교육평가 ······················ 193
5. 인사발령등록 ·················· 194

2절 근태/급여관리
1. 근태결과입력 ·················· 199
2. 상용직 급여입력 및 계산 ······· 201
3. 회계전표처리 ·················· 205
4. 일용직 사원등록 ··············· 210

3절 연말정산관리
1. 소득공제자료등록 ·············· 215
2. 연말정산자료입력 ·············· 215
3. 소득자별 근로소득원천징수부 ···· 217
4. 근로소득원천영수증 ············ 217
5. 원천징수 이행상황신고 ········· 218

PART 3. 합격전략

CHAPTER 1. 모의고사
제 1 회 ERP정보관리사 회계2급 모의고사 ·· 220
제 2 회 ERP정보관리사 회계2급 모의고사 ·· 232

CHAPTER 2. 기출문제
제 1 회 ERP정보관리사 회계2급 기출문제 ·· 243
제 2 회 ERP정보관리사 회계2급 기출문제 ·· 254
제 3 회 ERP정보관리사 회계2급 기출문제 ·· 266
제 4 회 ERP정보관리사 회계2급 기출문제 ·· 278
제 5 회 ERP정보관리사 회계2급 기출문제 ·· 289
제 6 회 ERP정보관리사 회계2급 기출문제 ·· 300
제 7 회 ERP정보관리사 회계2급 기출문제 ·· 312
제 8 회 ERP정보관리사 회계2급 기출문제 ·· 325

정답과 해설 • 337

ERP정보관리사 시험안내

1. 합격 기준

구 분	합격점수	문 항 수
1급	이론형, 실무형 평균 70점 이상 (이론형, 실무형 각 60점 미만시 과락)	이론문제 32문항(인사모듈은 33문항) 실무문제 25문항
2급	이론형, 실무형 평균 60점 이상 (이론형, 실무형 각 40점 미만시 과락)	이론문제 20문항, 실무문제 20문항

- 시험기준 : 1급 = 이론문제는 해당 과목의 심화 내용 수준 출제)
  2급 = 이론문제는 해당 과목의 기본 내용 수준 출제)

2. 시험일정

시험회차	온라인원서접수	방문접수	수험표공고	시험일	성적공고
2025년 제1회	2024.12.26 ~ 01.02	2025.01.02	01.16 ~ 01.25	01.25	02.11 ~ 02.18
2025년 제2회	02.19 ~ 02.26	02.26	03.13 ~ 03.22	03.22	04.08 ~ 04.15
2025년 제3회	04.23 ~ 04.30	04.30	05.15 ~ 05.24	05.24	06.10 ~ 06.17
2025년 제4회	06.25 ~ 07.02	07.02	07.17 ~ 07.26	07.26	08.12 ~ 08.19
2025년 제5회	08.27 ~ 09.03	09.03	09.18 ~ 09.27	09.27	10.14 ~ 10.21
2025년 제6회	10.22 ~ 10.29	10.29	11.13 ~ 11.22	11.22	12.09 ~ 12.16

※ ERP(더존) 정기시험은 1, 3, 5, 7, 9, 11월 넷째 주 토요일에 시행됨. (연6회)
※ ERP(영림원)은 5, 11월 정기시험 때 시행됨. (연2회)
※ 방문접수는 인터넷접수기간내 해당 지역센터에 문의.

3. 응시료 및 납부방법

자격종목 및 등급		1과목	2과목	응시료 납부방법
ERP 정보관리사	1급	1급 40,000원	70,000원	전자결제
	2급	2급 28,000원	50,000원	

- 동일등급 2과목 응시시 응시료 할인 (단, 등급이 다를 경우 개별적인 응시료 적용)

4. 시험 응시절차

(1) 원서접수 : http://www.kpc.or.kr에서 접수합니다. 또는 각 지역 한국생산성본부 각 지역센터에서 방문 접수합니다.
(2) 수험표출력 및 고사장확인 : 시험 10일전 http://www.kpc.or.kr에서 수험표 출력 및 확인
(3) 시험응시 : 시험시작 10분전까지 고사실 입실완료(수험표, 신분증명서 지참)
(4) 합격자 공고 : http://www.kpc.or.kr에 공고합니다.
(5) 자격증신청 및 교부 : 카드자격증 발급신청은 http://www.kpc.or.kr에서 매주 월~금 09:00~18:00에 합니다.

5. 출제기준

평가영역	과목	배점	상세범위
이론	경영혁신과 ERP	20	1. ERP의 개요(개념 및 특징) 2. ERP 시스템 구축 3. ERP 환경 설정(시스템 환경 설정)
	인적자원 확보 및 개발	35	1. 인적자원관리 개요 2. 인적자원의 확보 및 개발
	임금 및 복지후생 관리	25	1. 보상관리 2. 복지후생과 4대 보험
	노사관계	15	
	소 계	100	
실무	ERP 인사 기본정보관리	40	1. 소득/세액공제환경설정 2. 호봉테이블등록 3. 급/상여지급일자등록 4. 지급공제항목등록 5. 인사/급여환경설정 6. 인사기초코드등록
	ERP 근태/급여관리	60	1. 인사관리 2. 급여관리 3. 연말정산관리 4. 세무관리 5. 일용직관리
	소 계	100	

Part 1
인사관리 이론정리

CHAPTER 1. 경영혁신과 ERP
1절 경영혁신과 ERP
2절 ERP의 구축과 도입
3절 확장형 ERP
4절 4차 산업혁명과 스마트ERP
5절 인공지능과 ERP

CHAPTER 2. 인사관리의 이해
1절 인적자원의 확보
2절 인적자원의 개발
3절 인적자원의 보상(임금 및 복리후생관리)
4절 인적자원의 유지(노사관계)

CHAPTER 1 경영혁신과 ERP

1절 경영혁신과 ERP

1. ERP의 개념과 목적

1) ERP의 개념

ERP(Enterprise Resource Planning : 전사적자원관리)란 영업에서 생산·출하에 이르는 기업의 모든 업무과정을 컴퓨터를 이용해 유기적으로 연결하여 실시간으로 관리할 수 있도록 해주는 최신 경영시스템으로 기업내의 생산·회계·인사·물류 등의 업무프로세스들을 지원하고 이를 통해 발생한 모든 정보들을 상호 공유하고 새로운 정보생성 및 신속한 의사결정을 지원하는 시스템이다.

좁은 의미에서는 통합적인 컴퓨터 데이터베이스를 구축해 회사의 자금, 회계, 구매, 생산, 판매 등 모든 업무의 흐름을 효율적으로 자동 조절해주는 전산 시스템을 뜻하기도 하고, 넓은 의미로 기업의 이익을 최대화하기 위해 전사적으로 경영자원의 활용을 최적화하는 것을 목표로 하는 경영개념으로, 기업활동을 위해 쓰여지고 있는 기업내의 모든 인적·물적자원을 효율적으로 관리하여 궁극적으로 기업의 경쟁력을 강화시켜 주는 역할을 하게 되는 통합정보시스템이라고 할 수 있다.

① ERP는 기업활동의 효율적인 실행을 도와주는 Application의 집합이다.
② ERP는 기업자원의 효율적인 관리를 지원할 수 있는 도구이다.
③ ERP는 기업의 새로운 정보생성을 촉진하고 공유하는 통합정보시스템이다.
④ ERP는 신속한 의사결정을 지원하는 경영정보시스템이다.
⑤ ERP는 미국 정보기술 컨설팅회사인 가트너그룹에서 처음 사용하였다.

2) ERP도입의 목적

① 경영환경 개선과 매출증대 및 기업 구조개선에 기여한다.
② 정보 인프라 구축을 통한 기업 구성원들의 가치창조 및 경영자의 합리적 의사결정이 용이하다.
③ 목표대비 실적관리와 매출 이익관리 등을 통하여 조직의 경쟁력을 강화한다.

핵심문제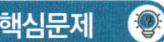

ERP에 대한 다음 설명 중 바르지 않은 것은 무엇인가?

① ERP는 생산, 회계, 인사 등의 업무프로세스를 지원하는 각각의 개별시스템이다.
② ERP라는 용어는 가트너 그룹에서 최초로 사용하였다.
③ 기업의 형태나 환경의 변화에 따라 ERP도 변화한다.
④ ERP 소프트웨어는 경영혁신의 도구이다.

정답 ① ERP는 생산, 회계, 인사 등의 업무프로세스를 지원하는 원장형 통합시스템이다.

2. ERP의 발전과정

| ERP의 발전과정 |

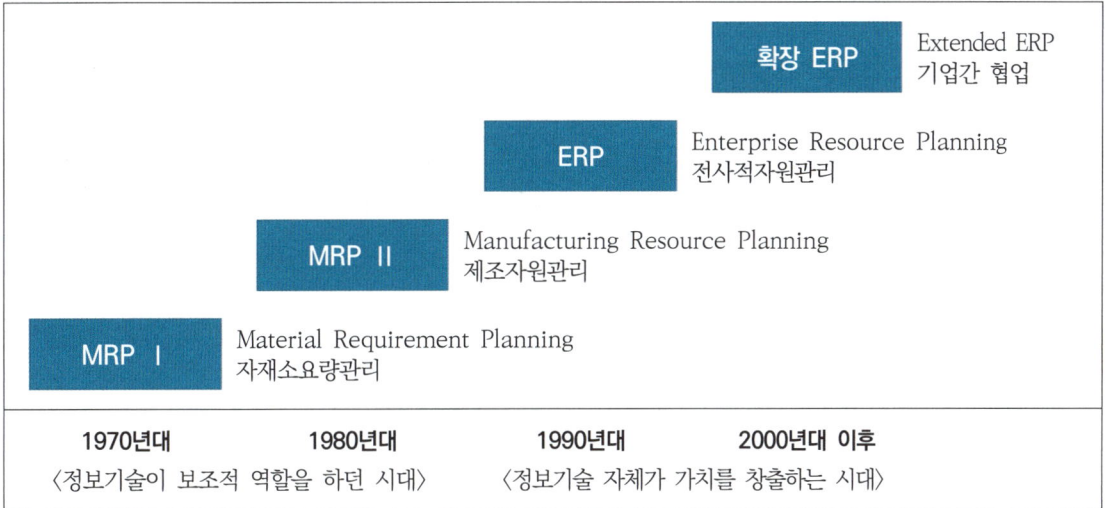

- **1970년대 MRP(Material Requirement Planning : 자재소요량관리)** : 소요될 자재량을 산출하여 계획하는 시스템으로 재고 감축을 목적으로 고안이 되었다.
- **1980년대 MRPII(Manufacturing Resource Planning : 제조자원관리)** : 소요자재량에 국한된 MRP의 한계를 극복하기 위하여 기존 MRP의 문제점을 개선하고 재무관리등 주요기능이 포함된 MRPII가 출현하게 되었다.
- **1990년대 ERP(Enterprise Resource Planning : 전사적자원관리)** : 글로벌 경쟁체계에 따른 경영환경의 변화와 정보기술의 발전으로 기업들이 MRPII에서 발전된 ERP에 관심을 갖게 되었으며, ERP는 생산중심의 MRPII와는 달리 생산뿐 아니라 인사, 회계, 영업, 경영자정보 등 경영전반에 관한 관점에서 전사적으로 자원의 효율적인 관리를 추구하여 개별로 발전하고 있던 경영정보시스템과 생산정보시스템간의 통합이 이루어지게 되었다.
- **2000년대 확장ERP(Extended Enterprise Resource Planning : EERP라고도 함)** : e-Business가 가속화되면서 ERP가 기업통합정보시스템으로 자리매김하게 되어 기업과 기업간, 기업과 소비자간의 정보처리를 위한 확장ERP라는 개념으로 확장 발전하였다.

> **핵심문제**
>
> **ERP 발전과정을 바르게 표시한 것은?**
>
> ① MRP → EERP → MRPⅡ → ERP　　② BPR → MRP → EERP → ERP
> ③ MRP → MRPⅡ → ERP → EERP　　④ MRPⅡ → MRP → ERP → EERP
>
> ③　• MRP(Matrial Requirement Planning) : 자재소요량관리
> 　　　• MRPⅡ(Manufacturing Resource Planning) : 제조자원관리
> 　　　• ERP(Enterprise Resource Planning) : 전사적자원관리
> 　　　• EERP(Extended Enterprise Resource Planning) : 확장ERP

3. ERP의 특징

ERP시스템의 가장 큰 특징 중의 하나는 영업, 생산, 구매, 재고, 회계, 인사 등 회사 내의 모든 단위업무가 통합되어 상호 긴밀한 관계를 가지면서 실시간(Real Time)으로 처리된다는 것이다.

즉, 하나의 정보는 한번만 입력하고 입력된 정보는 가공하지 않은 데이터로 어느 업무에서도 참조할 수 있도록 데이터베이스에 보관된다. 또한 시스템 개방을 통하여 각 부서 및 공급자들에게 자료의 접근이 가능하도록 하여 일원화된 정보의 공유를 통하여 원활한 의사소통 및 업무처리가 가능하다.

기능적 특징	기술적 특징
• 다국적 · 다통화 · 다언어지원 • 중복업무의 배제 및 실시간 정보처리체계 구축 • 표준을 지향하는 선진화된 최고의 실용성 수용 • BPR지원 • 오픈 멀티벤더 • 파라미터 설정에 의한 프로세스 정의 • 경영정보 제공 및 경영조기 경비체계 구축(실시간처리) • 투명경영의 수단으로 활용	• 4세대 언어 • 관계형 데이터베이스 채택 • 객체지향기술 사용 • 인터넷환경의 e-비즈니스를 수용할 수 있는 multi-tier환경구성

* **4세대 언어** : 프로그래밍 언어(Visual Basic, C++, Java, Delphi, Builder 등)
* **CASE TOOL** : 소프트웨어 개발용 도구
* **관계형 데이터베이스** : 데이터 생성, 저장, 변환방법(MS SQL, 오라클 DB, 사이베이스 DB 등)
* **객체지향기술** : 공통된 속성과 형태를 가진 데이터와 프로그램을 결합하여 모듈화한 뒤 이를 다시 결합해 소프트웨어를 개발하는 기술
* **Multi-tier환경** : 웹 전용서버와 DB 전용서버를 구분하여 사용하는 것
* **오픈, 멀티벤더** : 특정 하드웨어 및 소프트웨어 기술이나 업체에 의존하지 않고 다양한 하드웨어나 소프트웨어와 조합하여 사용할 수 있도록 지원

핵심문제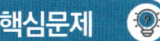

01. 다음 중 ERP의 기능적 특징에 해당하지 않는 것은?
① 다국적, 다통화, 다언어 지원
② 통합업무 시스템 - 중복업무의 배제 및 실시간 정보처리 체계구축
③ Best Practice Business Process를 공통화, 표준화
④ 불투명 경영의 수단으로 활용

(정답) ④ 투명경영의 수단으로 활용한다.

02. 다음의 ERP의 기술적 특징에 속하는 것은?
① 중복업무의 배제 및 실시간 정보처리 체계 구축
② 조직의 변경이나 프로세스의 변경에 대응하는 파라미터 지정에 의한 프로세스의 정의
③ 실시간으로 처리되는 경영현황을 이용한 경영정보제공 및 경영조기경보체계 구축
④ 관계형 database (RDBMS)채택

(정답) ④ 기술적 특징 : 4세대 언어, CASE TOOL, 관계형 데이터베이스 채택, 객체지향기술 사용, 인터넷 환경의 e-비즈니스를 수용할 수 있는 Multitier환경구성

4. ERP와 MIS

MIS [Management Information System]란 경영 정보 시스템. 기업의 경영관리에 대해서 필요로 하는 정보를 여러 가지 계층의 관리자에게 적절하게 제공하는 짜임새를 말한다. 다량의 정보를 처리하기 위해서 컴퓨터를 이용한 정보 시스템이 가장 많이 발달했다.

구 분	MIS	ERP
설계기술	프로그램 코딩 의존	4GL, 객체지향기술
시스템구조	폐쇄적	개방적
업무처리	수직적 업무처리	수평적 업무처리
조직구성	계층적 조직구조	팀제를 통한 수평적 조직구조
소비자의식	획일화	다양화, 개성화, 인간화
생산형태	소품종 대량생산	다품종 소량생산
의사결정	Bottom-up, 상사	Top-Down, 담당자
급여체계	연공서열	성과급체계
시장조건	제한된 시장, 독과점성격	무한경쟁시장

핵심문제

다음 중 ERP와 기존의 정보시스템(MIS) 특성 간의 차이점에 대한 설명으로 가장 적절하지 않은 것은 무엇인가?

① 기존 정보시스템의 업무범위는 단위업무이고, ERP는 통합업무를 담당한다.
② 기존 정보시스템의 전산화 형태는 중앙집중식이고, ERP는 분산처리구조이다.
③ 기존 정보시스템은 수평적으로 업무를 처리하고, ERP는 수직적으로 업무를 처리한다.
④ 기존 정보시스템의 데이터베이스 형태는 파일시스템이고, ERP는 관계형 데이터베이스 시스템(RDBMS)이다.

(정답) ③ 기존 정보시스템(MIS)은 수직적으로 업무를 처리하고, ERP는 수평적으로 업무를 처리한다.

5. ERP와 경영혁신

경영혁신은 새로운 제품이나 서비스, 새로운 생산공정기술, 새로운 구조나 관리시스템, 조직구성원을 변화시키는 새로운 계획이나 프로그램을 의도적으로 실행함으로써, 기업의 중요한 부분을 본직적으로 변화시키는 것을 의미한다. 경영혁신의 기법에는 BPR, 비즈니스 리스트럭처링, 아웃소싱, 다운사이징, 벤치마킹, 고객만족경영, 기업인수와 합병, 데이터베이스 마케팅등이 있다.

1) BPR(Business Process Reengineering)

업무재설계(업무재구축, 경영혁신)는 원가, 품질, 서비스, 속도와 같은 주요 성과측정치의 극적인 개선을 위해 업무프로세스를 급진적으로 재설계하는 것으로 정의된다.

ERP는 BPR의 조직적이고 절차적인 변화관리 요소들을 고려하여 개발되었으며, ERP의 수단으로 BPR이 활용된다. ERP 구축시 ERP에 내장된 선진 업무 프로세스(Best Practice)를 이용하여 업무를 처리하다보면 자연스럽게 BPR이 되기 때문이다.

BPR의 필요성	BPR의 원칙(마이클해머 박사)
• 경영 환경 변화에의 대응방안 모색 • 정보기술을 통한 새로운 기회의 모색 • 조직의 복잡성 증대와 효율성 저하에 대한 대처방안 모색	• 업무를 과업중심이 아닌 결과중심으로 구성 : 한 사람이 특정 업무의 과업에만 종사하기보다 그 과업의 결과가 만들어질 때까지의 과정을 책임지고 수행하게 하는 것이다. • 처리결과를 활용하는 사람이 처리업무를 수행 : 결과를 활용하는 사람이 필요한 결과를 만들어 내는 업무를 직접 수행하도록 업무를 재설계해야 한다. • 정보는 발생한 곳에서 한번만 처리 : 정보가 한번만 처리되도록 함으로써 자료의 수집과 전달, 부서간 자료의 공유가 용이하다.

BPR의 필요성	BPR의 원칙(마이클해머 박사)
	• 정보를 생성하는 부서가 정보를 직접처리 : 자료의 중복처리를 최소화하기 위해 정보 생성 부서에서 직접 처리토록 한다. • 병렬 처리 업무는 진행과정에서 연결, 조정 : 병렬화된 업무들 사이의 연결을 강화하고, 필요시 이를 조정할 수 있게 한다. • 의사결정이나 통제기능은 처리과정내에 존재 : 의사결정 권한이 경영자에게 작업을 수행하는 사람에게로 이양되어야 한다.

2) 아웃소싱(outsourcing)

수준 높은 노하우나 우수한 경영시스템을 보유하고 있는 외부기업에 대하여 업무적인 자원의 조달을 위탁하는 것으로 정의한다. 경영 효과 및 효율의 극대화를 위한 방안으로 기업 내부 프로젝트나 제품의 생산, 유통, 용역 등을 외부의 제3자에게 위탁, 처리하는 것을 말한다. 기업은 핵심사업에만 집중하고 나머지 부수적인 부문은 외주에 의존함으로써 생산성 향상을 극대화할 수 있다.

3) 다운사이징(downsizing)

조직을 야위게 만드는 기법으로 슬림화를 통해서 능률의 증진을 추구한다. 의도적으로 조직내의 인력, 부서, 작업등의 규모를 축소시키는 기법을 의미한다.

4) 벤치마킹

특정 분야에서 뛰어난 업체를 선정하고 그 경영방식을 배우면서 자기혁신을 추구하는 경영기법을 의미한다.

5) 리스트럭처링 (Restructuring)

기업의 경쟁력 강화와 비전달성을 목표로 기업 전체의 차원에서 미래사업 구조를 근본적으로 재구축하려는 경영혁신 기법이다. 이는 급변하는 글로벌 경쟁환경의 변화 속에서 기업이 생존과 성장을 위해 제시한 미래의 비전을 사업구조 차원에서 구체화시키는 방법이다.

6) 리엔지니어링 (Reengineering)

리엔지니어링의 창시자인 해머는 '비용, 서비스, 속도와 같은 현재의 중요한 평가척도의 극적인 향상을 위해 업무 프로세스를 기본적으로 다시 생각하고 본질적으로 재설계하는 것'이라고 정의하고 있다.

즉 리엔지니어링은 현재 하고있는 내용에 초점을 마추어 업무를 바꾸는 것 보다는 불필요한 정보를 제거하고 동시에 단순화하는 것이다. 이 중 주로 정보기술을 통해 기업경영의 핵심과 과정을 전면 개편함으로 경영성과를 향상시키려는 경영기법으로 매우 신속하고 극단적인 그리고 전면적인 혁신을 강조하는 기법이다.

핵심문제

01 다음 설명에 해당하는 용어는 무엇인가?

> 경영 효과 및 효율의 극대화를 위한 방안으로 기업 내부 프로젝트나 제품의 생산, 유통, 용역 등을 외부의 제3자에게 위탁, 처리하는 것을 말하며, 기업은 핵심사업에만 집중하고 나머지 부수적인 부문은 외주에 의존함으로써 생산성 향상을 극대화할 수 있다.

① 아웃소싱(outsourcing) ② 다운사이징(downsizing)
③ 벤치마킹 ④ BPR(business process reengineering)

> 정답 ① ② 다운사이징 : 조직을 야위게 만드는 기법으로 슬림화를 통해서 능률의 증진을 추구한다. 의도적으로 조직내의 인력, 부서, 작업등의 규모를 축소시키는 기법
> ③ 벤치마킹 : 특정 분야에서 뛰어난 업체를 선정하고 그 경영방식을 배우면서 자기혁신을 추구하는 경영기법
> ④ BPR : 업무재설계, 업무재구축, 경영혁신)은 원가, 품질, 서비스, 속도와 같은 주요 성과 측정치의 극적인 개선을 위해 업무프로세스를 급진적으로 재설계하는 것

02 다음 [보기]의 (   )안에 공통적으로 들어갈 용어는 무엇인가?

> 보기
> ERP도입의 성공여부는 (   )을(를) 통한 업무개선이 중요하며, (   )은(는) 원가, 품질, 서비스, 속도와 같은 주요 성과측정치의 극적인 개선을 위해 업무 프로세스를 급진적으로 재설계하는 것으로 정의할 수 있다.

① EC(Electronic Commerce)
② EIS(Executive Information System)
③ DSS(Digital Signature Standard)
④ BPR(business process reengineering)

> 정답 ④ BPR(업무재설계)에 대한 설명이다.

2절 ERP의 구축과 도입

1. ERP 구축절차

ERP시스템은 분석 ⇨ 설계 ⇨ 구축 ⇨ 구현 의 4단계 과정을 거쳐 구축한다.

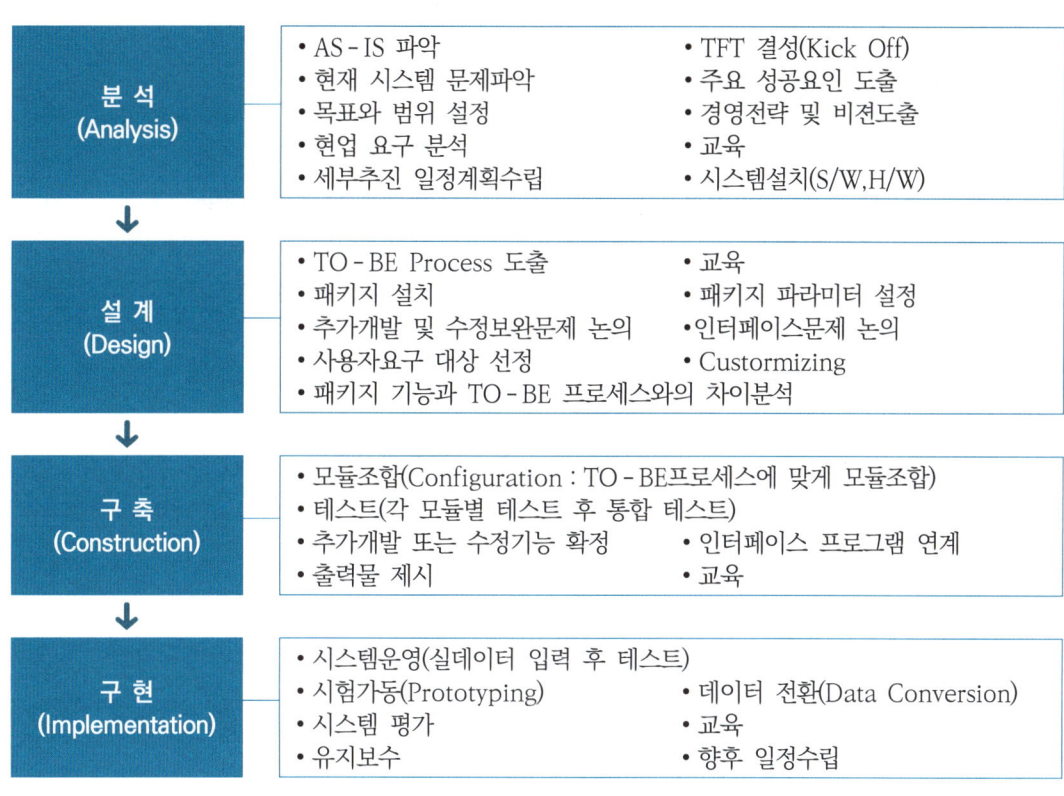

분석(Analysis)
- AS-IS 파악
- 현재 시스템 문제파악
- 목표와 범위 설정
- 현업 요구 분석
- 세부추진 일정계획수립
- TFT 결성(Kick Off)
- 주요 성공요인 도출
- 경영전략 및 비젼도출
- 교육
- 시스템설치(S/W, H/W)

설계(Design)
- TO-BE Process 도출
- 패키지 설치
- 추가개발 및 수정보완문제 논의
- 사용자요구 대상 선정
- 패키지 기능과 TO-BE 프로세스와의 차이분석
- 교육
- 패키지 파라미터 설정
- 인터페이스문제 논의
- Customizing

구축(Construction)
- 모듈조합(Configuration : TO-BE프로세스에 맞게 모듈조합)
- 테스트(각 모듈별 테스트 후 통합 테스트)
- 추가개발 또는 수정기능 확정
- 출력물 제시
- 인터페이스 프로그램 연계
- 교육

구현(Implementation)
- 시스템운영(실데이터 입력 후 테스트)
- 시험가동(Prototyping)
- 시스템 평가
- 유지보수
- 데이터 전환(Data Conversion)
- 교육
- 향후 일정수립

핵심문제

01 ERP 시스템 구축절차 중 구현단계에서 수행할 내용으로 적절하지 않은 것은?

① 시스템 평가
② 시험가동(Prototyping)
③ 커스터마이징(Customizing)
④ 데이터 전환(Data Conversion)

정답 ③ 커스터마이징(Customizing)은 설계단계에서 수행한다.

02 다음 ERP 구축절차 중 'AS-IS 파악 및 TFT를 결성'하는 것은 어느 단계에 해당하는가?

① 분석단계　　② 설계단계　　③ 구축단계　　④ 구현단계

(정답) ① AS-IS파악 및 TFT결성은 분석단계에서 이루어진다.

2. ERP의 도입예상효과

1) ERP의 도입예상효과

① 통합업무시스템 구축
② 고객서비스 개선
③ 수익성 개선(부서별, 사업장별 손익관리)
④ 생산성 향상 및 매출증대
⑤ 비즈니스 프로세스 혁신
⑥ 생산계획의 소요기간 단축
⑦ 리드타임 감소
⑧ 결산작업의 단축
⑨ 원가절감(부품 및 자재조달비용의 감소)
⑩ 투명한 경영
⑪ 표준화, 단순화, 코드화
⑫ Cycle Time 단축
⑬ 최신 정보기술 도입
⑭ 재고 물류비용 감소(재고감소, 장부재고와 실물재고의 일치)

2) ERP 도입효과의 구분

ERP도입의 예상효과는 경영층, 사용자, 관리상 다르게 나타날 수 있다.

구 분	도 입 효 과
경영층	① 재무-회계-유통-판매의 원활한 정보흐름 ② 신속한 의사결정, 위기상황 탄력적 대응, 낭비제거, 투명경영, 회사역량 결집으로 부가가치 극대화.
사용자	① 결산작업의 단축, 신속한 납기응답 → 고객만족 증대, 정보공유. ② 부서요구에 맞도록 자료의 가공, 필요정보에 용이한 접근. ③ 의사결정능력향상, 업무계획, 통제, 모니터링 가능.
관리상	① 통합업무시스템 구축으로 관리용이, 자연스럽게 최신정보기술 도입, 정보인프라 구축(표준화, 단순화, 코드화). ② 재고·물류비용 감소.

핵심문제

01 최근 기업은 글로벌 시대를 맞아 고객욕구도 다양화 되고, 정보기술의 급격한 발전과 다가오는 국가경쟁력을 높이기 위해 다양한 경영혁신을 전개하여야 한다. 기업들이 신경영혁신을 위한 도구로 ERP를 도입 구축하고자 할 때 ERP도입의 효과가 높아야 되는데 ERP도입의 예상효과라고 볼 수 없는 것은?

① 생산성 향상 및 매출증대가 이루어진다.
② 고객서비스가 개선되고, 다품종 소량생산에 활용 할 수 있다.
③ 투명한 경영이 이루어지고, 고객서비스가 개선된다.
④ 재고 및 물류비용이 감소되고, 결산작업이 단축된다.

정답 ② 고객서비스가 개선되고, 소품종 대량생산에 활용할 수 있다.

02 다음 중 ERP 도입의 예상효과와 거리가 가장 먼 것은?
① 비즈니스 프로세스 혁신
② 리드타임 감소
③ 품질향상 및 업무감소
④ 통합 업무 시스템 구축

정답 ③

3. ERP의 선택기준

① 자사환경에 맞는 패키지를 선정
② TFT(Task Force Team)는 최고 엘리트 사원으로 구성
③ 경영진의 확고한 의지
④ 경험있고 유능한 컨설턴트를 활용
⑤ 현업 중심의 프로젝트 진행
⑥ 구축방법론에 의해 체계적으로 프로젝트 진행
⑦ 커스터마이징을 최소화
⑧ 전사적인 참여를 유도
⑨ 변화 관리 기법 도입
⑩ 가시적 성과를 거둘 수 있는 부분에 집중
⑪ 지속적인 교육 및 워크숍
⑫ 자료의 정확성을 위한 관리철저

핵심문제

01 다음 중 ERP선택 및 사용시 유의점으로 옳지 않은 것은?

① 변화 관리 기법을 도입하여야 한다.　② 현업중심의 프로젝트로 진행하여야 한다.
③ 전사적인 참여를 유도한다.　　　　　④ 커스터마이징을 최대화 한다.

정답 ④ 커스터마이징을 최소화하여야 한다.

02 기업이 전사적인 자원관리를 위하여 ERP 소프트웨어를 도입하게 되는데 이때 ERP 소프트웨어 도입시 고려하여야 할 선택기준이 있다. 다음 중 선택기준으로 적합하지 않은 것은?

① 커스터마이징을 최대화하여야 한다.　② 전사적인 참여유도가 있어야 한다.
③ 지속적인 교육 및 워크숍이 필요하다.　④ 현업 중심의 프로젝트 진행으로 이루어져야 한다.

정답 ① 커스터마이징을 최소화하여야 한다.

4. ERP의 성공요소와 실패요소

성공요소	실패요소
① 경영자의 관심과 기업 전원이 참여하는 분위기를 조성한다. ② 경험과 지식을 겸비한 인력으로 구성한다. ③ 유수한 ERP 패키지를 선정한다. ④ 지속적인 교육, 훈련을 실시한다.	① 기능부족 : 하드웨어, 소프트웨어 관련 지원기능의 부족으로 부분적 활용이 불가능하거나 수정·보완추가된 사항이 많아 기간적, 금전적 손실이 발생한 경우 ② 자질부족 : 프로젝트 참여인력의 패키지 구축능력부족으로 기능을 제대로 활용하지 못한 경우 ③ 사용자 능력부족 : 사용자의 패키지 사용능력, 이해부족으로 기능을 제대로 사용하지 못하는 경우 ④ 기업의 관심부족 : 시스템 사용에 소극적인 경우

핵심문제

01 다음 중 ERP도입의 성공전략으로 바르지 않은 것은?

① 현재의 업무방식을 그대로 고수하지 말아야 한다.
② 최고경영진이 참여하는 프로젝트로 진행해야 한다.
③ ERP구현 후 진행할 BPR에 대비한 준비과정을 염두에 두고 도입한다.
④ 업무상의 효과보다 소프트웨어의 기능성 위주로 적용대상을 판단하지 말아야 한다.

정답 ③ BPR을 통한 완전한 기업업무 프로세스 표준화가 선행, 또는 동시에 진행되어야 하므로 BPR에 대비한 준비과정을 염두에 두지 않아도 된다.

02 다음 중 ERP가 성공하기 위한 요건으로 볼 수 없는 것은?

① 경영자의 관심과 기업전원이 참여하는 분위기 조성
② 경험과 지식을 겸비한 인력으로 구성
③ 우수한 ERP package 선정
④ 도입 초기에만 교육, 훈련 실시

정답 ④ 도입 초기이후에도 지속적인 교육, 훈련을 실시해야 한다.

5. ERP도입의 성공십계명

① 현재의 업무방식을 그대로 고수하지 말라.
② 사전 준비를 철저히 하라.
③ IT중심의 프로젝트로 추진하지 말라.
④ 업무상의 효과보다 소프트웨어의 기능성 위주로 적용대상을 판단하지 말라.
⑤ 프로젝트 관리자와 팀 구성원의 자질과 의지를 충분히 키워라.
⑥ 단기간의 효과위주로 구현하지 말라.
⑦ 기존업무에 대한 고정 관념에서 ERP를 보지 말라.
⑧ 최고경영진을 프로젝트에서 배제하지 말라.
⑨ 업무단위별 추진은 실패의 지름길이다.
⑩ BPR을 통한 완전한 기업업무 프로세스 표준화가 선행 또는 동시에 진행되어야 한다.

핵심문제

다음은 ERP 구축 성공의 십계명으로 옳지 않은 것은?

① 사전 준비를 철저히 하라.
② 도입하고자 하는 ERP 시스템에 현재의 업무 방식을 그대로 접목한다.
③ 단기간의 효과위주로 구현하지 말라.
④ 기존업무에 대한 고정관념에서 ERP 시스템을 보지 말라.

정답 ② 현재의 업무 방식을 그대로 고수하지 말라.

3절 확장형ERP

확장형 ERP란 기존의 ERP에 SCM, CRM, KMS, e-비즈니스지원, 전략경영 등의 기능이 추가된 형태의 기업정보시스템을 의미한다.

또한 확장형 ERP에는 고유기능 외에 경영혁신지원, 선진정보화 지원기술추가, 산업유형 지원확대, 전문화 확대적용 등을 포함해야 한다.

1. 확장형 ERP의 목표와 특징

목 표	특 징
① 공급체인간 유기적인 Network체제구축 ② 기업내부 프로세스와 기업간 프로세스의 통합 ③ 정보공유, 정보의 질 향상 및 속도 향상 ④ 비용절감과 협업에 의한 가치증대 ⑤ 고객만족과 이윤극대화	① 외부프로세스까지도 웹 환경을 이용해 지원 ② 상거래 지향적인 프로세스로 통합 ③ 더욱 향상된 의사결정 지원 ④ 기업의 운영범위를 확산하여 e-Business에 대비할 수 있는 기능 보강

핵심문제

다음 중 확장형 ERP의 특징에 해당하지 않는 것은?

① 상거래 지향적인 프로세스로 통합
② 내부프로세스를 웹 환경을 이용해 지원
③ 더욱 향상된 의사결정 지원
④ 기업의 운영범위를 확산하여 e-Business에 대비할 수 있는 기능 보강

정답 ② 외부프로세스까지도 웹 환경을 이용해 지원

2. 확장형 ERP에 포함되어야 할 내용

① 고유기능의 추가
② 경영혁신 지원
③ 선진 정보화 지원기술 추가
④ 산업유형 지원 확대
⑤ 전문화 확대 적응

핵심문제

다음 중 확장형 ERP 시스템에 포함되어야 할 내용으로 적절하지 않은 것은?

① 커스터마이징 최소화　　② 경영혁신 지원
③ 선진 정보화 지원기술 추가　　④ 고유기능의 축소

 ④ 확장형 ERP에 포함되어야 할 내용 : 고유기능의 추가, 경영혁신 지원, 선진 정보화 지원기술 추가, 산업유형 지원확대, 전문화 확대

3. 확장형 ERP의 구성요소

1) 기본형 ERP 시스템

회계, 인사, 물류, 설계 및 생산 분야 지원 시스템 [영업관리, 계획관리(MRP), 시스템제조실행, 기준정보관리, 물류관리, 인적자원관리, 회계 및 재무관리, 원가통제 시스템 등]

2) e-business 지원 시스템

인터넷을 기반으로 기업간, 지역간, 국가간의 정보교환, 기술전수 및 제품 거래 역할 담당 (KMS, DSS, EIS, CRM, EC, SCM 등)

명칭	주요내용
지식관리시스템(KMS) (Knowledge Management System)	기업의 인적자원들이 축적하고 있는 조직 및 단위 지식을 체계화하여 공유함으로써 핵심사업 추진 역량을 강화하기 위한 정보시스템이다.
의사결정지원시스템(DSS) (Decision Support System)	기업 경영에 당면하는 여러 가지 문제를 해결하기 위해 복수의 대안을 개발하고, 비교 평가하여 최적안을 선택하는 의사결정 과정을 지원하는 정보시스템이다.
경영자정보시스템(EIS) (Executive Information System)	기업 경영관리자의 전략 수립 및 의사결정 지원을 목적으로 주요 항목에 대한 핵심정보로만 별도로 구성한 정보시스템이다.
고객관계관리(CRM) (Customer Relationship Management)	기업이 소비자들을 자신의 고객으로 만들고, 이를 장기간 유지하고자 고객과의 관계를 지속적으로 유지·관리하는 광범위한 개념이다.
공급체인관리(SCM) (Supply Chain Management)	공급자부터 소비자까지 이어지는 물류, 자재, 제품, 서비스, 정보의 흐름 전반에 걸쳐 계획하고 관리함으로써 수요와 공급의 일치를 최적으로 운영하고 관리하는 활동이다.
전자상거래(EC) (Electronic Commerce)	재화 또는 용역을 거래함에 있어서 그 전부 또는 일부가 전자문서에 의하여 처리되는 방법으로 상행위를 하는 것을 말한다.

3) SEM (Strategic Enterprise Management) 시스템

기업운영을 위한 전략적 부분을 지원하고, 경영에 필요한 정보를 제공해 주는 전략적 기업 경영 [BSC, VBM(Value-Based Management), SFS(Strategy Formulation & Simu-lation), ABM (Activity-Based Management) 등]

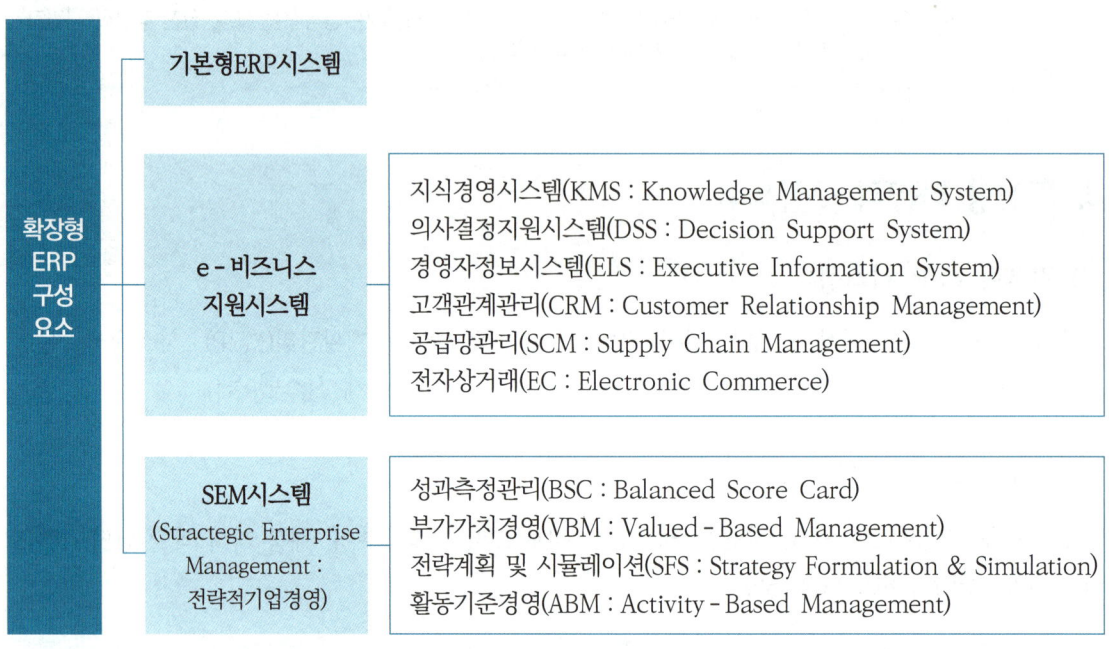

명칭	주요내용
성과측정관리(균형성과표, BSC) (Balanced Score Card)	기업의 성과를 지속적으로 향상시키기 위해서 재무적인 측정지표 뿐만 아니라 고객만족 등 비재무적인 측정기표도 성과평가에 반영시켜 미래가치를 창출하도록 관리하는 시스템이다.
부가가치경영(VBM) (Value-based Management)	주주 가치의 극대화를 위해 지속적으로 가치를 창출하는 고객 중심의 시스템이며, 포괄적인 경영철학이자 경영기법이다.
전략계획 수립 및 시뮬레이션(SFS) (Strategy Formulation & Simulation)	기업이 목표를 설정하고, 목표에 달성하기 위해 일종의 최적의 전략을 수립하는 과정을 말한다. 이때 기업의 핵심역량과 조직 환경을 실시간으로 모니터링하여 필요에 따라 전략을 수정하거나 새로 적용하여 궁극적으로는 기업의 목표에 쉽게 도달할 수 있도록 해준다.
활동기준경영(ABM) (Activity-Based Management)	프로세스 관점에 입각하여 활동을 분석하고 원가동인 및 성과측정을 통해 고객가치 증대화 원가절감을 도모한다. 궁극적으로는 이익을 개선하고자 하는 경영기법이다.

핵심문제

01 확장형 ERP의 구성요소 중 e-Business 지원 시스템을 구성하는 단위 시스템에 해당되지 않는 것은?

① 성과측정관리(BSC)
② 의사결정지원시스템(DSS)
③ 고객관계관리(CRM) 시스템
④ EC(전자상거래) 시스템

> **정답** ① e-비즈니스 지원시스템 : 지식경영시스템(KMS : Knowledge Management System), 의사결정지원시스템(DSS : Decision Support System), 경영자정보시스템(ELS : Executive Information System), 고객관계관리(CRM : Customer Relationship Management), 공급망관리(SCM : Supply Chain Management), 전자상거래(EC : Electronic Commerce)

02 다음 중 ERP와 CRM간의 관계에 대한 설명으로 가장 적절하지 않은 것은 무엇인가?

① ERP와 CRM 간의 통합으로 비즈니스 프로세스의 투명성과 효율성을 확보할 수 있다.
② ERP시스템은 비즈니스 프로세스를 지원하는 백오피스 시스템(Back-Office System)이다.
③ CRM시스템은 기업의 고객대응활동을 지원하는 프런트오피스 시스템(Front-Office System)이다.
④ CRM시스템은 조직 내의 인적자원들이 축적하고 있는 개별적인 지식을 체계화하고 공유하기 위한 정보시스템으로 ERP시스템의 비즈니스 프로세스를 지원한다.

> **정답** ④ 조직 내의 인적자원들이 축적하고 있는 개별적인 지식을 체계화하고 공유하기 위한 정보시스템은 지식관리시스템(Knowledge Management System)이다.

4. 확장형 ERP의 발전방향

① 확장형 ERP는 산업별 또는 영역별로 특화된 기능(Functionality)을 수용할 수 있도록 되어야 한다.
② 확장형 ERP는 기업간 협업체계 구축과 사용자 인터페이스 통일을 위한 인터넷 기술(Technology)의 활용이 필요하다.
③ 확장형 ERP는 기존 ERP와 솔루션과의 통합이 용이한 구조(Architecture)로 발전되어야 한다.

5. 4차산업혁명과 차세대 ERP

4차 산업혁명(The Fourth Industrial Revolution)은 인공지능(Artificial Intelligence, AI), 사물인터넷(Internet of Things, IoT), 빅데이터(BigData), 클라우드 컴퓨팅(Cloud Computing) 등 첨단 정보통신기술이 경제와 사회 전반에 융합되어 혁신적인 변화가 나타나는 차세대 산업혁명을 말한다.

차세대 ERP는 웹(web)기반 ERP에서 클라우드 기반의 ERP로 진화화고 있으며, 클라우드 ERP는 디지털 지원, 인공지능(AI) 및 기계학습(machine learning), 예측 분석 등과 같은 지능형 기술을 이용하여 미래에 대비한 즉각적인 가치를 제공하고 있다.

1) 클라우드 컴퓨팅

구 분	주요내용
정 의	클라우드 컴퓨팅(Cloud Computing)이란 인터넷 기술을 활용하여 가상화된 IT 자원을 서비스로 제공하는 컴퓨팅 기술이다. 사용자가 클라우드 컴퓨팅 네트워크에 접속하여 응용프로그램, 운영체제, 저장장치, 유틸리티 등 필요한 IT자원을 원하는 시점에 필요한 만큼 골라서 사용하고 사용량에 기반하여 대가를 지불해야 한다.
장 점	• 사용자가 하드웨어(HW)나 소프트웨어(SW)를 직접 디바이스에 설치할 필요가 없이 자신의 필요에 따라 언제든지 컴퓨팅 자원을 사용할 수 있다. • 모든 데이터와 소프트웨어가 클라우드 컴퓨팅 내부에 집중되고 이기종 장비간의 상호 연동이 유연하기 때문에 손쉽게 다른 장비로 데이터와 소프트웨어를 이동할 수 있어 장비 관리 업무와 PC 및 서버 자원 등을 줄일 수 있다. • 사용자는 서버 및 SW를 클라우드 컴퓨팅 네트워크에 접속하여 제공받을 수 있으므로 서버 및 SW를 구입해서 설치할 필요가 없어 사용자의 IT투자비용이 줄어든다.
단 점	• 서버 공격 및 서버 손상으로 인한 개인정보가 유출 및 유실될 수 있다. • 모든 애플리케이션을 보관할 수 없으므로 사용자가 필요로 하는 애플리케이션을 지원 받지 못하거나 애플리케이션을 설치하는데 제약이 있을 수 있다.
제 공 서 비 스	• SaaS (Software as a Service) : 클라우드 컴퓨팅 서비스 사업자가 클라우드 컴퓨팅 서버에 소프트웨어를 제공하고, 사용자가 원격으로 접속해 해당 소프트웨어를 활용하는 모델이다. 기업의 핵심 애플리케이션인 ERP, CRM솔루션 등의 소프트웨어를 클라우드 서비스를 통해서 제공받는 것이다. • PaaS (Platform as a Service) : 사용자가 소프트웨어를 개발할 수 있는 토대를 제공해 주는 서비스 모델이다. ERP 소프트웨어 개발을 위한 플랫폼을 클라우드 서비스로 제공받는 것이다. (예) 웹 프로그램, 제작 툴, 개발도구지원, 과금모듈, 사용자관리모듈 등 • IaaS (Infrastructure as a Service) : 서버 인프라를 서비스로 제공하는 것으로 클라우드를 통하여 저장장치(storage) 또는 컴퓨팅 능력(compute)을 인터넷을 통한 서비스 형태로 제공하는 서비스 모델이다. ERP구축에 필요한 IT인프라 자원을 클라우드 서비스로 빌려 쓰는 형태로, 데이터 클라우드 서비스와 스토리지 클라우드 서비스는 IaaS에 속한다.
클라우드 E R P 의 특 징	• 클라우드의 가장 기본적인 서비스인 SaaS, PaaS, IaaS를 통해 ERP 서비스를 제공받는다. • 4차 산업혁명 시대에 경쟁력을 갖추기 위해서는 기업들이 지능형 기업으로 전환해야 하며, 클라우드 ERP로 지능형 기업을 운영할 수 있다. • 클라우드 도입을 통해 ERP 진입 장벽을 획기적으로 낮출 수 있다. • 클라우드를 통해 제공되는 ERP는 전문 컨설턴트의 도움 없이도 설치 및 운영이 가능하다. • 클라우드 ERP는 디지털 지원, 인공지능(AI) 및 기계학습(machine learning), 예측분석 등과 같은 지능형 기술을 사용하여 미래에 대비한 즉각적인 가치를 제공할 수 있다. • IaaS 및 PaaS를 활용한 ERP를 하이브리드 클라우드 ERP라고 한다. • 고객의 요구에 따라 필요한 기능을 선택·적용한 맞춤형 구성이 가능하다.

2) 차세대 ERP의 인공지능(AI), 빅데이터(BigData), 사물인터넷(IoT)등 혁신기술과의 관계

향후 ERP는 4차 산업혁명의 핵심기술인 인공지능(Artificial Intelligence, AI), 빅데이터(Big Data), 사물인터넷(Internet of Things, IoT), 블록체인(Blockchain) 등의 신기술과 융합하여 보다 지능화된 기업경영이 가능한 통합시스템으로 발전될 것이다.

① 생산관리시스템(MES), 전사자원관리(ERP), 제품수명주기관리시스템(PLM) 등을 통해 각 생산과정을 체계화하고 관련 데이터를 한 곳으로 모을 수 있어 빅데이터 분석이 가능해진다. 인공지능 기반의 빅데이터 분석을 통해 최적화와 예측분석이 가능하여 과학적이고 합리적인 의사결정지원이 가능하다.
② 제조업에서는 빅데이터 처리 및 분석기술을 기반으로 생산 자동화를 구현하고 ERP와 연계하여 생산계획의 선제적 예측과 실시간 의사결정이 가능해진다.
③ ERP에서 생성되고 축적된 빅데이터를 활용하여 기업의 새로운 업무개척이 가능해지고, 비즈니스 간 융합을 지원하는 시스템으로 확대된다.
④ 차세대 ERP는 인공지능 및 빅데이터 분석 기술과의 융합으로 전략경영 등의 분석 도구를 추가하게 되어 상위계층의 의사결정을 지원할 수 있는 스마트(smart) 시스템으로 발전하고 있다.

3) 차세대 ERP의 비즈니스 애널리틱스의 내용

ERP 시스템 내의 빅데이터 분석을 위한 비즈니스 애널리틱스(Business Analytics)가 차세대 ERP 시스템의 핵심요소가 되었다.

① 의사결정을 위한 데이터 및 정량분석과 광범위한 데이터 이용을 말한다.
② 조직에서 기존의 데이터를 기초로 최적 또는 현실적 의사결정을 위한 모델링을 이용하도록 지원해준다.
③ 질의 및 보고와 같은 기본적인 분석기술과 예측 모델링과 같은 수학적으로 정교한 수준의 분석을 지원한다.
④ 과거 데이터 분석뿐만 아니라 이를 통한 새로운 통찰력 제안과 미래 사업을 위한 시나리오를 제공한다.
⑤ 구조화된 데이터(structured data)와 비구조화된 데이터(unstructured data)를 동시에 이용한다.
⑥ 구조화된 데이터는 파일이나 레코드 내에 저장된 데이터로 스프레드시트와 관계형 데이터베이스(RDBMS)를 포함하고 있다.
⑦ 비구조화된 데이터는 전자메일, 문서, 소셜미디어 포스트, 오디오 파일, 비디오 영상, 센서 데이터 등을 말한다.
⑧ 미래 예측을 지원해주는 데이터 패턴 분석과 예측 모델을 위한 데이터마이닝(Data Mining)을 통해 고차원 분석기능을 포함하고 있다.
⑨ 리포트, 쿼리, 알림, 대시보드, 스코어카드뿐만 아니라 데이터마이닝 등의 예측모델링과 같은 진보된 형태의 분석기능도 제공한다.

핵심문제

01 다음 중 클라우드 서비스 기반 ERP와 관련된 설명으로 가장 적절하지 않은 것은 무엇인가?

① ERP 구축에 필요한 IT인프라 자원을 클라우드 서비스로 빌려 쓰는 형태를 IaaS라고 한다.
② ERP 소프트웨어 개발을 위한 플랫폼을 클라우드 서비스로 제공받는 것을 PaaS라고 한다.
③ PaaS에는 데이터베이스 클라우드 서비스와 스토리지 클라우드 서비스가 있다.
④ 기업의 핵심 애플리케이션인 ERP, CRM 솔루션 등의 소프트웨어를 클라우드 서비스를 통해 제공받는 것을 SaaS라고 한다.

(정답) ③ 데이터베이스 클라우드 서비스와 스토리지 클라우드 서비스는 IaaS에 속한다.

02 다음 중 ERP와 인공지능(AI), 빅데이터(BigData), 사물인터넷(IoT) 등 혁신기술과의 관계에 대한 설명으로 가장 적절하지 않은 것은 무엇인가?

① 현재 ERP는 기업 내 각 영역의 업무프로세스를 지원하고 단위별 업무처리의 강화를 추구하는 시스템으로 발전하고 있다.
② 제조업에서는 빅데이터 분석기술을 기반으로 생산자동화를 구현하고 ERP와 연계하여 생산계획의 선제적 예측과 실시간 의사결정이 가능하다.
③ 현재 ERP는 인공지능 및 빅데이터 분석기술과의 융합으로 전략경영 등의 분석도구를 추가하여 상위계층의 의사결정을 지원할 수 있는 지능형시스템으로 발전하고 있다.
④ ERP에서 생성되고 축적된 빅데이터를 활용하여 기업의 새로운 업무개척이 가능해지고, 비즈니스 간 융합을 지원하는 시스템으로 확대가 가능하다.

(정답) ① ERP는 통합업무시스템을 구축하여 기업활동의 모든 분야에서 발생하는 정보를 서로 공유하고 신속한 의사결정을 지원한다.

4절 4차 산업혁명과 스마트ERP

1. 4차 산업혁명과 스마트비즈니스

4차 산업혁명이란 사물인터넷(Internet of Things, IoT), 클라우드컴퓨팅(Cloud Computing), 빅데이터(BigData), 인공지능(Artificial Intelligence, AI) 등(I.C.B.A)의 첨단 정보통신기술이 기존 산업과 서비스에 융합되어 혁신적인 변화를 만드는 차세대 산업혁명이다.

4차 산업혁명의 산업생태계는 사물인터넷(IoT)를 통해 방대한 빅데이터(Big Data)를 생성하고, 이를 인공지능(AI)이 분석 및 해석하여 적절한 판단 및 자율제어를 수행하여 초지능적인 제품 생산 및 서비스를 제공한다.

1) 4차 산업혁명의 주요 기술적 특징

주요 기술적 특징에는 초연결성, 초지능화, 융합화가 있다.
① 초연결성(hyper-connectivity): 사물인터넷(IoT)과 정보통신기술(ICT)의 진화를 통해 인간과 인간, 인간과 사물, 사물과 사물 간의 연결과정을 의미한다.
② 초지능화(super-intelligence): 다양한 분야에서 인간의 두뇌를 뛰어넘는 총명한 지적 능력을 말한다. 초지능화는 인공지능과 빅데이터의 연계·융합으로 기술과 산업구조를 지능화, 스마트화시키고 있다.
③ 융합화(convergence)는 초연결성과 초지능화의 결합으로 인해 수반되는 특성으로 4차 산업혁명 시대의 산업간 융합화와 기술간 융합화를 말한다.
  - 산업간 융합화: IT 활용범위가 보다 확대되고 타 산업 분야 기술과의 접목이 활발해지면서 산업간 경계가 무너지고 산업지도 재편 및 이종 산업간 경쟁이 격화되는 현상
  - 기술간 융합화: 서로 다른 기술 요소들이 결합되어 개별 기술 요소들의 특성이 상실되고 새로운 특성을 갖는 기술과 제품이 탄생되는 현상

2. 4차 산업혁명의 핵심원천기술과 디지털 전환

1) 디지털 전환의 개념

① 4차 산업혁명 시대의 경제 패러다임은 디지털 전환(Digital Transformation)이며 디지털 전환은 디지털 기술을 사회 전반에 적용하여 전통적인 사회 구조를 혁신시키는 것이다.
② 일반적으로 기업에서 사물인터넷, 클라우드, 빅데이터, 인공지능 등의 핵심원천기술을 플랫폼으로 구축·활용하여 기존 전통적인 운영 방식과 서비스를 혁신하는 것이다.

③ 현재 디지털 전환은 첨단제조기술, ICT 등의 기술 적용과 프로세스 효율화, 그리고 비즈니스 모델 변혁과 생태계 구축까지 확장되어 실행되고 있다.

2) 4차 산업혁명의 핵심원천기술: 사물인터넷

① 사물인터넷(Internet of Things, IoT)은 유·무선 네트워크를 기반으로 모든 사물을 연결하여 사람과 사물(human to machine), 사물과 사물(machine to machine)간에 정보를 상호 소통하는 지능형 정보기술 및 서비스를 말한다.
② 사물인터넷은 고도의 편재성(ubiquity)과 상호연결성을 기반으로 인간의 직접적인 개입 없이도 다양한 사물들(장치, 제품, 센서, 어플리케이션 등)을 연결하고 소통한다.
③ 사물인터넷은 수많은 사물인터넷 기기들이 네트워크에 연결되는 초연결성(hyperconnectivity)으로 다양한 산업분야에 적용될 뿐만 아니라 우리 생활과 밀접한 스마트 가전, 스마트 홈, 스마트 의료(헬스케어), 원격검침, 교통 분야 등에서 본격적인 시장 활성화가 진행 중이다.
④ 스마트홈(Smart Home): 주거환경에 IoT기술을 융합하여 국민의 편익과 복지증진, 안전한 생활이 가능한 인간 중심적인 스마트 라이프 환경
⑤ 사물인터넷의 미래, 그리고 진화된 모습은 만물인터넷(Internet of Everything, IoE)이다.
⑥ 만물인터넷(IoE)은 사물과 사람, 데이터, 프로세스 등 세상에서 연결 가능한 모든 것(만물)이 인터넷에 연결되어 서로 소통하며 새로운 가치와 경험을 창출하는 기술이다.
⑦ 만물인터넷은 서로 소통하고 새로운 가치와 경험을 창출하는 미래의 네트워크로 존재하는 모든 사람과 프로세스, 데이터, 모바일, 클라우드 등이 상호 지능적으로 연결된다.
⑧ 사람-프로세스-데이터-사물의 연결로 얻어진 정보는 새로운 기능 및 비즈니스를 위한 경제적 가치로 창출된다.

3) 4차 산업혁명의 핵심원천기술: 클라우드 컴퓨팅

① 클라우드 컴퓨팅(Cloud Computing)은 인터넷 기술을 활용하여 IT자원을 서비스로 제공하는 컴퓨팅으로 IT자원(소프트웨어, 스토리지, 서버, 네트워크)을 필요한 만큼 빌려서 사용하고, 사용한 만큼 비용을 지불하는 컴퓨팅을 의미한다.
② 클라우드는 기업의 IT인프라에 대한 유지보수 부담을 경감시키고, 사업초기 대규모 초기투자 비용에 대한 부담도 경감시킬 수 있다.
③ 클라우드 서비스는 IaaS(Infrastructure as a Service), PaaS(Platform as a Service), SaaS(Software as a Service)로 구성된다.
④ IaaS(인프라형 서비스)는 기업의 업무처리에 필요한 서버, 스토리지, 데이터베이스, 네트워크 등의 IT 인프라 자원을 클라우드 서비스로 빌려 쓰는 형태이다.
⑤ PaaS(플랫폼형 서비스)는 기업이 각각의 업무에 필요한 소프트웨어를 개발할 수 있는 플랫폼을 제공받는 것이다.

⑤ PaaS를 통해 서비스 구성 컴포넌트 및 호환성 제공서비스를 지원받으며 그 예로는 웹 프로그램, 제작 툴, 개발도구지원, 과금모듈, 사용자관리모듈 등이 있다.
⑥ SaaS(서비스형 소프트웨어)는 기업이 사용하는 소프트웨어를 클라우드 서비스를 통해 빌려 쓰는 것을 의미한다.

핵심문제

01. 다음 [보기]에서 설명하는 클라우드 서비스 유형은 무엇인가?

> **보기**
> 기업의 업무처리에 필요한 서버, 스토리지, 데이터베이스, 네트워크 등의 IT 인프라 자원을 클라우드 서비스로 빌려 쓰는 형태이다.

① IaaS(Infrastructure as a Service)   ② PaaS(Platform as a Service)
③ SaaS(Software as a Service)   ④ MaaS(Manufacturing as a Service)

정답 ① IaaS(Infrastructure as a Service)에 대한 설명이다.

⑦ 클라우드 서비스의 비즈니스 모델에는 퍼블릭(Public, 공개형) 클라우드, 사설(Private, 폐쇄형) 클라우드, 하이브리드(Hybrid, 혼합형) 클라우드 등이 있다.
- 퍼블릭(공개형) 클라우드는 일반인에게 공개되는 개방형 서비스(external cloud)를 말한다.
- 공개형 클라우드는 전 세계의 소비자, 기업고객, 공공기관 및 정부 등 모든 주체가 클라우드 컴퓨팅을 사용할 수 있다. 사용량에 따라 사용료를 지불하며 규모의 경제를 통해 경쟁력 있는 서비스 단가를 제공한다는 장점이 있다.
- 사설(폐쇄형) 클라우드는 특정한 기업 내부 구성원에게만 제공되는 서비스(internal cloud)를 말한다.
- 폐쇄형 클라우드는 주로 대기업에서 데이터의 소유권 확보와 프라이버시 보장이 필요한 경우 사용된다.
- 폐쇄형 클라우드는 운영자인 기업이 전체 인프라에 대한 완전한 통제권을 가질 수 있다는 장점은 있으나 규모의 경제 효과를 보기 어렵고 해당 기업이 직접 IT자원을 투자해야 하므로 사용한 만큼만 비용을 내는 운영료 방식의 클라우드 컴퓨팅의 장점을 확보하기 어렵다.
- 하이브리드(혼합형) 클라우드는 특정 업무는 폐쇄형 클라우드 방식을 이용하고 기타 업무는 공개형 클라우드 방식을 이용하는 것을 말한다.

핵심문제

01. 클라우드 서비스의 비즈니스 모델에 관한 설명으로 옳지 않은 것은?

① 공개형 클라우드는 사용량에 따라 사용료를 지불하며 규모의 경제를 통해 경쟁력 있는 서비스 단가를 제공한다는 장점이 있다.
② 공개형 클라우드는 데이터의 소유권 확보와 프라이버시 보장이 필요한 경우 사용된다.
③ 폐쇄형 클라우드는 특정한 기업 내부 구성원에게만 제공되는 서비스(internal cloud)를 말한다.
④ 혼합형 클라우드는 특정 업무는 폐쇄형 클라우드 방식을 이용하고 기타 업무는 공개형 클라우드 방식을 이용하는 것을 말한다.

(정답) ② 폐쇄형 클라우드는 주로 대기업에서 데이터의 소유권 확보와 프라이버시 보장이 필요한 경우 사용된다.

4) 4차 산업혁명의 핵심원천기술: 빅데이터

① 빅데이터(BigData)의 사전적 의미는 디지털 환경에서 생성되는 데이터로 그 규모가 방대하고, 형태도 수치데이터(numerical data)뿐만 아니라 문자와 영상데이터(string and video data)를 포함한 다양하고 거대한 데이터의 집합을 말한다.
② IT시장조사기관 가트너(Gartner)는 향상된 의사결정을 위해 사용되는 비용 효율적이며 혁신적인 거대한 용량(volume)의 정형 및 비정형의 다양한 형태(variety)로 엄청나게 빠른 속도(velocity)로 쏟아져 나와 축적되는 특성을 지닌 정보 자산이라고 정의하였다.
③ 가트너(Gartner)는 빅데이터의 특성으로 규모(volume), 속도(velocity), 다양성(variety), 정확성(veracity), 가치(value)의 5V를 제시하였다.

구 분	내 용
• 규모(Volume)	- 데이터 양이 급격하게 증가(대용량화) - 기존 데이터관리시스템의 성능적 한계 도달
• 다양성(Variety)	- 데이터의 종류와 근원 확대(다양화) - 로그 기록, 소셜, 위치, 센서 데이터 등 데이터 종류의 증가 (반정형, 비정형데이터의 증가)
• 속도(Velocity)	- 소셜 데이터, IoT 데이터, 스트리밍 데이터 등 실시간성 데이터 증가 - 대용량 데이터의 신속하고 즉각적인 분석 요구
• 정확성(Veracity)	- 데이터의 신뢰성, 정확성, 타당성 보장이 필수 - 데이터 분석에서 고품질 데이터를 활용하는 것이 분석의 정확도(예측정확도)에 영향을 줌
• 가치(Value)	- 빅데이터가 추구하는 것은 가치 창출 - 빅데이터 분석 통해 도출된 최종 결과물은 기업이 당면하고 있는 문제 해결하는 데 통찰력 있는 정보 제공

④ 빅데이터 플랫폼은 빅데이터에서 가치를 추출하기 위한 일련의 과정(수집, 저장, 처리, 분석, 시각화)을 지원하기 위한 프로세스를 규격화한 기술이다.
⑤ 빅데이터 처리과정: 데이터(생성) → 수집 → 저장(공유) → 처리 → 분석 → 시각화
  - 데이터(생성): 데이터베이스 등의 내부데이터와 인터넷으로 연결된 외부로부터 생성된 파일이나 데이터가 있다.
  - 수집: 크롤링(crawling)을 통해 데이터 원천으로부터 데이터를 검색하여 수집한다.
  - 저장(공유): 저렴한 비용으로 데이터를 쉽고 빠르게 많이 저장한다.
  - 처리: 데이터를 효과적으로 처리하는 기술이 필요한 단계이다.
  - 분석: 데이터를 신속하고 정확하게 분석하여 비즈니스에 기여한다.
  - 시각화: 처리 및 분석 결과를 표, 그래프 등을 이용해 쉽게 표현하고 탐색이나 해석에 활용한다.

핵심문제

01. 다음 중 빅데이터 플랫폼의 빅데이터 처리과정으로 옳지 않은 것은?
① 데이터 수집기술   ② 데이터 분석기술
③ 데이터 복구기술   ④ 데이터 시각화기술

정답 ③ 빅데이터 처리과정은 데이터 → 수집 → 저장(공유) → 처리 → 분석 → 시각화이다.

5) 4차 산업혁명의 핵심원천기술: 인공지능

① 인공지능(Artificial Intelligence, AI)은 인간의 학습능력, 추론능력, 지각능력, 자연어 이해능력 등을 컴퓨터 프로그램으로 실현한 기술이다.
② 인공지능은 기억, 지각, 이해, 학습, 연상, 추론 등 인간의 지성을 필요로 하는 행위를 기계를 통해 실현하고자 하는 학문 또는 기술의 총칭으로 정의되고 있다.

3. 4차 산업혁명 시대의 통합정보시스템

1) 통합정보시스템 특징

① 4차 산업혁명 시대에는 3차 산업혁명 시대의 개별 정보시스템이 통합되거나 또는 개별 정보시스템의 데이터 및 정보가 하나의 통합된 데이터베이스로 구축되었다.
② 4차 산업혁명 시대의 통합정보시스템은 4차 산업혁명의 핵심원천기술과 융합되어 고도화되고 있다.
③ 4차 산업혁명 시대의 통합정보시스템은 베스트 프랙티스(Best Practice)를 반영하는 미리 정

의된 수많은 비즈니스 프로세스(business process, 업무절차)들을 근간으로 만들어진다.
- 베스트 프랙티스: 경영목표를 일관되고 효과적으로 달성하기 위한 가장 성공적인 솔루션 또는 문제해결방법)

④ 4차 산업혁명 시대의 통합정보시스템은 전사적 자원관리(ERP), 공급사슬관리(SCM), 고객관계관리(CRM), 지식관리시스템(KMS), 전문가시스템(Expert System) 등으로 구성된다.

2) 4차 산업혁명 시대의 스마트 ERP

① 전사적 자원관리(ERP)는 제조 및 생산, 재무 및 회계, 판매 및 마케팅, 인적자원관리 등의 핵심 비즈니스 프로세스들로부터 데이터를 수집하여, 그 데이터를 하나의 통합데이터베이스에 저장하여 관리하는 통합관리시스템이다.
② 최근에는 빅데이터 분석 기술과 인공지능기법이 적용된 비즈니스 애널리틱스가 추가된 스마트 ERP가 출시되어 활용되고 있다.
③ 스마트 ERP는 4차 산업혁명의 핵심기술인 인공지능(AI), 빅데이터(Big Data), 사물인터넷(IoT), 블록체인 등의 신기술과 융합하여 보다 지능화된 기업경영이 가능한 통합시스템으로 발전된다.
④ 제조실행시스템(MES), 전사적 자원관리(ERP), 제품수명주기관리시스템(PLM) 등을 통해 각 생산과정을 체계화하고 관련 데이터를 한 곳으로 모을 수 있어 빅데이터 분석이 가능해진다.
⑤ 인공지능 기반의 빅데이터 분석을 통해 최적화와 예측분석이 가능하여 과학적이고 합리적인 의사결정지원이 가능하다.
⑥ 제조업에서는 빅데이터 처리 및 분석기술을 기반으로 생산자동화를 구현하고 ERP와 연계하여 생산계획의 선제적 예측과 실시간 의사결정이 가능해진다.
⑦ ERP시스템 내의 빅데이터 분석을 위한 비즈니스애널리틱스가 차세대 ERP시스템의 핵심요소가 되었다.
⑧ 비즈니스 애널리틱스는 의사결정을 위한 데이터 및 정량분석과 광범위한 데이터 이용을 말한다.
⑨ 비즈니스 애널리틱스는 질의 및 보고와 같은 기본적인 분석기술과 예측 모델링과 같은 수학적으로 정교한 수준의 분석을 지원한다.
⑩ 스마트 ERP는 리포트, 쿼리, 알림, 대시보드, 스코어카드뿐만 아니라 데이터마이닝 등의 예측 모델링과 같은 진보된 형태의 분석기능을 제공한다.

4. 제조업의 스마트화(스마트 제조)와 사이버물리시스템

1) 스마트 제조 및 사이버물리시스템의 개념
제조업에 IT시스템을 결합하여 생산시설들을 네트워크화하고 지능형 생산시스템을 갖춘 스마트팩토리(Smart Factory, 지능형 공장)로 진화하자는 것이다.
① 스마트 제조(smart manufacturing)는 인간, 기술, 정보의 융합을 통해 제조업의 전략적 혁신을 도모하는 패러다임이며, 새로운 ICT와 전통 제조기술을 융합한 기술이다.
② 사이버물리시스템(Cyber Physical System, CPS)은 제품, 공정, 생산설비와 공장에 대한 실제 세계와 가상 세계의 통합시스템이며 제조 빅데이터를 기반으로 사이버모델을 구축하고 이를 활용하여 최적의 설계 및 운영을 수행하는 것이다.
③ 사이버물리시스템은 통신기능과 연결성이 증대된 메카트로닉스(mechatronics) 장비에서 진화하여 컴퓨터 알고리즘에 의해 서로 소통하고 자동적, 지능적으로 제어되고 모니터링 되는 다양한 물리적 개체(센서, 제조장비 등)들로 구성된 시스템을 말한다.

핵심문제

01. 제품, 공정, 생산설비와 공장에 대한 실제 세계와 가상 세계의 통합시스템이며 제조 빅데이터를 기반으로 사이버모델을 구축하고 이를 활용하여 최적의 설계 및 운영을 수행하는 것을 무엇이라 하는가?
① 사이버물리시스템(Cyber Physical System, CPS)
② 비즈니스 애널리틱스(Business Analytics)
③ 전사적 자원관리(Enterprise Resource Planning, ERP)
④ 공급사슬관리(Supply Chain Management, SCM)

정답 ① 사이버물리시스템(Cyber Physical System, CPS)에 대한 설명이다.

2) 사이버물리시스템과 ERP

① 사이버물리시스템은 공장, 설계/운영 CPS, 표준플랫폼과의 통합 및 연계 요소로 스마트팩토리를 구현한다.
② 공장 차원에서는 제품, 공정, 설비들과 전사적 자원관리(ERP)와 제조실행시스템(MES) 등 운영정보시스템이 산업사물인터넷(Industrial Internet of Things, IIoT)기술을 통해 상호 연결된다. 즉, 생산의 전 과정에서 제품, 공정, 설비, 공장 등 모든 개체가 연결된다.
③ 설계/운영 CPS 차원에서는 클라우드 기반 제조 빅데이터를 분석하고 실시간 동기화를 통해 현장 상황과 일치하는 사이버모델을 수립하고 과정을 시각화한다.
④ 표준플랫폼과의 통합 및 연계과정은 서비스 지향 및 개방형 네트워크 기반 표준플랫폼과 제품수명주기관리(Product Lifecycle Management, PLM) 시스템을 바탕으로 사물인터넷 기반 개방형 네트워크와 구성요소들의 통합 및 상호 연계하는 과정을 말한다.

핵심문제

01. 스마트공장의 구성영역 중에서 생산계획 수립, 재고관리, 제조자원관리, 품질관리, 공정관리, 설비제어 등을 담당하는 것은?

① 제품개발　　　　　　　　② 현장자동화
③ 공장운영관리　　　　　　④ 공급사슬관리

> **정답** ③ 공장운영관리는 자동화된 생산설비로부터 실시간으로 가동정보를 수집하여 효율적으로 공장 운영에 필요한 생산계획 수립, 재고관리, 제조자원관리, 품질관리, 공정관리, 설비제어 등을 담당하며, 제조실행시스템(MES), 창고관리시스템(WMS), 품질관리시스템(QMS) 등의 기술이 이용된다.

5. 제조업의 스마트화와 스마트팩토리

스마트팩토리(smart factory)란 설계·개발, 제조 및 유통·물류 등 생산 과정에 디지털 자동화 솔루션이 결합된 ICT를 적용하여 생산성, 품질, 고객만족도를 향상시키는 지능형 생산공장을 말하며 제조산업에 사물인터넷(IoT)을 결합하여 개별 공장의 설비(장비)및 공정이 센서(sensor)를 통한 네트워크로 연결되고, 생산과 관련된 모든 데이터 및 정보가 실시간으로 공유되어 생산 및 운영이 최적화된 공장을 말한다.

스마트팩토리는 제조업 관점에서 자원 효율성과 적응성 향상, 그리고 가치사슬 측면에서 고객 또는 공급자의 통합을 특징으로 한 지능적(intelligent)이고 스마트(smart)한 공장이다.

> **· 스마트팩토리의 주요 구축 목적**
> 생산성 향상과 유연성 향상, 고객서비스 향상, 비용절감, 납기향상, 품질향상, 인력효율화, 맞춤형제품 생산, 통합된 협업생산시스템, 최적화된 동적생산시스템, 새로운 비즈니스 창출, 제품 및 서비스의 생산통합, 제조의 신뢰성 확보 등이 구축 목적이다.

6. 스마트팩토리의 수준별 구축단계와 특성

스마트팩토리 구축에 관한 성숙도 단계(수준별 단계)로 4단계 레벨

수준(Level)	정의	주요 구축내용
기초 수준 (Level 1)	- 생산실적 이력 및 불량 관리, - 바코드/RFID 활용한 데이터 수집하는 단계	- 중요 업무의 부분자동화 - 중요 생산라인의 제조 빅데이터 기술을 부분적으로 적용
중간 수준 (Level 2)	실시간 생산정보 수집 및 분석을 통한 생산/품질관리, 센서를 활용한 설비데이터 자동 집계 단계	- 중요 업무의 자동화 - 중요 설비의 부분자동화 - 중요 생산라인의 제조 빅데이터기술을 적용함
고급 수준 (Level 3)	실시간 공장 자동제어, PLC(제어기)를 통한 시스템-설비 실시간 연동 단계	- 공장 내 대부분의 업무자동화 - 대부분의 설비자동화 - 대부분의 생산라인 재구축을 위한 제조 빅데이터 기술 적용 - 생산부서와 기타 부서간의 내부 가치사슬을 통합
최적화 수준 (Level 4)	설비/시스템 스스로의 판단에 의한 자율생산, 다기능 지능화 로봇과 시스템 간 유무선 통신 단계	- 모든 업무 및 설비 자동화 - 모든 생산라인들의 지속적 개선 및 재구축을 실현하기 위한 제조 빅데이터 기술 적용 - 내부뿐 아니라 공급자/유통업자 등 외부 가치사슬 통합까지 확대

7. 제조빅데이터분석과 ERP의 역할

① 사물인터넷과 빅데이터 플랫폼은 각 공정별 설비와 기존 시스템(ERP, MES, PLM 등) 간 유기적 연계 및 분석(analyze)을 통한 전체 최적화(globally optimize)를 달성하고, 제반 운용 데이터들을 연계, 자동화, 지능화하여 지능형 공정 운용체계를 구현하는 것을 목표로 한다.

② ERP, MES, PLM 등 기존 시스템으로부터 기준정보, 실적정보, 설비상태, 검사정보 등의 실시간 운영데이터와 현장 센서/설비 데이터 등 비정형 데이터를 통합(제조빅데이터)하여 이를 기반으로 제조빅데이터분석을 수행한다.

③ 제조빅데이터분석은 스마트팩토리에서 생성되는 정형 및 비정형데이터를 인공지능기법(신경망 등)을 이용하여 예측, 추측, 최적화 문제를 해결하는 것이다.

④ 스마트팩토리를 구축해 상호 연결된 기계와 설비로부터 생성되는 데이터에 인공지능을 적용할 수 있다.

⑤ 산업용 사물인터넷 도입과 스마트팩토리 내/외부에 센서를 설치해 인공지능 시스템을 구축하고 있다. 이를 기반으로 수요와 생산 데이터를 심층 분석해, 제조 계획 수립을 효율화하고 예측적 분석력을 개선하며 생산 일정을 최적화한다.

8. 제품수명주기관리(Product Lifecycle Management, PLM)와 ERP

① ERP가 경영관리측면에서 제품 경쟁력을 향상시켜 온 것은 사실이지만 시스템 내 주요 기능을 재무적 관점에서 해석하여 제품 개발에 대한 정보관리의 한계와 제품의 생산 단계별 효율화에 근본적으로 한계가 있다.

② ERP는 비즈니스 프로세스를 부문이나 조직을 연결하는 횡적인 것으로 파악하기 때문에 엔지니어링 관점에서 설계 및 개발, 생산, 판매 및 기술지원 그리고 폐기 및 재활용 등 전 영역에 이르는 종적인 업무흐름을 지원하지 못한다.

③ ERP시스템에서 관리하지 못하는 종적인 영역을 보완함과 동시에 제품에 대한 전반적인 수명주기(life-cycle)를 관리하고 나아가 제품에 대한 설계, 조달, 제조, 생산프로세스의 효율화 및 원가절감을 위해 제품수명주기관리(Product Lifecycle Management: PLM) 시스템을 도입하고 있다.

④ PLM이란 제품수명주기의 모든 단계(제품의 설계에서부터 생산, 출시, 유지보수를 거쳐 서비스 종료와 최종 폐기에 이르기까지)에서 사람, 기술, 프로세스 및 모범사례(Best Practice)로 구성되는 통합된 정보지향적 접근이다.

⑤ PLM 소프트웨어는 분산된 환경에서 발생하는 제품정보를 조회, 수정, 처리하고 판단할 수 있도록 지원하는 제품수명주기를 관리하기 위한 비즈니스 시스템의 통합으로 정의하고 있다.

5절 인공지능과 ERP

1. 인공지능의 개요

인간의 학습능력과 추론능력, 지각능력, 자연언어의 이해능력 등을 컴퓨터 프로그램으로 실현한 기술을 인공지능(Artificial Intelligence, AI)이라 한다.

1) 인공지능의 기술발전

인공지능의 기술발전은 계산주의 시대, 연결주의 시대, 딥러닝 시대로 구분된다.
① 계산주의 시대
- 인공지능 초창기 시대는 계산주의(computationalism) 시대이다. 계산주의는 인간이보유한 지식을 컴퓨터로 표현하고 이를 활용해 현상을 분석하거나 문제를 해결하는 지식기반시스템(knowledge based system)을 말한다.
- 컴퓨팅 성능 제약으로 인한 계산기능(연산기능)과 논리체계의 한계, 데이터 부족 등의 근본적인 문제에 직면하여 결국 계산주의 연구는 기대에 부응하지 못하였다.

② 연결주의 시대
- 계산주의로 인공지능 발전에 제약이 생기면서 1980년대에 연결주의(connectionism)가 새롭게 대두되었다.
- 연결주의는 지식을 직접 제공하기보다 지식과 정보가 포함된 데이터를 제공하고 컴퓨터가 스스로 필요한 정보를 학습한다.
- 연결주의는 인간의 두뇌를 모사하는 인공신경망(Artificial Neural Network)을 기반으로 한 모델이다.
- 연결주의 시대의 인공지능은 인간과 유사한 방식으로 데이터를 학습하여 스스로 지능을 고도화한다.
- 연결주의는 막대한 컴퓨팅 성능과 방대한 학습데이터가 필수적이나 당시에도 이들이 부족하여 비즈니스 활용 측면에서 한계가 있었다.
- 연결주의 시대도 학습에 필요한 빅데이터와 컴퓨팅 파워의 부족이라는 한계를 극복하지 못하였다.

③ 딥러닝의 시대
- 2010년 이후 GPU(Graphic Processing Unit)의 등장과 분산처리기술의 발전으로 계산주의와 연결주의 시대의 문제점인 방대한 양의 계산문제를 대부분 해결하게 되었다.

- 사물인터넷과 클라우드 컴퓨팅 기술의 발전으로 빅데이터가 생성 및 수집되면서 인공지능 연구는 새로운 전환점을 맞이하였다.
- 최근의 인공지능은 딥러닝(deep learning, 심층학습)의 시대이다.
- 연결주의 시대와 동일하게 신경망을 학습의 주요 방식으로 사용한다.
- 입력층(input layer)과 출력층(output layer) 사이에 다수의 숨겨진 은닉층(hidden layer)으로 구성된 심층신경망(Deep Neural Networks)을 활용한다.
- 심층신경망은 인간의 두뇌 구조와 학습방식이 동일하여 뇌 과학과 인공지능 기술의 융합이 가능해지고 있다.
- 현재 딥러닝은 음성인식, 이미지인식, 자동번역, 무인주행(자동차, 드론) 등에 큰 성과를 나타내고 있으며 의료, 법률, 세무, 교육, 예술 등 다양한 범위에서 활용되고 있다.

핵심문제

01. 인공지능의 기술발전에 대한 설명으로 옳지 않은 것은?

① 계산주의는 인간이 보유한 지식을 컴퓨터로 표현하고 이를 활용해 현상을 분석하거나 문제를 해결하는 지식기반시스템을 말한다.
② 연결주의는 지식을 직접 제공하기보다 지식과 정보가 포함된 데이터를 제공하고 컴퓨터가 스스로 필요한 정보를 학습한다.
③ 연결주의 시대는 학습에 필요한 빅데이터와 컴퓨팅 파워의 부족이라는 한계를 극복하였다.
④ 딥러닝은 입력층(input layer)과 출력층(output layer) 사이에 다수의 숨겨진 은닉층(hidden layer)으로 구성된 심층신경망(Deep Neural Networks)을 활용한다.

(정답) ③ 연결주의 시대도 학습에 필요한 빅데이터와 컴퓨팅 파워의 부족이라는 한계를 극복하지 못하였다.

2) 인공지능의 활용

① 인공지능 기술은 안전, 의료, 국방, 금융, 복지 등 다양한 응용분야에 특화된 소프트웨어와 머신러닝, 클라우드, 고성능 컴퓨터 기술 등을 포함하고 있다.
② 최근 인공지능은 단순히 인지능력에서 벗어나 인지한 환경 속에서 최적의 답을 찾아내고, 여기에 스스로 수행한 학습을 더해 추론 및 예측을 수행한다. 향후에는 인공지능이 문제를 스스로 발견하고 해결하는 행동단계에 이르기까지 도달할 것이다.
③ 인공지능은 4차 산업혁명의 핵심원천기술로 4차 산업혁명의 선도국가와 기업은 인공지능을 통한 혁신 및 성장 모멘텀(momentum) 발굴에 집중하고 있다.
④ 4차 산업혁명 시대 인공지능의 완성은 모든 분야에서 인간을 대체하거나 능가할 수 있는 가능성을 보여주는 것으로 4차 산업혁명과 이전 산업혁명과의 결정적인 차이는 인공지능 기술력에서 발생한다.

3) 핵심원천기술과의 융합

① 인공지능이 클라우드 서버의 빅데이터를 분석하여 시간을 최적화(예측)하고 인간과 공간을 최적화(맞춤)함으로써 가치를 창출한다.
② 인공지능은 이들 과정을 융합하는 미래의 원천기술로 시간의 예측과 공간의 맞춤이라는 4차 산업혁명의 가장 핵심적인 가치를 창출한다.

4) 핵심원천기술과의 융합

① 인공지능이 클라우드 서버의 빅데이터를 분석하여 시간을 최적화(예측)하고 인간과 공간을 최적화(맞춤)함으로써 가치를 창출한다.
② 인공지능은 이들 과정을 융합하는 미래의 원천기술로 시간의 예측과 공간의 맞춤이라는 4차 산업혁명의 가장 핵심적인 가치를 창출한다.

2. 인공신경망과 딥러닝 알고리즘

인공신경망(artificial neural network)은 인간의 학습과 직관이 일어나는 생물학적인 신경망 과정을 모방한 컴퓨터 프로그램으로 이미 존재하는 어떤 규칙이나 구조에 따라 프로그램화되는 것이 아니라 경험과 시행착오법(trial and error)을 통해 실제학습이 이루어지며 인공신경망은 인간두뇌의 휴리스틱한 문제해결방법을 모형화한 것으로 그 학습능력과 추론능력이 매우 뛰어나다.

딥러닝(deep learning)은 기계학습 방법 중 하나로 컴퓨터가 방대한 데이터를 이용해 사람처럼 스스로 학습할 수 있도록 심층신경망 기술을 이용한 기법이다.

> • 딥러닝 알고리즘의 종류
> - 합성곱 신경망(convolutional neural network, CNN)은 필터링 기법을 인공신경망에 적용하여 이미지를 효과적으로 처리할 수 있는 심층신경망 기법이다.
> - 합성곱 신경망(CNN)은 이미지 인식 및 분류에 효과적인 성능을 보이고 있다.
> - 순환신경망(Recurrent Neural Network, RNN)은 딥러닝 알고리즘 중 하나로 순환적인 구조를 가지고 있는 인공신경망이다.
> - 입력과 출력을 시퀀스(sequence) 단위로 처리하며 자연어 처리 및 시계열 예측분야에 활용되고 있다.

3. 인공지능과 빅데이터 분석기법

인공지능 기반 빅데이터 분석 기법으로 기계학습, 데이터마이닝, 텍스트마이닝 등이 있다.

1) 기계학습의 개념

① 기계학습(machine learning, 머신러닝)이란 방대한 데이터를 분석해 미래를 예측하는 기술로 일반적으로 생성(발생)된 데이터를 정보와 지식(규칙)으로 변환하는 컴퓨터 알고리즘을 의미한다.
② 기계학습은 수집된 빅데이터를 분석할 수 있는 기준(알고리즘)을 가지고 학습을 통해 주어진 일에 대한 해결책 제시(의사결정지원)를 자동화하는 것이다.

2) 기계학습의 종류: 지도학습, 비지도학습, 강화학습

① 지도학습(Supervised Learning)은 학습 데이터로부터 하나의 함수를 유추해내기위한 방법이다. 학습 데이터로부터 주어진 데이터의 예측 값을 올바로 추측해 내는 것이며 분류모형과 회귀모형이 있다.
② 비지도학습(Unsupervised Learning)은 데이터가 어떻게 구성되었는지를 알아내는 문제의 범주에 속한다. 지도학습 및 강화학습과 달리 입력값에 대한 목표치가 주어지지 않는다. 비지도학습 방법에는 군집분석, 오토인코더, 생성적적대신경망(GAN) 등이 있다.
③ 강화학습(Reinforcement Learning)은 선택 가능한 행동들 중 보상을 최대화하는 행동 혹은 순서를 선택하는 방법이다. 강화학습에는 게임 플레이어 생성, 로봇 학습 알고리즘, 공급망 최적화 등의 응용영역이 있다.

핵심문제

01. 기계학습에 대한 설명으로 옳지 않은 것은?

① 지도학습은 학습 데이터로부터 하나의 함수를 유추해내기 위한 방법이다.
② 비지도학습 방법에는 분류모형과 회귀모형이 있다.
③ 비지도학습은 입력값에 대한 목표치가 주어지지 않는다.
④ 강화학습은 선택 가능한 행동들 중 보상을 최대화하는 행동 혹은 순서를 선택하는 방법이다.

정답 ② 분류모형과 회귀모형은 지도학습 방법이다.

3) 기계학습(머신러닝) 워크플로우

데이터를 수집하고 머신러닝을 수행하는 과정인 머신러닝 워크플로우는 6단계로 구성된다.

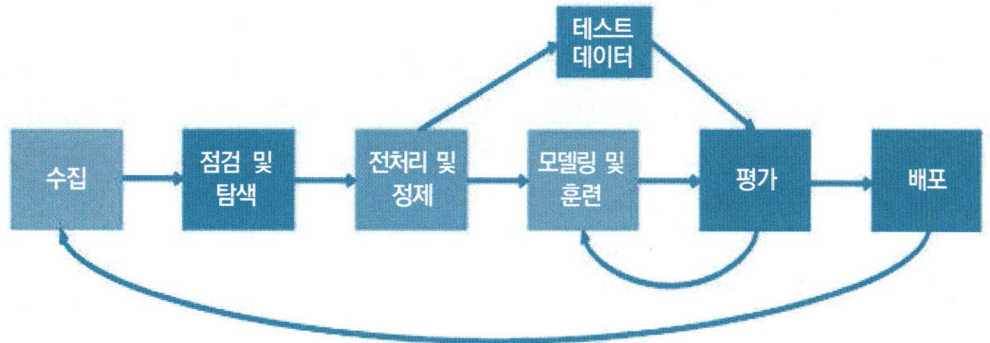

① 데이터 수집(data acquisition) 단계: 인공지능 구현을 위해서는 머신러닝·딥러닝 등의 학습 방법과 이것을 학습할 수 있는 방대한 양의 데이터, 그리고 컴퓨팅 파워가 필요하다. 분석 목적에 맞는 데이터를 수집하며 수집 방법은 내부의 데이터웨어하우스나 데이터베이스 내의 데이터, 조직 외부의 데이터 소스 등을 통해 이루어진다.

② 점검 및 탐색(Inspection and exploration) 단계: 데이터를 점검하고 탐색하는 탐색적 데이터 분석(exploratory data analysis, EDA)을 수행한다. EDA는 데이터의 구조와 결측치 및 극단치 데이터를 정제하는 방법을 탐색한다. EDA는 독립변수, 종속변수, 변수 유형, 변수의 데이터 유형 등 데이터 특징을 파악한다.

③ 전처리 및 정제(Preprocessing and Cleaning) 단계: 다양한 소스로부터 획득한 데이터 중 분석하기에 부적합하거나 수정이 필요한 경우 데이터를 전처리하거나 정제하는 과정이다. 불필요한 정보를 제거하고, 비정형데이터를 정형데이터로 구조화하는 작업이 필요하다.

④ 모델링 및 훈련(Modeling and Training) 단계: 머신러닝에 대한 코드를 작성하는 모델링 단계를 말한다. 적절한 머신러닝 알고리즘을 선택하여 모델링을 수행하고, 해당 머신러닝 알고리즘에 전처리가 완료된 데이터를 학습시킨다(훈련). 전처리 완료된 데이터 셋은 학습용 데이터(training data)와 평가용 데이터(test data)로 구성한다.

⑤ 평가(Evaluation) 단계: 머신러닝 기법을 이용한 분석모델(연구모형)을 실행하고 성능(예측정확도)을 평가하는 단계이다. 모형평가에는 연구모형이 얼마나 정확한가, 연구모형이 관찰된 데이터를 얼마나 잘 설명하는가, 연구모형의 예측에 대해 얼마나 자신할 수 있는가(신뢰성, 타당성), 모형이 얼마나 이해하기 좋은가 등을 평가하고 만족하지 못한 결과가 나온다면 모델링 및 훈련 단계를 반복 수행한다.

⑥ 배포(Deployment) 단계: 평가 단계에서 머신러닝 기법을 이용한 연구모형이 성공적으로 학습된 것으로 판단되면 완성된 모델을 배포한다. 분석모델을 실행하여 도출된 최종결과물을 점검하고, 사업적 측면에서 결과의 가치를 재평가한다. 분석모델을 파일럿 테스트(pilot test, 시험작동)를 통해 운영한 다음 안정적으로 확대하여 운영계시스템에 구축한다.

4) 데이터마이닝(Data Mining)

데이터마이닝(Data Mining)은 축적된 대용량 데이터를 통계기법 및 인공지능기법을 이용하여 분석하고 이에 대한 평가를 거쳐 일반화시킴으로써 새로운 자료에 대한 예측 및 추측을 할 수 있는 의사결정을 지원하며 대규모로 저장된 데이터 안에서 다양한 분석기법을 활용하여 전통적인 통계학 이론으로는 설명이 힘든 패턴과 규칙을 발견한다.

5) 데이터마이닝의 5가지 업무 영역

데이터마이닝은 분류, 추정, 예측, 유사집단화, 군집화의 5가지 업무영역으로 구분한다.
① 분류(classification): 어떤 새로운 사물이나 대상의 특징을 파악하여 미리 정의된 분류코드에 따라 어느 한 범주에 할당하거나 나누는 것을 의미한다.
② 추정(estimation): 결과가 연속형 값을 갖는 연속형 변수를 주로 다루며 주어진 입력변수로부터 수입(income), 은행잔액(balance), 배당금(corporate dividends)과 같은 미지의 연속형 변수에 대한 값을 추정(산출)한다.
③ 예측(prediction): 과거와 현재의 자료를 이용하여 미래를 예측하는 모형을 만드는 것이다.
④ 유사집단화(affinity grouping): 유사한 성격을 갖는 사물이나 물건들을 함께 묶어주는 작업을 말한다.
⑤ 군집화(clustering): 이질적인 사람들의 모집단으로부터 다수의 동질적인 하위 집단 혹은 군집들로 세분화하는 작업

4. 인공지능 적용기술(응용분야): RPA(로봇 프로세스 자동화)

RPA(Robotic Process Automation, 로봇 프로세스 자동화)는 소프트웨어 프로그램이 사람을 대신해 반복적인 업무를 자동 처리하는 기술을 말하며 사용자가 미리 정의한 순서에 따라 진행되는 업무를 자동으로 수행하는 소프트웨어를 이용해 자동화하는 것이다.

RPA는 인공지능과 머신러닝을 사용하여 가능한 많은 반복적 업무를 자동화할 수 있는 소프트웨어 로봇 기술이며 기업이 반복적인 작업을 자동화하도록 지원하는 새로운 비즈니스 프로세스이다.

RPA는 기초프로세스 자동화, 데이터 기반의 머신러닝(기계학습) 활용, 인지자동화의 세 단계 활동으로 구성된다.
① 1단계 기초프로세스 자동화: 정형화된 데이터 기반의 자료 작성, 단순 반복 업무처리, 고정된 프로세스 단위 업무 수행 등이 해당된다.
② 2단계 데이터 기반의 머신러닝 활용: 이미지에서 텍스트 데이터 추출, 자연어 처리로 정확도와 기능성을 향상시키는 과정이다.
③ 3단계 인지자동화: 빅데이터 분석을 통해 사람이 수행한 복잡한 의사결정을 내리는 수준이다. 이것은 RPA가 업무 프로세스를 스스로 학습하면서 자동화하는 단계이다.

> **핵심문제**
>
> **01.** 다음 [보기]에서 설명하는 RPA(Robotic Process Automation) 적용단계는 무엇인가?
>
> ┤ 보기 ├
> 빅데이터 분석을 통해 사람이 수행한 복잡한 의사결정을 내리는 수준 이다. 이것은 RPA가 업무 프로세스를 스스로 학습하면서 자동화하는 단계이다.
>
> ① 기초프로세스 자동화 ② 데이터 기반의 머신러닝(기계학습) 활용
> ③ 인지자동화 ④ 데이터전처리
>
> 정답 ③ RPA 3단계 인지자동화에 대한 설명이다.

5. 인공지능 적용기술(응용분야): 챗봇(ChatBot)

- 채팅(Chatting)과 로봇(Robot)의 합성어인 챗봇(ChatBot)은 로봇의 인공지능을 대화형 인터페이스에 접목한 기술로 인공지능을 기반으로 사람과 상호작용하는 대화형시스템을 지칭한다.
- 챗봇은 기업에서 사용하는 메신저에서 채팅을 하듯이 질문을 입력하면 인공지능이 빅데이터 분석을 통해 일상 언어로 사람과 소통하는 대화형 메신저이다.
- 최초의 챗봇은 1966년에 개발되었으나 인공지능 기술의 발전으로 머신러닝 또는 딥러닝 기술이 챗봇에 적용되면서 사용자의 질문을 이해하고 의도를 파악하여 적합한 답변을 제시할 수 있다.
- 챗봇(Chatbot)은 대화형 인공지능(Conversational AI)으로 음성이나 문자를 통해 사용자와 대화를 하고, 사용자가 원하는 작업을 수행한다.

6. 인공지능 적용기술(응용분야): 로보어드바이저(Robo-advisor)

- 로보어드바이저(Robo-advisor)는 로봇(robot)과 투자전문가(advisor)의 합성어, 빅데이터와 인공지능 알고리즘 기반으로 고객에게 온라인으로 자산배분(asset allocation) 포트폴리오를 관리해주는 금융자문서비스이다.
- 로보어드바이저는 인간의 주관적 판단이나 개입 없이 수학적 규칙이나 알고리즘을 이용하여 투자자들에게 온라인상으로 자산배분 포트폴리오를 제시하는 일종의 자산관리로봇(Robot)이다.
- 개인별 위험성향을 고려한 자산배분 전략에 따라 포트폴리오를 구성하여 맞춤형 투자자문 및 자산관리서비스를 제공하고 있다.
- 투자자가 정형화된 설문을 통해 본인의 투자성향과 위험성향을 비롯한 각종 데이터를 입력하면 로보어드바이저는 프로파일(profile)을 형성하여 적정 투자 포트폴리오를 제시하는 동시에 운용 및 리밸런싱(rebalancing, 운용자산의 편입비중 재조정) 서비스까지 제공한다.

7. 인공지능 적용기술(응용분야): 블록체인(Block Chain)

- 블록체인(Block Chain)이란 분산형 데이터베이스(distributed database)의 형태로 데이터를 저장하는 연결구조체이며, 모든 구성원이 네트워크를 통해 데이터를 검증 및 저장하여 특정인의 임의적인 조작이 어렵도록 설계된 저장플랫폼이다.
- 블록(Block)은 거래 건별 정보가 기록되는 단위이며 이것이 시간의 순서에 따라 체인(chain) 형태로 연결된 데이터베이스를 블록체인이라고 한다.
- 블록체인은 블록의 정보와 거래내용(거래정보)을 기록하고 이를 네트워크 참여자들에게 분산 및 공유하는 분산원장(distributed ledger) 또는 공공거래 장부이다.
- 암호화폐 비트코인(Bitcoin) 개발자 사토시 나카모토(가명)는 블록체인은 비트코인의 거래내역을 기록하는 장부로 P2P(peer to peer) 네트워크 기반의 분산장부시스템(public ledger)이라고 정의하였다.
- 블록체인은 은행이나 환전소 같은 중앙서버의 개입 없이 P2P를 통해 네크워크 상에서 사용자와 제공자의 컴퓨터에만 거래내역이나 정보를 저장하는 것이 아니라 모든 참여자의 컴퓨터에 정보를 저장한다.
- 블록체인은 위변조(forgery)에 대한 보안성이 뛰어나 이를 선호하는 네트워크 내 거래 참여자들 간 금융거래에 적극 활용되고 있다.

> **블록체인 기술의 특징**
> - 탈중개성: 공인된 제3자의 공증 없이 개인 간 거래가 가능하며 불필요한 수수료를 절감할 수 있다.
> - 보안성: 정보를 다수가 공동으로 소유하므로 해킹이 불가능하여 보안비용을 절감할 수 있다. 또한 거래의 승인·기록은 다수의 참여에 의해 자동 실행되므로 신속성이 극대화된다.
> - 확장성: 공개된 소스에 의해 쉽게 구축, 연결, 확장이 가능하므로 IT구축비용을 절감할 수 있다.
> - 투명성: 모든 거래기록에 공개적 접근이 가능하여 거래 양성화 및 규제비용을 절감할 수 있다.

8. 인공지능 적용기술(응용분야): 예측분석(Predictive Analytics)

① 예측분석(Predictive Analytics)은 기계학습 및 딥러닝 등의 기술을 활용하여 대용량 데이터를 분석하고, 이를 통해 예측결과를 제시한다.
② 예측분석은 금융 산업 전반에 적용되고 있는 로보어드바이저와 이상금융거래탐지(FDA), 그리고 개인 맞춤형 컨텐츠 추천에 적용되고 있다.
③ 이상금융거래탐지시스템(Fraud Detection System, FDS)은 금융거래의 비정상적인 행위를 탐지하여 금융사고를 예방하는 기술적 접근방법의 시스템이다.

④ FDS는 실시간으로 단말기 정보와 거래내용, 이용자 유형 등 고객 데이터 및 결제데이터를 인공지능 기술을 이용하여 분석한 후 평소 거래패턴 데이터와 다른 거래임을 탐지(이상징후 파악)하여 금융기관과 이용자에게 탐지 사실을 알리는 것이다.
⑤ 넷플릭스(Netflix)는 기계학습 기술을 활용하여 영화추천을 포함한 고객 맞춤형 콘텐츠 추천 서비스를 제공하고 있다.
⑥ 통신사들은 방대한 고객 데이터에 예측분석을 적용하여 이탈가능성이 큰 고객(가입해지율)을 예측하는 등 고객 확보를 강화하고 있다.

9. 인공지능 비즈니스 적용 프로세스

인공지능 비즈니스 적용 프로세스(5단계)는 비즈니스 영역 탐색, 비즈니스 목표 수립, 데이터 수집 및 적재, 인공지능 모델 개발, 인공지능 배포 및 프로세스 정비 등이다.

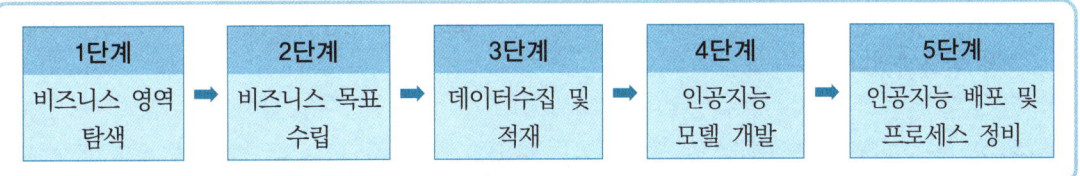

핵심문제

01. 다음 중 인공지능 비즈니스 적용 프로세스의 순서로 올바른 것은?

① 비즈니스 영역 탐색 → 비즈니스 목표 수립 → 데이터 수집 및 적재 → 인공지능 모델 개발 → 인공지능 배포 및 프로세스 정비
② 비즈니스 목표 수립 → 비즈니스 영역 탐색 → 데이터 수집 및 적재 → 인공지능 모델 개발 → 인공지능 배포 및 프로세스 정비
③ 비즈니스 목표 수립 → 데이터 수집 및 적재 → 인공지능 모델 개발 → 인공지능 배포 및 프로세스 정비 → 비즈니스 영역 탐색
④ 비즈니스 영역 탐색 → 비즈니스 목표 수립 → 데이터 수집 및 적재 → 인공지능 배포 및 프로세스 정비 → 인공지능 모델 개발

정답 ① 인공지능 비즈니스 적용 프로세스(5단계)는 비즈니스 영역 탐색 → 비즈니스 목표 수립 → 데이터 수집 및 적재 → 인공지능 모델 개발 → 인공지능 배포 및 프로세스 정비 순이다.

10. 인공지능 윤리

1) 윤리이슈 및 동향

① 인공지능 확산에 따른 역기능과 부작용에 대해 법적 책임규명 및 권리의 범선 혼선에 대비한 법제도적 논의가 증가하는 시점에 인공지능 윤리원칙이 제시되고 있다.
② 인공지능 기술이 방대한 데이터, 알고리즘의 복잡성으로 인해 통제와 예측이 쉽지않고, 알고리즘의 의도하지 않은 차별, 편견 개입에 따른 피해요인을 인지하기 어렵다.
③ 인공지능 윤리이슈 중 심각한 점은 머신러닝에 의한 인종, 종교와 같은 인간의 편견이 프로그래밍 되는 것이다.

2) 인공지능 규범 원칙

① 최근에는 인공지능 개발과 사용과정에서 발생하는 위험요소와 오용의 문제에 대해 윤리원칙을 검토 및 채택해야 한다는 움직임이 활발해지고 있다.
② 2018년 9월 세계경제포럼(World Economic Forum)에서 인공지능 규범(AI code)의 5개 원칙을 발표하였다.

코드명	인공지능 규범(AI code)의 5개 원칙
Code 1	인공지능은 인류의 공동 이익과 이익을 위해 개발되어야 한다.
Code 2	인공지능은 투명성과 공정성의 원칙에 따라 작동해야 한다.
Code 3	인공지능이 개인, 가족, 지역 사회의 데이터 권리 또는 개인정보를 감소시켜서는 안 된다.
Code 4	모든 시민은 인공지능을 통해서 정신적, 정서적, 경제적 번영을 누리도록 교육받을 권리를 가져야 한다.
Code 5	인간을 해치거나 파괴하거나 속이는 자율적 힘을 인공지능에 절대로 부여해서는 안 된다고 발표한 바 있다.

핵심문제

01. 다음 중 세계경제포럼(World Economic Forum)에서 발표한 인공지능 규범(AI code)의 5개 원칙에 해당하지 않는 것은?

① 인공지능은 인류의 공동 이익과 이익을 위해 개발되어야 한다.
② 인공지능은 투명성과 공정성의 원칙에 따라 작동해야 한다.
③ 인공지능이 개인, 가족, 지역 사회의 데이터 권리 또는 개인정보를 감소시켜야 한다.
④ 인간을 해치거나 파괴하거나 속이는 자율적 힘을 인공지능에 절대로 부여하지 않는다.

정답 ③ 인공지능이 개인, 가족, 지역 사회의 데이터 권리 또는 개인정보를 감소시켜서는 안 된다.

핵심평가문제

01. 다음의 ERP에 대한 설명으로 가장 적합하지 않은 것은?
① ERP란 기업내에서 분산된 모든 자원을 부서 단위가 아닌 기업전체의 흐름에서 최적관리가 가능하도록 하는 통합시스템이다.
② ERP를 도입했을 때 예상되는 효과는 리드타임 감소, 고객서비스 개선, 투명한 경영 등의 효과를 높일 수 있다.
③ ERP란 기업내의 회계, 인사, 생산, 자재관리 등이 각 시스템별로 개발 운영되어 의사결정이 이루어진다.
④ ERP가 구축되어 성공하기 위해서는 경영자의 관심과 기업전원이 참여하여야 한다.

02. ERP의 특성으로 옳지 않은 것은?
① 모듈화   ② 단일성   ③ 통합성   ④ 글로벌

03. ERP(Enterprise Resource Planning)와 관련된 다음의 설명 중 가장 거리가 먼 것은?
① 판매, 생산, 재고관리 등의 시스템들이 상호 연동하여 사용자가 요청하는 작업을 즉시 수행할 수 있도록 해주는 통합시스템이다.
② 업무의 표준화, 자료의 표준화에 의한 시스템 통합으로, 전사차원에서 통합된 데이터베이스를 구축하여 정보의 일관성 유지는 가능하나 관리의 중복을 배제할 수는 없다.
③ 기업으로 하여금 글로벌환경에 쉽게 대응할 수 있도록 한다.
④ 정보시스템을 통해 회사의 경영에 필요한 조기경보체제를 구축할 수 있다.

04. ERP에 대한 설명으로 틀린 것은?
① 인사, 영업, 구매, 생산, 회계 등 기업의 업무가 통합된 시스템이다.
② 기능 최적화에서 전체 최적화를 목표로 한 시스템이다.
③ 모든 사용자들은 사용권한 없이도 쉽게 기업의 정보에 접근할 수 있다.
④ 신속한 의사결정을 지원하는 경영정보시스템이다.

05. 아래 설명 중 가장 적절하지 않은 것은?

① ERP는 생산, 회계, 인사 등의 업무프로세스를 지원하는 각각의 개별시스템이다.
② ERP라는 용어는 가트너 그룹에서 최초로 사용하였다.
③ 기업의 형태나 환경의 변화에 따라 ERP도 변화한다.
④ ERP 소프트웨어는 경영혁신의 도구이다.

06. 다음은 조직의 효율성을 제고하기 위한 업무흐름 뿐만 아니라 전체 조직을 재구축하려는 혁신전략 기법이다. 주로 정보기술을 통해 기업경영의 핵심 과정을 전면 개편함으로써 경영성과를 향상시키려는 경영기법인데 매우 신속하고 극단적인 그리고 전면적인 혁신을 강조하는 이 기법은 무엇을 말하는가?

① 지식경영   ② 벤치마킹   ③ 리스트럭처링   ④ 리엔지니어링

07. ERP 발전과정을 바르게 표시한 것은?

① MRP → EERP → MRPⅡ → ERP
② BPR → MRP → EERP → ERP
③ MRP → MRPⅡ → ERP → EERP
④ MRPⅡ → MRP → ERP → EERP

08. 다음 설명이 의미하는 용어는?

> 기준 생산계획(master schedule)과 부품표, 재고정보의 3가지를 기반으로 구체적인 제조일정과 자재생산, 조달계획을 계산하는 기법으로 소요자재를 적시, 적소에 공급하여 기업의 재고를 최소화시키는 것이 목표이다.

① MRP Ⅰ   ② MRP Ⅱ   ③ ERP   ④ E-ERP

09. 다음 중 BPR(업무재설계)의 원칙이라고 볼 수 없는 것은?

① 업무를 과업중심이 아닌 결과중심으로
② 처리결과를 활용하는 사람이 처리업무를 수행
③ 의사결정이나 통제기능은 처리과정 외부에 존재
④ 경영비전과 프로세스의 목적 설정

10. 다음 ERP 구축절차에 대한 순서가 올바르게 연결된 것은?

① 설계 → 구축 → 구현 → 분석
② 분석 → 설계 → 구축 → 구현
③ 분석 → 설계 → 구현 → 구축
④ 설계 → 분석 → 구축 → 구현

11. 다음 ERP의 구축방법중에서 분석단계에 해당하지 않는 것은?

① AS-IS 파악　　　　　　　　② 현재 시스템 문제파악
③ TO-BE Process 도출　　　　④ TFT 결성(Kick Off)

12. 다음 중 ERP의 4단계 구축 과정에서 분석단계에 해당하지 않는 것은?

① 경영전략 및 비전 도출　　　② 목표와 범위 설정
③ 현재 시스템의 문제 파악　　④ 모듈의 조합화

13. ERP 구축절차 중 모듈조합화와 각 모듈별 테스트를 한 후 통합테스트를 하는 것은 어느 단계인가?

① 설계 단계　　② 구현 단계　　③ 분석 단계　　④ 구축 단계

14. ERP 구축절차 중 패키지기능과 TO-BE Process와의 차이분석을 하는 것은 다음 중 어느 단계에 해당하는가?

① 구현단계　　② 분석단계　　③ 설계단계　　④ 구축단계

15. 다음 중 ERP의 기능적 특징에 해당하지 않는 것은?

① 다국적, 다통화, 다언어 지원
② 통합업무시스템-중복업무의 배제 및 실시간 정보처리체계구축
③ Best Practice Business process를 공통화, 표준화
④ 불투명 경영의 수단으로 활용

16. 다음 내용 중 ERP의 특징으로 가장 적합한 것은?

① 조직구성원의 업무수준의 평준화
② 투명경영수단으로 활용
③ 담당 부서 업무의 전문성 및 정보의 비공개
④ 중복업무의 허용 및 실시간 정보처리 체계 구축

17. 다음은 ERP의 기능적 특성이다. 가장 적절하지 않은 것은?

① 중복업무의 배제 및 실시간 정보처리 체계를 구축할 수 있다.
② 패키지이기 때문에 단지 교육이 필요할 뿐 컨설팅이 불필요한 시스템이다.
③ 표준을 지향하는 선진화된 최고의 실용성을 수용한 시스템이다.
④ 경영자정보제공 및 경영조기경보체계를 구축할 수 있다.

18. **다음의 ERP의 기술적 특징에 속하는 것은?**

① 중복업무의 배제 및 실시간 정보처리 체계 구축
② 조직의 변경이나 프로세스의 변경에 대응하는 파라미터 지정에 의한 프로세스의 정의
③ 실시간으로 처리되는 경영현황을 이용한 경영정보제공 및 경영조기경보체계 구축
④ 관계형 database(RDBMS)채택

19. **A회사는 ERP시스템을 도입하여 기업의 경쟁력을 극대화 하려 한다. 성공적으로 ERP를 도입하기 위한 요소가 아닌 것은?**

① 우수한 ERP 패키지 선정
② 경영진의 확고한 의지
③ 기업 구성원 전원이 참여하는 분위기 조성
④ 업무 단위별 추진

20. **다음 중 ERP의 도입 목적에 해당한다고 볼 수 없는 것은?**

① 시스템 표준화를 통한 데이터 일관성 유지
② 폐쇄형 정보시스템 구성으로 자율성·유연성 극대화
③ 클라이언트/서버 컴퓨팅 구현으로 시스템 성능 최적화
④ 재고관리 능력의 향상

정답 및 해설

| 01 | ③ | 02 | ② | 03 | ② | 04 | ③ | 05 | ① | 06 | ④ | 07 | ③ | 08 | ① | 09 | ③ | 10 | ② |
| 11 | ③ | 12 | ④ | 13 | ④ | 14 | ③ | 15 | ④ | 16 | ② | 17 | ② | 18 | ④ | 19 | ④ | 20 | ② |

02. ERP의 특징
　　㉠ 다국적, 다통화, 다언어　　　　　　　　　　　㉡ 통합업무시스템
　　㉢ 비즈니스 프로세스 모델에 의한 리엔지니어링의 지원(BPR)　㉣ 통합데이타베이스
　　㉤ 파라미터설정에 의한 단기간의 도입과 개발가능　　㉥ 오픈멀티벤더
　　㉦ 중복업무의 배제 및 실시간 정보처리체계구축　　㉧ 투명경영의 수단으로 활용

04. 사용권한이 있어야만 기업의 정보에 접근할 수 있다.

07. • MRP(Matrial Requirement Planning) : 자재소요량관리
　　• MRPⅡ(Manufacturing Resource Planning) : 제조자원관리
　　• ERP(Enterprise Resource Planning) : 전사적자원관리
　　• EERP(Extended Enterprise Resource Planning) : 확장ERP

CHAPTER 2 인사관리의 이해

1절 인적자원의 확보

1. 인적자원관리

1) 인사관리

인사관리(personnel management)란 기업조직의 목표달성을 위하여 필요한 인적자원을 확보하고, 인적자원의 능력을 최대한 개발하며 또한 종업원에게 직무에 대한 만족을 부여함으로써 개발된 능력을 유지시키는 관리활동을 말한다.

(1) 인사관리의 기능

구 분	주요내용
확보관리기능	기업경영에 필요한 유능한 인재를 확보하기 위한 채용, 배치 등
개발관리기능	기업이 확보한 인재를 지속적으로 관리하기 위한 교육훈련, 능력개발 등
보상관리기능	기업에 고용된 종업원의 공정한 처우보장을 위한 임금관리, 복지후생관리 등
유지관리기능	기업에 고용된 종업원에 대한 근로생활의 향상을 위한 근로조건개선, 노사관계안정 등

(2) 인사관리의 목적

① 기업조직 구성원의 생산성 향상을 통하여 기업의 목표달성에 기여한다.
② 기업조직 내의 이해집단간 이해관계를 조정하여 기업과 구성원의 공동이익을 추구하도록 한다.
③ 구성원의 개성을 존중함으로써 인간성 회복에 기여한다.
④ 능력주의 위주의 관리로 구성원의 창조적 능력을 개발한다.
⑤ 종업원에게 직무에 대한 만족을 부여하여 능동적인 참여를 유도한다.
⑥ 기업에 필요한 인적자원을 확보하고 능력을 계발토록 동기를 부여한다.

(3) 인사관리의 내용

구 분	주요내용
인사관리 (Personnel Management)	인적자원을 대상으로 적재적소의 실현, 모티베이션의 극대화를 통한 기 업능력의 최대화를 이루고, 또한 조직의 목표달성을 위한 인적자원의 확보·개발·보상·유지를 여러 환경적 조건과 관련하여 계획, 조직, 지휘, 조정, 통제하는 관리체계라고 할 수 있다.
노무관리(Labor Management)	노무관리란 경영자가 그 지휘하에 있는 종업원의 종합능력을 장기간에 걸쳐서 유지하고 또는 상승시키는 일련의 정책으로서, 구체적으로는 노사관계를 중심으로 노동조건을 포함한 의미로 사용된다.
인적자원관리(현대적 인사관리)	현대적 인사관리는 기업이 지속적인 발전을 위하여 기업의 구성원인 경영자와 종업원이 서로를 소중히 여기고, 기업발전에 자발적으로 적극적인 참여와 소통을 통하여 창의적이고 협동적인 기업문화를 조성하고, 이를 위해 리더십을 개발하고, 동기 부여와 함께 상호 의사소통을 촉진하는 것을 내용으로 한다.

2) 인적자원관리

(1) 인적자원관리(HRM : Human Resource Management)

인적자원관리란 조직의 목적을 달성하기 위하여 효율적으로 활용하여야 하는 자원중에 인적자원의 획득·개발에 관한 활동으로 "기업의 장래 인적자원의 수요를 예측하여, 기업전략의 실현에 필요한 인적자원을 확보하기 위하여 실시하는 일련의 활동"이라 정의한다. HRP(Human Resource Planning : 인적자원계획), HRD(Human Resource Development : 인적자원개발), HRU(Human Resource Utilization : 인적자원활용)의 3가지 측면으로 되어 있지만, 채용·선발·배치부터 조직설계·개발, 교육·훈련까지를 포괄하는 광범위한 활동에 있어 종래 인사관리의 틀을 넘어선 보다 포괄적인 개념으로 주목받고 있다.

① 인적자원계획(HRP : Human Resources Planning)

미래에 필요한 인적자원을 예측하고 그에 대한 적절한 채용, 충원, 선발, 훈련, 경력승진 조직과 직무의 설계 등을 계획하는 것을 의미한다.

② 인적자원개발(HRD : Human Resource Development)

생산관리나 재무관리 등은 운용 가능한 자원을 합리적으로 사용하는 것이 목표가 되지만 인적자원은 개발여하에 따라서 그 능력을 무한히 증가시킬 수 있으며, 이를 넘어서 인적자원을 구성하는 각 개인에 대한 존중이 요구되는 것이 인사관리이다.

특히, 현대의 산업사회에서는 인간존중의 측면이 매우 중요한 의미를 가지며, 이는 결국 물적, 금전적 자원을 활용하는 것은 인간이고 그 인간의 활용이 조직의 성공여부를 결정할 수 있다는데 그 바탕을 둔 것이다. 이러한 점에 의거, 인사관리를 인적자원관리, 나아가 채용에서 퇴직까지 유지, 관리차원을 넘어서 인적자원개발이라는 더 적극적인 의미로 표현하기도 한다.

③ **인적자원활용**(HRU : Human Resources Utilization)

인적자원을 조직 내에 배치하고 활용하는 것으로서 승진, 평가, 부서이동, 보상이 포함되며 구체적으로 업적관리와 처우, 배치와 순환(rotation), 인사고과 등 주로 인사제도와 운영에 관련된 것을 말한다.

(2) 인적자원관리의 목적

목 적		목 표
1차적 기본목적	노동력의 효율적 이용	① 노동능력의 향상 : 적정배치, 능력의 육성·개발 ② 노동의욕의 향상 : 기초적 의욕(기업·직장사기), 직접적 의욕(직무동기부여), 조직의 활성화 ③ 노동력의 유지·보전 : 정착화, 취업조건의 적정화, 복리후생 시설
	비용절감	① 원재료·경비·시간 절감 : 코스트의식의 제고, 제안제·소집단 활동 ② 인건비 절감
2차적 기본목적	조직의 유지·발전	① 종업원질서의 유지·안정 : 취업질서의 유지, 종업원간 질서의 유지·안정 ② 노사관계질서의 유지·안정 : 노동조건의 사회적 수준화·향상, 고용의 안정화, 기업복지의 사회적 수준화·향상, 노조가 있는 경우의 노사관계 rule제정, 노조가 없는 경우의 노사관계질서의 유지·안정
부차적 목적	종업원만족	① 생활만족 ② 직무만족 ③ 직장만족 ④ 기업만족

* 자료 : 일본의 모리교수, 『현대일본의 인사노무관리』, 1995.

(3) 인적자원관리의 주요내용

구 분	주요내용
인적자원의 기본기능	직무관리와 인적자원계획 등
인적자원의 확보기능	채용관리와 인사행정
인적자원의 개발기능	인사평가와 교육훈련, 개발과 경력관리활동
인적자원의 보상기능	임금관리와 복지후생관리
인적자원의 유지기능	근로시간관리, 노사관계관리

(4) 인사관리의 체계

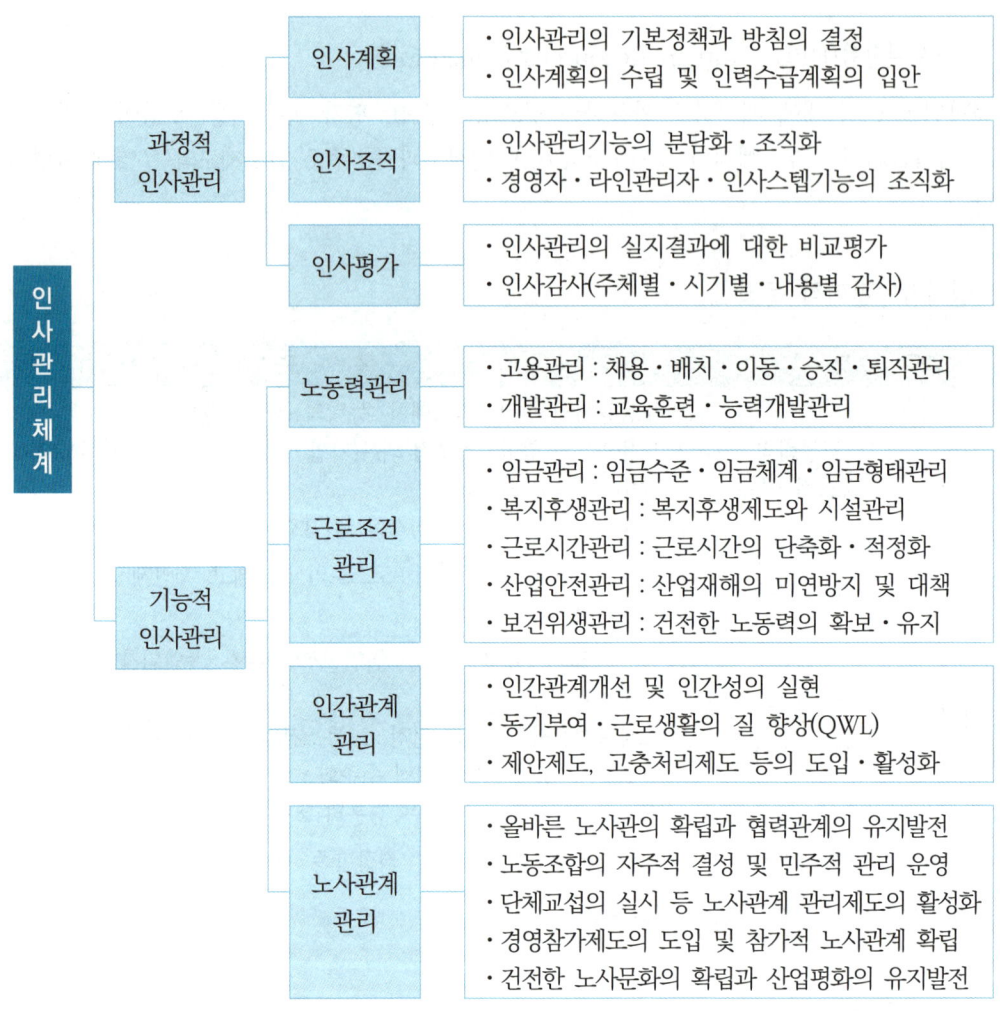

* 자료 : 이원우, 『신인사관리론』, 삼영사, 2004.

핵심문제

01 인적자원관리의 목적으로 가장 적절하지 않은 것은?

① 기업의 생산성을 향상 시킨다.
② 구성원의 만족도를 증대시킨다.
③ 기업구조조정의 역할을 수행한다.
④ 창조적인 능력을 계발하도록 한다.

(정답) ③ 인적자원관리의 목적은 기업의 생산성 향상, 구성원의 만족도 증대, 창조적인 능력 계발에 있다.

02 다음 중 인적자원관리의 기능으로 가장 적절하지 않은 것은?

① 기업경영에 필요한 유능한 인재의 확보를 위한 확보관리기능
② 고용근로자의 공정한 처우보장을 위한 보상관리기능
③ 확보된 인재의 단기적인 육성개발에 초점을 맞춘 개발관리기능
④ 노동질서의 유지발전 및 근로생활의 향상을 위한 유지관리기능

정답 ③ 인사자원관리의 기능에는 인적자원의 확보, 교육훈련, 보상관리, 유지관리가 포함된다.

2. 인력계획

1) 인력계획의 정의

조직체의 목적 달성에 기여할 수 있는 인력의 원천을 개발하고 이러한 인력으로 하여금 조직체에 관심을 갖고 조직체에서 일할 기회를 찾도록 만드는 과정을 말한다.

2) 인력계획의 예측기법

(1) 인적자원의 수요예측방법

① 질적 인력수요 예측기법

방법	내용
자격요건 분석기법	기업의 환경이 매우 안정적이기 때문에 기업의 직무내용, 조직구조, 생산기술이 거의 변화되지 않는 경우에 사용되며 단기적인예측에 적합하고 직무기술서와 직무명세서를 기초로 예측한다.
시나리오 기법	기업의 환경과 구조가 매우 불안정하고 복잡한 변화가 예상되어 해당기업의 직무구조, 조직구조 및 생산기술의 변화에 대한 예측이 용이하지 않을 경우 사용된다. 예측은 전문가 집단의 브레인스토밍 및 예측프로젝트 조직에 의해 분석하며 장기적 예측에 활용된다

② 양적 인력수요 예측기법

방법		내용
통계적(수리적)기법		해당기업의 역사적(과거) 자료를 가지고 분석하는 방법
	생산비율 분석	과거 해당기업이 달성했던 생산성의 변화에 대한 정보를 가지고 인적자원 관련 요인과 필요한 종업원비율을 계산함으로써 미래의 인적자원 수요를 결정하는 기법
	추세분석	해당기업에서 과거에 인력변화를 가져다주었던 요인들을 찾아서 이러한 요인들의 시간에 따른 변화정도를 파악하고 이에 따른 인력의 변화 정도와 연결시켜서 미래의 인력의 변화 정보를 예측하는 기법
	회귀분석	인적자원 수요 결정의 다양한 요인들의 영향력을 계산하는 미래 수요예측방법으로 시계열 자료를 기반으로 변수 간 상관관계를 도출하여 예측을 추정한다.

방 법	내 용
노동 과학적 기법	작업시간연구를 기초로 조직의 하위 개별 작업장별 필요한 인력을 산출하는 기법이며 주로 생산직종 인력을 예측하는데 활용한다.
명목집단 기법	서로 다른 분야에 종사하고 있는 사람들을 명목상의 집단으로 간주하고, 그들로부터 자유로운 아이디어를 받되 문서로 받음으로써 문제의 답에 익명성을 보장하고 반대논쟁을 극소화하는 방식으로 문제해결을 시도하는 방법이다.
델파이 기법	기업의 미래에 대해 보다 폭넓은 지식을 가진 전문가집단을 대상으로 미래의 인력수요를 예측하게 하는 방식이다
화폐적 접근법	지불능력에 초점을 두며 미래의 어느 시점에서 기업이 어느 정도 종업원을 보유할 수 있는지 예측방법이다.

(2) 인적자원의 공급예측방법

① 내부공급예측

방 법	내 용
기능목록	종업원의 경험, 교육수준, 특별한 능력 등과 같은 업무관련정보를 분석·검토하여 요약한 자료를 의미한다.
경영자기능목록	경영층에 대한 특수화된 형태의 기능목록으로 조직의 경영층에 대한 상세한 정보를 분석한 것으로 자질과 능력을 파악하고 경영자의 공급예측에 활용
마코브분석	시간이 경과함에 따라 한 직급에서 다른 직급으로 이동해 나가는 확률을 기술함으로써 인적자원계획에 사용되는 모델이다.
대체도표	인적자원의 현황을 시각적으로 표현한 것으로 일반적으로 부서 단위의 인력공급예측에 가장 잘 활용된다.

② 외부공급예측

인력을 외부에서 공급할 수 있는 원천은 산업, 기업 및 입지조건에 따라 다양하며, 그 중에서 가장 중요한 노동력의 공급원천으로는 실업고교, 기술학원, 전문대학, 대학교, 각종 직업훈련기관 및 다른 기업 등을 들 수 있다.

핵심문제

01 다음에 해당하는 공급예측기법으로 적합한 것은 무엇인가?

> 시간이 경과함에 따라 한 직급에서 다른 직급으로 이동해 나가는 확률을 기술함으로써 인적자원계획에 사용되는 모델이다.

① 기능목록   ② 경영자 기능목록   ③ 마코브분석   ④ 대체도표

정답 ③

02 다음에 해당하는 수요예측기법으로 적합한 것은 무엇인가?

> 기업의 미래에 대해 보다 폭넓은 지식을 가진 전문가집단을 대상으로 미래의 인력수요를 예측하게 하는 방식이다

① 노동과학적 기법 ② 델파이 기법
③ 명목집단 기법 ④ 통계적 기법

정답 ②
- 노동과학적 기법 : 작업시간연구를 기초로 조직의 하위 개별 작업장별 필요한 인력을 산출하는 기법이며 주로 생산직종 인력을 예측하는데 활용한다.
- 명목집단 기법 : 서로 다른 분야에 종사하고 있는 사람들을 명목상의 집단으로 간주하고, 그들로부터 자유로운 아이디어를 받되 문서로 받음으로써 문제의 답에 익명성을 보장하고 반대논쟁을 극소화하는 방식으로 문제해결을 시도하는 방법이다.
- 통계적기법 : 해당기업의 역사적(과거) 자료를 가지고 분석하는 방법

3) 인적자원의 수요와 공급

① 인적자원의 수요와 공급

구 분	대응방안
인력 부족 시	초과근로, 임시직 활용, 아웃소싱, 파견근로, 외국인고용허가제 활용 등
인력 과잉 시	작업분담제, 조기퇴직제, 사내벤처 또는 소사장제, 다운사이징, 정리해고 등

② 수요가 공급을 초과하는 경우 대응방법

구 분	내 용
작업분담제	조직내에서 목표로 하는 작업을 수행하기 위해 초과업무에 대하여 각자에게 특정 작업을 부여하는 것
조기퇴직제	법정 퇴직연령이나 고용계약상의 정년 이전에 종업원들에게 일정한 조건을 제시하여 퇴직을 유도하는 과잉노동력 감축수단
정리해고	근로자들을 일시적으로 감축시키는 리스트럭처링전략의 하나로서 경영이 악화된 기업이 구조조정을 할 때 종업원을 해고할 수 있는 합법적인 제도로 경영상 이유에 의한 해고
다운사이징	조직의 경쟁력 향상을 설계하기 위해서 다수의 종업원에 대한 계획적 제거(감축)활동
무급휴가제도	조직이 일시적인 불황이나 판매부진 등에 대처하기 위한 인건비 절감전략으로서 무급휴가를 실시하는 방식

③ 공급이 수요를 초과하는 경우 대응방법

구 분	내 용
초과근로	근무시간 연장은 근로자부족에 직면한 기업이 정규종업원이나 파트타임 종업원을 고용하기가 용이하지 않을 경우에 기존의 근로자들에게 더 많은 시간을 근무하도록 하는 전략
임시직고용	특수한 직무(예 : 개업 준비)나 특별한 시기(예 : 계절 성수기)에 발생하는 직무수요에 대한 노동력부족을 해결하기 위한 전략
아웃소싱	회사가 어떤 특별한 사업기능을 다른 회사에 위임하는 경영전략이다. 즉 아웃소싱은 기업이 핵심기능을 제외한 중요하지 않은 주변기능에 대하여 외부의 대행회사에 위임함으로써 규모의 경제를 실천하고 능률을 높이려는 전략적 선택으로 하도급이라 한다.

핵심문제

01 인력부족시 회사가 대응할 수 있는 전략으로 적합하지 않은 것은?

① 초과근로　　　　　　　　② 아웃소싱
③ 임시직고용　　　　　　　④ 작업분담제

> 정답 ④　작업분담제 : 조직내에서 목표로 하는 작업을 수행하기 위해 초과업무에 대하여 각자에게 특정 작업을 부여하는 것

02 인적자원을 계획함에 있어서 공급이 수요를 초과하여 노동력 과잉현상이 나타날 경우에 노동력 과잉대응전략으로 적합한 것은?

① 임시근로자 고용　　　　② 근무시간 연장
③ 아웃소싱　　　　　　　　④ 다운사이징

> 정답 ④
> • 인력 과잉대응전략 : 작업분담제, 조기퇴직제, 사내벤처, 소사장제, 신규아이템개발, 조직내 직무재배치, 무급휴가제, 일시해고, 다운사이징, 정리해고 등
> • 인력 부족대응전략 : 근무시간연장, 임시근로자 고용, 아웃소싱, 파견근로, 신규인력채용 등

3. 직무관리

1) 직무관리

(1) 직무관리

직무란 직책이나 직업상 책임을 지고 담당하여 맡은 사무나 일을 말한다. 직무관리를 위해서는 직무분석, 직무평가, 직무설계 그리고 근로시간설계 등으로 나누어 볼 수 있다.

(2) 직무관련 용어

용 어	설 명
요 소	관련된 동작, 움직임, 정신적 과정을 따로 분리시켜 분석하지 않고서 작업을 나누어 질 수 있는 최소단위
과 업	독립된 특정한 목표를 위하여 수행되는 하나의 명확한 작업 활동
직 위	특정시점에서 특정조직의 한 종업원 개인에게 부여된 하나 또는 그 이상의 과업들의 집단
직 무	작업의 종류와 수준이 동일하거나 유사한 직위들의 집단
직 군	동일하거나 유사한 직무들의 집단
직 종	일반적으로 직업(職業)이라고도 불리는데 이는 동일하거나 유사한 직군들의 집단
직 종 군	업무를 수행하는데 필요한 노동력의 내용에 따라서 크게 분류하는 기준

핵심문제

01 직무관리에서 직무와 함께 병행해야 할 관리요소가 아닌 것은?

① 직무분석   ② 직무평가
③ 직무설계   ④ 복리후생설계

(정답) ④ 직무관리는 직무분석, 직무평가, 직무설계, 근로시간설계가 관리되어야 한다.

02 다음의 직무분석과 관련된 용어들 중 올바르게 기술된 것은?

① 과업 : 작업이 나누어질 수 있는 최소 단위
② 직무 : 특정 목적을 위해 수행되는 하나의 구체적인 작업 활동
③ 직업 : 동일하거나 유사한 직무의 집단
④ 직위 : 특정한 사람에 의해 수행되는 과업군

(정답) ④
- 과업 : 특정 목적을 위해 수행되는 하나의 구체적인 작업 활동
- 직무 : 동일하거나 유사한 직무의 집단
- 직업 : 동일하거나 유사한 직군들의 집단
- 직위 : 특정한 사람에게 수행되는 과업군
- 요소 : 작업이 나누어질 수 있는 최소 단위

2) 직무분석

직무분석은 인사관리의 출발점으로 종업원의 채용·배치·이동·승진·승급등 인사관리활동의 효율적 수행에 필요한 직무의 정보자료를 수집하는 과정으로, 기업내 종업원이 담당하고 있는 각 직무의 성질 및 내용과 직무수행상 필요요건에 관한 직무정보자료를 수집하고 분석하여 기업의 목

적에 적합하도록 체계적으로 정리하는 과정을 말하며, 그 결과는 직무기술서와 직무명세서에 작성한다.

(1) 직무분석의 목적

① 종업원의 채용·배치·이동·승진 등 고용관리의 합리화
② 종업원의 교육훈련 및 능력개발의 촉진
③ 직무평가의 기초자료
④ 직무급의 도입 등 임금관리의 합리화
⑤ 직무중심의 조직설계 및 업무개선
⑥ 업무부담의 적정화 및 산업안전관리의 확립

(2) 직무분석의 방법

구 분	내 용
면접법	직무분석원이 분석대상직무의 담당자를 상대로 개별적 또는 집단적으로 면접을 실시하여 직무의 내용 및 수행요건에 관한 정보자료를 획득하는 방법
관찰법	직무분석원이 분석대상의 직무수행자를 직접 관찰하고, 그 결과를 정확히 기록하여 직무정보자료를 수집하는 방법
질문지법	직무분석원이 분석대상 직무의 수행자에게 질문지를 배부하고, 그의 직무수행관련항목에 대하여 체크를 하거나 서술하는 방법으로 응답하게 함으로써 직무정보자료를 획득하는 방법
체험법	직접적인 체험적 수행을 통하여 직무의 정보자료를 획득하는 방법
종합분석법	여러 가지 직무분석 방법 중 2개 이상의 분석방법을 종합적으로 병행실시하여 보다 정확한 직무의 정보자료를 획득하는 방법

(3) 직무분석의 절차

구 분	내 용
준비단계 (예비단계)	직무분석목적의 결정, 분석대상직무의 선정, 분석요원의 선임·훈련, 분석방법의 결정 및 직무분석표 준비
본단계 (실시단계)	직무분석실시(내용분석, 요건분석), 직무분석결과자료의 수집·정리 ① 직무내용 ② 직무요건(기초조건, 정신적·육체적조건, 작업환경 조건 등)
정리단계	직무담당자 확인, 관리자 승인, 직무기술서·직무명세서의 작성 ① 직무기술서(직무내용에 비중) ② 직무명세서(직무요건에 비중)

(4) 직무기술서와 직무명세서

직무분석 결과 직무의 특성과 직무 내용, 직무 요건 등을 기술한 문서를 직무기술서라 하고, 직무에 요구하는 자격, 소질, 숙련도 등 인적 특성을 기술한 문서를 직무명세서라 한다.

구 분	내 용
직무기술서 (Job Description)	분석대상직무의 확인사항 및 직무내용과 수행요건에 관한 전반적 분석결과를 정리하여 작성한 직무정보자료 ① 직무명칭 및 내용 ② 직무 수행의 방법 및 절차 : 수행되는 과업, 사용되는 원재료와 기계, 다른 작업자와의 공식적 상호작용, 감독의성격과 범위 등 ③ 작업조건 : 열, 조명, 작업 장소, 물리적 위치, 위험한 조건 등 ④ 사회적 환경 ⑤ 고용조건 : 작업시간, 임금구조, 임금형태, 부가급부, 직무의 위치, 승진, 이동의 기회 등
직무명세서 (Job Specification)	분석대상직무의 수행과 관련하여 요구되는 인적요건과 작업조건에 관한 분석결과를 중심으로 작성한 직무정보자료 ① 직무명칭 및 내용 ② 인적요건 : 교육, 경험, 기술, 의사소통, 적성, 신체적 특성, 성별, 결혼관계, 근무조건 등

핵심문제

01 다음 중 직무분석의 목적으로 가장 적절하지 않은 것은?

① 직무담당자와 관리자가 그 직무의 내용과 요구사항을 이해하는데 도움을 준다.
② 직무에 대한 불만상태를 조사하기 위한 것이다.
③ 경력경로와 진로의 선정 등 경력계획의 기본 자료를 제공한다.
④ 조직계획과 인적자원계획에 도움이 되는 자료를 제공한다.

> **정답** ② 직무분석의 목적으로는 종업원의 채용·배치·이동·승진 등 고용관리의 합리화, 종업원의 교육훈련 및 능력개발의 촉진, 직무평가의 기초자료, 직무급의 도입 등 임금관리의 합리화, 직무중심의 조직설계 및 업무개선, 업무부담의 적정화 및 산업안전관리의 확립이 있다.

02 해당 직무를 수행하는 사람이 갖추어야 할 자격 요건을 기록한 문서로 교육정도, 경력, 지식, 기능 등 인적 특성을 밝히고 직무 분석을 통해 얻은 직무에 대한 정보를 기록하는 것은?

① 직무기술서   ② 직무명세서   ③ 경력개발서   ④ 직무평가서

> **정답** ② 직무기술서는 직무의 내용과 직무의 요건에 동일한 비중을 두고 있으며, 직무명세서는 직무내용보다는 직무요건에, 그 중에서도 인적요건에 큰 비중을 두고 있다.

3) 직무평가

직무의 분석결과에 나타난 정보자료(직무기술서·직무명세서)를 중심으로 각 직무의 중요성·복잡성·난이도·위험성·책임성 등을 종합적으로 평가하여 각 직무의 상대적 가치를 결정하고 등급을 분류하는 과정으로 직무평가의 결과는 직무급 설정의 기초자료가 된다.

| 직무평가의 방법 분류 |

구분	서열법	비교법	점수법	요소비교법
정의	기업의 목표달성에 있어서의 중요도, 난이도 등 일반적이고 포괄적인 기준으로 판단한 가치에 따라 서열을 매김	직무 Matrix에 따라 두 개의 직무간 포괄적인 가치비교를 통해 종합적인 순위를 매김으로써 평가하는 방법	미리 설정된 요소별 수준 정의를 기준으로 점수를 부여하여 개별 직무의 가치를 점수화하여 평가하는 방법	서열법에서 발전된 방식으로 사전에 설정한 요소들을 기준으로 직무간 우열을 비교한 후 종합적인 서열을 매기는 평가방법
장점	• 가장 간편하고 신속	• 실시과정이 간단함 • 비용이 저렴함	• 직무간 가치비교가 구체적 • 평가자 주관 최소화	• 평가의 타당도 및 신뢰도 제고
단점	• 평가자의 주관개입 • 직무수가 많을 때 어려움 • 유사직무가 많을 때 어려움	• 직무수가 많을 때 어려움 • 유사직무 많을 때 어려움	• 평가요소, 가중치 설정에 대한 문제제기 • 요소별, 차별적 수준 정의가 어려움	• 평가요소의 주관적 배제가 어려움 • 평가방법과 과정이 복잡하여 수용성 떨어짐

핵심문제

01 다음에서 설명하고 있는 직무평가방법은?

> 서열법에서 발전된 방식으로 사전에 설정한 요소들을 기준으로 직무간 우열을 비교한 후 종합적인 서열을 매기는 평가방법으로 평가의 타당성과 신뢰도는 높으나 평가요소의 주관적배제가 어렵다는 단점이 있다.

① 서열법 ② 비교법 ③ 점수법 ④ 요소비교법

(정답) ④ 요소비교법에 대한 설명이다.

02 다음 중 직무평가의 과정에 속하지 않는 것은?

① 직무내용 및 자격요건에 관한 정보수집
② 직무를 평가하는 기준의 설정
③ 서열법, 분류법과 점수법 등 구체적인 직무평가방법의 적용
④ 임금의 협의

(정답) ④ 임금의 협의는 임금관리에 속한다.

4) 직무설계

직무설계란 조직의 목표를 달성하는 동시에, 직무를 수행하는 개인에게 의미와 만족감을 부여하기 위하여 필요한 직무의 내용·기능·관계를 적극적으로 설계하는 활동이다.

(1) 직무설계의 목적

직무설계는 기업조직의 모든 계층의 구성원에게 직무 자체에 만족과 의미를 부여하도록 하여 종업원의 동기 부여와 조직의 생산성을 향상시키는 것을 목적으로 한다.
① 종업원의 동기부여 향상
② 생산성향상
③ 품질개선과 원가 절감
④ 이직 및 훈련비용의 감소
⑤ 신기술에 신속한 적응

(2) 직무설계방법

① 개인수준의 직무설계방법

구 분	내 용
직무확대화	직무담당자의 직무 수나 범위를 확대시켜 줌으로써 직무의 만족감 및 작업능률 증진에 기여할 수 있다.
직무충실화	직무 그 자체내용을 충실하게 하고 직무수행과 관련된 자유재량권의 확대를 통해 직무담당자의 책임감과 성취감을 증대시키며, 창의력을 개발하고 직무만족감을 높일 수 있다.
직무전문화	직무설계의 다양한 방법들 중 전체적인 과업을 보다 작은 요소로 분할하고 나누어 담당하도록 하는 것을 의미하는 것으로 분업의 원리를 기초를 두고 있는 방법
재택근무제	컴퓨터 통신망 등의 기술적 발전으로 자택에서 근무하는 방법으로 종업원의 출퇴근 시간을 적약하고 불필요한 방해요소를 제거 할 수 있다.
자유출퇴근시간제	종업원들이 일정한 제약조건 내에서 출퇴근시간을 정해 놓고 근무하는 제도이다.

② 집단수준의 직무설계방법

구 분	내 용
직무순환	직무순환은 조직구성원에게 폭넓은 경험을 갖게 하기 위하여 여러 분야의 여러 직무로 순환시키는 실무훈련방법으로 작업자들에 의해 다양한 과업은 상호 교환할 수 있으며, 작업자들은 작업흐름에 큰 지장 없이 다른 과업으로 이동이 가능하다.
직무교차	집단을 대상으로 도입할 수 있는 수평적 직무확대로 "직무확대"와 다르지 않지만 반드시 직

구 분	내 용
	무의 일부분을 다른 작업자와 공동으로 수행하는 방법
자율적 작업집단	"직무충실화"를 집단수준으로 실시 시 하는 기법으로 팀이 수행하고 있는 작업을 수직적으로 통합을 통해서 심화시키는 방법이다. 작업팀에게 달성해야 할 목표가 부여되고 작업할당, 휴게시간, 검사 절차 등을 자유로이 결정하여 처리하도록 일임하는 방법
QC서클 (품질관리분임조)	정규적인 작업현장에서 각 영역의 책임을 분담하고 있는 종업원들의 자발적인 집단으로 품질문제에 대하여 토의를 하며 문제의 해결방안을 모색하고 평가한다.
직무공유제	두 사람 이상의 시간제 근무자가 하나의 직무를 직무시간 교대를 통해서 일주일 40시간의 정상근무를 수행하도록 하는 제도이다.

핵심문제

01 다음 중 직무설계의 목적에 해당하지 않는 것은?

① 생산성향상   ② 품질개선과 원가절감
③ 신기술에 신속한 적용   ④ 종업원의 동기부여 감소

(정답) ④ ・종업원의 동기부여 향상을 목적으로 한다.

02 다음에서 설명하고 있는 직무설계방법은?

> 직무 그 자체내용을 충실하게 하고 직무수행과 관련된 자유재량권의 확대를 통해 직무담당자의 책임감과 성취감을 증대시키며, 창의력을 개발하고 직무만족감을 높일 수 있다.

① 직무확대화   ② 직무충실화   ③ 직무전문화   ④ 직무교차

(정답) ② ・직무확대화 : 직무담당자의 직무 수나 범위를 확대시켜 줌으로써 직무의 만족감 및 작업능률 증진에 기여할 수 있다.
・직무전문화 : 직무설계의 다양한 방법들 중 전체적인 과업을 보다 작은 요소로 분할하고 나누어 담당하도록 하는 것을 의미하는 것으로 분업의 원리를 기초를 두고 있는 방법
・직무교차 : 집단을 대상으로 도입할 수 있는 수평적 직무확대로 "직무확대"와 다르지 않지만 반드시 직무의 일부분을 다른 작업자와 공동으로 수행하는 방법

4. 채용계획

1) 모집

모집은 기업의 채용계획에 적합한 인적자원이 많이 응모할 수 있게 하는 기업측의 구인활동이다.

적절한 자격을 지닌 지원자들이 많이 응모할 수 있도록 모집활동을 전개하기 위해서는 다음 사항을 전략적으로 결정하여야 한다.

① 어떠한 직종의 노동력을 얼마만큼 필요로 하는가 분명하게 파악(양과 질)
② 모집방법은 종업원의 종별에 합당하도록 분류하여 실시
③ 기업에 대한 지나친 과대 선전은 피해야 한다.
④ 모집은 내부로부터 승진 등에 의해 우선 충당하도록 하고 외부모집을 채택한다.

| 모집방법 |

구 분	내 용
사 내 모 집 (내부공급원)	① 인사기록부와 인사고과 참조 ② 사내 게시판에 공고(job positing and bidding)
사 외 모 집 (외부공급원)	① 광고 : 상업잡지, 사회신문, 일반지 등을 통하여 실시 ② 공공직업소개소 : 국가기관·사회단체에 설치된 일자리소개소 활용 ③ 개인직업소개소 : 이곳은 이동이 심한 업무가 주가 된다.
사 외 모 집 (외부공급원)	① 현 종업원의 추천에 의한 모집 : 채용 후 친목 정도가 높고 정보 전달이 정확하여 많이 이용한다. ② 교육기관과의 협력 : 학교 및 교수진과 협력을 통하여 이루어진다. ③ 노동조합 : 비용절감이 되며, 산업별·직업별 노동조합에 소속된 자가 추천하기 때문에 안정된 공급원을 갖는다는 장점이 있다. ④ 개별 또는 수시 모집 : 개별적으로 찾아오거나 서신을 통하여 오는 자 중심으로 이루어지는 경우도 있기에 별도 기구 설치가 필요하다. ⑤ 연고자등용 : 개인기업에는 불가피하게 모집하는 경우도 있다. 이 방법은 기업에 대한 관심도, 충성심이 상대적으로 높다. ⑥ 리스(Lease)계약 고용 : 단기적으로 인력이 필요한 경우에 활용(연금, 보험, 부가급부 등을 고려할 필요가 없음)

핵심문제

01 다음 인적자원의 모집 방법 중 성격이 다른 하나는?

① 사보를 이용한 공개 모집　　　　　② 인턴사원제도를 이용한 모집
③ 직업소개소를 이용한 모집　　　　④ 채용박람회를 이용한 공개 모집

> 정답　① 사보를 이용한 공개 모집은 내부모집 방법이고, 인턴사원제도, 직업소개소, 채용박람회를 이용한 공개 모집은 외부모집 방법이다.

2) 선발

선발은 기업의 모집활동을 통하여 응모한 구직희망자 중에서 일정의 채용기준이나 선발요건에 적합한 사람을 선별하는 과정으로 유능한 자가 자기 기업을 선택하거나 직무에 부적합한 자를 골라

배제시키는 과정을 말한다.

(1) 선발절차

지원서접수 ➡ 서류전형 ➡ 선발시험 ➡ 면접시험 ➡ 신체검사 ➡ 경력조사 ➡ 합격여부의 결정과 통지

(2) 선발도구의 조건

구 분	내 용
타 당 성	도구가 측정하고자 하는 특성이나 예측기준치를 실제로 얼마나 잘 측정하는지를 나타내는 것을 의미한다.
신 뢰 성	신뢰성이란 그 도구가 선발대상자들에게 적용되었을 때 안정적이고 일관성 있는 결과를 얻을 수 있도록 만들어져야 한다.

※ **선발상의 1종오류와 2종오류**
- 1종 오류 : 선발되어야하는 인원을 탈락시킨 잘못된 탈락 오류(적격자인 지원자를 탈락시키는 오류)
- 2종 오류 : 탈락시켜야 할 인원을 선발하는 잘못된 선발 오류(저성과자를 선발하는 오류)

핵심문제

01 다음 중 기업의 인적자원의 선발과 관련된 내용으로 가장 관계가 적은 것은?

① 지원서　　② 시험　　③ 면접　　④ 직무평가

(정답) ④ 인적자원의 선발절차는 지원서접수 ➡ 서류전형 ➡ 선발시험 ➡ 면접시험 ➡ 신체검사 ➡ 경력조사 ➡ 합격여부의 결정과 통지

3) 면접

면접은 지원자의 인품을 종합적으로 평가하고, 잠재적인 능력과 의욕을 지닌 인물인가를 파악하고, 또한 면접을 통하여 지원자가 궁금한 회사의 정보를 교환하는 시간이기도 하다.

① 정형적 면접 : 구조적 면접 또는 지시적 면접이라도 불리운다. 직무명세서를 기초로 하여 미리 질문의 내용목록을 준비해 두고 이에 따라 면접자가 차례 차례 질문해 나가며 이것에 벗어나는 질문은 하지 않는 방법이다.

② 비지시적 면접 : 면접자가 일반적이고 광범위한 질문을 하면, 이에 대해 피면접자(응모자)가 생각나는 대로 거리낌 없이 자기를 표현케 하는 방법이므로 방해하지 않고 듣는 태도가 필요하다.

③ 스트레스 면접 : 면접자가 매우 공격적으로 피면접자를 무시할 때 나타나는 피면접자의 스트레스하에서의 감정의 안정성과 조절에 대한 인내도 등을 관찰하는 방법이다.

④ 패널면접 : 다수의 면접자가 한 사람의 피면접자를 면접평가하는 방법이다.

⑤ 집단면접 : 각 집단단위별로 특정 질문에 따라 자유토론을 할 수 있는 기회를 부여하고, 토론과정에서 개별적으로 적격여부를 심사판정 하는 방법이다.
⑥ 블라인드 면접 : 피면접자의 이력서의 정보 없이 면접으로만 채용을 결정하는 형태이다. 면접자(질문자)는 편견 없이 질문을 구성할 수 있다는 장점이 있다. 한편, 피면접자의 경우 면접질문을 예상하기 어렵다는 특징이 존재한다.

4) 배치

배치관리란 모집·선발활동을 통해 선발·채용된 종업원에 대하여 특정의 직무나 직위에 배속하는 배치관리와 그 이후 조직의 필요에 따라 현재의 직무 및 직위에서 다른 직무로 재배치 또는 배치전환을 실시하는 이동관리의 과정을 의미한다.

(1) 종업원의 배치·이동과정에서 특히 고려되어야 할 주요원칙

구 분	내 용
적재적소의 원칙	적합한 인재를 적합한 장소에 배치하는 원칙
능력주의 원칙	종업원의 능력(직무수행능력) 및 실적을 기준으로 일정의 직무나 직위에 적정 배치하는 원칙
인재육성주의 원칙	기업내 직무수행요건에 적합한 종업원의 적정배치실현 및 경험과 능력개발촉진, 인재육성을 실현해가는 배치·이동의 원칙
균형주의 원칙	조직내의 각 부문, 각 계층, 각 직종, 조직 전체 차원의 균형을 이룰 수 있도록 적절하게 실시되어야 한다는 원칙

(2) 전환배치의 목적과 적정배치의 장점

전환배치의 목적	적정배치의 장점
① 인적자원의 효율적 활용 ② 자기발전 기회 제공 ③ 직무충실화 자극 ④ 후계자양성 ⑤ 동기부여 향상	① 개개인의 인격 존중할 수 있다. ② 이직율과 결근율 낮출 수 있다. ③ 기업의 목표달성을 촉진시킬 수 있다.

핵심문제

01 종업원의 배치시 고려되어야 할 주요 원칙이 아닌 것은?

① 적재적소의 원칙 ② 임금지급능력 원칙
③ 인재육성주의 원칙 ④ 균형주의 원칙

정답 ② 종업원배치의 주요원칙
① 적재적소의 원칙 : 적합한 인재를 적합한 장소에 배치하는 원칙
② 능력주의 원칙 : 종업원의 능력(직무수행능력) 및 실적을 기준으로 일정의 직무나 직위에 적정 배치하는 원칙
③ 인재육성주의 원칙 : 기업내 직무수행요건에 적합한 종업원의 적정배치실현 및 경험과 능력개발촉진, 인재육성을 실현해가는 배치·이동의 원칙
④ 균형주의 원칙 : 조직내의 각 부문, 각 계층, 각 직종, 조직 전체 차원의 균형을 이룰 수 있도록 적절하게 실시되어야 한다는 원칙

(3) 조직개발의 시너지 전략

① 리더십

지도자가 갖추어야 할 여러 가지 요인을 리더십(leadership)이라 하며 조직의 목적을 효율적으로 달성하기 위해서는 조직구성원의 만족, 동기유발 및 성과에 크게 영향을 미치는 리더십에 관한 체계적인 관리가 필요하다.

② 리더십 이론

구 분	내 용
카리스마 리더십	리더의 구체적인 간섭없이 자발적으로 조직에 헌신하도록 하는 리더십 즉, 자기 개인을 희생해서라도 그 비전을 성취하려고 한다.
슈퍼 리더십	리더가 먼저 리더의 행동을 보임으로서 부하의 대리학습의 모델이 되고 부하 스스로가 리더가 될 수 있도록 목표의 설정을 지원하고 코치의 역할을 하며 조직이 스스로 변화할 수 있도록 변화 담당자로서의 역할을 하는 리더십
코칭 리더십	문제 해결방안을 리더 또는 관련 전문가가 직접 제시하는 것이 아니라, 당사자가 해결책을 스스로 발견할 수 있도록 지원하는 리더십
셀프 리더십	자기 리더쉽이라고도 하며, 개인 스스로를 이끄는 리더십
서래적 리더십	리더가 부하들에게 교환적 의도를 가지고 접근하며, 경제적·물질적 성격의 교환관계를 통해 성과를 추진하는 리더십
변혁적 리더십	조직의 변화를 가져올 수 있는 목표를 제시하고 성취할 수 있도록 하는 리더십으로. 구성원의 동기부여 등을 통해 가치체계의 변화를 추구하는 리더십
임파워링 리더십	리더가 구성원에게 권한을 위임하고 책임을 부여함으로써 그들이 각자의 직무에 대해 주인의식과 통제감을 경험하도록 하는 리더십

핵심평가문제

01. 직무분석과 관련된 용어들 중 올바르지 않은 것은?

① 과업 : 작업이 나누어 질 수 있는 최소 단위
② 직위 : 특정 목적을 위해 수행되는 하나의 구체적인 작업활동
③ 직군 : 동일하거나 유사한 직무의 집단
④ 직위 : 작업의 종류와 수준이 동일하거나 유사한 직위들의 집단

02. 02. 다음 직무평가에 관련된 설명 중 올바르지 않은 것은?

① 직무평가의 목적은 균등한 임금이 지급되도록 하기 위함이다.
② 직무평가는 직무의 상대적 가치를 비교 평가하는 것이다.
③ 직무평가의 결과는 직무급 설정의 기초자료가 된다.
④ 직무평가는 직무기술서와 직무명세서를 기초로 이루어진다.

03. 다음 [보기]는 무엇에 관한 설명인가?

> ┤ 보기 ├
> (　　　)은 작업자들에 의해 다양한 과업은 상호 교환할 수 있으며, 작업자들은 작업흐름에 큰 지장 없이 이 과업에서 다른 과업으로 이동이 가능하다.

① 직무설계　　② 직무순환　　③ 직무충실화　　④ 직무확대

04. 다음 중 모집과 선발에 관한 설명 중 올바르지 않은 것은?

① 모집은 채용할 직무에 적합한 인재를 모으는 과정이다.
② 선발에서 올바른 결정을 하기 위해서는 지원수를 늘이는 것과 관련이 있다.
③ 모집시 외부공급원으로 우선 보충하고, 부족시 내부공급원으로 모집한다.
④ 선발은 채용할 직무가 요구하는 기술, 능력, 적성을 가진 자 중 적합한 자를 뽑는 과정이다.

05. 다음의 [보기]는 무엇에 관한 설명인가?

> ┤ 보기 ├
> (　　　)이란 도구가 측정하고자 하는 특성이나 예측기준치를 실제로 얼마나 잘 측정하는지를 나타내는 것을 의미한다.

① 타당성　　② 신뢰성　　③ 유용성　　④ 객관성

06. 다음에서 직무기술서의 설명으로 적절하지 않은 것은?

① 직무분석을 통하여 얻어진 직무에 관한 제 자료와 정보를 직무의 특성에 중점을 두고 정리·기록한 문서이다.
② 직무기술서는 직무분석의 결과를 인적 요건에 맞추어 서식으로 요약한 문서이다.
③ 직무표식부문, 직무개요부문, 직무내용부문, 직무요건부문으로 나누어 기재한다.
④ 종업원·감독자에게 직무내용과 직무요건 등의 직무에 대한 개괄적인 자료를 제공한다.

07. 인사관리의 목적으로 적절하지 않은 것은?

① 기업조직 구성원의 생산성 향상을 통하여 기업목표 달성에 기여한다.
② 종업원에게 직무에 대한 만족을 부여하여 능동적인 참여를 유도한다.
③ 기업조직 내의 이해집단간 이해관계를 조정하여 기업과 구성원의 공동 이익을 추구하도록 한다.
④ 현대의 인사정책은 개인과의 계약과 금전적 보상만을 우선하는 경향이 있다.

08. 직무의 상대적 가치를 평가하는 직무평가의 용도로 가장 적합하지 않는 것은?

① 임금체계의 합리화
② 직무에 대한 정보 제공
③ 인력개발의 합리화
④ 인사이동 및 승진을 결정하는 기준

09. 다음 중 인적자원의 특성이라고 볼 수 없는 것은?

① 인적자원의 존엄성
② 인적자원의 전략성
③ 인적자원의 수동성
④ 인적자원의 개발성

10. 다음 인적자원계획에 대한 설명으로 적절하지 않는 것은?

① 인적자원계획은 필요한 인력수요를 충당할 수 있도록 다양한 대응책을 마련하는 것이다.
② 인적자원계획은 직무 분석 등의 자료를 토대로 한 직무기술서나 직무명세서를 기초하여 수립됨이 바람직하다.
③ 인적자원계획은 모집, 채용, 교육훈련, 이동 및 배치, 이직관리 등 종합적인 관점에서 접근하는 것이 바람직하다.
④ 인적자원계획에서 가장 중요시되는 것은 고임자를 이직하도록 유도하고 신규채용을 늘리는 것이 핵심과제이다.

정답 및 해설

| 01 | ④ | 02 | ① | 03 | ② | 04 | ③ | 05 | ① | 06 | ② | 07 | ④ | 08 | ④ | 09 | ③ | 10 | ④ |

01. 직위 : 특정시점에서 특정조직의 한 종업원 개인에게 부여된 하나 또는 그 이상의 과업들의 집단

02. 직무평가의 목적은 차별적인 가치를 지닌 직무에 차별적인 임금이 지급되도록 하기 위함이다.

03. • 직무충실화 : 직무 그 자체내용을 충실하게 하고 직무수행과 관련된 자유재량권의 확대를 통해 직무담당자의 책임감과 성취감을 증대시키며, 창의력을 개발하고 직무만족감을 높일 수 있다.
    • 직무확대 : 직무담당자의 직무 수나 범위를 확대시켜 줌으로써 직무의 만족감 및 작업능률 증진에 기여할 수 있다.
    • 직무설계 : 직무를 수행하는 사람에게 의미와 만족을 부여하도록 직무의 내용과 작업방법을 결정하는 과정

04. 모집시 내부원천을 통하여 결원을 보충하고 그래도 부족할 경우 외부공급원 중에서 직무에 적합한 인재를 모집할 수 있도록 한다.

05. • 타당성 : 도구가 측정하고자 하는 특성이나 예측기준치를 실제로 얼마나 잘 측정하는지를 나타내는 것을 의미한다.
    • 신뢰성 : 그 도구가 선발대상자들에게 적용되었을 때 안정적이고 일관성있는 결과를 얻을 수 있도록 만들어져야 획득한다.

06. 직무기술서는 직무의 내용과 직무의 요건에 동일한 비중을 두고 있으며, 직무명세서는 직무내용보다는 직무요건에, 그 중에서도 인적요건에 큰 비중을 두고 있다.

07. • 기업조직 구성원의 생산성 향상을 통하여 기업의 목표달성에 기여한다.
    • 기업조직 내의 이해집단간 이해관계를 조정하여 기업과 구성원의 공동이익을 추구하도록 한다.
    • 구성원의 개성을 존중함으로써 인간성 회복에 기여한다.
    • 능력주의 위주의 관리로 구성원의 창조적 능력을 개발한다.
    • 종업원에게 직무에 대한 만족을 부여하여 능동적인 참여를 유도한다.
    • 기업에 필요한 인적자원을 확보하고 능력을 계발토록 동기를 부여한다.

08. 인사이동 및 승진을 결정하는 기준은 직무분석에 해당한다.

09. 인적자원의 특성 : 인적자원의 존엄성, 인적자원의 전략성, 인적자원의 능동성, 인적자원의 개발성, 인적자원의 자율성 등이 있다.

10. 인적자원계획에서 가장 중요시되는 것은 경영전략을 실행하고 기업의 목표를 달성하기 위한 인적자원의 수급에 관한 계획이 중요하다. 그러므로 고임자의 이직을 유도하고 신규채용을 늘리는 것이 핵심과제는 아니다.

2절 인적자원의 개발

1. 인사고과

1) 인사고과

인사고과(merit rating)란 조직 구성원들의 행위를 조직의 목적에 더욱 적합하도록 유도하기 위하여 적용하는 인사평가제도로서 조직 구성원의 능력과 업적을 평가하여 조직 구성원의 조직에 대한 유용성을 조직적으로 파악하는 것을 말한다.

인사고과의 목적과 목표	
인사고과의 목적	인사고과의 구성요소(목표)
① 조직과 직무의 개선 ② 고용관리의 합리화 ③ 교육훈련 및 능력개발의 촉진 ④ 임금관리의 합리화 ⑤ 경영자의 능력평가 ⑥ 동기부여의 향상	① 타당성 : 평가내용이 평가의 목적을 잘 반영하고 있는가? ② 수용성 : 피 평가자들이 평가결과와 활용목적에 동의하는가? ③ 신뢰성 : 측정하고자 하는 내용을 정확하게 측정되었는가? ④ 실용성 : 평가비용과 효과 측면에서 평가제도의 효과와 의미를 찾았는가?

2) 인사고과방법

(1) 인사고과방법

방 법	내 용
중요사실기록법	기업목표 달성에 크게 영향을 미치는 중요한 사실들을 중점적으로 기록하고 검토하여 종업원의 직무태도와 업무수행 능력을 개선하도록 하는 방법
자기신고법	종업원이 스스로 자신의 기술이나 지식 등의 자기 능력과 원하는 직무와 직무환경, 교육훈련 등을 기술하여 정기적으로 보고하고 그것을 인력자원조사의 자료로 하는 방법
면접법	종업원과의 면접을 통해서 종업원의 업무수행 능력과 가능성을 찾아내어 직무를 개선하고 종업원을 관리하는 방법
목표관리법 (MBO : Management by Objective)	6개월 또는 1년의 기간내에 달성할 특정목표를 평가자와 피평가자의 협의에 의해 설정하고, 그 기간이 종료된 후에 목표를 양적, 질적으로 얼마나 달성하였는지를 평가하는 결과지향적 평가방법으로, 종업원이 상사와 협의하여 작업목표량을 결정하고 그 성과를 부하와 상사가 같이 측정하여 인사고과의 자료로 활용하는 방법

(2) 고과자의 유형에 따른 고과방법

구 분	내 용
부하에 의한 고과 (상향식 평가)	부하가 상사를 평가하는 방법으로 상사와 부하의 신뢰관계를 유지하기 위해서 익명성을 강조한다.
상위자에 의한 고과 (하향식 평가)	상사가 부하를 평가하는 방법으로 상사는 부하의 직무나 직무수행에 대하여 다른 어떤 사람들 보다 잘 알고 있는 장점이 있으나 주관적으로 고과를 적용하기 쉬운 단점이 있다.
자기평가	종업원 본인 스스로를 평가하는 방법이며 관리층의 고과에 보충적 기법으로 사용된다.
동료평가	동료가 평가하는 방법으로 피고과자를 가장 근접하게 관찰하는 방법이다.

(3) 인사기준에 따른 고과방법

구 분		내 용
절대기준평가 (개인적평가)		종업원의 일정한 기준에서 그 수준을 평가하는 방법
	구 분	내 용
	서술평가기법	고과자가 종업원 행동의 강점과 약점을 사실적으로 서술하는 평가법
	중요사건평가법	고과자가 일상 작업생활에서 관찰 등을 통해 종업원이 보여준 특별히 효과적인 혹은 비효과적인 행동 내지 업적을 기록하여 이를 고과시점에서 정리하여 평가
	체크리스트기법	직무관련 행동을 구체적으로 설명한 항목을 나열해 놓고 종업원이 해당되는 항목에 체크하는 평가법
	강제선택법	체크리스트법에서 발생하는 오류를 방지하기 위해 두 개의 평가항목 중 반드시 하나에 체크를 하도록 하는 평가법
	평가척도법	가장 오래되고 보편적인 개인평가방법으로 종업원의 성과와 행동에 관련된 평가요소를 제시하고 평가척도를 이용하여 평가
	행동기준평가 척도법	평가척도법과 중요사건평가법을 혼합하여 응용한 것으로 효율적으로 직무를 수행하는데 필요한 행동을 평가하기 위해서 설계된 인사평가 방법
상대기준평가		종업원을 상호 비교하여 평가하는 방법
	구 분	내 용
	직접서열법	고과자가 종업원을 전반적인 평가기준에서 최상의 성과자로부터 최하의 성과자까지 상대적 서열을 결정
	교체서열법	직접서열법에서 서열결정의 복잡성을 문제나 평균화 경향을 최소화하기 위해 고과자가 여러 종업원 중에서 1차로 가장 우수한 성과자와 가장 빈약한 성과자를 교체선발하고 2차도 같은 방법으로 선발하여 모든 종업원을 평가
	강제할당법	고과자가 사전에 평가등급을 설정해 놓고 종업원들을 평가하여 일정한 비율(%)에 따라 각 등급에 할당하는 평가법
	쌍대비교법	각 고과 요소별로 또는 종합적으로 두 사람씩 짝을 지어 비교하는 방법
	평가센터법	경영자선발이나 승진을 결정할 때 또는 경영자의 성과평가를 위한 방법

(4) 인사고과 오류방지방법

구 분	내 용
관대화경향	실제보다 좋게 평가하는 경향으로 이를 방지하기 위한 평가방법으로서 강제할당법을 사용하고, 평가요소에 대한 정의를 명확히 하며, 평가자에게 평가 전에 주의 깊은 평가를 하도록 훈련을 시킨다.
중심화경향 (centralization tendency)	대부분 중간 또는 보통으로 평가하는 경향으로 이를 방지하기 위해서는 강제할당법을 사용하고, 평가의 단계를 기수로 하지 않고, 우수로 하고, 중앙부분의 척도눈금을 더욱 세분화하여 중앙부분에도 분산이 있게 하고, 부하와 일상의 접촉을 늘리고 면접의 기회를 가져 개별적으로 부하를 관찰·이해하게 하며, 평가자에게 평가요소의 정의와 평가방법 등을 충분히 설명한다.
논리적오류 (logical errors)	각 고과요소간에 논리적으로 관계가 있는 경우 상대적으로 높은 고과요소가 있으면 다른 고과요소도 높게 평가하는 것으로 이를 제거하기 위해서는 추상적인 요소나 중복되는 요소에 의하여 평가하지 말고 객관적으로 관찰가능한 사실을 평가하게 하며, 요소에 대한 정의와 설명을 충분히 하고 유사한 요소는 그 차이점을 명확히 하며, 평가자는 인사고과의 운용기준을 반드시 지키고, 유사한 평가 요소에 대해서는 가능한 충분한 시간을 갖고 평가를 한다.
현혹효과 (halo effect, 후광효과)	고과대상자의 특정한 고과요소로부터 받은 호의적 또는 비호의적 인상이 다른 고과요소에까지 영향을 미쳐 동일하게 평가하는 경향으로 이를 피하기 위해서는 여러 평가자들이 같은 사람을 독립적으로 평가하게 하여 평가자들간의 현혹효과를 상쇄시키거나, 피평가자들이 서로 평가하게 하거나, 평가자가 어느 한 사람의 전체 항목에 대한 평가를 하기 전에 한 가지 특성에 대하여 모든 구성원들을 전부 평가하게 하는 것이 필요하다.
대비오류 (contrast errors)	피고과자를 평가함에 있어서 피고과자의 특성을 고과자자신의 특성과 비교하여 평가할 경우에 생기는 오류로써 이를 줄이기 위해서는 유사한 고과요소를 가능한 간격을 두어 배열하고, 고과요소별로 하나씩 배열하여 이것을 전 고과자가 평가하며 확신할 수 있는 고과요소부터 평가를 한다.
상동적오류	어떤 사람에 대한 평가에서 그가 속한 집단(국가·학교·종교·지역)의 특성에 근거하여 판단하려는 경향을 말한다.
주관의 객관화	인사고과 자가 자기 자신의 특성이나 관점을 타인에게 전가시키는 경향
최근효과 (시간적오류)	과거 업적보다 쉽게 기억할 수 있는 최근 업적이나 능력을 중심으로 평가하는 오류

핵심문제

01 인사고과에 대한 설명으로 적절하지 않은 것은?

① 직무 자체의 상대적 가치를 평가하여 직무급의 기초를 이룬다.
② 종업원의 실무능력이나 업적 등에 대하여 체계적으로 평가한다.
③ 급여나 상여금 또는 승급 등의 결정에 영향을 주며 동기를 부여한다.
④ 직무와 능력에 맞도록 종업원을 이동 혹은 배치하거나 재교육을 실시한다.

정답 ① 직무 자체의 상대적 가치를 평가하는 것은 직무평가이다.

02 다음에서 설명하고 있는 인사고과의 문제점은?

> 어떤 한 분야에서 어떤 사람에 대한 호의적 또는 비호의적인 인상은 다른 분야에서도 그 사람에 대한 평가에 영향을 주는 것을 말한다.

① 중심화경향   ② 관대화 경향   ③ 현혹효과   ④ 최근효과

(정답) ③ 어떤 한 분야에서 어떤 사람에 대한 호의적 또는 비호의적인 인상은 다른 분야에서도 그 사람에 대한 평가에 영향을 주는 것을 현혹효과라 한다.

2. 교육훈련

1) 교육훈련

교육훈련이란 기업내에서 종업원의 자질을 개발하고 직무에 대한 적응력을 높임으로써, 종업원이 보다 나은 자격을 갖출 수 있도록 조직적이고, 체계적으로 유도하여 종업원 개인측면에서는 만족을 기업측면에서는 성과를 높이기 위한 활동이라 할 수 있다.

교육훈련은 기업측면에서 사업전략의 효율성 실행 및 급변하는 환경에 대응하고(인재육성, 의사소통개선), 종업원측에서는 자기발전과 욕구충족 또한 능력개발을 통한 성취동기를 유발하는데 중요한 역할이 있다.(근무태도향상, 동기유발)

(1) 교육훈련의 목적

구 분	내 용
기업측 교육훈련목적	① 유능한 인재 양성과 종업원 만족을 통한 생산성 향상 ② 노동의 질적 유지 ③ 미래에 대한 인력 확보
종업원측 교육훈련목적	① 자아 개발 욕구 충족 ② 승진기회 활용 ③ 실업위험 회피 ④ 특기와 개성의 개발 ⑤ 보상의 증가 ⑥ 직무만족도 향상

(2) 교육훈련 실시체계

구 분	내 용
교육훈련의 필요성인식	① 기업내의 인사정보자료의 활용과 종업원 및 관리자를 대상으로 하는 사기조사와 적성검사의 실시 ② 조직진단 등의 주기적인 실시가 필요

구 분	내 용
교육훈련의 목표설정	교육훈련 목표설정시 유의해야 할 점 ① 실현가능한 목표일 것 ② 최대한으로 측정 가능한 목표를 세울 것 ③ 교육수단과 교육목표와의 관련이 명확해야 함 ④ 최종목표에 도달하기 위한 하위목표가 명시 되어야 함 ⑤ 피교육자의 의욕을 북돋을 수 있는 목표를 세울 것 ⑥ 실무에서 쉽게 효과가 나타나는 목표를 세울 것
교육훈련의 실시	교육훈련의 실시 요건에 따른 적합한 형태의 계획수립 및 실시 ① 교육훈련의 대상자 ② 교육훈련의 내용 ③ 교육훈련의 담당자 ④ 교육훈련의 시기 기간 및 장소
교육훈련의 평가	① 평가기준 설정 : 교육훈련의 자체반응과 학습결과, 학습자의 행동평가, 현장에서의 업적평가 등 ② 평가방법 : 전후법, 실험비교법, 테스트법, 상호평가법 등

2) 교육훈련의 종류

(1) 계층별·전문분야별 교육훈련

대상자		교육훈련내용	실시기법
신입사원교육	입 직 교 육 (orientation)	회사개요안내 및 종업원의 자질, 태도의 습득	강의, 토의, 시청각교육
	기초실무교육	직장내업무개요, 업무지식, 업무수행방법교육	연습, 집단토의
	실무지도교육	개별업무수행지식습득, 실무지식·기능습득	상사중심의 OJT(직장내 교육훈련)
	업무수행강화교육	실제의 업무수행확인 및 업무강화교육	강의, 집단토의
중견사원교육	기 능 자 교 육	우수한 기능자의 육성 및 신기술 습득	강의, 토의, OJT, 소집단활동
	기 술 자 교 육	최신기술·지식습득, 전문기술·응용기술의 습득	OJT, 외부세미나참가, 국외유학
	판 매 원 교 육	판매전문지식·기업의 습득	강의, 사례연구, 외부세미나참가
	사 무 원 교 육	사무자동화, 업무처리·개선지식의 이해	OJT, 통신교육, 외부세미나참가
감독자 교 육	현장감독자의 역할과 책임 교육		강의, 토의, 실습병용 TWI(관리감독자 대상)
	부하지도력향상, 업무개선능력향상		
관리자 교 육	경영관리지식의 습득, 문제해결능력향상		강의, 토의, 사례연구, 역할연기법, MTP(중간관리자 대상)
	종합적 사고력향상 및 관리능력과 자질향상		
경영자 교 육	경영지식습득 및 경영능력개발, 경영자 자질향상		강의, 토의, 사례연구, 외부세미나참가, ATP(최고경영자 대상)
	경영환경분석 및 경영전략향상, 조직활성화		

* 이원우, [삼영사], 신인사관리론, 2004

(2) 교육장소별 교육훈련

교육장소	교육훈련내용
직장내교육훈련 (on the job training : OJT)	• 직장에서 구체적인 직무에 임하여 직장상사가 직접적으로 개별지도를 하고 교육·훈련을 시키는 방식을 말한다. • 직장 내 교육훈련은 추상적이지 않고 실제적이며, 직장상사나 동료간 이해와 협조정신을 강화시킨다는 장점이 있다. (멘토제도, 코칭제도, 인턴쉽제도, 직무순환제도 등이 있다)
직장외교육훈련 (off the job training : off JT)	• 교육훈련을 담당하는 전문시스템의 책임하에 이루어지는 것으로서 직장내 교육훈련 이외의 모든 교육훈련을 말한다. • 교육훈련전문가가 실시하기 때문에 학습효과가 높다는 장점은 있으나, 교육훈련의 내용이 실무와 거리가 있을 수 있으며, 훈련비용이 많이 발생한다는 단점이 있다.
자기개발	• 자기개발이란 자기의 책임하에 자기의 이해와 평가에 의해서 성장과 향상의욕을 갖고, 자주적으로 노력하고 자기훈련을 하는 것을 말한다. • 자기개발은 전 과정을 스스로 관리하기 때문에 자유롭고 자율적이며, 교육훈련의 진도를 마음대로 조정할 수 있다는 장점이 있으나 교육훈련에 대한 지원을 받을 수 없어 학습효과가 제한적이고, 학습의욕이 떨어질 경우 이를 개선하기 어렵다는 단점이 있다.

(3) 교육훈련방법

훈련방법	교육훈련내용
강의식교육	교육훈련 실시자가 일방적으로 주제에 대한 강의를 하고 종업원은 이를 경청함으로써 실시되는 교육
회의식교육	훈련 참가자가 일정한 장소에 모여서 일정한 주제에 관한 각자의 의견, 지식, 경험 등을 발표·교환하고, 문제점 등에 관하여 토론하는 방식
직무순환법	훈련과정 중에서 순차적으로 직무를 교대시킴으로써 다양한 직무에 대한 지식과 경험을 습득하게 하는 교육방법
역할연기법	교육 참가자는 주어진 상황에서 가장 효과적이라 판단되는 행동을 한 뒤 공동으로 평가하고 이상적인 행동패턴을 찾기 위한 교육방법
사례연구법	기업의 현황을 교육 참가자에게 제시하고 그 사례에서 문제점을 분석하고 해결을 위한 대안을 제시하는 방법으로 기업의 현실적인 문제에 대한 학습이 가능한 의사결정 능력 향상 기법
행동모델법	관리자 및 종업원에게 주어진 상황에서 가장 이상적인 행동을 제시한 뒤 교육 참가자들이 그대로 모방을 하는 방법으로 신속한 학습이 이루어지는 교육방법

훈련방법	교육훈련내용
비즈니스게임	기업의 경쟁상황에서 올바른 의사결정 능력을 제고시키기 위해 개발된 기법. 우선 참가자들을 여러 개의 팀(3~5명)으로 구성하여 참가하는데 교육 실시자는 이들 팀들에게 동종의 경쟁상황에 있는 서로 다른 모의기업의 책임자들로서 상대방 기업에 이길 수 있는 경영 의사결정을 하도록 한다.
인바스켓기법	관리자의 의사결정 능력을 제고시키기 위해 개발된 것으로 훈련참가자에게 가상의 기업에 대한 정보 즉 생산제품, 조직구조, 종업원에 대한 정보 등을 제공한 후 이들에게 특정경영상황에서 문제해결을 위한 의사결정을 하게 된다.
액션러닝 (action learning)	교육 참가자들이 소규모집단을 구성하여 개인과 집단이 팀워크를 바탕으로 경영상의 실제문제를 정해진 시점까지 해결하도록 하여 문제해결과정에 대한 성찰을 통해 학습하도록 지원하는 교육방식으로 교육훈련의 제3의 물결이라고 할 수 있는 혁신기법
코칭 (Coaching)	상사나 동료가 수평적이고 협력적인 파트너십을 맺으며 관찰과 지원, 피드백등을 통해 스스로 문제점을 찾아 해결할 수 있도록 하는 방법
심포지엄	한 문제에 대하여 두 사람 이상의 전문가가 서로 다른 각도에서 의견을 발표하고 참석자의 질문에 답하는 형식의 토론회, '집단 토론 회의', '학술 토론 회의'로 순화하는 방법
브레인스토밍 (brain Storming)	두뇌선풍 또는 영감법이라 불리는 것으로 기업의 문제해결을 위한 회의식 방법으로 적절한 소수인이 모여서 회의를 열고 아이디어의 연쇄반응을 일으켜 자유롭게 아이디어를 창출하는 방법
도제훈련 (apprentice training)	직장 내 훈련과 직장 외 훈련을 혼용한 방법으로 교육대상자가 일정기간동안 작업장 내에서 상사나 선배동료로부터 기능을 배우고 이어서 직장 외의 일정한 장소에서 강의에도 참가하는 방법이다. 공예, 용접, 배관, 목수직 등에 적용된다. 직장 내 훈련과 직장 외 훈련의 장점을 모두 흡수할 수 있으나 동시에 많은 사람을 교육할 수는 없다.
감수성 훈련	다른 사람이 생각하고 느끼는 것을 정확하게 감지하고 이에 대응하여 유연한 태도와 행동을 취할 수 있는 능력을 개발하기 위한 경영자의 능력개발 방법
상호작용훈련	감수성 훈련과 같이 피교육자로 하여금 자신의 행동에 대한 인식을 높이고, 동시에 행동개선을 유도하는 행동개발방법이다. 피교육자의 행동은 부모, 성인, 유아 등 세 가지의 자아상태에서 형성된다고 가정하고 성인으로서의 성숙한 행동을 유도해 나가는 훈련방법
대역훈련법	특정한 승진후보자들에게 상사의 직책을 대역시킴으로서 후계자를 양성하는 개발방법으로 함께 일하면서 전문지식을 배운다. 현실적 상황에서 실습을 통하여 학습하는 경영자개발을 위한 OJT방식
멘토링(Mentoring)	조직내 경력이 많은 관리자(또는 선임자)가 초기 단계에 있는 관리자(또는 신규직원)를 조직내 활동의 여러면에서 보다 잘 적응할 수 있도록 도와주는 관계로, 경력상위자가 업무기술적 측면, 대인관계측면, 그리고 정치적 측면에서 보유하고 있는 지식과 기술 등 노하우를 경력 하위자에게 전달하여 초급자 능력개발에 도움을 주는 방법
이러닝(E-learning)	인터넷이나 사내 인트라넷을 사용하여 실시하는 온라인 교육을 의미하며 시간과 장소에 구애받지 않고 학습의 속도를 조절하면서 교육훈련을 실시할 수 있는 방법

3) 교육훈련의 평가

구 분	내 용
반응	교육훈련 참가자들의 교육훈련프로그램에 대한 느낌이나 만족도를 측정
학습	교육훈련도중이나 끝난 후에 교육피훈련자들이 습득한 기능이나 지식의 정도를 시험이나 실습 또는 시뮬레이션을 통하여 측정
행동	교육훈련프로그램을 마친 후에 훈련결과가 훈련참가자들의 직무행동에 얼마나 전이되었는가를 측정
결과	주로 비용과 편익 분석을 실시하여 구체적 수치를 활용하며 교육훈련을 통해 조직의 효과성 증감 정도를 측정

핵심문제

01 조직구성원에게 폭넓은 경험을 갖게 하기 위하여 여러 분야의 여러 직무로 순환시키는 실무훈련방법을 무엇이라 하는가?

① 직무평가　② 직무분석　③ 직무순환　④ 직무계획

> 정답 ② 조직구성원에게 폭넓은 경험을 갖게 하기 위하여 여러 분야의 여러 직무로 순환시키는 실무훈련방법을 직무순환이라 한다.

02 다음 내용은 무엇에 관한 설명인가?

> ( )이란 교육훈련을 담당하는 전문시스템의 책임 하에 이루어지는 것으로서 직장내 교육훈련 이외의 모든 교육훈련을 말한다.

① 직장내 교육훈련　② 직장외 교육훈련　③ 자기계발　④ 경력개발

> 정답 ② 직장외 교육훈련이란 교육훈련을 담당하는 전문시스템의 책임 하에 이루어지는 것으로서 직장내 교육훈련 이외의 모든 교육훈련을 말한다.

3. 이동과 승진

1) 이동

이동이란 조직에서 직원,사원등의 지위나 근무부서를 바꾸는 일을 의미한다.

(1) 인사이동의 목적

① 종업원의 능력개발 및 인재육성

② 신기술의 습득 및 생산성 향상
③ 후계자양성 및 인적자원의 효율적 활용
④ 직장분위기 쇄신 및 조직 활성화
⑤ 인간관계 개선 및 종업원의 동기부여

2) 승진

기업내의 수직적 계층간에 이루어지는 종업원의 상향적 인사이동의 과정으로 일반적인 의사결정 권한의 강화, 지위의 상승, 임금의 증가 등을 수반하게 되는 인사처우상의 중요한 수단이 된다.

(1) 승진정책

정 책	내 용
연공주의	종업원의 근속년수, 연령, 학력, 성별 등의 연공서열적 속인요소를 중심으로 승진을 결정하거나 승진의 우선권을 부여하는 제도(속인주의 승진제도)
능력주의	기업내 종업원의 직무수행능력 및 업적을 기준으로 상위 직급에의 승진을 결정하는 인사처우제도
절충주의	종업원의 학력, 근속년수, 경력 등 연공요소와 직무능력 및 업적 등 직무적요소를 종합 평가하여 승진을 결정하는 절충형의 승진제도

(2) 승진의 기본원칙

원 칙	내 용
적정성의 원칙	승진기회의 크기가 시간적, 공간적차원에서 적정한가와 관련된 원칙
공정성의 원칙	승진기회를 올바른 사람에게 배분했느냐와 관련된 원칙
합리성의 원칙	조직의 목표달성을 위해 공헌한 내용이 정확히 파악하기 위해 무엇을 공헌 또는 능력으로 간주할 것인가에 관련된 원칙

(3) 승진유형

유 형	내 용
직계승진	직무중심의 능력주의 승진제도의 한 형태로 기업내 직계체계를 토대로 종업원을 상급직계의 직위에 승진시키는 유형
자격승진	직능을 갖추면 상위직능등급으로 상승되는 유형
대용승진	특정의 종업원에 대한 승진의 필요성은 있으나 적합한 직책이나 직위가 없이 승진이 곤란한 경우 현재 직무내용상 실질적 변화없이 직위명칭 또는 자격호칭을 부여하여 형식적 승진을 시키는 제도

유 형	내 용
OC승진 (Organization Change)	기업의 조직내 승진대상의 직위가 부족한 경우에 조직의 직위계층을 확대하여 승진의 기회를 부여하는 승진제도
발탁승진	일정기간의 직무수행능력 및 업적만의 평가를 거쳐 특별히 유능한 사람에게 승진의 기회를 제공하는 제도

3) 이직

이직은 기업의 조직구조에 선발 및 배치되어 직무를 수행하던 고용관계가 단절되는 것을 의미한다. 이직의 형태는 다음과 같다.

구 분	내 용
자발적 이직	① 종업원 스스로가 자의에 의해서 직장을 떠나는 자발적인 이직 ② 전직(다른 조직으로 이동을 위한 이직) ③ 비전직(결혼, 임신, 출산 등 개인사정으로 인한 이직)
비자발적 이직	① 종업원의 잘못을 징계하기 위한 해고 ② 기업의 경영상 문제를 해결하기 위한 정리해고 ③ 정년규정에 의한 정년퇴직
퇴직	기업경영자와 종업원간의 고용관계의 종료에 의해 기업조직에서 종업원이 이탈하는 것을 말한다.

핵심문제

01 인사이동의 목적이라고 할 수 없는 것은?

① 후계자 양성 ② 인건비 절감
③ 조직의 유연성 제고 ④ 능력발전의 기회 제공

> **정답** ② 인사이동의 목적에는 후계자 양성, 조직의 유연성 제고, 능력발전의 기회제공, 적재적소배치에 있다.

02 다음 중 승진의 기본원칙으로 적절하지 않은 것은?

① 공정성의 원칙 ② 적정성의 원칙
③ 연공 & 능력원칙 ④ 합리성의 원칙

> **정답** ③ 승진의 기본원칙 : 공정성의 원칙, 적정성의 원칙, 합리성의 원칙

4. 경력관리

경력이란 기업내 종업원의 조직상 상위직위에의 상향적 이동을 나타내는 승진과 전문직에서 요구되는 고도의 경륜과 숙련을 겸비한 전문성을 가지며, 개인의 경험과 이력을 총체적으로 나타내는 집합성의 세가지 성격을 포괄하는 의미로 사용되고 있다.

경력목표는 개인이 경력개발을 통하여 도달하고 싶은 미래의 지위를 말하며, 경력개발의 목표는 기업에 필요한 유능한 인재를 확보하고 육성하여 적재적소배치로 효율적인 활용에 있다.

경력관리의 필요성	경력관리의 목적
① 승진정체의 심화 ② 전문인력의 육성 ③ 사회구성원의 가치관 변화	① 조직의 인력수요를 적시에 충족 ② 구성원에게 경력진로의 기회를 제공 ③ 조직의 인적자원개발과 조직구성원의 경력희망 및 욕구를 동시에 충족

1) 경력개발

경력개발은 개인의 경력목표를 설정하고, 이를 달성하기 위한 경력계획을 수립하여 조직의 욕구와 일치될 수 있도록 각 개인의 경력을 개발하는 활동이다.

(1) 경력개발의 요소

구 분	내 용
경력목표	개인이 경력상 도달하고 싶은 미래의 지위
경력계획	경력목표를 설정하고 이 경력목표를 달성하기 위한 경력경로를 구체적으로 선택하는 과정
경력개발	개인적인 경력계획을 달성하기 위하여 개인 또는 조직이 실제적으로 참여하는 활동

(2) 경력개발의 목적

① 효율적 인재개발의 촉진　　② 적정배치의 실현과 조직의 활성화
③ 종업원의 동기유발과 고용의 정착화　　④ 인재의 축적과 조직개발

(3) 경력개발관리의 기본원칙

구 분	내 용
적재적소배치의 원칙	조직의 직무가 개인의 적성·지식·경험·능력에 부합될 수 있도록 배치
승진경로의 원칙	공정하도록 명확한 승진경로 확립
후진양성의 원칙	기업 내부에서 자체 유능한 인재를 양성하고 확보
경력기회개발의 원칙	조직에 있어서 승진경로가 한정되어 있지 않고 기회를 확장하여 능력발전 및 직무연계성에 따라 승진기회를 부여

(4) 경력개발기법

구 분	내 용
자기신고제도	현대적 고과방법의 하나로 기업이 근로자에게 자신의 직무내용, 담당직무에 있어서 능력의 활동정도, 경력목표, 적성여부, 전직희망, 승진의 희망, 취득 자격 등에 대하여 일정한 양식에 작성하게 하여 인사부서에 신고하여 그 데이터를 인적자원관리의 자료로 활용하는 제도
기능목록제도	인재목록제도라고도 하며 종업원의 직무수행 능력을 평가하기 위한 개인별 능력평가표이다. 기업의 장·단기 인적자원계획, 승진 등에 이용하기 위해 기업이 보유하고 있는 종업원의 기능 종류 및 수준에 관한 재고의 조사표이다
정기적 직무순환	종업원들을 수평적·수직적으로 직무순환시킴으로써 그들의 잠재능력이나 직무수행능력을 개발하는 기법
경력상담제도	종업원의 경력욕구와 조직의 경력기회를 통합시키기 위해 인적자원 담당자나 라인관리자가 종업원의 미래 경력에 대하여 상담하는 제도
직능자격제도	직능자격제도는 기업내 종업원의 직무수행능력의 발휘도 신장도를 공정한 조사와 평가를 거쳐 일정한 직능등급으로 분류하는 제도
종합평가센터제도	종업원의 장래성을 체계적으로 예측하여 추진하는 제도

2) 경력정체

경력정체 자신의 능력 혹은 기업의 구조적 한계로 더 올라갈 수도, 내려올 수도 없는 상태를 말하며 조직이나 직무에 대한 불만족이나 조직의 헌신도 하락 등의 문제가 발생한다. 이때 경력정체로부터 고통을 최소화하기 위한 대안을 강구하거나 동기부여를 강화시켜 경력정체를 해결하도록 노력해야 한다.

※ Hall의 경력단계모형 : 종업원이 직장에 입사하고 퇴직할 때까지 일련의 과정을 연령, 욕구, 작업성 등과 연관하여 4단계로 구분한 것
1단계(탐색단계) ➔ 2단계(확립과 전진단계) ➔ 3단계(유지단계) ➔ 4단계(쇠퇴단계:은퇴준비)

3) 조직개발

(1) 조직개발의 개념

조직개발은 조직효과성의 증대 및 종업원들에게 직장생활의 질적 수준의 향상을 위하여 행동과학의 원리와 실제를 응용하는 계획적이고 체계적인 과정이다. 따라서 조직 내 모든 사람들이 참여하는 자의적인 변화가 되려면 최고경영자층만이 아닌 가능한 많은 조직구성원들의 협동적 노력에 보다 많은 중점을 두어야 한다.

(2) 조직개발기법

구 분	내 용
감수성훈련 (sensitivity training 또는 T집단훈련)	감수성 증대를 통해서 인간관계능력과 조직 유효성을 향상시키는 기법으로, T-집단훈련(T-Group Trining)이라고도 하며 이는 서로 알지 못하는 수십명의 참가자들을 모든 관계집단에서 분리시켜 사회적 고립조건하에서 여러 주 동안 집단생활을 하게 함으로써 그 동안 자기가 타인에게 어떠한 영향을 미치고 있으며, 또 자기가 타인으로부터 어떻게 인지되고 있는가 등을 감지하는 능력을 개발시키는데 중점을 둔 훈련방법이다.
팀 구축법 (Team building)	가장 보편적으로 사용되는 조직개발기법으로 조직 내의 다양한 작업집단을 개선하고 그 유효성을 증대시키는데 목적을 두고 있다. 즉, 조직의 공식적인 임무를 수행하는 작업집단의 조직구성원들이 협조적인 관계를 형성하여 임무수행의 효율화를 도모할 수 있게 하려는데 있다.
대면 회합법 (Confrontation meetings)	백카이트에 의해 개발된 기법으로 조직의 여러 계층에서 나온 사람들로 구성된 집단이 조직의 건강도를 신속히 파악하여 빠른 시간내에 문제점을 개선할 방법을 마련하는 훈련방법이다.
행동 모형화 (behavior modeling)	강의, 시청각교육 그리고 역할연기방법에 피드백 강화법칙을 적용하여 피교육자의 기술향상과 행동개선을 가져오게 하는 훈련방법이다.
그리드 훈련 (grid traning, 관리격자훈련)	리더의 행동을 생산중심과 인간중심으로 나누고 업무의 관심과 인간에 대한 관심을 각각 9단계로 구분한뒤 이 도표에 의해서 리더의 관리행동이나 조직행동을 분석하고 9.9형이 되도록 훈련해 나가는 기법 • 인간에 대한 관심과 업무에 대한 관심이 아주 낮은 1.1형 • 인간에 대한 관심은 높으나 업적에 대한 관심이 낮은 1.9형 • 업적에 대한 관심은 높으나 인간에 대한 관심이 낮은 9.1형 • 인간에 대한 관심이 아주 높고 조직력과 잘 발휘되는 9.9형
상호작용분석(transactional analysis)	피교육자로 하여금 자신의 행동에 대한 인식을 높이고, 동시에 행동개선을 유도하는 행동개발방법
과정 자문법 (Process consultation)	외부관리자의 도움으로 집단내부나 집단 간에 발생하는 과정을 개선하려는 기법으로 과정 상담자는 현대 조직들이 당면하고 있는 문제들을 진단하고 해결하는데 있어서 큰 도움을 주는 훈련방법이다.
3자 조정법	3자 조정법(third-party peacemaking)의 목적은 갈등과정을 조사하고 갈등의 원인을 진단하며 제3자의 조정을 통하여 갈등을 해결하도록 도와주는데 있다. 3자 조정법은 개인뿐만 아니라 집단 또는 조직에도 적용될 수 있다.
코칭과 카운슬링	코칭(coaching)과 카운슬링(counseling)은 개개인에게 비평적인피드백을 제공한다. 즉, 코칭과 카운슬링 기법의 목적은 타인들이 자신을 어떻게 바라보는지에 대한 보다 나은 감각을 개발하고 자신들의 작업관련 목표를 달성하기 위하여 타인들을 도와줄 수 있는 행동을 개발하는데 있다. 따라서 이 기법은 현재의 시점보다는 미래의 시점에서의 성과를 향상시키는 데 초점을 두는 기법이다.

핵심문제

01 다음 중 경력개발의 목적에서 가장 거리가 먼 것은?

① 효율적 인재개발추진
② 적정배치 실현
③ 인건비절약
④ 종업원의 동기유발

> 정답 ③ 경력개발의 목적으로는 효율적 인재개발의 촉진, 적정배치의 실현과 조직의 활성화, 종업원의 동기유발과 고용의 정착화, 인재의 축적과 조직개발이 있다.

02 경력개발과 관련한 설명으로 적절하지 않은 것은?

① 경력이란 종업원이 기업에서 장기적으로 여러 종류의 직무활동을 경험하는 것을 말한다.
② 경력개발의 요소로 경력목표란 개인이 경력개발을 통하여 도달하고 싶은 미래의 지위를 말한다.
③ 경력개발의 목표는 기업에 필요한 유능한 인재를 확보하고 육성하여 적재적소 배치로 효율적인 활용에 있다.
④ 경력개발에 대한 평가는 협동성이나 조직성과를 배제하고 순수한 개인적 성과에 집중함이 바람직하다.

> 정답 ④ 경력개발에 대한 평가는 협동성이나 조직성과를 배재하지 않는다.

03 Hall의 경력단계모형은 종업원이 직장에 입사하고 퇴직할 때까지 일련의 과정을 연령, 욕구, 작업성 등과 연관하여 4단계로 구분한 것이다. 경력단계와 경력욕구의 조합 중 올바르지 않은 것은?

① 1단계(탐색단계) - 주체형성
② 2단계(확립과 전진단계) - 자기성찰
③ 3단계(유지단계) - 생산
④ 4단계(쇠퇴단계) - 통합

> 정답 ②
> ① 1단계(탐색단계) : 다양한 진로 선택지를 탐색하는 단계 주체형성(주체형성, 자아개념 정립)
> ② 2단계(확립과 전진단계) : 선택한 직업분야에서 자신을 확립하는 단계(개인자신의 특정직무 정착)
> ③ 3단계(유지단계) : 자신의 위치를 유지하기 위해 노력하는 단계(자기성찰, 직무몰입)
> ④ 4단계(쇠퇴단계) : 능력의 한계를 느껴 직업활동의 감소로 이어지는 단계(은퇴준비)

01. 인사이동의 목적이라고 할 수 없는 것은?
① 후계자 양성
② 인적자원의 효율적 활용
③ 조직의 유연성 제고
④ 종업원의 능력개발

02. 다음 중 경력관리의 필요성이라고 할 수 없는 것은?
① 승진정체의 심화
② 전문인력의 육성
③ 인건비의 증가
④ 사회구성원의 가치관 변화

03. 다음 중 조직개발기법이 아닌 것은?
① 감수성 훈련
② 팀 구축
③ 행동모형화
④ 역할연기법

04. 다음 중 교육훈련의 형태가 아닌 것은?
① 계층별, 전문분야별 훈련
② 경영자교육
③ 직무현장훈련
④ 감수성훈련

05. 다음의 [보기]는 무엇에 관한 설명인가?

| 보기 |
( )은 신입사원에 대한 교육훈련으로서 조직의 조직과 방침, 역사와 전통 등 조직에 대한 일반적인 소개와 조직의 일원으로서 조직 생활에 필요한 자세와 태도를 갖추게 하는 것을 목적으로 한다.

① 입직훈련
② 실무지도교육
③ 기능공훈련
④ 기술자교육

06. 조직의 목적을 달성하는데 도움이 되는 역량을 구성원들이 획득하는 과정을 무엇이라 하는가?
① 직무평가
② 교육훈련
③ 직무분석
④ 역할연기법

07. 다음 중 경력관리의 기본 목적과 거리가 가장 먼 것은?
① 적정배치의 실현과 조직의 활성화
② 구성원에게 경력진로의 기회를 제공
③ 조직의 인적자원개발과 조직구성원의 경력희망 및 욕구를 동시에 충족
④ 교육훈련 비용 절감

08. 흔히 OJT라고 불리는데, 생산직 기능공은 물론 사무직에서도 감독자가 부하의 직무수행을 감독하면서 직무수행방법과 이에 필요한 기술을 습득시키는 방법은?
① 직무현장훈련
② 관리자교육
③ 경영자교육
④ 계층별.전문분야별 훈련

09. 특정한 상황을 설정하고 피훈련자로 하여금 그 상황 속에서 특정 역할을 맡겨 그 역할에 관한 행동을 실연하도록 하는 방법은?
① 역할연기
② 사례연구
③ 인간관계 훈련
④ 모의경영게임

10. 다음의 [보기]는 무엇에 관한 설명인가?

> **보기**
> 조직의 변화를 전략적, 체계적, 그리고 계획적으로 달성하려는 것이 바로 (　　　)의 기본목적이다.

① 조직변화
② 조직개발
③ 조직구조
④ 조직관리

11. 다음에서 설명하고 있는 내용으로 가장 적합한 것은?

> 직무(일)에 종사하고 있는 종업원의 능력과 업적을 평가하여 상대적인 가치를 정함과 동시에 구성원에 대한 능력개발의 동기부여의 수단으로도 활용된다.

① 직무분석　　② 직무평가　　③ 인사고과　　④ 직무혁신

12. 인사고과 또는 면접에서 발생하는 현상으로 평가 대상 인물의 특성 및 전반적인 인상만으로 평가하는 오류는 무엇인가?

① 현혹 효과　　　　　　　　　② 중심화 경향
③ 관대화 경향　　　　　　　　④ 대비 오류

13. 조직의 현재 및 미래의 직무요구를 충족시킬 수 있도록 구성원의 능력과 기술을 향상 시키는 체계적이고 계획적인 활동으로 훈련 및 개발, 조직개발, 경력개발을 핵심영역으로 하는 것을 무엇이라 하는가?

① 인적자원 개발　　　　　　　② 전략적 계획
③ 경력개발 프로그램　　　　　④ 인적자원 정보시스템

14. 교육훈련의 목적으로 적절하지 않은 것은?

① 적절한 능력을 가진 인재를 양성한다.
② 종업원의 적성에 맞는 기능 내지 기술을 개발한다.
③ 종업원을 기계적 시스템의 일부로 익숙하게 하여 불만요소를 줄인다.
④ 급격한 업무내용의 변혁에 적응하는 수준 높은 지식, 기능, 태도를 신장시킨다.

15. 다음의 직무분석과 관련된 용어들 중 올바르게 기술된 것은?

① 과업 : 작업이 나누어질 수 있는 최소 단위
② 직무 : 특정 목적을 위해 수행되는 하나의 구체적인 작업 활동
③ 직업 : 동일하거나 유사한 직무의 집단
④ 직위 : 특정한 사람에 의해 수행되는 과업군

16. 승진 정체로 조직분위기가 정체되어 있을 때, 대외업무를 수행하는 경우 신뢰성을 높이기 위하여 직무내용이나 보상은 변동 없이 직급명칭이나 자격명칭만 변경되는 형식적인 승진은?

① 자격승진　　　　　　　　　② 직급승진
③ 대용승진　　　　　　　　　④ 근속승진

17. 직무수행능력의 발전단계에 따라 일정한 자격등급을 설정하고 이를 기준으로 인사처우를 하는 연공주의와 능력주의를 결합한 제도는?

① 직능자격제도　　　　　　　② 자기신고제도
③ 순환보직제도　　　　　　　④ 기능목록제도

18. 다음 [보기]에서 설명하고 있는 인사고과의 오류는 다음 중 무엇인가?

> **보기**
>
> 어느 한 분야에 있어서 어떤 사람에 대한 호의 또는 비호의적인 인상이 그 사람에 대한 다른 분야의 평가에 영향을 주는 것을 의미하며, 이를 방지하기 위해 선입관이나 고정관념, 편견 등을 없애고, 평점요소마다 분석평가함으로써 한꺼번에 전체적인 평정을 하지 않아야 한다.

① 규칙적 오류
② 현혹효과
③ 유사오류
④ 대조효과

19. 다음 인적자원계획에 대한 설명으로 적절하지 않은 것은?

① 인적자원계획은 필요한 인력수요를 충당할 수 있도록 다양한 대응책을 마련하는 것이다.
② 인적자원계획은 직무 분석 등의 자료를 토대로 한 직무기술서나 직무명세서를 기초하여 수립됨이 바람직하다.
③ 인적자원계획은 모집, 채용, 교육훈련, 이동 및 배치, 이직관리 등 종합적인 관점에서 접근하는 것이 바람직하다.
④ 인적자원계획에서 가장 중요시되는 것은 고임자를 이직하도록 유도하고 신규채용을 늘리는 것이 핵심과제이다.

20. 리더의 행동을 생산중심과 인간중심의 복수연속선 개념하에 여러 가지의 리더 행동유형을 정립하고, 가장 이상적인 리더는 생산에 대한 관심과 인간에 대한 관심을 모두 극대화 할 수 있는 9.9형을 전제하는 교육훈련은?

① 그리드훈련
② 감수성훈련
③ 상호작용분석
④ 집단 간의 대면

정답 및 해설

01	③	02	③	03	④	04	④	05	①	06	②	07	④	08	①	09	①	10	②
11	③	12	①	13	①	14	③	15	④	16	③	17	①	18	②	19	④	20	①

01. • 종업원의 능력개발 및 인재육성 • 신기술의 습득 및 생산성향상
    • 후계자양성 및 인적자원의 효율적 활용 • 직장분위기 쇄신 및 조직 활성화
    • 인간관계 개선 및 종업원의 동기부여

03. • 조직개발기법 : 감수성훈련, 팀구축법, 대면회화법, 과정자문법, 3자조정법, 코칭과 카운슬링
    • 역할연기법은 교육훈련방법중 하나임

04. 감수성훈련은 감수성증대를 통해서 인간관계능력과 조직 유효성을 향상시키는 조직개발기법

07. • 기업의 경영활동에 필요한 유능한 인재를 확보하고 육성개발
    • 적재적소에 배치 및 이동을 통한 기업내 인적자원의 효율적 활용
    • 개인욕구와 조직욕구의 통합적 달성을 통한 조직의 유효성 증대

08. 직장내교육훈련(on the job training : OJT)
    • 직장에서 구체적인 직무에 임하여 직장상사가 직접적으로 개별지도를 하고 교육·훈련을 시키는 방식을 말한다.
    • 직장 내 교육훈련은 추상적이지 않고 실제적이며, 직장상사나 동료 간 이해와 협조정신을 강화시킨다는 장점이 있다.(멘토제도, 코칭제도, 인턴쉽제도, 직무순환제도 등이 있다)

09. • 역할연기법 : 교육 참가자는 주어진 상황에서 가장 효과적이라 판단되는 행동을 한 뒤 공동으로 평가하고 이상적인 행동 패턴을 찾기 위한 교육방법
    • 사례연구법 : 기업의 현황을 교육 참가자에게 제시하고 그 사례에서 문제점을 분석하고 그 해결을 위한 대안을 제시하는 방법으로 기업의 현실적인 문제에 대한 학습이 가능한 의사결정능력 향상 기법
    • 강의식교육 : 교육훈련 실시자가 일방적으로 주제에 대한 강의를 하고 종업원은 이를 경청함으로써 실시되는 교육
    • 모의경영게임(비즈니스게임) : 기업의 경쟁상황에서 올바른 의사결정능력을 제고시키기 위해 개발된 기법. 우선 참가자들을 여러 개의 팀(3~5명)으로 구성하여 참가하는데 교육 실시자는 이들 팀들에게 동종의 경쟁상황에 있는 서로 다른 모의기업의 책임자들로서 상대방 기업에 이길 수 있는 경영의사결정을 하도록 한다.

12 • 관대화경향과 가혹화경향 : 관대화 경향(leniency tendency)은 실제보다 좋게 평가하는 경향으로 이를 방지하기 위한 평가방법으로서 강제할당법을 사용하고, 평가요소에 대한 정의를 명확히 하며, 평가자에게 평가 전에 주의 깊은 평가를 하도록 훈련을 시킨다.
    • 중심화경향 : 중심화 경향(centralization tendency)은 대부분 중간 또는 보통으로 평가하는 경향으로 이를 방지하기 위해서는 강제할당법을 사용하고, 평가의 단계를 기수로 하지 않고, 우수로 하고, 중앙부분의 척도눈금을 더욱 세분화하여 중앙부분에도 분산이 있게 하고, 부하와의 일상의 접촉을 늘리고 면접의 기회를 가져 개별적으로 부하를 관찰·이해하게 하며, 평가자에게 평가요소의 정의와 평가방법 등을 충분히 설명한다.
    • 논리적오류 : 논리적 오류(logical errors)는 각 고과요소간에 논리적으로 관계가 있는 경우 상대적으로 높은 고과요소가 있으면 다른 고과요소도 높게 평가하는 것으로 이를 제거하기 위해서는 추상적인 요소나 중복되는 요소에 의하여 평가하지 말고 객관적으로 관찰가능한 사실을 평가하게 하며, 요소에 대한 정의와 설명을 충분히 하고 유사한 요소는 그 차이점을 명확히 하며, 평가자는 인사고과의 운용기준을 반드시 지키고, 유사한 평가 요소에 대해서는 가능한 충분한 시간을 갖고 평가를 한다.
    • 현혹효과(후광효과) : 현혹효과(halo effect)는 후광효과라고도 하며 이는 고과대상자의 특정 고과요소로부터 받은 호의적 또는 비호의적 인상이 다른 고과요소에까지 영향을 미쳐 동일하게 평가하는 경향으로 이를 피하기 위해서는 여러 평가자들이 같은 사람을 독립적으로 평가하게 하여 평가자 들 간의 현혹효과를 상쇄시키거나, 피평가자들이 서로 평가하게 하거나, 평가자가 어느 한 사람의 전체 항목에 대한 평가를 하기 전에 한 가지 특성에 대하여 모든 구성원들을 전부 평가하게 끔 하는 것이 필요하다.
    • 대비오류 : 대비오류(contrast errors)는 피고과자를 평가함에 있어서 피고과자의 특성을 고과자자신의 특성과 비교하여 평가할 경우에 생기는 오류로써 이를 줄이기 위해서는 유사한 고과요소를 가능한 한

간격을 두어 배열하고, 고과요소별로 하나씩 배열하여 이것을 전 고과자가 평가하며 확신할 수 있는 고과요소부터 평가를 한다.

13. 인적자원개발의 정의이다.

14. 종업원을 기계적 직무 처리에 새로운 지식과 방법을 체득시킴으로써 사기앙양과 동기유발, 나아가서는 개인적 욕구충족과 자기개발의 기회를 부여하기 위해서이다.

15. - 과업 : 특정 목적을 위해 수행되는 하나의 구체적인 작업 활동
    - 직무 : 동일하거나 유사한 직무의 집단
    - 직업 : 동일하거나 유사한 직군들의 집단
    - 직위 : 특정한 사람에게 수행되는 과업군
    - 요소 : 작업이 나누어질 수 있는 최소 단위

16. - 자격승진 : 연공주의나 능력주의를 적용한다.
    - 직급승진 : 직능을 갖추게 되면 상위직능등급으로 자격이 상승 된다.
    - 대용승진 : 승진정체로 조직분위기가 정체되어 있을 때, 대외업무를 수행하는 경우 신뢰성을 높이기 위하여 형식적인 승진
    - 근속승진 : 헌신적으로 직무를 수행한 경찰관을 대상으로 상위계급으로 1계급 승진을 의미한다.

17. - 직능자격제도 : 일정한 자격등급을 설정하고 이를 기준으로 인사처우를 하는 연공주의와 능력주의를 결합한 제도
    - 자기신고제도 : 종업원 개개인의 개성이나 특기를 정확히 파악, 근로의욕을 높이도록 적절한 인사이동을 행하기 위해 종업원에게 현재의 일의 적부나 전직희망 등 신고하게 하는 제도이다.
    - 순환보직제도 : 영업, 기획, 관리 등의 각 부서별 담당자를 2~3년 주기로 보직을 변경해주는 제도이다.
    - 기능목록제도 : 종업원의 기능종류 및 수준에 관한 재고표를 작성하고 종업원별로 갱신하여 기록하므로써, 경력개발에 활용할 수 있는 제도이다.

18. - 규칙적오류 : 어떤 평정자가 다른 평정자들 보다 언제나 후한 점수를 주거나 또는 언제나 박한 점수를 줌으로써 생기는 오류로 평정이 언제나 후하거나 박하게 채점하는 것이 일관적이므로 일관적 오류라고도 한다.
    - 현혹효과 : 후광효과라고도 하며 이는 고과대상자의 특정 고과요소로부터 받은 호의적 또는 비호의적 인상이 다른 고과요소에까지 영향을 미쳐 동일하게 잘못 평가하는 오류이다.

19. 인적자원계획에서 가장 중요시되는 것은 경영전략을 실행하고 기업의 목표를 달성하기 위한 인적자원의 수급에 관한 계획이 중요하다. 그러므로 고임자의 이직을 유도하고 신규채용을 늘리는 것이 핵심과제는 아니다.

20. - 그리드훈련 : 리더의 행동을 생산중심과 인간중심의 복수연속선 개념하에 여러 가지의 리더 행동유형을 정립하고 가장 이상적인 리더는 생산에 대한 관심과 인간에 대한 관심을 모두 극대화할 수 있는 9.9형이라고 전제한다.
    - 감수성훈련 : 피교육자로 하여금 자신의 행동에 민감성을 높이고 자신의 가치의식에 변화를 가져옴으로써 자신의 행동을 개선하고 대인 관계기술을 향상시키는 기법이다.
    - 상호작용분석 : 감수성훈련과 같이 피교육자로 하여금 자신의 행동에 대한 인식을 높이고, 동시에 행동개선을 유도하는 행동개발방법이다.
    - 집단 간의 대면 : 작업집단이나 과업집단들 사이 또는 실무부서와 전문 스태프부서 사이의 갈등관계를 해소시키고 집단 간에 보다 협조적인 관계와 상호작용을 유도하는 집단 간의 행동개발기법이다.

3절 인적자원의 보상(임금 및 복지후생관리)

1. 임금관리

1) 임금관리

종업원이 기업에 노동력을 제공하고 얻은 소득을 임금이라고 하는 반면, 보상은 임금외에도 종업원이 기업으로부터 받게 되는 일체의 금전적 및 비금전적인 것을 포함하는 개념이다.

임금관리란 기업이 근로자에게 지급하여야 할 임금의 금액 및 제도를 합리적으로 계획·개선함으로써 인사관리의 목적달성에 기여하고자 하는 관리행위이다. 즉, 임금관리는 조직구성원 개개인의 임금지급액, 임금단위 및 지급방법, 임금의 사회적 수준, 생활급으로서의 안정여부, 승진가능성 등을 고려하여 실시된다.

(1) 임금관리의 성격

구 분	내 용
경제적 보상	기업이 종업원에게 금전적인 보상을 해주는 것으로서 임금, 의료지원, 연금보조, 체육시설 제공 등을 말한다.
비경제적 보상	탄력적 근무시간 제도, 직무확대화를 통한 자율성 및 기능다양성 제고 및 조직에서의 안정감 부여 등이 있다

(2) 임금관리의 영역

① 임금체계(공정성) : 임금을 결정하여 지급하는 기준
② 임금형태(합리성) : 임금지급시 임금산정 기간의 단위에 따라 지급하는 방법
   (시급, 일급, 월급, 연봉 등이 있다)
③ 임금수준(적정성) : 전체 인건비를 근로자수로 나눈 평균임금 지급액

(3) 임금의 요건과 판단기준

① 사용자가 지급할 것
② 근로의 대상일 것(경조금, 위문금, 공로금 등)
③ 명칭을 불문한 일체의 금품(정보비, 복리 후생비 등)

임금인 것	임금이 아닌 것
기본급, 직책수당, 직급수당, 상여금(의례적·호의적이지 않은 것), 퇴직금, 물가수당, 통근수당, 월동수당, 유급휴가(연·월차수당포함), 식대, 김장값, 주택수당	해고수당, 경조금, 위로금, 재해보상비, 복지시설비

(4) 임금의 지불원칙

① 통화지불의 원칙 : 임금은 한국은행이 발행하는 은행권과 주화로 지급하여야 한다.
② 직접지불의 원칙 : 임금은 사용자가 근로자에게 직접 지불하여야 한다.
③ 전액지불의 원칙 : 임금은 그 전액을 지불하는 것이 원칙이며, 사용자가 일방적으로 임금에서 공제를 할 수 없다. 단, 세금, 사회보험료 등의 공제는 무방하다.
④ 정기불의 원칙 : 매월 1회 정기적으로 임금을 지급해야 하는 원칙
⑤ 일정기일 지불의 원칙

2) 임금수준

임금수준은 임금액 또는 임금률의 크기를 나타내는 개념으로, 기업전체의 임금총액 수준이나 각 종업원의 개별임금수준, 초임급의 수준을 나타내는 의미로 쓰이고 있다.

(1) 임금수준의 결정요인

구 분	내 용
기본적 결정요인	① 근로자의 생계비(하한선)와 ② 기업의 지불능력(상한선) ③ 사회일반의 임금수준(조정요인) 등
부가적 결정요인	① 노동시장의 변화, ② 경기의 변화 및 물가의 동향, ③ 노사간의 교섭력, ④ 정부의 최저임금법 등

(2) 임금수준의 조정

구 분	내 용
승급	• 승급은 종업원의 입사시 초임급에서부터 시작하여 연령 또는 근속년수의 증가나 근무성적의 향상에 따라 일정한 임금수준의 상향조정 또는 임금인상을 실시하는 것으로, 근로자의 생활안정 및 고용안정, 근로의욕의 증대에 크게 기여하고 있다. • 직급내에서 근속기간의 증가에 따라 매년 일정한 임금수준의 상향조정이 이루어지는 자동승급(호봉승급), 매년 일정한 비율의 임금수준을 정기적으로 상향조정하는 정기승급(자동승급), 고과승급, 임시승급제도 등이 있다.
승격	직무내용의 변화와 직능향상에 따른 상위직급에의 승격을 말하며, 승진과 병행되어 이루어진다.
베이스업 (base up)	임금수준의 전체적인 상향조정 내지 임금인상률을 의미하는 것으로, 종업원의 기본적 임금곡선을 전체적으로 상향 이동시켜 임금수준을 증액조정 또는 인상하는 방법이다. 일반적으로 평균임금의 인상방식을 중심으로 하는 베이스업방식이 주로 많이 이용되고 있다.

(3) 임금수준의 결정원칙

① 생계비보장의 원칙 : 종업원의 최저생계비 보장
② 기업의 지급능력의 원칙

③ 사회적균형의 원칙 : 일반적인 임금수준과 비례
④ 노동가치비례의 원칙 : 종업원의 노동공헌도
⑤ 임금계산 간편성의 원칙 : 계산이 간편하고 이해 용이
⑥ 근로의욕고취의 원칙 : 적당한 자극

3) 근로기준법상의 임금

우리나라 근로기준법 제18조에서는 "임금은 사용자가 노동의 대가로 근로자에게 임금, 봉급, 기타 여하한 명칭으로든지 지급하는 일체의 금품을 말한다"라고 정의하고 있다.

4) 최저임금제도

정부가 근로자의 최저임금수준을 정하고, 사용자에게 그 수준이상의 임금을 지급하도록 강제함으로써 저임금수준의 근로자를 보호하는 것을 목적으로 하는 제도이다.

* 2024년 최저임금 : 시간당 9,860원, 2025년: 시간당 10,030원

5) 포괄산정임금제도

근로형태, 업무의 성질 등을 고려하거나 계산의 편의와 직원의 근무의욕을 고취하는 의미에서 연장근로수당 등 제수당이 포함되어 있거나 매월 일정액을 제수당으로 지급하는 내용의 임금계산방법이다.

핵심문제

01 국가가 근로자의 생계비를 보장하기 위하여 임금 수준을 정하고 사용자에게 그 수준 이상의 임금을 지급하도록 법으로 강제하는 제도는?

① 최저임금제도　　② 임금피크제도　　③ 순응임금제도　　④ 연봉임금제도

정답 ① 최저임금제도에 대한 설명이다.

02 다음에서 (가)와 (나)에 해당하는 것으로 맞는 것은?

> 기업의 임금수준은 (가)(을)를 상한선으로 하고, (나)(을)를 하한선으로 하여 그 허용 범위 내에서 노동시장 요인에 따라 결정된다.

① (가) 기업의 지불능력,　(나) 종업원의 생계비
② (가) 종업원의 생계비,　(나) 기업의 지불능력
③ (가) 기업의 지불능력,　(나) 노동조합의 요구액
④ (가) 종업원의 요구액,　(나) 동종업계의 임금수준

정답 ① 기업의 임금수준은 기업의 지불능력을 상한선으로 하고, 종업원의 생계비를 하한선으로 하여 그 허용 범위 내에서 노동시장 요인에 따라 결정된다.

2. 임금체계 및 형태

1) 임금체계

임금체계란 기업이 종업원에게 지급하는 임금액의 구성내용 또는 임금액의 결정기준이다. 소정의 근로조건 및 근로시간내의 노동대가로 지급하는 기준임금과 소정의 근로조건 및 근로시간을 초과하여 제공하는 노동의 대가로 지급하는 기준외임금, 그리고 일정한 성과나 공로등의 대가로 지급하는 상여금 등의 부가적임금으로 구별된다.

임금	기준임금	기본급		연공급, 직무급, 직능급, 총합결정금
		수 당	임의수당	직무관련수당, 생활보조수당, 장려수당 등
	기준외임금	수 당	법정수당	• 시간외근무수당 • 휴일수당 • 야간수당 • 연차수당 • 월차수당
			임의수당	그 외의 모든수당
		상여금		
		퇴직금		

(1) 임금체계의 결정기준

구 분	내 용
필요가치기준	종업원의 연령, 근속, 연공 등에 의해 임금을 결정하는 것으로 종업원이 실제생활에 필요한 생계비를 반영하여 임금체계를 결정
종업원가치 기준	기업의 목표달성에 필요한 종업원의 직무수행 능력이나 자격 기준으로 임금체계를 결정
직무가치 기준	종업원의 수행능력과 관계없이 종업원이 맡고 있는 직무의 가치를 기준으로 임금체계를 결정
결과가치 기준	종업원이 일정기간에 수행한 직무결과인 성과(기여도)를 기준으로 임금체계를 결정

(2) 기준임금체계

정상적인 작업조건하에서 종업원의 정상적 노동에 대해서 지급되는 임금체계를 말한다.

① 연공급

종업원의 연령, 근속년수 등 연공적 요소에 의하여 각 개인의 임금을 결정하고 일정의 승급을 실시하는 임금체계이다.

장 점	단 점
① 고용안정 및 경영의 안정화 ② 근로자의 귀속감 고취 및 기업충성심의 제고 ③ 경영질서의 유지 발전	① 인건비부담의 증가 ② 무사안일주의 기업풍토 조성 ③ 유능한 인재의 확보 곤란 ④ 임금의 공정성 확보 곤란

② 직무급

직무의 상대적 가치를 기준으로 임금액을 결정하는 임금체계이다.

장 점	단 점
① 직무간의 공정한 임금격차를 유지할 수 있다. ② 동일노동·동일임금의 원칙을 실현할 수 있다. ③ 기업내 직무체계의 확립 및 노동력의 효율적 활용에 기여할 수 있다. ④ 기업의 인건비 효율을 증대시키며, 직무중심주의 인사풍토의 조성에 기여할 수 있다.	① 직무분석 및 직무평가 등 실시절차가 복잡하다. ② 장기근속자의 거부감을 가져오기 쉽다. ③ 노후의 생활불안감을 증대 시킨다.

③ 직능급

기업내 각 직무를 담당하고 있는 종업원의 직무수행능력을 기준으로 임금을 결정하는 임금체계이다.

장 점	단 점
① 종업원의 근로의욕 향상 ② 유능한 인재의 확보 및 능력개발의 촉진 ③ 조직의 활성화 및 능력주의 인사제도의 실현	① 직능의 공정한 평가와 직능등급분류의 곤란성 ② 인건비부담의 증가 ③ 경영질서유지의 곤란성

④ 자격급

자격급은 기업내 종업원의 자격취득 기준을 정해 그 자격취득에 따라 임금지급의 차이를 두는 제도(직무급과 연공급을 결합한 것으로 직능급을 좀 더 발전시킨 형태)이다.

(3) 기준외임금체계

기준외임금은 정상적 노동이외의 노동에 대해 지급되는 임금체계를 말한다.

구 분	내 용	
법정수당	근로기준법의 규정에 의한 강제적 수당으로 시간외근무수당, 휴업수당, 연·월차수당, 휴일근무수당, 해고예고수당, 야간근로수당, 산전·산후 휴가수당 등	
	•초과근무수당	시간외근무, 휴일근무, 철야근무 등에 대해 지급

구 분	내 용	
임의수당	기업이 노사협의하에 임의로 정한 수당으로 복지후생적수당, 직무관련 수당 등	
	• 직책수당	직무수행상의 책임도, 난이도가 타 직원보다 클 경우 지급
	• 특수작업수당	표준작업과는 다른 특수한 작업환경에서 근무하는 경우 지급
	• 특수근무수당	수위, 경비원 등에 대해 지급되는 수당
	• 기능수당	특별한 자격, 면허, 기능 보유자에게 지급
상여금	노사간의 근로계약에 의한 노동의 대가로 지급되는 일정의 기본급 또는 기준내임금과 달리 기업경영성과의 분배적 급여의 일환으로 정기적 또는 비정기적으로 근로자에게 지급되는 부가적 임금이라 할 수 있다.	
퇴직금	종업원이 자발적 또는 비자발적 사유에 의하여 기업을 퇴직하게 되는 경우에 기업으로부터 지급받는 일정의 금전 또는 비금전적 급부를 말한다.	

핵심문제

01 다음 중 근로자의 생활보장과 직접적인 관계를 가지고 있는 기본급에 속하지 않은 것은?

① 본인급　　　② 능력급　　　③ 근속급　　　④ 지역급

(정답) ④　근로자의 생활보장과 직접적인 관계를 가지고 있는 기본급은 본인급, 능력급, 근속급이다.

02 다음에서 설명하는 임금체계는?

- 동일노동 동일임금의 원칙에 따른다.
- 맡은 일의 상대적인 가치에 따라서 임금액이 결정된다.
- 직무분석과 직무평가에 근거하여 실시 될 수 있다.

① 연공급　　　② 직무급　　　③ 직능급　　　④ 자격급

(정답) ②
- 연공급 : 종업원의 연령, 근속년수 등 연공적 요소에 의하여 각 개인의 임금을 결정하고 일정의 승급을 실시하는 임금체계이다
- 직무급 : 직무의 상대적 가치를 기준으로 임금액을 결정하는 임금체계
- 직능급 : 기업내 각 직무를 담당하고 있는 종업원의 직무수행능력을 기준으로 임금을 결정하는 임금체계이다
- 자격급 : 기업내 종업원의 자격취득 기준을 정해 그 자격취득에 따라 임금지급의 차이를 두는 제도(직무급과 연공급을 결합한 것으로 직능급을 좀 더 발전시킨 형태)

2) 임금형태

(1) 고정급제(시간급제)

고정급은 근로자의 작업량 또는 근로자의 근로시간에 비례하여 임금을 지급하는 형태이며, 동일시간·동일지급의 원칙에 따른 것이다.
① 단순시간급 : 단위시간당 임률(임금단가)을 정해 놓고 실제의 노동시간을 곱하여 임금을 계산
② 복률시간급 : 작업능률에 따라 다단계의 임률을 설정해 놓고 임금을 산정하는 방법

구 분	내 용
시급제	근로자의 근로시간을 단위로 임금액을 결정하고 지급하는 임금형태
일급제	1일을 단위로 일정한 임금을 정하여 종업원의 실제 근로일수를 곱하여 임금을 산정·지급하는 방식의 임금형태
주급제	1주간의 근로단위를 기준으로 일정의 임금을 결정하고 지급하는 방식의 임금형태
월급제	월 단위로 일정 임금을 결정하여 매월 종업원에 지급하는 방식의 임금형태
연봉제	개별종업원의 직무수행능력이나 업적과 공헌도 등의 평가결과를 중심으로 1년간의 임금총액을 결정하여 지급하는 임금형태

(2) 변동급제

변동급제 임금형태는 개별근로자나 작업집단이 수행한 노동성과를 측정하고 그 결과에 따라 임금을 산정·지급하는 임금형태이다.

① 성과급제(piece-rate plan)

근로자의 작업성과 또는 노동성과의 정도에 따라 임금을 산정하여 지급하는 임금형태로 근로자의 개인적 또는 집단적으로 수행한 작업성과를 측정하여 임금액의 차이를 결정하고 지급하는 임금제도이다.

종 류	내 용
단순성과급제	생산량에 임률(임금단가)를 곱하여 계산
차별성과급제	하루 표준작업량을 설정하고 표준량을 달성하는 근로자에게 높은 임률을 적용하고 미달하는 근로자에게는 낮은 임률을 적용하여 계산
복률성과급제	차별적 성과급제의 결함을 보완하여 생산량 기준으로 표준작업량 달성, 미달성, 초과달성 등으로 단계를 구분하여 단계별 상이한 임률을 적용하여 성과급계산
표준시간급	표준시간을 설정하여 표준시간에 임률을 곱하여 계산

| 장점과 단점 |

장 점	단 점
① 근로자에 대한 임금의 합리성과 공평성을 부여할 수 있다. ② 작업의 성과와 능률촉진에 기여할 수 있다. ③ 시간급제에 비하여 성과급은 원가계산이 용이하다.	① 정확한 작업성과의 측정과 표준단가의 결정이 어렵다. ② 임금액의 미확정에 의한 근로자의 수입불안정을 가져오기 쉽다. ③ 미숙련 및 부녀 근로자, 고령층 근로자에게 불리하다. ④ 단기적 작업성과의 치중에 따라 기계설비의 손모를 가져오기 쉽다

② 할증급제(premium plan)

근로자에 대한 최저한의 임금을 보장하면서 일정한 기준 이상의 작업성과를 달성하였을 경우에는 일정비율의 할증임금을 추가로 지급하는 형태로, 근로자의 소득안정과 작업능률의 증진에 기여함을 목적으로 하는 임금 지급방식이다.

③ 상여금제

근로자에 대한 일정의 기본급에 추가하여 지급하는 임금형태로, 일정의 과업달성이나 개인의 업적에 따라 일정비율의 급여를 지급하는 방식이다.

(3) 특수임금제

① 집단자극임금제(group incentive plan)

근로자 개인별로 임금을 결정하고 지급하는 개인별 임금제도와 달리 일정한 기준에 따라 분류한 근로자 집단별로 임금을 산정하여 지급하는 제도이다.

② 순응임률제

순응임률제는 기업의 임금산정에 있어서 물가변동과 같은 경제적 조건의 변화나 기업의 사정에 순응하여 임금률을 자동적으로 변동·조정하여 지급하는 임금의 지급형태이다.

③ 성과배분제도

성과배분제도는 기업의 생산활동이나 판매활동의 결과에서 나타난 일정 기준 이상의 성과 및 이익에 대하여 그 일부를 일정한 비율로 노·사쌍방에게 분배하는 제도이다.
- 종업원에 대한 성과분배의 방법 : 상여금, 이윤분배제, 이윤순응임률제 등
- 성과배분제의 주요형태 : 럭커플랜, 스캔론플랜, 임프로쉐어 등

구 분	내 용
스캔론 플랜 제도 (Scanlon Plan)	총매출액에 대한 인건비의 절약부분을 종업원들에게 배분하는 제도로 종업원의 참여의식을 고취시키고 그들의 지식과 상상력을 충분히 활용할 수 있는 참가시스템이며 새로운 형태의 제안제도와 기업의 성과를 종업원과 합의기준에 따라 공정하게 배분하는 상여금 제도
럭커 플랜 제도 (Rucker Plan)	노무비를 부가가치로 나눈 표준생산성비율을 기준으로 이를 초과하는 부가가치 생산액을 노사협력에 의해 생산성의 향상의 결과로 보고 노사간에 분배하는 제도
프렌치 시스템 (French System)	모든 비용의 절약정도를 기준으로 해서 보너스(임금)를 결정하는 제도
임프로쉐어제도 (Improshare)	생산직 구성원들에게 적용하는 제도로서 성과표준치를 제품 하나를 제조하는데 소요되는 표준노동시간을 설정하고 구성원들의 집단적 노력을 통하여 표준작업시간을 줄인 만큼을 이득으로 계산하여 회사와 구성원들이 합의한 배분비율에 따라 배분하는 제도

핵심문제

01 다음 중 시간급과 성과급 임금 제도의 설명으로 옳은 것은?

① 시간급의 계산 기준은 생산량이다.
② 미숙련공은 성과급으로 지급받는 것이 더 유리하다.
③ 성과급의 계산 기준은 근무시간이다.
④ 노동 능률에 대한 자극은 시간급보다 성과급이 크다.

> 정답 ④ • 시간급의 계산 기준은 근무시간이다.
> • 미숙련공은 시간급으로 지급받는 것이 유리하다.
> • 성과급의 계산 기준은 생산량이 된다.

02 임금형태에 대한 설명으로 바르지 못한 것은?

① 시간급제는 성과급제에 비하여 동기부여에 기여도가 낮다.
② 작업장에서 직무간의 상호의존성이 높을 경우 개인성과급제보다는 집단성과급제를 적용함으로써 작업집단 구성원의 동기부여를 높일 수 있다.
③ 일반적으로 연봉제는 능력과 실적이 임금과 직결되어 있으므로 종업원에게 동기부여를 유도할 수 있다.
④ 연봉제는 연령, 근속년수, 직급에 따라 1년 단위로 계산하여 책정한다.

> 정답 ④ 연봉제는 개별종업원의 직무수행능력이나 업적과 공헌도 등의 평가결과를 중심으로 1년간의 임금총액을 결정하여 지급하는 임금형태이다.

3) 연봉제

연봉제는 근로자의 업적, 성과 등과 관련된 목표의 달성도를 평가하여 근로자에 대한 임금의 전부 또는 상당부분을 그에 따라 연(年)단위로 책정하는 제도로서, 연봉제의 핵심은 기존의 근속연수에 비례해서 임금이 조정되는 연공주의를 수정하여 능력, 성과에 따라 급여가 달라진다는 것이다.

* 연봉제 도입시 유의사항
  - 연봉제를 실시하더라도 임금은 매월 1회 이상 지급되어야 한다.
  - 연봉제 근로자라 하더라도 1년의 계약기간이 끝난 후 정당한 이유없이 해고하여서는 아니된다.
  - 퇴직금 규정은 연봉제 근로자에게도 적용되어야 한다.
  - 휴일, 야간, 시간외근무 시의 가산임금 규정도 준수하여야 한다. 단, 포괄역산연봉제에서는 예외로 할 수 있다.

핵심문제

01 연봉제 도입 시 유의하여야 할 사항으로 적합하지 않은 것은?

① 연봉제를 실시하더라도 임금은 매월 1회 이상 지급되어야 한다.
② 연봉제 근로자라 하더라도 1년의 계약기간이 끝난 후 정당한 이유 없이 해고하여서는 안된다.
③ 능력과 성과는 고려하지 않고 근속년수에 비례하여 임금을 지불하여야 한다.
④ 휴일, 야간, 시간외근무시의 가산임금 규정도 준수하여야 한다.

정답 ③ 능력과 성과는 고려하지 않고 근속년수에 비례하여 임금을 지불하는 임금은 고정급(시간급)이라 할 수 있다.

02 다음은 보상관리에 관한 설명이다. 가장 적절한 것은?

> (　　　)는 근본적으로 구성원의 능력과 업무성과 그리고 조직에 기여하는 정도를 평가하고, 계약에 의하여 연간 보상을 결정하는 능력중심의 보상제도이다.

① 임금피크제　　② 연봉제도　　③ 성과급제　　④ 이윤분배제도

정답 ② 연봉제도는 근본적으로 구성원의 능력과 업무성과 그리고 조직에 기여하는 정도를 평가하고, 계약에 의하여 연간 보상을 결정하는 능력중심의 보상제도이다.

4) 통상임금과 평균임금

근로기준법은 임금을 통상임금과 평균임금으로 나누고 연장근로, 야간근로, 휴일근로에 대한 가산임금 등 각종 법정수당과 보상금을 산정함에 있어 이 두 가지 임금 중 한가지를 적용하도록 하고 있다.

통상임금	평균임금
• 해고예고수당, 연차휴가수당 • 휴업수당 • 연장근로수당, 야간근로가산수당 • 휴일근로가산수당, 연장휴일근로수당 • 기타 법에 '유급'으로 표시된 보상	• 퇴직금, 휴업수당 • 연차휴가수당 • 휴업보상, 장해보상, 유족보상, 장례비, 일시보상 등 각종 재해보상 • 감급의 제한

(1) 통상임금

근로자에게 정기적·일률적으로 소정근로 또는 총근로에 대하여 지급하기로 정하여진 시간급금액, 일급금액, 주급금액, 월급금액 또는 도급금액을 말한다.

(2) 평균임금

평균임금은 이를 산정하여야 할 사유가 발생한 날 이전 3월간에 그 근로자에 대하여 지급된 임금의 총액을 그 기간의 총일수로 나눈 금액을 말한다.

$$평균임금 = \frac{사유가\ 발생한\ 날\ 이전\ 3개월간의\ 임금총액}{사유가\ 발생한\ 날\ 이전\ 3개월간의\ 총일수}$$

핵심문제

01 근로기준법은 임금을 통상임금과 평균임금으로 나누고 각종 법정수당과 보상금을 산정하는 데 두 임금 중 한가지를 적용하도록 하고 있다. 다음 중 통상임금에 대한 설명으로 바르지 않은 것은?

① 지급하기로 정해진 임금으로서 실제 근무일수나 수령액에 구애됨이 없다.
② 근무실적과 관련이 없다
③ 결근 등으로 인해 임금이 삭감되면 통상임금은 당연히 적어진다.
④ 근로의 대가이며, 정기적으로 지급되어야 한다.

(정답) ③ 결근 등으로 인해 임금이 삭감되더라도 통상임금의 변동은 없다.

02 근로기준법에서 근로자에게 정기적, 일률적으로 소정근로 또는 총 근로에 대하여 지급하기로 정한 시간급급여, 일급급여, 주급급여, 월별급여 또는 도급금액을 무엇이라고 하는가?

① 실질임금 ② 평균임금
③ 최저임금 ④ 통상임금

정답 ④
- 실질임금 : 근로자의 노동 대가로 받은 화폐액이 물가상승을 고려한 돈의 실질적인 가치로 나타낸 임금을 말한다.
- 평균임금 : 임금을 산정하여야 할 사유가 발생한 날 이전 3개월간에 근로자에 대하여 지급된 임금의 총액을 그 기간의 총일수로 나눈 금액을 말한다.
- 최저임금 : 근로자를 보호하기 위해 사업주가 근로자에게 의무적으로 지불해야하는 최소한의 임금을 말한다.
- 통상임금 : 근로자에게 정기적, 일률적으로 소정근로 또는 총 근로에 대하여 지급하기로 정한 시간급급여, 일급급여, 주급급여, 월별급여 또는 도급금액을 말한다.

5) 퇴직금

퇴직금이란 종업원이 자발적 또는 비자발적 사유에 의하여 기업을 퇴직하게 되는 경우 기업으로부터 지급받는 일정의 금전적 내지 비금전적 급부의 총칭이다.

종업원 퇴직시 기업으로부터 한번에 일정액의 퇴직금을 지급받는 퇴직일시금제도와 퇴직후 일정기간동안 계속해서 연금형의 퇴직금을 지급받는 퇴직연금제도가 있다.

① 퇴직금액의 산정

근로기준법에 의하면 "사용자는 계속 근로년수 1년에 대하여 30일분 이상의 평균임금을 퇴직금으로 퇴직하는 근로자에게 지급할 수 있는제도를 설정하여야 한다"로 규정되어 있다.

② 퇴직소득과 세금

퇴직소득(퇴직금)은 근로자가 직장에서 퇴직할 때 퇴직급여지급규정·취업규칙 또는 노사합의에 의하여 지급 받는 퇴직급여, 공무원의 명예퇴직수당, 단체퇴직보험 등을 말하고, 퇴직소득에 대하여는 소득세와 지방소득세가 과세되며, 퇴직금을 줄 때 그 소속기관이나 사업자(원천징수의무자)가 이를 원천징수하여야 한다.

③ 퇴직금중간정산

사용자는 회사방침 등 일방적으로 근로자의 퇴직금을 중간정산 할 수 없지만 근로자의 요구에 따라 퇴직하기 전의 계속근로기간에 대한 퇴직금을 근로기준법 제34조 제3항의 규정에 따라 미리 정산할 수 있다.

취업규칙이나 단체협약에 중간정산제 실시를 위한 근거가 있다 하더라도 개별근로자의 구체적 요구가 있어야 중간정산이 가능하다.

④ 퇴직금추계액

당해사업연도 종료일 현재 재직하는 종업원·사용인·임원의 전원이 퇴직하는 경우 퇴직급여로 지급하여야 할 추계금액 합계를 말한다.

퇴직급여추계액은 회사의 정관이나 퇴직급여지급규정에 의하여 계산함이 원칙이며, 이러한 규정이 없는 경우에는 근로기준법이 정하는 방법으로 계산한 금액으로 한다.

핵심문제

01 퇴직금에 대한 설명으로 적절하지 않은 것은 다음 중 무엇인가?

① 근로자 퇴직급여 보장법에 적용을 받는다.
② 상시근로자 5인 이상의 기업에만 적용한다.
③ 퇴직연금제도에 의해 노후의 보장성이 커졌다.
④ 근속년수 1년에 30일 이상의 평균임금을 적용한다.

(정답) ② 퇴직급은 근로기준법 규정에 의한 근로자로서 1년 이상 계속 근로한 자에게 지급하여야 하며 인원제한은 없다.

3. 복지후생과 4대사회보험

1) 복지후생

(1) 복지후생의 의의

복지후생이란 일반적으로 종업원의 건전한 노동력의 확보 및 노동생산성의 향상, 근로생활의 안정화와 질 향상 등을 위하여 기업이 종업원과 그 가족을 대상으로 제공하는 임금이외의 간접적인 보상으로, 각종 복지시설이나 시책 및 제도를 포함하는 물질적·정신적 서비스 일체를 말한다.

(2) 복지후생의 목적

구 분	내 용
경제적 목적	• 종업원의 사기가 높아지기 때문에 성과향상 • 결근률을 줄이고 이직을 방지 • 노동시장에서 경쟁력 상승
사회적 목적	• 인간관계 형성 지원 • 의료시설, 문화시설 등 국가 사회복지 보완
정치적 목적	• 정부의 기업에 대한 영향력 감소 • 노조의 영향력 감소
윤리적 목적	• 종업원 생계 지원

(3) 복지후생의 기능 및 효과

① 근로생활의 안정 및 근로의욕의 증대
② 건전한 노동력의 확보 및 유지발전
③ 인간관계개선 및 일체감 조성
④ 노사관계의 안정
⑤ 지역사회발전 및 기업이미지의 제고

(4) 기업 복지후생의 구분

구 분	내 용
법정복지후생	법정복지후생은 기업의 자율적 방침과는 다르게 국가의 사회보장차원에서 정부가 기업에 대하여 법률로 명시하여 실시를 강제하고 있는 복지후생시설이나 제도를 말한다. 법규에 의하여 일정규모 이상의 기업들이 의무적으로 실시하여야 하는 건강보험, 국민연금, 산재보험, 고용보험, 퇴직금제도, 유급휴식제도 등을 말한다.
법정외복지후생 (임의복지후생)	법정외 복지후생은 기업자체의 독자적 결정에 의하여 종업원과 그 가족에게 대하여 제공하는 각종 복지시설 및 제도를 의미한다. 생활지원시설, 금융 및 공제제도, 문화·체육·오락시설, 종업원에 대한 각종 서비스 등을 들 수 있다.

(5) 복지후생의 설계원칙

구 분	내 용
종업원 욕구충족의 원칙	각종 복지시설 및 시책의 내용은 종업원의 욕구를 충족시킬 수 있도록 설계하여야 한다.
종업원 참여의 원칙	기업복지후생의 주요내용은 종업원의 참여를 통하여 설계하여야 한다.
다수혜택의 원칙	복지후생의 내용은 폭넓은 종업원을 대상으로 설계하여야 한다.
기업의 지불능력 원칙	기업의 복지후생은 현재와 미래의 복지후생비를 지불할 수 있는 능력을 고려하여 설계하여야 한다.

(6) 복리후생관리의 원칙

구 분	내 용
적정성의 원칙	종업원이 절실히 필요로 하는 것으로서, 복지후생 비용은 기업이 부담할 수 있는 적정한 수준이여야 하며, 지역사회나 동종산업에 비하여 크게 차등이 없는 범위 내에 있어야 한다.
합리성의 원칙	기업의 복지후생의 시설과 제도를 운영함에 있어서 종업원의 욕구를 최대한도로 충족시킬 수 있는 시스템을 설계하여 합리성을 추구하고 복지후생제도 시행의 효율성을 높여야 한다.
협력성의 원칙	기업의 복지후생제도는 노사 간에 협력을 하지 않으면 안 된다는 것을 의미하며 복지 후생의 유지, 향상을 위해서는 기업의 책임이 크지만 동시에 종업원의 책무도 적지 않다는 점이다.

(7) 복지후생제도

구 분	내 용	
카페테리아 (Cafeteria) 복리후생	기업이 다양한 복지후생프로그램을 제시하고, 이 중에서 종업원이 원하는 것을 스스로 선택할 수 있도록 복지후생의 내용을 설계하는 것.	
	장 점	단 점
	㉠ 종업원 동기부여에 효과적 ㉡ 자율적 조직분위기 조성 ㉢ 예산의 합리적 배분이 가능 ㉣ 복지프로그램에 대한 효과의 인식용이	㉠ 잘못선택시 복지후생 효과 감소 ㉡ 관리가 복잡하고 운영비용 증가 ㉢ 종업원선택 집중시 기업의 비용부담 증가
홀리스틱 (Wholistic) 복리후생제도	종업원을 전인적 인간으로서 육체적, 심리적, 정신적 측면에서 균형된 삶을 추구할 수 있도록 지원하는 복리후생제도	
라이프사이클 (Life-cycle) 복지후생제도	종업원이 연령에 따라 변화하는 생활패턴과 의식변화(20대 학력보장, 30대 주택마련, 40대 사회적 지위와 건강 증진)를 고려하여 복지후생 프로그램을 개별적으로 달리 제공하는 복리후생제도	

핵심문제

01 기업이 제공하는 다양한 복지시설 및 제도 중에서 종업원자신이 원하는 것을 선택 할 수 있도록 복리후생 프로그램을 설계한 것으로써 종업원의 욕구충족, 만족감의 증대, 고용의 안정 등의 효과를 얻을 수 있는 복리후생제도는?

① 법정 복리후생제도
② 법정 외 복리후생제도
③ 임의 복리후생제도
④ 카페테리아식 복리후생제도

정답 ④ 카페테리아식 복리후생제도란 기업이 다양한 복지후생프로그램을 제시하고, 이 중에서 종업원이 원하는 것을 스스로 선택할 수 있도록 복지후생의 내용을 설계하는 것이다.

02 다음 중 법정 복리후생에 해당하는 것은?

① 실업급여   ② 경조공제보험   ③ 사내진료시설   ④ 생활원조

정답 ① 법정복리후생은 국민연금, 건강보험, 고용보험, 산재보험, 퇴직금제도, 유급휴식제도 등을 말한다.

2) 4대사회보험

사회보험은 사회정책을 위한 보험으로서 국가가 사회정책을 수행하기 위해서 보험의 원리와 방식을 도입하여 만든 사회경제제도로서, 국민을 대상으로 질병·사망·노령·실업 기타 신체장애 등

으로 인하여 활동 능력의 상실과 소득의 감소가 발생하였을 때에 보험방식으로 그것을 보장하는 제도라고 할 수 있다.

- 산업재해보상보험 ➡ 업무상의 재해
- 건강보험 ➡ 질병과 부상
- 연금보험 ➡ 질병보험, 폐질·사망·노령 등
- 고용보험 ➡ 실업

(1) 국민건강보험제도

구 분	내 용
적용대상 사업장	상시 1인 이상의 근로자를 사용하는 모든 사업장
직장가입자 대상	상시 1인 이상의 근로자를 사용하는 모든 사업장에 고용된 근로자 및 사용자와 공무원 및 교직원, 1개월 이상 근로하면서 월 근무일수가 8일 이상인 일용근로자, 1월 이상 근무하고 월 60시간 이상인 단시간 근로자
직장가입자 제외대상	① 1월 미만의 기간동안 고용되는 일용근로자 ② 하사(단기복무자에 한함), 현역병 및 군간부후보생 ③ 선거에 당선되어 취임하는 공무원으로서 매월 보수 또는 이에 준하는 급료를 받지 아니하는 자 ④ 소재지가 일정하지 아니한 사업장의 근로자 및 사용자 ⑤ 비상근근로자 또는 1월간의 소정근로시간이 60시간 미만인 단시간 근로자(교직원, 공무원 포함) ⑥ 의료급여법에 의하여 의료급여를 받는 사람 ⑦ 독립유공자 예우에 관한 법률 및 국가유공자등 예우 및 지원에 관한 법률에 의하여 의료보호를 받는 자로 건강보험의 적용배제 신청을 한 자 ⑧ 근로자가 없거나, 위 ⑤의 규정에 의한 근로자만을 고용하고 있는 사업장의 사업주
건강보험료 계산	보험료 = 표준보수월액 × 보험료율 * 보수월액=연간 총보수/근무월수 = 월평균보수
건강보험료 납부	사용자는 가입자(부담율 50%) 부담 금액을 원천징수하여, 사용자부담금(부담율 50%) 과 함께 다음달 10일까지 납부한다.

(2) 국민연금제도

구 분	내 용
적용대상 사업장	1인 이상의 근로자를 사용하는 모든 사업장
사업장가입자 대상	① 국내에 거주하는 18세 이상 60세 미만의 근로자와 사용자 ② 국민연금가입 사업장에 종사하는 외국인과 국내거주 외국인

구 분	내 용
사업장가입자 제외대상	① 1월 미만의 기간동안 고용되는 일용근로자 ② 하사(단기복무자에 한함), 명 및 무관후보생 ③ 선거에 의하여 취임하는 공무원으로서 매월 보수 또는 이에 준하는 급료를 받지 아니하는 자 ④ 소재지가 일정하지 아니한 사업장의 근로자 및 사용자 ⑤ 비상근근로자 또는 1월간의 소정근로시간이 60시간 미만인 단시간 근로자(교직원, 공무원 포함) ⑥ 의료급여법에 의하여 의료급여를 받는 자 ⑦ 독립유공자 예우에 관한 법률 및 국가유공자등 예우 및 지원에 관한 법률에 의하여 의료보호를 받는 자로 건강보험의 적용배제 신청을 한 자 ⑧ 근로자가 없거나, 위 ⑤의 규정에 의한 자만을 고용하고 있는 사업장의 사업주
연금보험료 계산	연금보험료 = 가입자의 기준소득월액 × 연금보험료율(9%) * 보수월액=연간 총보수/근무월수 = 월평균보수
연금보험료 납부	사용자는 가입자(부담율 50%) 부담 금액을 원천징수하여, 사용자부담금(부담율 50%)

(3) 고용보험

근로자가 실직한 경우에 발생하는 생활의 위협을 방지하기 위하여 도입된 것으로서, 근로자와 사업주가 공동 부담하는 기금으로 실업의 예방, 고용의 촉진 및 실직근로자의 생활안정과 재취업을 지원함이 목적이다.

구 분	내 용
적용대상 사업장	1인 이상의 근로자를 사용하는 모든 사업장
보험가입자	사업주와 근로자 모두 가입대상이 된다.
직장가입자 제외대상	대표이사, 60세 이후 새로이 고용된 자, 국내파견 외국인 근로자, 1월간 근로시간이 60시간 미만인 자, 65세에 도달한 자는 제외한다.
연금보험료 계산	실업급여사업, 고용안정사업, 직업능력 개발사업에 대하여 보험료를 납부 *확정보험료 = 실제지급한 임금총액 × 보험료율
연금보험료 납부	개산보험료 납부 후 정산 및 확정보험료 납부

(4) 산업재해보상보험

업무수행과 관련하여 발생한 종업원의 부상, 질병, 사망 등의 재해에 대하여 경제적 보상을 행하는 보험제도이다.

구 분	내 용
적용대상 사업장	1인 이상의 근로자를 사용하는 모든 사업 또는 사업장
보험가입자	사업주
산재보험료 계산	확정보험료=당해연도 임금총액×보험료율
산재보험료 납부	개산보험료 납부 후 정산 및 확정보험료 납부

(5) 사회보험 신고 및 납부-사회보험 통합징수

3개의 사회보험공단(국민건강보험공단, 국민연금공단, 근로복지공단)에서 따로 수행하던 건강보험, 국민연금, 고용보험, 산재보험의 업무중 유사 중복성이 높은 보험료 징수업무(고지, 수납, 체납)를 2011.1.1.이후 국민건강보험공단이 통합하여 운영한다.

	납부보험료	보험료부담
국민연금	소득금액/12월×연금보험료율의 금액을 매월 고지	• 사업장가입자 : 사용자와 근로자가 각각 1/2씩 부담 • 지역가입자 : 가입자본인
건강보험	전년도 임금/12월×건강보험료율의 금액을 매월고지 후 당해연도후 실제 임금총액을 기준으로 정산	• 사업장가입자 : 사용자와 근로자가 각각 1/2씩 부담 • 지역가입자 : 가입자본인
고용보험	월평균보수의 전체 합계액에 고용보험료율적용 산정 후 정산	• 실업급여 : 사용자와 근로자가 각 50%씩 부담 • 기타사업 : 사업주 전액부담
산재보험	월평균보수의 전체 합계액에 산재보험료율적용 산정 후 정산	사업주가 전액부담

핵심문제

01 다음은 산업재해보상보험 급여에 대한 설명이다. 바르지 못한 것은?

① 요양급여 : 업무상 부상 또는 질병으로 요양이 필요한 경우 요양급여액는 요양비의 전액으로 하되, 노동부장관이 설치한 보험시설이나 지정의료기관에서 요양을 하게 되며, 부득이 위의 지정의료기관 등을 이용할 수 없는 경우에는 요양비가 지급된다.
② 휴업급여 : 요양기간 중 평균임금에 해당하는 금액이 지급된다.
③ 장해급여 : 치료 종결 후 잔존하는 신체장해에 대하여 장해등급에 따라 연금 또는 일시금으로 지급된다.
④ 유족급여 : 업무상 재해로 사망한 근로자의 유족에게 연금 또는 일시금으로 지급된다.

정답 ③ 휴업급여는 요양기간 중 평균임금의 70%에 해당하는 금액이 지급된다.

> **02** 다음에서 설명하는 사회보험제도는?
>
> > 근로자와 사업주가 공동 부담하는 기금으로 실업의 예방, 고용의 촉진 및 실직근로자의 생활안정과 재취업을 지원함이 목적이다.
>
> ① 국민건강보험 ② 국민연금
> ③ 고용보험 ④ 산업재해보상보험
>
> **정답** ③ 근로자와 사업주가 공동 부담하는 기금으로 실업의 예방, 고용의 촉진 및 실직근로자의 생활안정과 재취업을 지원함이 목적인 사회보험제도는 고용보험이다.

4. 소득세와 연말정산

1) 소득세

(1) 소득세의 개념

소득세는 개인의 소득을 과세대상으로 하는 직접 국세이다. 즉, 소득세는 개인을 납세의무자로 하고 소득을 과세대상물건으로 하는 조세로서 국세이며 납세자와 담세자가 동일한 직접세이다.

소득세는 여러 가지 경제활동을 통하여 얻는 소득에 대하여 내는 세금이다. 소득이란 연간 총수입금액(매출액)에서 그 수입을 얻기 위하여 지출한 경비(비용)를 공제한 금액이다.

구 분	내 용
종합과세방법	이자소득·배당소득·사업소득·근로소득·연금소득·기타소득은 개인별로 종합하여 과세하며, 퇴직소득과 양도소득에 대하여는 별도로 과세된다.
1년을 단위로 과세	종합소득이 있는 사람은 매년 1.1.부터 12.31.까지의 소득을 합하여 다음해 5월말까지 신고·납부해야 한다.
주소지가 납세지	부가가치세는 사업장 소재지를 납세지로 하고 있으나, 소득세는 주소지를 납세지로 하고 있으므로, 소득세와 관련한 각종 신고·신청 등은 주소지 관할 세무서에 해야 한다.
개인별로 과세	소득세는 개인별로 과세하는 것을 원칙으로 한다.
필요경비	영업활동을 통하여 발생하는 수입금액(매출)을 얻기 위해 지출된 비용을 말하며, 소득금액은 계산하는 기본요소이다.
원천징수 대상소득	이자소득, 배당소득, 사업소득, 근로소득, 일용근로소득, 연금소득, 기타소득(봉사료제외), 퇴직소득, 봉사료수입

(2) 원천징수

원천징수란 법이 정한 원천징수 대상소득 또는 수입금액을 지급할 때 그 금액(대가)을 받은 자(소득자)가 국가에 납부해야 할 세금을 그 지급자(원천징수의무자)가 국가를 대신하여 징수하여 국가에 납부하는 제도를 말한다.

원천징수의무자는 원천징수한 소득세를 그 징수일이 속하는 달의 익월 10일까지 관할 세무서에 원천징수이행상황신고서를 제출하고 납부하여야 한다.

(3) 소득세의 종류

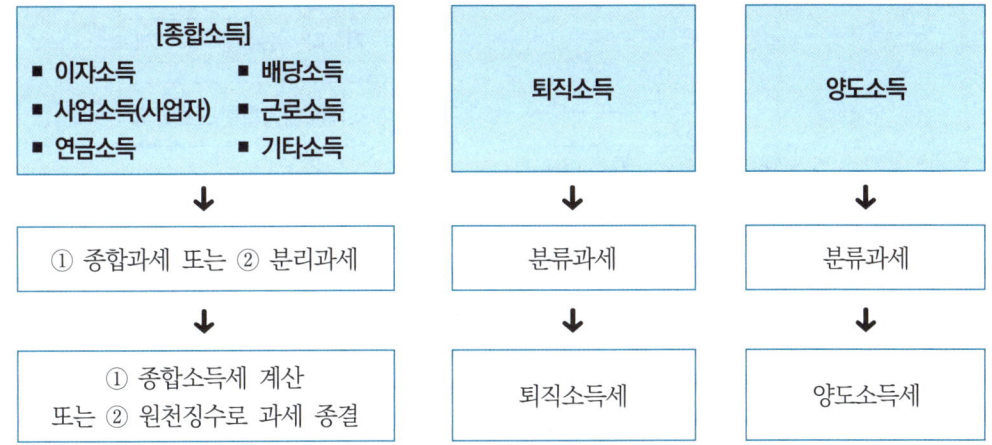

(4) 연말정산

연말정산이란 근로소득을 지급하는 자가 다음해 2월분 급여을 지급하는 때에 1년간 지급한 총급여액에서 소득세법이 인정하는 비과세소득을 차감하고 근로자가 제출한 소득공제신고서에 의하여 각종 소득공제액 및 세액공제액을 계산하여 근로자별로 부담하여야 할 연간소득세액을 확정하는 것으로, 원천징수의무자는 근로자별로 연말정산에 의하여 확정된 연간 부담할 세액과 매월 급여지급 시 간이세액표에 의하여 이미 원천징수 납부한 세액을 비교하여 많이 징수한 세액은 돌려주고 작게 징수한 경우에는 더 징수하여 납부하여야 한다.

① 업무절차

  ㉠ 소득자별 근로소득원천징수부 중 근로소득지급명세서란 재점검
  ㉡ 연말정산에 필요한 근로소득자로부터 제출받아야 할 서류 취합
  ㉢ 근로소득원천징수영수증 작성 및 교부
  ㉣ 세액의 환급 또는 납부, 일부 서류 세무서 제출

② 계산절차

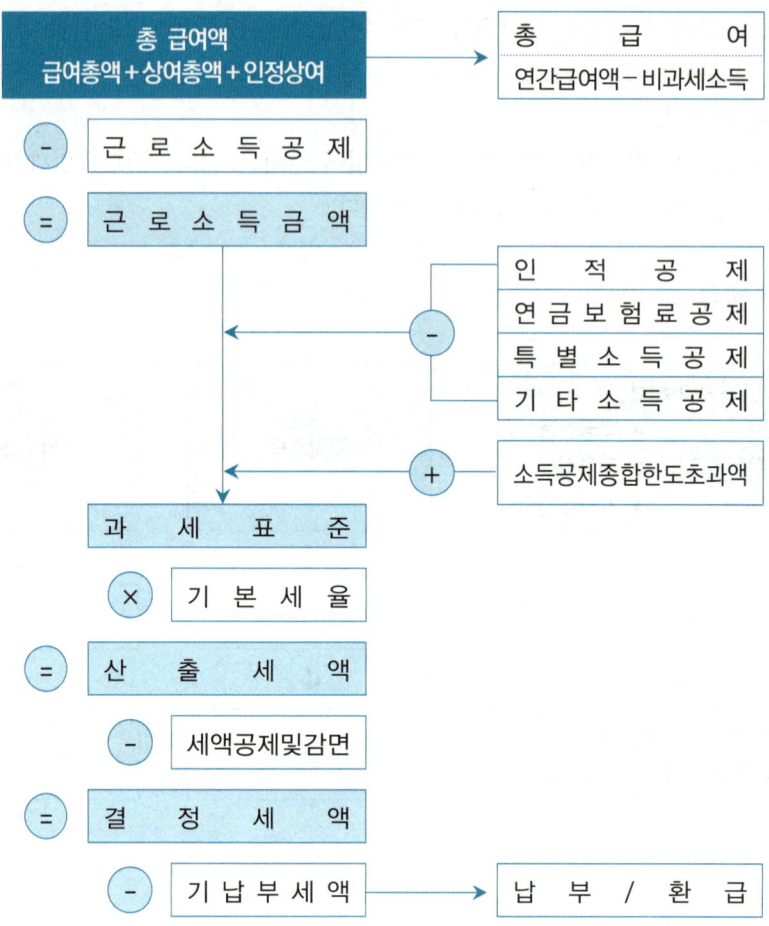

　㉠ 총급여액(과세대상 근로소득)의 계산
　　연간급여액 - 비과세소득 = 근로소득(총급여액)
　㉡ 근로소득금액의 계산
　　근로소득 - 근로소득공제 = 근로소득금액

| 근로소득공제 |

총급여액	공제액
500만원 이하	총 급여액의 100분의 70
500만원 초과 1천 500만원 이하	350만원+(500만원을 초과하는 금액의 100분의 40)
1천 500만원 초과 4천500만원 이하	750만원+(1천 500만원을 초과하는 금액의 100분의 15)
4천 500만원 초과 1억원 이하	1천 200만원+(4천 500만원을 초과하는 금액의 100분의 5)
1억원 초과	1천 475만원+(1억원을 초과하는 금액의 100분의 2)

ⓒ 과세표준의 계산
  근로소득금액 - 인적공제 - 연금보험료공제 - 특별소득공제 - 기타소득공제 + 소득공제종합한도 초과액 = 과세표준
ⓓ 산출세액의 계산
  근로소득과세표준 × 기본세율 = 산출세액
ⓔ 결정세액의 계산
  산출세액 - 세액감면 및 세액공제 = 결정세액(단, 세액감면 및 세액공제 ≤ 산출세액)

| 근로소득세액공제 |

산출세액	공제액
130만원 이하	산출세액 × 55%
130만원 초과	71.5만원 + 130만원 초과분 × 30%

ⓕ 징수 및 환급세액의 계산
  결정세액 - 기 원천징수 근로소득세액 = 징수 또는 환급세액

③ 연말정산 관련 신고서류 및 제출기한

서류명	부수	제출기한	제출방법	비고
소득자별 근로소득원천징수부	1부	익년 2월말	회사보관	
근로소득원천징수영수증 (근로소득지급명세서)	3부	익년 2월말, 중도정산의 경우 퇴직급여 지급일로부터 30일 이내	종업원 교부 1부 회사 보관 1부 세무서 제출 1부	세무서 제출용은 전산매체신고로 대체가능
소득자료제출집계표	1부	상동	세무서 제출	연말정산의 경우는 별도의 종합집계표 첨부
원천징수이행상황신고서	1부	지급월 익월 10일	세무서 제출	전자신고 가능
납부서	1부	상동	소득세 납부	지방소득세는 납입서

④ 연말정산 절차와 계산 흐름

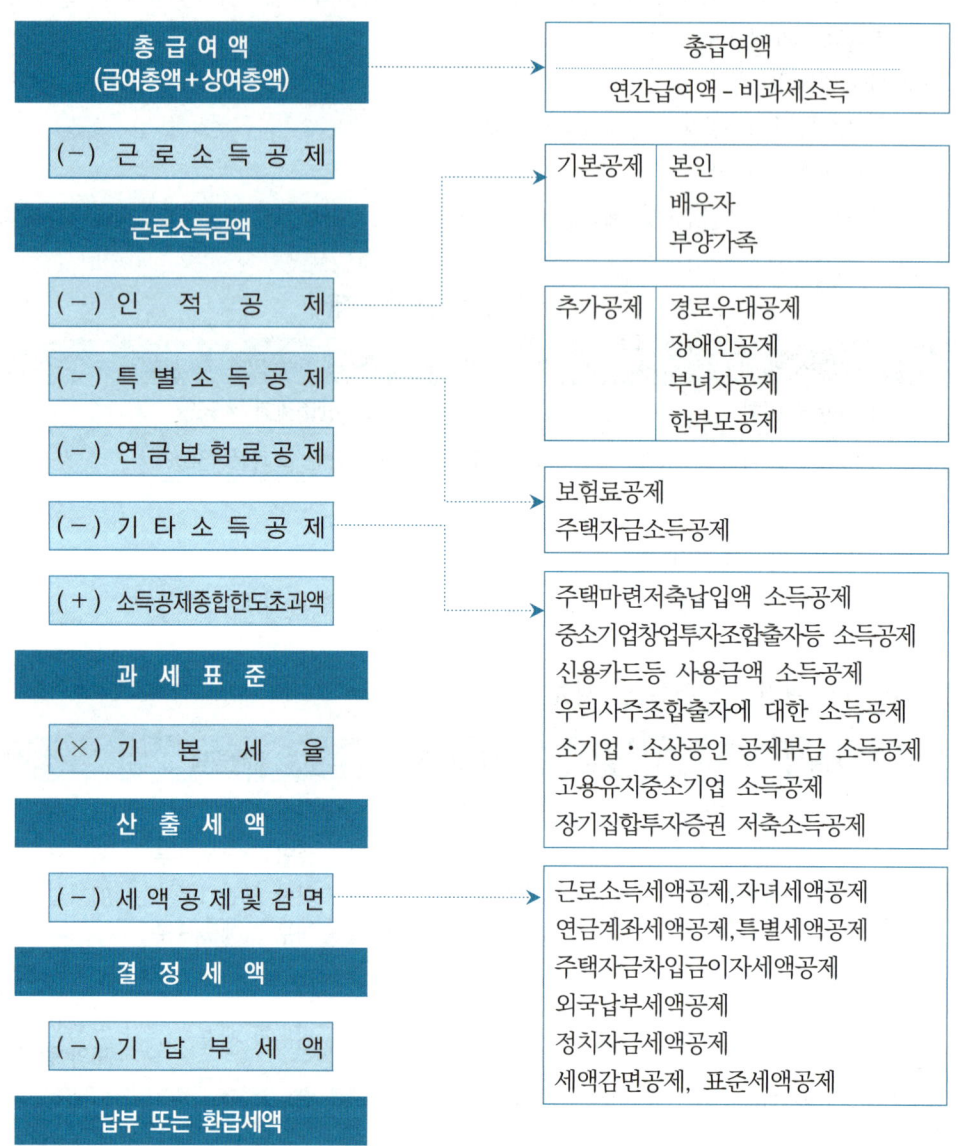

핵심문제

01 다음에서 설명하고 있는 용어로 알맞은 것은?

> 원천징수의무자가 근로자에게 지급한 1년간의 총급여액에 대한 근로소득세액을 종합과세의 방법으로 세액을 정확하게 계산하여 확정한 후 매월 급여 지급할 때 원천징수하여 납부한 세액과 비교하여 과부족을 정산하는 절차를 말한다.

① 소득공제 ② 연말정산
③ 종합과세 ④ 분류과세

> **정답** ② 연말정산이란 근로소득을 지급하는 자가 다음해 2월분 급여를 지급하는 때에 1년간 지급한 급여액에서 세법에서 인정하는 비과세 소득을 차감하고 근로자가 제출한 소득공제신고서에 의하여 각종 소득공제액 및 세액공제액을 계산하여 근로자별로 부담하여야 할 연간소득세액을 확정하는 절차를 말한다.

02 다음은 일반적인 경우의 연말정산 방법을 제시한 것이다. 순서대로 나타낸 것은?

> ㉮ 근로소득 원천징수영수증 작성 및 교부
> ㉯ 소득자별 근로소득원천징수부중 근로소득 지급명세건 재검검
> ㉰ 연말정산에 필요한 근로소득자로부터 제출받아야 할 서류 취합
> ㉱ 세액의 환급 또는 납부, 일부 서류 세무서 제출

① ㉯ → ㉰ → ㉮ → ㉱
② ㉮ → ㉯ → ㉰ → ㉱
③ ㉯ → ㉮ → ㉱ → ㉰
④ ㉰ → ㉯ → ㉱ → ㉮

> **정답** ① 연말정산 방법은 ㉯→㉰→㉮→㉱ 순서로 진행한다.

03 연말정산 인적공제 중 추가공제에 대한 설명으로 가장 옳지 않은 것은?

① 경로우대공제는 기본공제 대상자 중 만 70세 이상일 때 1인당 100만원이다.
② 장애인공제는 기본공제대상자중 장애인에 해당하며 1명당 100만원을 공제한다.
③ 부녀자공제는 종합소득금액이 3천만원 이하인 거주자가 배우자가 있는 여성근로자 이거나 기본공제대상자가 있는 여성 근로자로서 세대주인 경우 50만원이다.
④ 한부모공제는 배우자가 없는 자로서 기본공제대상인 직계비속 또는 입양자가 있는 경우 100만원이다.

> **정답** ② 장애인공제는 기본공제대상자중 장애인에 해당하며 1명당 200만원이다.

01. 급여에서 매달 공제하는 근로소득세는 근로소득간이세액표를 적용한다. 간이세액표 적용 시 고려할 사항은 무엇인가?

① 공제대상가족의 수
② 본인의 의료비
③ 부양가족의 교육비
④ 직계존속의 기부금

02. 주로 40세 이후 어느 정도의 근속년수를 쌓은 종업원에게 정년이전에 퇴직할 수 있는 기회를 제공하는 것으로써 선택적 퇴직이라고도 하는 데 최근 한국기업들은 경제위기에 직면하여 구조조정의 차원에서 퇴직금과 연금축적의 혜택을 제공함으로써 조직퇴직을 권장하면서 널리 활용되고 있는 퇴직의 유형은?

① 통상적 퇴직
② 강제퇴직
③ 명예퇴직
④ 자동퇴직

03. 다음 중 사용자측면에서 복리후생의 효과라고 볼 수 없는 것은?

① 생산성 향상을 도모할 수 있다.
② 팀웍이 좋아지고 인간관계가 개선된다.
③ 결근, 지각, 사고, 불만 및 노동이동률이 감소된다.
④ 총인건비를 줄일 수 있다.

04. 법정 복리후생제도의 일종으로 근로자가 실직할 경우를 대비하며, 실직된 근로자와 그 가족의 생계를 지원하기 위한 제도로 맞는 것은?

① 고용보험제도
② 국민연금제도
③ 산업재해보상보험제도
④ 건강보험제도

05. 다음 중 소득세에 대한 설명으로 적절하지 않은 것은 무엇인가?

① 개인의 소득을 과세대상으로 하는 국세이다
② 근로소득자는 원천징수하고 연말정산을 통하여 납세의무를 이행한다.
③ 이자소득, 배당소득, 사업소득, 근로소득 등은 개인별로 종합하여 과세할 수 있다.
④ 종합소득이 있는 자는 1월 1일부터 12월 31일까지의 소득을 합하여 다음해 6월 말까지 신고 납부하여야 한다.

06. 다음은 일용근로자에 대한 근로소득에 대한 설명이다. 잘못된 것은?

① 일용근로자의 경우에는 종합소득공제를 적용을 받을 수 있다.
② 일용근로자의 근로소득 세액공제는 산출세액의 55%이다.
③ 일용근로자의 근로소득은 분리과세 되므로 연말정산이나 확정신고의무가 없다.
④ 일용근로자는 1일 15만원을 근로소득으로 공제할 수 있다.

07. 다음 중 근로소득 연말정산의 공제대상 부양가족이 아닌 사람은?

① 거주자와 생계를 같이 하는 65세 이상인 형
② 거주자와 생계를 같이 하는 외할머니
③ 거주자와 사실혼 관계에 있는 독신 여
④ 거주자가 재혼한 경우로서 전 배우자와의 혼인 중 출생한 아들

08. 임금곡선 자체의 상향이동 즉, 근속년수, 연령, 직무수행능력 등이 변하지 않는 상태에서 종업원에 대한 임금의 증가를 의미하는 것은?

① 임금수준 ② 베이스업
③ 승격 ④ 승급

09. 다음 [보기]에서 설명하는 임금체계는?

┤ 보기 ├
- 동일노동 동일임금의 원칙에 따른다.
- 맡은 일의 상대적인 가치에 따라서 임금액이 결정된다.
- 직무분석과 직무평가에 근거하여 실시될 수 있다.

① 연공급 ② 직무급
③ 직능급 ④ 자격급

10. 임금체계는 임금의 차이가 어떤 기준을 어떻게 적용하여 결정하였는가를 밝히는 것으로써, 임금의 공정성차원에서 매우 중요한 문제이다. 다음 중 가치기준과 임금체계의 연결이 바르게 된 것은 무엇인가?

① 직무가치 기준 - 성과급
② 결과가치 기준 - 직능급
③ 필요가치 기준 - 연공급
④ 종업원가치 기준 - 직무급

11. 다음 임금체계의 내용 중 '기준외 임금'이 아닌 것은?

① 특별근무수당 ② 상여금 ③ 직무급 ④ 퇴직금

12. 임금의 지급 형태 중에서 종업원의 임금에 대해 기업이 1년 단위로 사전에 협의 결정하고 이를 보장해 주는 제도는?

① 주급제 ② 월급제 ③ 시급제 ④ 연봉제

13. 다음의 [보기]는 무엇에 관한 설명인가?

> (   )란 근로자의 작업성과 또는 노동성과의 정도에 따라 임금을 산정하여 지급하는 임금형태로 근로자의 개인적 또는 집단적으로 수행한 작업성과를 측정하여 임금액의 차이를 결정하고 지급하는 임금제도이다.

① 임금피크제 ② 연봉제도 ③ 월급제 ④ 성과급제

14. 다음의 [보기]는 무엇에 관한 설명인가?

> ┤ 보기 ├
> (   )이란 근로자에게 정기적·일률적으로 소정근로 또는 총근로에 대하여 지급하기로 정하여진 시간급금액, 일급금액, 주급금액, 월급금액 또는 도급금액을 말하며, 연장근로수당 등에 적용된다.

① 평균임금 ② 퇴직금 ③ 통상임금 ④ 퇴직연금

15. 다음은 퇴직금에 대한 설명이다. (   )안에 들어갈 알맞은 것은?

> ┤ 보기 ├
> 사용자는 계속 근로기간 1년에 대하여 (A)일분 이상의 (B)을 퇴직금으로 퇴직하는 근로자에게 지급할 수 있는 제도를 설정하여야 한다.

① A : 30   B : 평균임금
② A : 30   B : 통상임금
③ A : 365 B : 평균임금
④ A : 365 B : 통상임금

16. 다음 중 법정 복리후생에 속하지 않는 것은?

① 4대 사회보험
② 퇴직금제도
③ 유급휴일·휴가제도
④ 주거지원

정답 및 해설

01	①	02	③	03	④	04	①	05	④	06	①	07	③	08	②	09	②	10	③
11	③	12	④	13	④	14	③	15	①	16	④								

01. 근로소득 간이세액표 적용 시 공제대상가족의 수를 적용하여 근로소득세를 계산하여야 한다.
02. • 통상적 퇴직 : 기업 경영자와 종업원간의 고용관계의 종료에 의해 기업조직에서 종업원이 이탈하는 것을 말한다.
    • 강제퇴직 : 징계 또는 기타사유로 직장에서의 강제적인 퇴직
    • 명예퇴직 : 일정 근속년수 경과한 종업원의 정년 이전에 조기 퇴직할 수 있는 제도
    • 자동퇴직 : 일정한 연령 도달시 자동적인 퇴직
03. 총인건비를 줄일 수 있는 것은 복리후생의 효과라 볼 수 없다.
04. 고용보험제도에 대한 설명이다.
05. 종합소득이 있는 자는 1월 1일부터 12월 31일까지의 소득을 합하여 다음해 5월 말까지 신고 납부하여야 한다.
06. 일용근로자의 경우에는 종합소득공제를 적용받을 수 없다.(분리과세)
07. 부양가족은 60세이상 직계존속, 20세이하 직계비속, 20세 이하~60세 이상 형제자매, 18세미만 위탁아동 이므로 거주자와 사실혼 관계에 있는 독신 여는 해당되지 않는다.
08. 베이스업이란 임금수준의 전체적인 상향조정 내지 임금인상률을 의미하는 것으로, 종업원의 기본적 임금곡 선을 전체적으로 상향 이동시켜 임금수준을 증액조정 또는 인상하는 방법이다.
09. • 연령, 근속년수등 연공적 요소에 의하여 각 개인의 임금을 결정하고 일정의 승급을 실시하는 임금체계이다.
    • 직능급 : 기업내 각 직무를 담당하고 있는 종업원의 직무수행능력을 기준으로 임금을 결정하는 임금체계이다.
    • 자격급 : 자격급은 기업내 종업원의 자격취득 기준을 정해 그 자격취득에 따라 임금지급의 차이를 두는 제도(직무급과 연공급을 결합한 것으로 직능급을 좀 더 발전시킨 형태)이다.
10. 임금체계는 직무가치기준(직무급), 종업원가치기준(직능급), 필요가치기준(연공급), 자격가치기준(자격급)으 로 나눈다.
11. 직무급은 기준임금에 해당한다.
12. • 주급제 : 1주간의 근로단위를 기준으로 일정의 임금을 결정하고 지급하는 방식의 임금형태
    • 월급제 : 월 단위로 일정 임금을 결정하여 매월 종업원에 지급하는 방식의 임금형태
    • 시급제 : 근로자의 근로시간을 단위로 임금액을 결정하고 지급하는 제도
14. • 평균임금 : 이를 산정하여야 할 사유가 발생한 날 이전 3월간에 그 근로자에 대하여 지급된 임금의 총액을 그 기간의 총일수로 나눈 금액을 말한다.
    • 퇴직금 : 종업원이 자발적 또는 비자발적 사유에 의하여 기업을 퇴직하게 되는 경우 기업으로부터 지급받 는 일정의 금전적 내지 비금전적 급부의 총칭이다.
    • 퇴직연금 : 퇴직후 일정기간동안 계속해서 연금형의 퇴직금을 지급받는 퇴직연금제도가 있다.
15. 근로기준법에 의하면 "사용자는 계속 근로년수 1년에 대하여 30일분 이상의 평균임금을 퇴직금으로 퇴직하 는 근로자에게 지급할 수 있는제도를 설정하여야 한다"로 규정되어 있다.
16. 법규에 의하여 일정규모 이상의 기업들이 의무적으로 실시하여야 하는 건강보험, 국민연금, 산재보험, 고용 보험, 퇴직금제도, 유급휴식제도 등을 말한다.

4절 인적자원의 유지(노사관계)

1. 근로시간관리

근로시간이란 근로자가 회사의 지휘·감독 하에서 근로를 제공하거나 근로제공에 수반되는 시간을 말한다.

> 근로시간 = 실근로시간 + 대기시간 + 작업에 필요불가결한 시간

1) 근로시간제의 유형

(1) 법정근로시간

사업장의 근로자에 대한 근로시간을 결정할 경우 법률상의 기준근로시간을 의미한다. 우리나라에서는 상시 5인 이상의 근로자를 사용하는 모든 회사에 대하여 근로기준법을 반드시 적용하도록 되어 있다.

① 근로시간은 정상근로시간과 초과근로시간으로 구성된다.
② 정상근로시간은 법정근로시간 이내로 사업체의 취업규칙이나 단체협약으로 정한 정상근로일(주휴일, 취업 규칙상의 휴일은 제외)에서 휴식시간을 제외하고 실제로 근로한 시간을 말한다.
③ 초과근로시간은 정상근로시간이외의 연장근로시간, 휴일근로시간 등 정규 근로 시간외에 초과하여 근로한 시간을 말한다.

(2) 변형근로시간제

① 탄력적 근로시간제

기업내 업무의 성격 및 내용에 따라 근로자의 근로시간을 탄력적으로 운영하는 제도

종 류	내 용
플렉스타임제	자유근무시간제 또는 변형근무시간제(24시간 선택적 근무제) 매일 근무시간대 중에서 근로자가 자유롭게 선택할 수 있는 자율적 출퇴근시간제
집중근무제	근무시간 중 일정시간대를 정하여 이 시간에는 업무에만 집중하게 하는 제도
교대시간근무제	2개조 이상으로 편성하여 1일의 근무시간대를 일정한 시간대 계열로 구분하고 각 조가 교대로 작업하는 근로시간제
파트타임근무제	비정규직의 임시고용형태로 정규 취업시간보다 짧은 시간동안 일하는 방식
재택근무제	근로자가 본사나 영업소로 출근하지 않고 자택 또는 현장의 거래처에서 업무를 수행하는 근무형태

종류	내용
원격근무제	이동사무실 등을 활용하여 부여되는 업무를 수행하는 근무제도
비정규직	파견근무, 기간의 정함이 있는 유기근로계약 또는 단시간 파트타임 근무자

② 선택적 근로시간제

일정 범위의 근로시간 중에서 기업의 업무성격 및 내용 등의 요인을 고려하여 근로시간의 자율적 선택권을 근로자에게 부여하는 제도

③ 간주(인정) 근로시간제

근로자가 출장 기타의 사유로 근로시간의 전부 또는 일부를 사업장 밖에서 근로하여 근로시간을 산정하기 어려울 때에는 소정의 근로시간을 근로한 것으로 인정하는 제도

④ 재량 근로시간제

업무의 성질상 연구·개발 등 시간에 구애받지 않고 집중적으로 몰입해야하는 직무를 맡고 있는 근로자에 대해서 협의에 의해 정한 시간을 근로한 것으로 보는 제도

⑤ 교대근무제

근로자가 일정한 기일마다 근무시간이 다른 근무시간으로 바꿔지는 근무상태 제도

⑥ 보상휴가제

사용자는 근로자대표와의 합의에 따라 연장근로, 야간글로 및 휴일근로등에 대하여 임금을 지급하는 대신 휴가로 주는 제도

핵심문제

01 근로자가 본사나 영업소로 출근하지 않고 자택 또는 현장의 거래처에서 업무를 수행하는 근무 형태를 무엇이라고 하는가?

① 집중근무제 ② 파트타임근무제 ③ 재택근무제 ④ 원격근무제

정답 ③ ① 집중근무제 : 근무시간 중 일정시간대를 정하여 이 시간에는 업무에만 집중하게 하는 제도
② 파트타임근무제 : 비정규직의 임시고용형태로 정규 취업시간보다 짧은 시간동안 일하는 방식
④ 원격근무제 : 이동사무실 등을 활용하여 부여되는 업무를 수행하는 근무제도

2) 근로시간과 관련된 법규

(1) 법정기준근로시간

근로기준법에는 일 8시간, 주 40시간 근무를 규정하고 있으며, 그 이상 근무를 하면 시간외 근무수당을 지급하여야 한다.

| 근로기준법에 규정된 법정근로시간 요약 |

구 분	기준근로시간		연장근로 (당사자합의로)	야간, 휴일근로	비 고
	1일	1주			
남성근로자	8시간	40시간	1주 12시간	제한 없음	-
여성근로자	8시간	40시간	1주 12시간	본인 동의	본인 동의
산후 1년 미만 여성근로자	8시간	40시간	1일 2시간 1주 6시간 1년 150시간	본인 동의 노동부장관인가	본인 동의 노동부장관동의
임신중인 근로자	8시간	40시간	불가	본인 동의 노동부장관인가	명시적 청구 노동부장관인가
15세 이상 18세 미만 근로자	7시간	40시간	1일 1시간 1주 6시간	본인 동의 노동부장관인가	본인 동의 노동부장관동의
유해위험 작업근로자	6시간	34시간	불가	잠수, 잠함작업	-

※ 근로기준법 제69조에서는 미성년자(15세 이상 18세 미만인 자)의 근로시간은 1일 7시간, 1주일 35시간을 초과하여 근무하지 못한다. 합의에 따라 1일 1시간 1주일에 5시간 한도의 연장근무가 가능하다.〈개정 2018.03.20.〉

① 1일

통상적으로 0시부터 24시까지를 의미하나 24시를 지나 역일상 이틀에 걸쳐 계속하여 근로하는 경우 이는 사업시간이 속하는 날의 근로로서 하나의 근로로 간주한다.

② 1주

반드시 일요일부터 토요일까지를 의미하지는 않으며 취업규칙 등에서 정한 특정일을 기산일로 한다. 취업규칙 등에 정함이 없으면 일요일부터 토요일에 이르는 기점으로 보거나, 개개근로자에 대한 근로계약을 체결한 날로부터 기산할 수 있을 것이다.

③ 기준근로시간

근로시간을 1일 8시간, 1주일에 40시간으로 정한 것은 그 시간을 초과해서 근로시킬 수 없다는 금지조항이라기 보다는 당사자 간의 합의로 그 이상 근로하면 초과된 시간에 대해 연장근로가산수당을 지급하는 기준근로시간으로 본다.

④ 휴게시간

근로시간이라 함은 사용자의 지휘에 종속되어 있는 시간을 말하는 것으로 휴게시간은 기준근로시간에 포함되지 않는다.

⑤ 소정근로시간

소정근로시간이라 함은 법정기준근로시간 범위 내에서 근로자와 사용자간에 정한 시간으로서 실근로시간과는 관계가 없으며 근로자가 근로를 제공할 의무가 있는 시간이 됨과 동시에 시간급 통상임금산정을 위한 기초로 활용된다.

⑥ 한달근로시간

법정 기준근로시간 범위 내에서 임의로 노사 간에 정한 근로시간을 말한다. 이것은 연장근로수당, 휴일근로수당, 연월차수당 등 법정 제 수당을 산정할 때 기준이 되기 때문에 단체협약이나 취업규칙 등에 명확히 규정해야 한다.

(2) 근로시간의 계산

① 근로시간의 기산점과 마감점

특별한 사유가 없는 한 근로시간의 기산점과 마감점은 단체협약, 취업규칙 등에 정하여진 출근시각과 퇴근시각이 된다.

그러나 근로시간 계산의 기산점과 마감점은 근로자가 실제로 구속되는 시간을 기준으로 판단되며, 취업규칙에 정하여진 시간에도 불구하고 지각을 하였다면 기산점이 늦어지게 되고, 연장근로를 하였다면 마감점이 늦어지게 된다. 또한 취업규칙에 정해진 시각과 다른 시각에 실제 구속이 시작되거나 끝나면 그 시각이 기산점, 마감점이 된다.

② 계산방법

근로시간은 일반적으로 출근부, 연장근로기록부, 근무상황부, 근무실태부, 근로시간계산기 등에 의해 계산된다.

(3) 연장근로시간

근로기준법의 기준근로시간을 초과하는 근로를 말하는 것으로서, 성인 근로자의 경우에 1일 8시간, 1주 40시간을 초과하는 시간의 근로, 소년근로자의 경우에는 1일 7시간, 1주 40시간을 초과하는 시간의 근로, 이 외에 동법 제52조제1항·제2항에 의한 연장근로, 동법 제52조 제3항에 의한 특별한 사정이 있는 경우의 연장근로가 모두 연장근로에 해당한다.

한편, 사용자는 연장근로에 대하여는 통상 임금의 100분의 50이상을 가산하여 지급하여야 한다(동법 제55조).

> 시간외근무수당 = 시간당 통상임금 × 시간외 근무시간수 × 1.5

(4) 야간근로시간

① 야간근로의 개념

오후 10시부터 오전 6시까지의 근로를 야간근로라 하고, 근로가 이러한 시간 내에 이루어지는 한에 있어서는 3교대 등으로 인한 야간근로 뿐만 아니라 통상의 근로를 연장하여 야간시간에 제공하는 근로와 업무의 성격상 야간에만 제공하는 근로도 야간근로에 포함된다. 즉, 근로시간의 일부만 야간근로시간에 포함된다 하더라도 해당시간의 근로는 야간근로가 된다.

② 야간근로에 대한 임금지급

야간근로에 대하여는 통상임금의 50/100 이상을 가산하여 임금을 지급하여야 한다. 단, 경우에 따라서는 포괄산정임금계산이 인정될 수 있다. 또한 휴일근로와 야간근로가 중복될 경우에는 가산수당을 중복하여 지급하여야 한다.

> 야간근로수당 = 시간당 통상임금 × 야간근로시간수 × 1.5

③ 야간근로의 제한

사용자는 18세 이상의 여성을 오후 10시부터 오전 6시까지의 시간 및 휴일에 근로시키려면 근로자의 동의를 받아야 한다.

(5) 휴게시간

근로시간 중 회사의 지휘, 감독으로부터 벗어나 자유로이 이용할 수 있는 시간을 말한다. 점심시간도 휴게시간에 포함된다. 휴게시간에 대해서는 회사가 임금을 지급할 의무가 없으며, 법정근로시간에 포함되지 않는다. 사용자는 근로시간이 4시간인 경우에는 30분 이상, 8시간인 경우는 1시간 이상의 휴게시간을 근로시간 중에 주어야 하며, 휴게시간은 근로자가 자유로이 이용할 수 있다. (근로기준법 제54조) 한편, 위의 휴게시간은 근로자의 건강을 위하여 최소한도로 필요한 시간을 뜻하므로 사용자가 그 이상의 휴게시간을 부여하는 것은 무방하다.

(6) 휴일·휴가의 구분

① 법정과 약정에 따른 휴일·휴가

구 분	법 정	약 정
휴 일	• 주휴일 • 근로자의 날(5월 1일)	• 공휴일 • 회사창립일 • 기타 휴무일
휴 가	• 년차휴가 • 연차휴가 • 생리휴가 • 산전, 산후 휴가 • 육아휴직	• 하계휴가 • 경조휴가

구 분	법 정	약 정
특 징	• 의무적으로 부여하되 법정기준 이상으로 노·사가 자율적으로 결정. 단, 임금을 지급하여야 함(육아휴직제와 주40시간 근로제에서의 생리휴가는 무급)	• 부여여부, 부여조건, 부여일수에 대해 단체협약, 취업규칙 등을 통해 노·사가 결정 • 임금지급여부도 단체협약, 취업규칙 등을 통해 노·사가 결정

* 휴일 : 취업규칙이나 근로계약 등에서 근로제공의 의무가 없는 날로 규정한 날
* 휴가 : 근로 제공의 의무가 있지만 회사의 승인이나 법률에 의해 근로제공을 면제한 날

② 유급과 무급

임금이 지급되는지의 여부에 따라 구분된다.

(7) 휴일

휴일이란 근로계약, 취업규칙 등에서 미리 "근로의 의무가 없는 날"로 규정한 날을 말한다. 주휴일과 근로자의 날이 있다.

① 주휴일

　㉠ 1주일간 개근한 근로자에 대해 1일의 유급휴가를 부여한다.
　㉡ 근로형태나 근로자의 종류를 불문하고 부여조건을 충족하면 주휴를 부여(1주간의 소정근로시간이 15시간 미만인 단시간 근로자는 제외)
　㉢ 부여조건 : 1주일에 평균 1회 이상의 유급휴일을 1주간의 소정근로일수를 개근한자에게 부여한다.
　㉣ 부여방법 : 1회의 휴일이라 함은 원칙적으로 오전 0시부터 오후 12까지의 역일을 의미하나, 교대제작업 등의 경우 계속 24시간의 휴식을 보장하면 휴일을 부여한 것으로 간주한다.
　　• 주휴일은 반드시 일요일일 필요는 없으나 단체협약이나 취업규칙 등에 특정일을 정하여 부여 하여야 한다. (특정일 부여시)
　　• 주휴일에서 다음 주휴일까지의 간격은 7일 이내가 바람직 하지만, 하나의 주휴일을 기점으로 하여 일주일 단위로 기간을 나눈 후 각각의 단위기간 중에 1회 이상의 휴일을 부여하면 법 위반으로 보기 어려우며, 7일을 초과할 수도 있다.

② 휴일근로와 임금지급

　㉠ 휴일근로의 내용
　　휴일근로라 함은 휴일에 나와 직접 근로를 제공한 것은 물론이고, 야유회·교육 등이라 하더라도 사용자의 지휘, 통제, 명령 아래에서 이루어진 구속시간이라면 휴일 근로가 될 수 있다.
　㉡ 휴일관련 임금
　　• 유급휴일수당(주휴수당) : 유급휴일에 근로를 제공하지 않더라도 지급되는 수당
　　• 휴일근로임금 : 휴일로 정하여진 날에 근로를 제공하였을 때 지급되는 근로의 대가

- 휴일근로가산수당 : 휴일로 정하여진 날에 근로를 제공하였을 때 가산하여 지급하는 수당
- 휴일에 근로한 경우 : 근로자에 대하여 유급휴일수당으로 통상임금의 100%가 주어지는 외에 휴일근로임금으로 휴일근로일수에 해당하는 통상임금의 100%를 지급하여야 하며, 휴일근로가산수당으로 휴일근로시간수의 해당하는 통상임금의 50%를 추가로 지급하여야 한다.
- 5일은 8시간, 1일은 4시간으로 주당 기준근로수당을 운용하는 사업장에서 1일 4시간을 근로하도록 정하여진 날이 근로자의 날 또는 기업의 유급휴일인 경우라도 유급휴일수당은 평일의 소정근로시간인 8시간인 8시간분이 되나, 그날 근로하게 되면 휴일근로수당은 실 근로시간에 대해 지급한다.

> - 일반휴일의 휴일근무수당 = 시간당 통상임금 × 휴일근무시간수 × 100%
> - 일요일(휴일)의 휴일근무수당 = (시간당통상임금 × 휴일근무시간수 × 50%) + (8시간 × 시간당 통상임금)

ⓒ 휴일, 연장, 야간근로는 중복 계산한다.

(8) 휴가

근로의무가 있는 근로일에 근로의무의 면제를 법률이나 사용자의 승낙에 의하여 획득한 날을 의미하며, 실제로는 근로일이므로 휴가를 취소하더라도 가산임금대상은 아니다.

법정휴가(연·월차휴가, 산전·후 휴가, 생리휴가), 관공서의 공휴일에 관한 규정, 회사의 유급휴가, 경조휴가, 병가휴가, 특별휴가 등이 있다.

구 분	내 용
보상적휴가	출근율에 따라 휴가부여 여부 및 수준이 결정되는 휴가(주휴일, 연·월차휴가)
보장적휴가	출산, 육아 등과 같은 일정한 요건이 충족되면 휴가를 부여한다.(근로자의 날, 생리휴가, 산전·산후 휴가, 육아휴직 등)

※ 국경일 및 명절 휴일은 '관공서의 공휴일에 관한 규정'에 따르며, '근로기준법'에서는 정함이 없으므로 단체협약 또는 취업규칙에서 정하는 바에 따라 결정한다.

① 월·연차유급휴가

구 분		종전의 연, 월차 휴가	개정된 연차휴가
적용대상		주44시간 근로제 사업장	주40시간 근로제 사업장
기본 휴가일수	1년 미만 근로	월차 : 월간 개근 월 1일	연차 : 월간 개근 월 1일
	1년 근로	• 월차 : 월간 개근 월 1일 • 연차 : 연간 개근 10일, 9할이상 출근시 8일	• 연차 : 연간 8할 이상 출근시 15일
연차가산일수		1년당 1일	2년당 1일
연차휴가 한도		20일 초과분은 임금대체	25일이 한도, 임금대체 없음
미사용시 보상		휴가이월 및 금전 보상	'보상 및 이월' 연체 가능

② 모성 및 육아보호휴가

㉠ 생리휴가

사용자는 여성인 근로자에 대하여 월 1일의 생리휴가를 주어야 한다.

㉡ 산전·후 유급보호휴가

사용자는 임신 중의 여성에 대하여 산전, 산후를 통하여 90일의 보호휴가를 주어야 한다. 이 경우 휴가기간의 배치는 산후에 45일 이상이 되어야 한다. (근로기준법 제74조)

㉢ 육아휴직제

생후 1년 미만의 영아를 가진 근로여성 또는 그의 배우자인 근로자가 그 영아의 양육을 위하여 하는 휴직을 말한다.

③ 기타 휴가(회사 휴가)

경조휴가, 병가휴가, 하기휴가, 특별휴가, 기타휴가, 공가 등이 있으며, 취업규칙이나 단체협약에 의해 정할 수 있다.

핵심문제

01 근로시간과 임금에 대한 설명으로 맞지 않는 것은?

① 현행 근로기준법은 1일 8시간, 1주 40시간을 법정근로시간으로 하고 있다.
② 연장근로, 야간근로, 휴일근로에는 가산금적 수당을 지급하여야 한다.
③ 가산금을 적용할 때에는 시간당 평균임금을 기준으로 계산한다.
④ 근로시간에 대하여는 노동력 수요변동에 따라 유연적 근로시간제를 적용할 수 있다.

정답 ③ 가산금을 적용할 때에는 통상임금을 기준으로 계산한다.

02 근로기준법상 법정휴일에 해당되는 것은?

① 공휴일　　　　　　　　　　② 주휴일
③ 경조사 휴가　　　　　　　　④ 회사 창립기념일

정답 ② 근로기준법상 법정휴일은 주휴일과 근로자의 날이다.

2. 인적자원의 유지-노사관계

1) 노사관계와 경영조직

(1) 노사관계

일반적으로 기업의 경영활동에 필요한 노동력의 수요자측인 사용자와 공급자측인 근로자와 상호

관계를 의미하는 것으로, 생산수단의 소유주인 자본가와 노동자의 대립관계로 이해되어 왔으나 산업사회 발전 및 각 나라의 다양한 환경변화에 따라 매우 다양한 의미로 인식되고 있으며, 그 특성에 있어서도 노사간의 대립관계 및 협력관계와 대등관계의 복합적 관계를 의미하고 있다.

(2) 노동조합의 의의

기업에서 노사는 노동력이라는 상품시장을 두고 벌어지는 노동력의 구매자인 사용자와 판매자인 근로자 간의 관계를 형성하고 있다. 따라서 노동력의 공급자인 근로자들은 사용자와 관계에서 불리한 입장에 놓이게 됨으로써 불공정한 고용관계를 형성하게 된다. 이를 극복하기 하기 위하여 조직된 것이 노동조합이다.

노동조합은 단결권, 단체교섭권, 단체행동권의 기본적인 권리를 가지고 있으며, 이를 노동3권이라고 한다.

(3) 노동조합의 기능

구 분	내 용
단체교섭기능	임금, 승급조건, 노동시간
단체협약기능	노사 간 의견 일치에 대해 협약
노동쟁의 기능	단체교섭이 이루어지지 않을 때 사용자에 대항

(4) 노사관계 유형

노사관계의 유형	노사관계의 구성수준
• 경영자와 종업원의 개별관계를 나타내는 협의의 노사관계 • 경영자와 노동조합의 집단관계를 나타내는 집단적 노사관계 • 사용자단체와 노동조합, 정부와의 관계를 포괄하는 광의의 노사관계	• 산업수준의 노사관계 • 업종수준의 노사관계 • 기업수준의 노사관계 • 작업현장수준의 노사관계

(5) 노동조합 가입방법에 따른 분류

① 기본적 형태

구 분	내 용
클로즈드 숍 (closed shop)	조합원 자격이 있는 근로자만 채용하고 일단 채용된 근로자도 조합원의 자격을 상실하면 종업원이 될 수 없도록 하는 제도
유니온 숍 (union shop)	기업이 근로자를 채용할 때 조합원이 아닌 자를 근로자로 채용할 수는 있지만 일단 채용된 이후에는 일정기간 내에 자동적으로 노조에 가입하게 되는 제도
오픈 숍 (open shop)	조합원 신분과 무관하게 종업원이 될 수 있도록 하는 제도이다.

② 변형적 형태

구 분	내 용
에이젼시 숍 (agency shop)	채용된 종업원에 대해서는 조합원이 아니더라도 모든 종업원에게 조합비를 징수하는 제도
프리퍼렌셜 숍 (preferential shop)	기업에서 근로자를 채용시 노동조합원에게 우선순위를 주는 제도
메인테넌스 숍 (maintenance shop)	노동조합원이 되면 일정기간 노동조합원의 자격을 유지하면서 노동조합의 탈퇴를 금지하는 제도

③ 체크오프제도(check off system) : 일괄공제제도

노동조합의 안정적 유지발전을 위하여 조합원에 대한 조합비를 기업에서 급여 지급시 일정액의 조합비를 일괄적으로 징수하여 노동조합에 제공하는 방법

(6) 노동조합의 조직형태

노동조합의 조직형태는 크게 조합원인 근로자의 자격과 결합방식에 따라 나누어 볼 수 있다.

구 분	내 용
직업별 노동조합	직업별조합은 동일한 직능을 지닌 숙련노동자들이 자신들의 경제적 이익을 확보하기 위하여 만든 노동조합형태로서 역사적으로 가장 오래된 형태
일반 노동조합	일반조합은 직업이나 직종, 산업에 관계없이 모든 노동자에 의하여 조직되는 단일 노동조합
산업별 노동조합	직업별조합과는 달리 산업별조합은 조합원의 범위를 확장하여 동일산업 내의 모든 노동자들로 구성되는 조합형태
기업별 노동조합	기업별 노동조합은 동일기업에 종사하는 노동자에 의하여 조직되는 노동조합으로서 개별기업을 그 존립기반으로 한다.

핵심문제

01 다음 중 노동조합의 기능으로 맞지 않는 것은?

① 단체교섭   ② 단체협약   ③ 노동쟁의   ④ 경영참여

정답 ④ ① 단체교섭기능 : 임금, 승급조건, 노동시간
② 단체협약기능 : 노사 간 의견 일치에 대해 협약
③ 노동쟁의기능 : 단체교섭이 이루어지지 않을 때 사용자에 대항

02 노동조합 가입방법 중에서 조합원 자격이 있는 근로자만 채용하고 일단 채용된 근로자도 조합원의 자격을 상실하면 종업원이 될 수 없도록 하는 제도는 무엇인가?

① 클로즈드숍   ② 유니온숍   ③ 오픈숍   ④ 에이전시 숍

정답 ①   ② 유니온숍 : 기업이 근로자를 채용할 때 조합원이 아닌 자를 근로자로 채용할 수는 있지만 일단 채용된 이후에는 일정기간 내에 자동적으로 노조에 가입하게 되는 제도
③ 오픈숍 : 조합원 신분과 무관하게 종업원이 될 수 있도록 하는 제도
④ 에이전시숍 : 채용된 종업원에 대해서는 조합원이 아니더라도 모든 종업원에게 조합비를 징수하는 제도

2) 단체교섭제도

단체교섭이란 노동조합과 사용자 또는 사용자단체가 임금·근로시간·근로조건 등에 관한 협약의 체결을 위해 대표자를 통해 집단적으로 타협을 모색하고 관리하는 절차를 의미한다.

(1) 단체교섭의 기능

① 단체교섭은 작업장의 많은 규칙을 제정하고, 수정하고 또한 관리하는 절차로서의 기능을 갖는다.
② 단체교섭은 근로자의 보상의 양을 결정하는 과정으로서의 기능을 갖는다.
③ 단체교섭은 협약기간 중 그리고 단체협약의 만료시 또는 재연장시 제기되는 분규를 해결하는 방법으로서의 기능을 갖는다.

(2) 단체교섭의 방식

구 분	내 용
기업별교섭	1사업장 또는 기업을 단위로 1사용자와 1노조가 교섭하는 형태
통일교섭	전국적·지역적인 산업별 또는 직업별 노동조합과 이에 대응하는 전국적·지역적인 사용자 단체와의 교섭방식
대각선교섭	산업별 노동조합이 개별기업과 개별적으로 교섭하는 방식
공동교섭	노동조합이 기업별 노조로 구성되어 있는 경우 산업별·직업별 노조의 경우에 기업단위의 지부가 당해 기업과 단체교섭을 하는 경우 상부단체인 전국 노동조합이 이에 참가하는 것으로 연명교섭이라고도 한다.
집단교섭	수개의 노동조합 지부가 공동으로 수 개의 기업집단과 집단적으로 교섭하는 형태

(3) 단체협약

노동조합과 사용자가 임금, 근로시간 기타의 사항에 합의를 보고 이를 협약이란 형태로 서면화한 것을 말한다.

핵심문제

01 1사업장 또는 기업을 단위로 1사용자와 1노조가 교섭하는 방식을 무엇이라 하는가?

① 통일교섭　　② 기업별교섭　　③ 공동교섭　　④ 집단교섭

정답 ②

02 다음 중 노동조합과 사용자가 임금 및 근로시간등 기타의 사항에 합의를 하고 협약이란 형태로 서면화하는 것을 무엇이라 하는가?

① 단체협약　　② 단체교섭　　③ 노동쟁의　　④ 이익분쟁

정답 ①

3) 노동쟁의

「쟁의행위」라 함은 파업·태업·직장폐쇄 기타 노동관계 당사자가 그 주장을 관철할 목적으로 행하는 행위와 이에 대항하는 행위로서 업무의 정상한 운영을 저해하는 행위를 말한다.

(1) 근로자측의 노동쟁의 행위

구 분	내 용
파업	파업은 다수의 근로자가 근로조건 유지·개선이라는 목적을 쟁취하기 위하여 조직적으로 그리고 집단적으로 노무제공을 거부하는 행위를 말한다. 이러한 파업은 소극적 성격을 가진 근로자측의 전형적인 쟁의행위로 원칙적으로 정당하다. 그러나 이 행위가 적극적으로 사용자의 재산을 점유하여 사용자의 지배를 저지하는 것이면 원칙적으로 그 파업은 정당성이 없다.
태업	태업은 근로자들이 형식적으로는 노동력을 제공하지만 의식적으로 불성실하게 근무함으로써 작업능률을 저하시키는 것을 말한다. 이러한 태업의 결과 사용자가 불완전하나마 업무지휘권을 가지며 비정상적이나마 업무를 운영하는 한 그 태업은 정당한 것이나, 그 한도를 넘을 때 (의식적인 자재낭비, 불량품 생산) 등과 같이 적극적 태업은 정당성이 인정되지 않는다.
생산관리 (생산통제)	생산관리(생산통제)는 노동조합이 사용자의 지휘명령을 배제하고 사업장을 지배하여 자신들의 의사에 따라 기업을 경영하는 쟁의행위이다. 이러한 생산관리(생산통제)는 원칙적으로 부당한 쟁의행위이나 근로자들이 생활을 보호하기 위하여 행한 소극적 생산관리(생산통제)는 이를 당연히 위법이라고 볼 수 없다.
보이콧	보이콧은 노동조합이 쟁의행위의 상대방인 사용자의 제품의 불매를 호소하거나 그 제품의 취급을 거부하게 함으로써 그 제품의 거래를 방해하는 쟁의수단이다. 노동조합이 사용자에 대하여 사회적·경제적 압력을 가할 목적으로 사용자가 생산한 상품의 불매를 결의하거나 일반시민에게 불매 또는 거래정지를 호소하는 쟁의수단(1차 보이콧)은 정당한 쟁의행위로 볼 수 있으나, 쟁의 당사자인 사용자를 상품시장으로부터 고립시키기 위해서 그 거래선에게 사용자와의 거래를 정지하도록 호소하고, 이에 불응하면 그 거래선의 상품에 대하여 보이콧을 행사하는 2차 보이콧은 정당한 쟁의행위로 볼 수 없다.

구분	내용
피켓팅	피켓팅을 원래 파업·태업·보이콧 등의 효과를 높이기 위해 부수적으로 행하는 쟁의수단으로서 노동조합이 필요한 장소에 피켓요원을 배치하여 다른 근로자 내지 일반시민에게 쟁의행위가 벌어지고 있음을 알리고 이에 대한 협력을 호소하는 쟁의수단을 말한다. 피켓팅의 수단으로서 파업에 가담하지 않고 근무하려는 자에 대하여 평화적 설득을 하는 경우에만 정당하다고 보는 게 판례의 태도이다.
직장점거	직장점거란 파업을 할 때에 퇴거하지 아니하고 사용자의 의사에 반하여 사업장에 체류하면서 연좌 또는 농성하는 쟁의행위를 말한다. 쟁의행위의 본질은 근로자의 근로제공을 소극적으로 거부하는데 있으므로 사용자의 조업을 저지하기 위하여 사용자가 경영하는 시설을 실력으로 점거하는 직장점거는 원칙적으로 정당하지 못한 쟁의행위가 된다. 그러나, 우리나라의 경우 기업별 노조형태를 취하고 있으므로 노동조합 활동의 대부분은 직장에서 이루어지고 있고, 쟁의행위는 대부분 기업 안에서 행하여지므로 직장점거는 사용자의 기업시설을 「전면적·배타적」으로 점거하는 경우에 한하여 정당하지 아니한 쟁의수단으로 평가될 수 있다.
준법투쟁	준법투쟁이란 노동조합의 통제하에 다수의 근로자들이 노동관계법에 규정된 권리를 동시에 행사하거나, 의무를 동시에 이행하여 파업이나 태업과 같은 효과를 발생하는 것을 말한다. 이러한 근로자들의 법적 권리의 행사나 의무의 이행이 과연 쟁의행위에 해당하는지 또한 쟁의행위에 해당되는 경우 그정당성이 문제될 수 있는데, 그 유형으로 연장근로거부, 일제휴가, 집단사표, 안전투쟁 등을 들 수 있다. 판례는 준법투쟁이 사용자에 대한 주장을 관철할 목적으로 한다는 점과 업무의 정상적인 운영은 반드시 법령·단체협약 등에 의한 적법한 운영만을 의미하는 것이 아니며, 사실상 평상시의 운영을 의미하는 것이므로 쟁의행위로 보아야 한다는 견해를 취하고 있다.

(2) 사용자측의 노동쟁의 행위

구분	내용
직장폐쇄	직장폐쇄라 함은 사용자가 노동조합의 쟁의행위에 대항하여 직장을 폐쇄함으로써 근로자들의 근로수령을 거부하고 임금을 지급하지 아니하는 사용자의 쟁의행위를 말한다. 이러한 직장폐쇄는 대항적·방어적 성질에 국한되어야 하며 노조파괴를 위한 공격적 행위로 나아가 직장폐쇄의 필요성 및 정도의 상당성을 상실해서는 안되며, 그 목적이 재산권의 보호에 있으므로 그 목적을 달성하는데 필요한 최소한도의 수준을 초과해서는 안된다.
조업계속	사용자가 노동조합측의 쟁의행위에 참가하지 않고 있는 근로자 중의 근로희망자와 관리자등을 동원하여 조업을 계속하는 행위.

(3) 쟁의 조정제도

구 분	내 용
조정	조정은 종전 노동쟁의조정법상의 조정절차인 알선에 비하여 적극적이고 조직적인 쟁의조정 방법으로서 관계 당사자의 의견을 들어 조정안을 작성하고 노사의 수락을 권고하는 형태이다. 조정은 노·사·공익 3자로 구성되는 조정위원회 또는 단독조정인이 담당한다.
중재	중재는 조정과는 달리 노사 당사자간의 의견과는 무관하게 중재위원회의 중재 재정에 의하여 노동쟁의를 해결함으로써 노사의 자주적 해결의 원칙과는 가장 거리가 먼 제도이다. 중재에는 임의중재와 강제중재(직권중재)가 있는 바, 임의중재는 일반사업과 일반공익사업에 다같이 적용될 수 있으며, 강제중재(직권중재)는 공익사업 중 필수 공익사업에 대해서만 적용된다.
긴급조정	긴급조정제도란 쟁의행위의 발생을 미연에 방지하기 위한 것이 아니고 이미 발생한 쟁의행위의 장기화·대규모화로 인한 국민경제의 손해와 공중일상생활의 위험을 제거하기 위한 제도라는 점에서 통상의 조정 제도인 조정·중재와 구별되는 비상시의 쟁의조정제도이다.

핵심문제

01 다음 중 근로자가 할 수 있는 노동쟁의 행위가 아닌 것은?

① 파업 ② 보이콧 ③ 태업 ④ 직장폐쇄

정답 ④
① 파업 : 노동조합의 대표적인 쟁의 행위, 조합원을 통제하고 사용자의 지배관리로부터 이탈시키며, 사용자에 대한 근로자의 노동력 제공을 전면적으로 거부하는 행위
② 보이콧 : 집단적 불매운동
③ 태업 : 겉으로는 일을 하지만 의도적으로 일을 게을리 함으로써 생산성 감소를 초래하는 행위
④ 직장폐쇄 : 쟁의중에 사업장에 대한 생산시설의 폐쇄를 통하여 근로자의 직장출입의 차단과 함께 근로자의 노동력제공을 집단적으로 거부하는 행위로 노동조합측의 쟁의행위에 대응하기 위한 사용자측의 대표적인 쟁의행위

02 다음 중 노동쟁의 시 해결하기 위한 방법이 아닌 것은?

① 조정 ② 파업 ③ 중재 ④ 긴급조정

정답 ②

4) 부당한 노동행위와 그 구제방법

(1) 부당노동행위의 유형

구 분	내 용
불이익대우	"근로자가 노동조합에 가입 또는 가입하려고 하였거나 노동조합을 조직하려고 하였거나 기타 노동조합의 업무를 위한 정당한 행위를 한 것을 이유로 그 근로자를 해고하건 그 근로자에게 불이익을 주는 행위"를 불이익 대우의 원인으로 보고 있다.
황견계약	근로자가 노동조합에 가입하지 아니할 것 또는 탈퇴할 것을 고용조건으로 하거나 특정노동조합의 조합원이 될 것을 고용조건으로 하는 행위"를 부당노동행위로 금지하고 있다. 이와 같은 행위를 황견계약이라고 한다.
단체교섭의 거부	"노동조합의 대표자 또는 노동조합으로부터 위임을 받은 자와의 단체교섭체결, 기타의 단체교섭을 정당한 이유 없이 거부하거나 해태하는 행위"를 부당노동행위로 규정하고 이를 금지하고 있다.
지배.개입 및 경비원조	"근로자가 노동조합을 조직 또는 운영하는 것을 지배하거나 개입하는 행위와 노동조합의 운영비를 원조하는 행위"를 부당노동행위라 하여 이를 금지하고 있다.
정당한 단체행동참가에 대한 해고 및 불이익대우	"근로자가 정당한 단체행위에 참가한 것을 이유로 하거나 또는 노동위원회에 대하여 사용자가 이 조의 규정에 위반한 것을 신고하거나 그에 관한 증언을 하거나 기타 행정관청에 증거를 제출할 것을 이유로 그 근로자를 해고하거나 그 근로자에게 불이익을 주는 행위"를 부당노동행위로 규정하고 있다.

(2) 경영참여와 노사관계

경영참가란 근로자가 경영의 의사결정에 영향을 미치는 것이다. 따라서 근로자의 경영참가는 종래 경영자의 권한이라고 생각되어온 이른바 경영권에 대하여 종업원이나 근로자를 대표해서 그들의 이익을 유지하거나 증진시킴을 목적으로 노사간에 공동으로 경영관리기능을 수행하는 것을 말한다.

구 분		내 용
자본참가		종업원들로 하여금 자본의 출자자로서 기업경영에 참여시키는 방식으로 소유참가, 재산참가라고도 한다.
	종업원지주제도	종업원지주제도는 회사가 경영방침으로 종업원이 주식을 취득, 소유할 수 있도록 정하는 종업원에게 특별한 편의를 제공, 기업이 증자를 할 경우 종업원을 대상으로 일정한 기준에 따라 신주를 인수하게 함으로써 이들을 주주로 참여시키는 것
	스톡옵션제도 (주식매입선택권)	임직원에게 일정수량의 주식을 낮은 가격으로 매입할 수 있도록 권리를 부여하고 일정기간후 임의대로 처분 할 수 있도록 하는 제도

구 분	내 용
성과참가	피고용인의 경영참가실현 중 가장 용이한 유형으로 이익참가를 들 수 있다. 경영성과를 높이는데 피고용인 또는 노동조합이 적극적으로 참가하고 그 협력의 대가로 경영성과, 즉 업적·수익 또는 이익의 일부를 임금 이외의 형태로 피고용인에게 분배하는 방식이다.
스캔론플랜	미국 철강노동조합의 간부 스캔론(Joseph N. Scanlon)에 의해 개발된 집단 인센티브제도. 스캔론 플랜은 '노사협력에 의해 생산성 향상'에 그 출발점을 두고 있다. 매출액, 즉 생산물의 판매가치에 대해 노무비(인건비)의 절약분을 경영의 성과로 간주하여 이를 구성원들에게 상여금으로 나누어 주는 방식으로 종업원의 경험과 지식을 활용한 생산방법의 개선과 노사간 커뮤니케이션의 향상을 위한 제안제도와, 생산성 향상에 따른 성과배분제도로서 상여금 제도를 중심축으로 한다. 단, 스캔론 플랜은 노사관계의 협력증진과 생산성의 향상, 경영자의 적극적인 의지와 종업원의 진정한 참여가 없이는 실패하기 쉽다
럭커플랜	미국의 경영고문이었던 럭커(A.W.Rucker)에 의해 고안된 성과분배방식으로 럭커 생산분배의 법칙이라 하며 생산가치 공헌도에 따라 분배하는 방식.(생산부가가치를 기준)
의사결정참가	좁은 의미의 경영참가라고 함은 피고용인 또는 노동조합이 경영의사결정에 참여하거나 경영기능에 대하여 영향력을 미치는 것으로 볼 수 있다. 의사결정참가는 경영의 내용이 되는 관리상의 의사결정에 참여하는 형태라고 할 수 있다.
노사협의제도	노동조합의 결정여부와 관계없이 근로조건에 대한 결정권이 있는 30인 이상의 모든 사업장을 대상으로 설치하는 것으로 노사쌍방에게 관심이 깊은 사항으로써 단체교섭에서는 취급되지 않는 사항에 대하여 노사가 협력하여 협의하는 제도이다.
노사공동결정제도	노동자, 근로자 또는 노동조합의 대표가 기업의 최고 결정기관에 직접 참가하여 기업경영의 여러 문제를 노사 공동으로 결정하는 제도이다.

핵심문제

01 다음에서 설명하고 있는 부당행위의 유형으로 알맞은 것은?

> 근로자가 노동조합에 가입하지 아니할 것 또는 탈퇴할 것을 고용조건으로 하거나 특정노동조합의 조합원이 될 것을 고용조건으로 하는 행위"를 부당노동행위로 금지하고 있다.

① 불이익대우
② 단체교섭 거부
③ 황견계약
④ 지배.개입 및 경비원조

정답 ③ ① 불이익대우 : 사용자가 부당노농행위로 해고, 전근, 배치전환, 출근정기, 휴직 등이 근로자에게 불이익을 주는 경우에 사용자의 불이익 취급행위가 성립된다.
② 단체교섭 거부 : 노동조합의 대표자 또는 노동조합으로부터 위임을 받은 자와의 단체교섭체결, 기타의 단체교섭을 정당한 이유없이 거부하거나 해태하는 행위를 부당노동행위로 규정하여 이를 금지하고 있다.
④ 지배 · 개입 및 경비원조 : 사용자가 근로자의 노동조합조직 또는 운영을 지배하거나 이에 개입하는 행위와 노동조합의 전임자에게 급여를 지원하거나 노동조합의 운영비를 원조하는 행위를 한 때에 사용자의 부당노동행위로 규정하여 이를 금지하고 있다.

02 다음에서 설명하고 있는 경영참가제도의 유형으로 알맞은 것은?

> 임직원에게 일정수량의 주식을 낮은 가격으로 매입할 수 있도록 권리를 부여하고 일정기간후 임의대로 처분 할 수 있도록 하는 제도

① 스톡옵션제도(주식매수선택권)
② 종업원지주제도
③ 스캔론플랜
④ 락커플랜

정답 ① ② 종업원지주제도 : 종업원들에게 각종 편의(가격, 금융, 세금 사무등)를 제공하여 자기회사의 주식을 취득할 수 있게 하는 제도로 회사의 자본 출자자로 기업경영에 참여시키는 제도
③ 스캔론플랜 : 매출액, 즉 생산물의 판매가치에 대해 노무비(인건비)의 절약분을 경영의 성과로 간주하여 이를 구성원들에게 상여금으로 나누어 주는 방식으로 종업원의 경험과 지식을 활용한 생산방법의 개선과 노사간 커뮤니케이션의 향상을 위한 제안제도와, 생산성 향상에 따른 성과배분제도로서 상여금 제도를 중심축으로 한다.
④ 락커플랜 : 생산가치 공헌도에 따라 분배하는 방식(생산부가가치를 기준)

핵심평가문제

01. 다음은 유연적 근로시간의 의의와 필요성으로 가장 관련이 적은 것은?
① 기업의 노동력 수요의 변동에 유리하게 대응할 수 없다.
② 근로자들로 하여금 자신의 욕구나 개인생활, 작업 진척도에 맞추어 근로시간을 자율적으로 선택할 수 있게 하는 근무방식이다.
③ 개인생활과 업무를 조화시켜 노동력의 효율적인 활용을 통한 생산성 향상과 근로생활의 질 향상을 도모하는 새로운 형태의 근무방식이다.
④ 유형으로는 선택적 근로시간제, 탄력적 근로시간제, 재량 근로제, 인정 근로제, 단시간 근로제 등이 있다.

02. 근로기준법상 법정휴일에 해당되는 것은?
① 공휴일
② 주휴일
③ 경조사 휴가
④ 회사 창립일

03. 우리나라의 현행 법정근로시간이다. ( )에 맞는 것은?

> ┤ 보기 ├
> 근로기준법에는 일 (가)시간, 주 (나)시간 근무를 규정하고 있으며, 그 이상 근무를 하면 시간외 근무수당을 지급하여야 한다.

① (가) 6, (나) 35
② (가) 8, (나) 40
③ (가) 8, (나) 44
④ (가) 8, (나) 48

04. 다음 중에서 근로기준법에서 정한 통상임금의 100분의 50 이상을 지급하는 경우가 아닌 것은?
① 연장
② 야간(오후 10시~ 오전 6시)
③ 잔업
④ 휴일

05. 다음 자료를 참조하여 연장, 야간근로수당을 계산하면 얼마인가?

| 보기 |
- 야간(22 : 00~06 : 00)에 연장근로(4시간)
- 정상근무시간 8시간에 대한 통상급여 50,000원

① 25,000원   ② 50,000원   ③ 37,500원   ④ 72,500원

06. 다음 중 '근로기준법' 상 임금에 대한 설명이다. 가장 적절하지 않은 것은?

① 임금이란 사용자가 근로의 대가로 근로자에게 임금, 봉급, 그 밖에 어떠한 명칭으로든지 지급하는 일체의 금품을 말한다.
② 통상임금이란 정기적이고 일률적으로 소정근로 또는 총 근로에 대하여 지급하기로 정한 시간급·일급·주급·월급 또는 도급금액을 말한다.
③ 평균임금이란 이를 산정하여야 할 사유가 발생한 날 이전 6개월 동안에 그 근로자에게 지급된 임금의 총액을 그 기간의 총일수로 나눈 금액을 말한다.
④ 통상임금에서 '소정근로시간'이란 근로시간의 범위에서 근로자와 사용자 사이에 정한 근로시간을 말한다.

정답 및 해설

| 01 | ① | 02 | ② | 03 | ② | 04 | ③ | 05 | ② | 06 | ③ | | | | |

01. 기업의 노동력 수요의 변동에 유리하게 대응할 수 있다.
02. • 법정휴일 : 주휴일, 근로자의 날
    • 약정휴일 : 공휴일, 회사창립일, 기타 휴무일
04. 휴일근로, 연장근로, 야간근로에 대하여 통상임금의 100분의50을 가산하여 지급하며, 중복계산한다.
05. 가산임금 지급사유인 연장근로, 야간근로, 휴일근로 등이 서로 중복되는 경우 각각 함께 가산금을 지급하여야 한다.
    • 통상급여 : 50,000원×50% = 25,000원
    • 연장근로수당 : 25,000원×50% = 12,500원
    • 야간근로수당 : 25,000원×50% = 12,500원
    합계 : 25,000원 + 12,500원 + 12,500원 = 50,000원
06. 평균임금이란 이를 산정하여야 할 사유가 발생한 날 이전 3월간에 그 근로자에 대하여 지급된 임금의 총액을 그 기간의 총일수로 나눈 금액을 말한다.

Part 2
인사관리 실무

CHAPTER 1. 핵심ERP 구축
    1절 핵심ERP의 프로그램설치와 데이타관리
    2절 핵심ERP의 구축

CHAPTER 2. 핵심ERP 기초정보
    1절 핵심ERP 기준정보
    2절 인사관리 기초환경설정

CHAPTER 3. 핵심ERP 인사실무프로세스
    1절 인사관리
    2절 근태/급여관리
    3절 연말정산관리

CHAPTER 1 핵심ERP 구축

1절 핵심ERP의 프로그램 설치와 데이터관리

1. 핵심ERP 설치 유의 사항

1) 핵심ERP ver.2025 설치 환경

- 설치 가능 OS : Microsoft Windows7 이상의 OS (Mac OS X, Linux 등 설치 불가)
- CPU : Intel Core2Duo / i3 1.8Ghz 이상의 CPU
- Memory : 3GB 이상의 Memory
- DISK : 10GB 이상의 C:₩ 여유 공간

2) 바이러스 백신 프로그램 종료 후 설치

2. ERP정보관리사 실기 프로그램(I cube 핵심ERP v2.0)설치

1) 핵심ERP 설치 파일 구성 확인

이름	수정한 날짜	유형	크기
RequireServer	2025-02-12 오전 5:48	파일 폴더	
SQLEXPRESS	2025-02-12 오전 5:48	파일 폴더	
UTIL	2025-02-12 오전 5:48	파일 폴더	
매뉴얼	2025-02-12 오전 5:48	파일 폴더	
CoreCube	2025-02-11 오후 1:03	응용 프로그램	664,685KB
CoreCubeSetup	2025-02-11 오후 1:01	응용 프로그램	4,387KB
핵심ERP 2025 설치 매뉴얼	2025-02-10 오전 10:26	Microsoft Edge P...	617KB

2) 파일 목록에서 반드시 [CoreCubeSetup.exe]를 실행하여 설치 진행

진행을 하면 아래와 같이 [핵심ERP 설치 전 사양 체크] 프로그램이 실행됩니다.
4단계에 걸쳐 현재 컴퓨터에 사양을 체크하여 핵심ERP설치 가능 여부를 체크합니다.

① 1단계 - 현재 컴퓨터의 OS 체크
② 2단계 - 현재 컴퓨터의 CPU 체크
③ 3단계 - 현재 컴퓨터의 MEMORY 용량 체크
④ 4단계 - 현재 컴퓨터의 디스크 남은 용량 체크

※ 4단계를 모두 충족하지 못하는 경우 핵심ERP 설치를 진행할 수 없습니다.

3) 핵심ERP 사용권 계약 동의

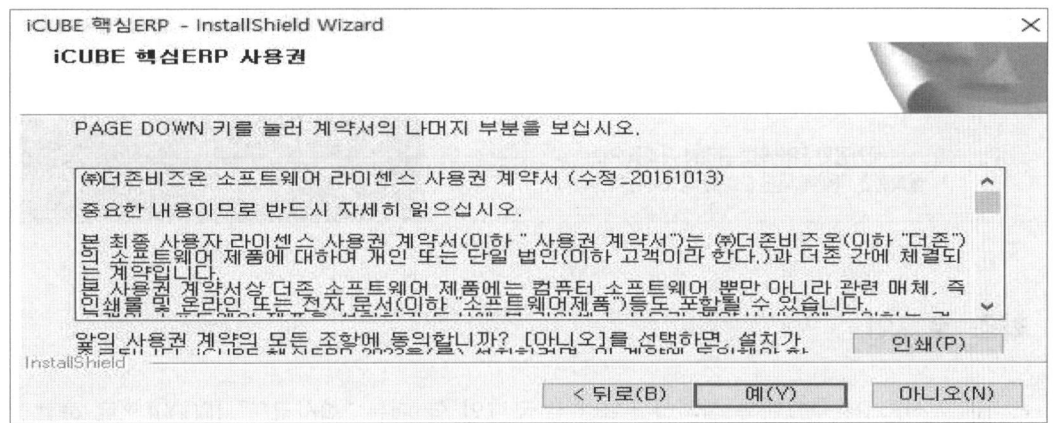

소프트웨어 라이선스 사용권 계약서에 동의하는 경우 [예] 버튼을 클릭한다.

4) 핵심ERP 설치가 완료 되면 [완료] 버튼을 클릭

5) [iCUBE-핵심ERP ver.2025]이 자동 실행되며 로그인 후 시작

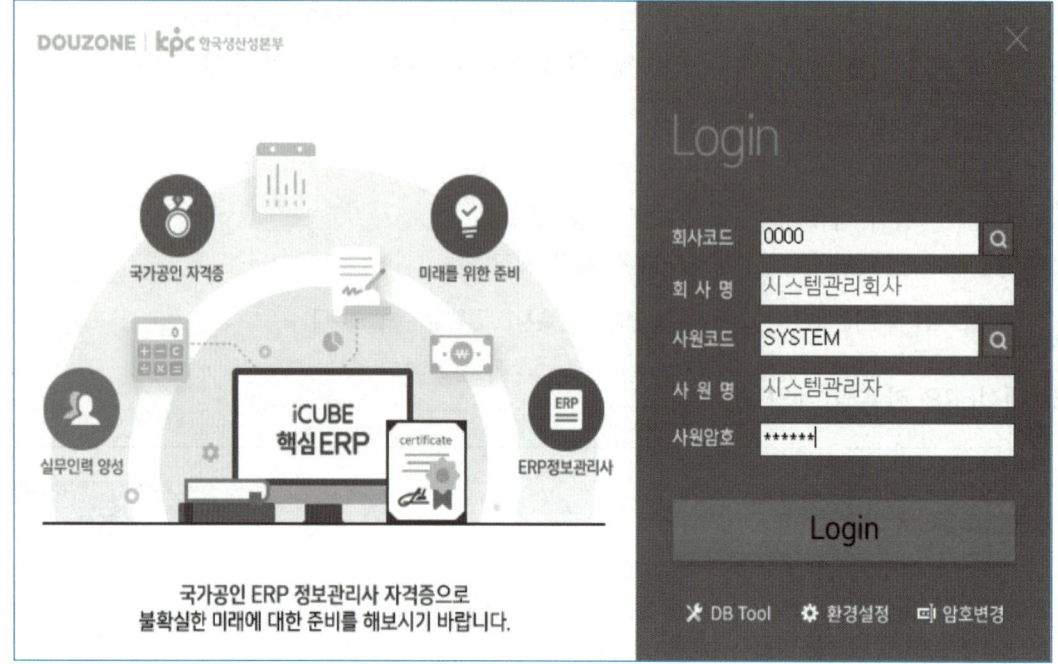

3. 최초 로그인

i-CUBE 핵심ERP프로그램을 설치하고 최초로 로그인 할 때는 "회사코드"【0000】으로 하고, "사원코드"와 "사원암호"는 【SYSTEM】 영문대문자로 로그인하여 회사등록을 한다.(최초 로그인 이후에는 해당회사코드로 로그인한다.)

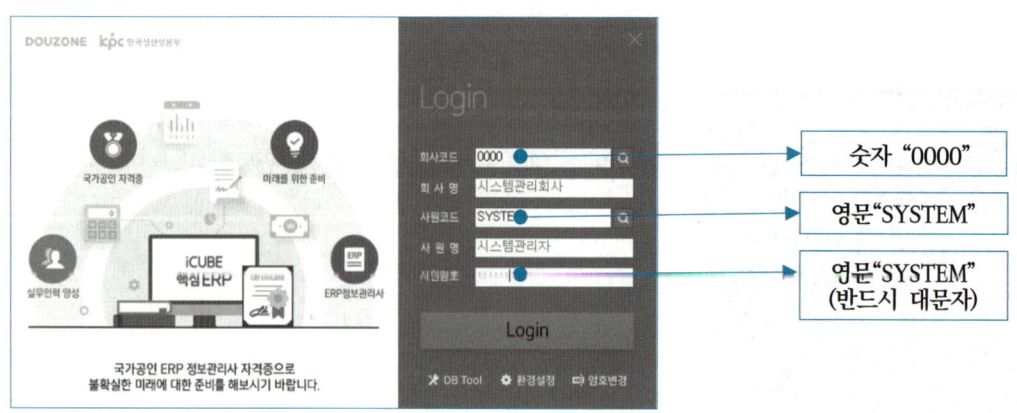

4.1 cube 핵심ERP 기초데이터의 저장

1) **DB Tool** 버튼 클릭

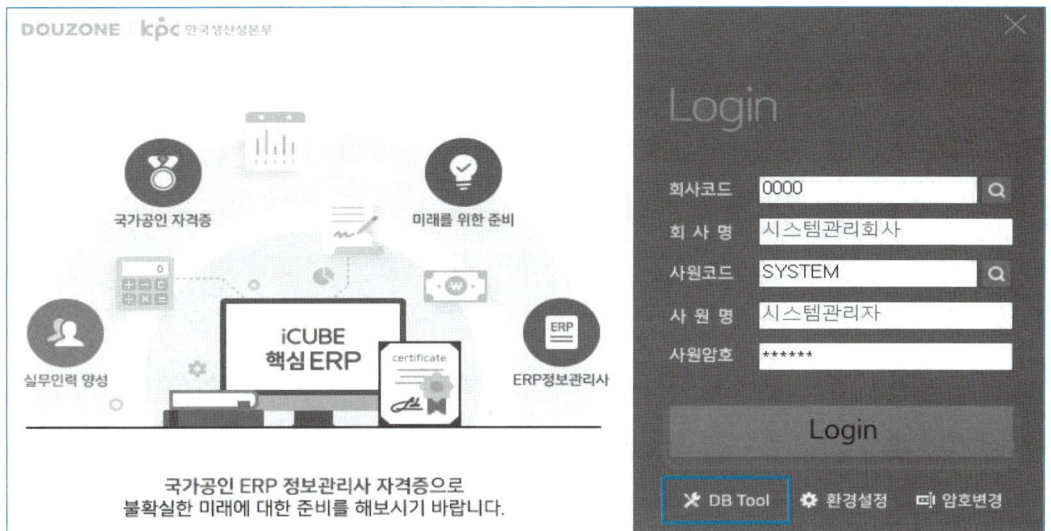

2) **DB백업** 버튼 클릭

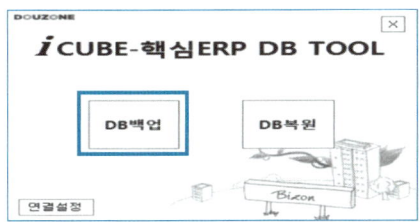

3) 핵심ERP DB를 백업할 폴더명(예 : 인사2급기초데이터)을 입력하고 [확인] 버튼 클릭

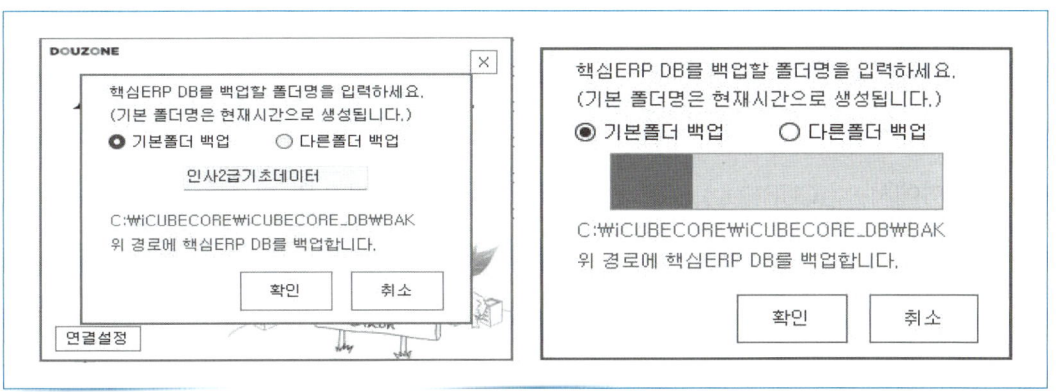

4) 파일저장

【내컴퓨터】 → 【C:】 → 【iCUBECORE】 폴더 → 【iCUBECORE_DB】 폴더 → 【BAK】 폴더에 【DZCORECUBE.mdf 파일과 DZCORECUBELOG.ldf 파일】이 자동으로 저장

5) DB백업 완료

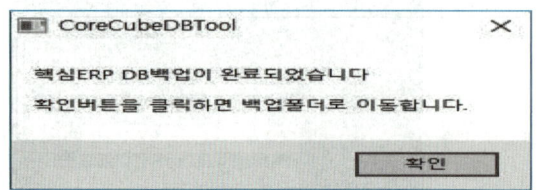

6) 저장된 것을 확인하고 종료

5. I cube 핵심ERP 기초데이터의 복원

1) 기초데이터 복사

이동매체(USB)에 있는 기초데이터폴더를 복사하여 → 【내컴퓨터】 → 【C:】 → 【iCUBECORE】 폴더 → 【iCUBECORE_DB】 폴더 → 【BAK】 폴더에 붙여 넣기 한다.

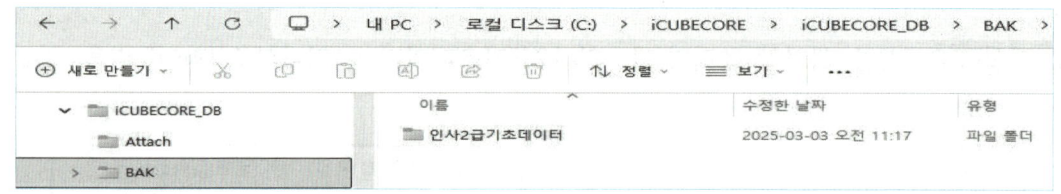

2) 바탕화면에서 【iCUBE핵심ERP 2025】 단축아이콘을 더블클릭

3) ![DB Tool] 버튼 클릭

4) ![DB복원] 버튼 클릭

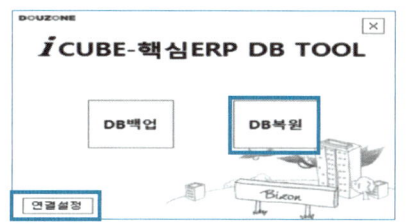

* [연결 설정]을 클릭하여 "SQL Server인증"을 "◉Windows 인증"으로 변경한 후 [DB복원]을 클릭한다.

5) 복원하고자 하는 폴더를 선택하고, [확인] 버튼 클릭

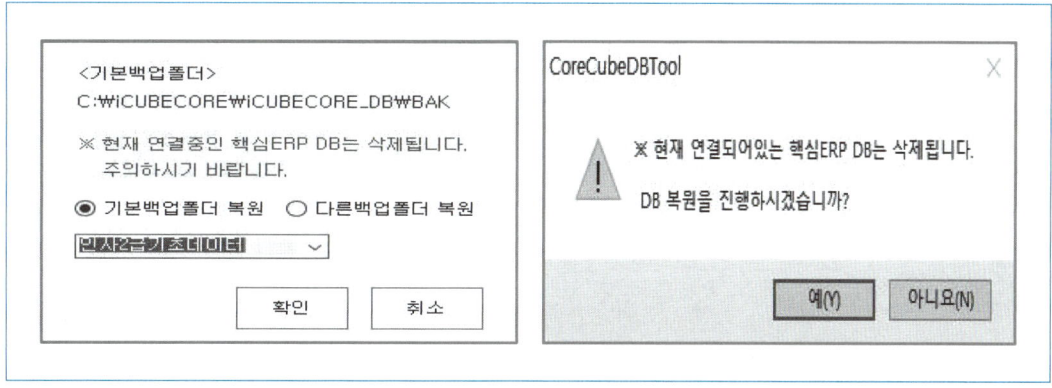

6) DB복원이 완료되면, [확인] 버튼 클릭

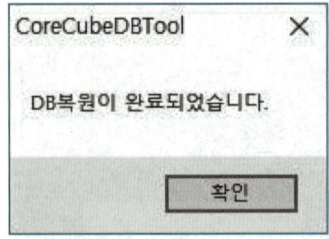

7) [오류메시지]가 있는 경우 해결방법

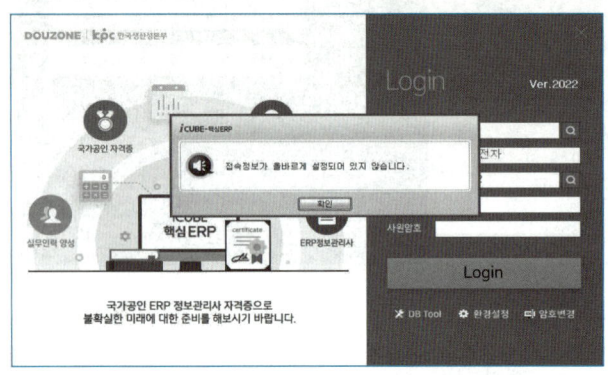
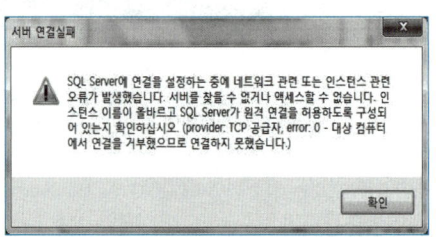

① 2025년 핵심ERP 프로그램을 더블클릭한다.

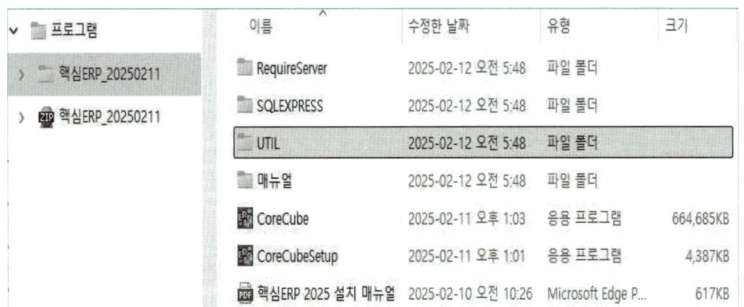

② [UTIL]폴더 → [CoreCheck]를 더블클릭한다.

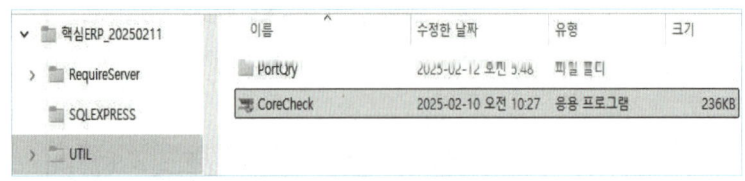

③ ×아이콘이 있으면 ×아이콘을 클릭한다.

④ 모두 [○]이면 프로그램을 종료 후 핵심ERP 복원작업을 한다.

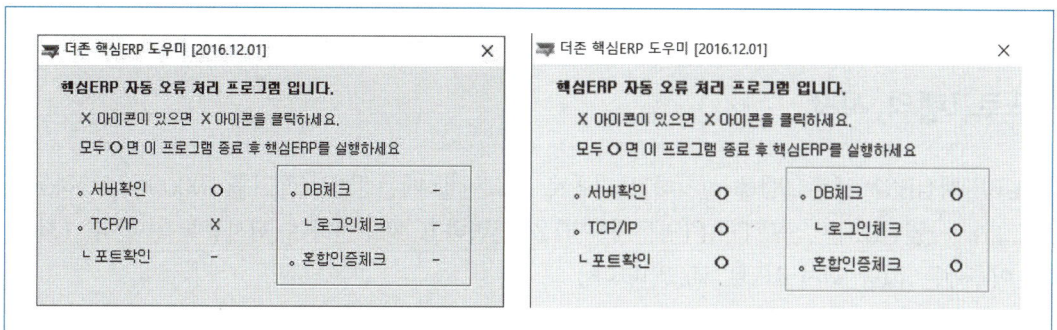

⑤ iCUBE-핵심 ERP DB TOOL에서 "DB복원"을 클릭하고 복원을 할 때 다음 화면과 같이 서버 연결 실패 "사용자 sa이(가) 로그인하지 못했습니다"라는 오류 발생시 [연결 설정]을 클릭하여 "SQL Server 인증"을 "⦿Windows인증"으로 변경하여 복원한다.

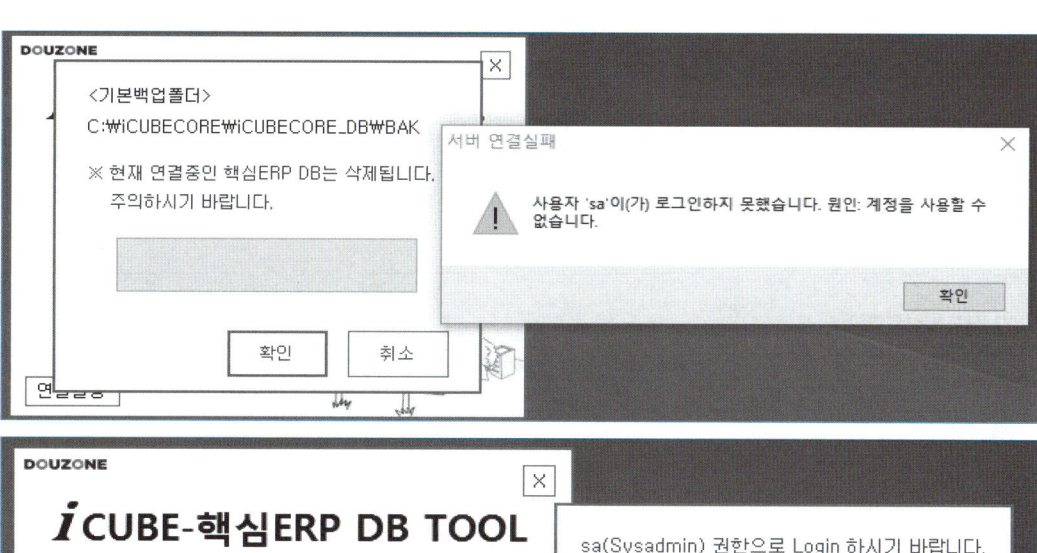

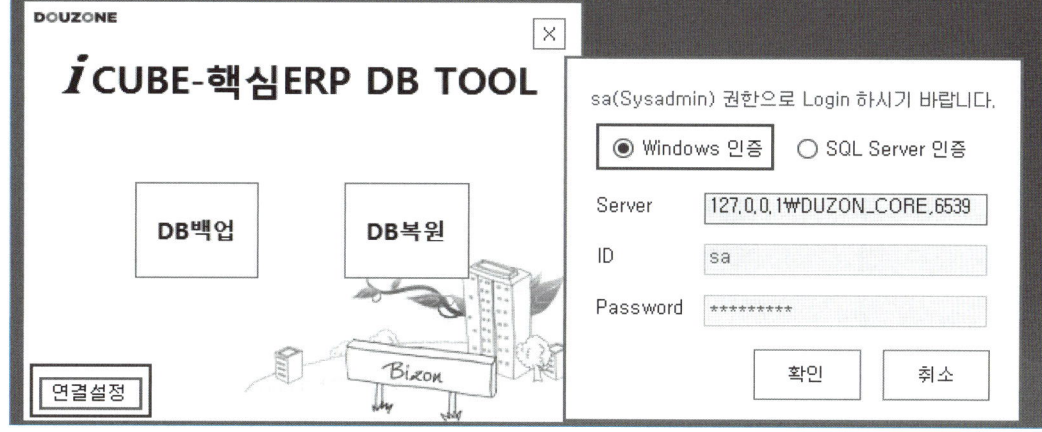

2절 핵심ERP의 구축

1. 프로그램의 시작

iCUBE 핵심ERP 프로그램을 설치하고 최초로 로그인할 때는 [회사코드]를 "0000"으로 하고, [사원코드]와 [사원암호]는 "SYSTEM"(영문대문자)을 입력하고 로그인하여 회사등록을 한다. (최초 로그인 이후에는 해당 회사코드로 로그인한다.)

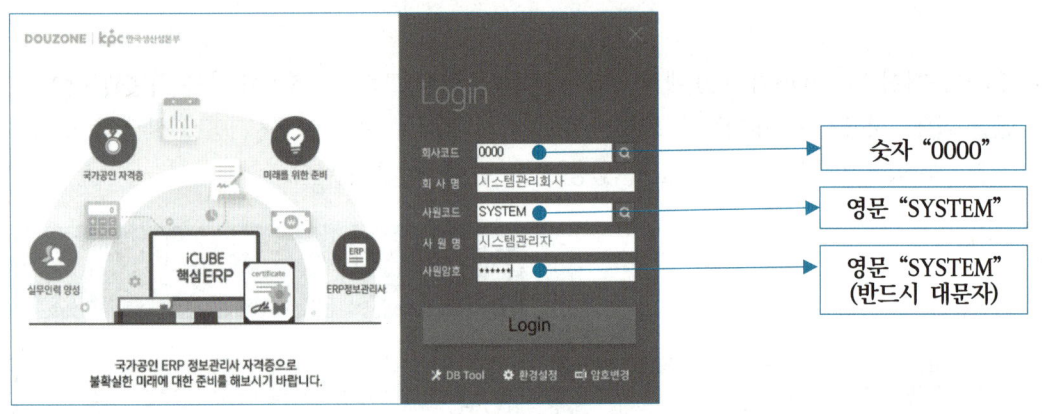

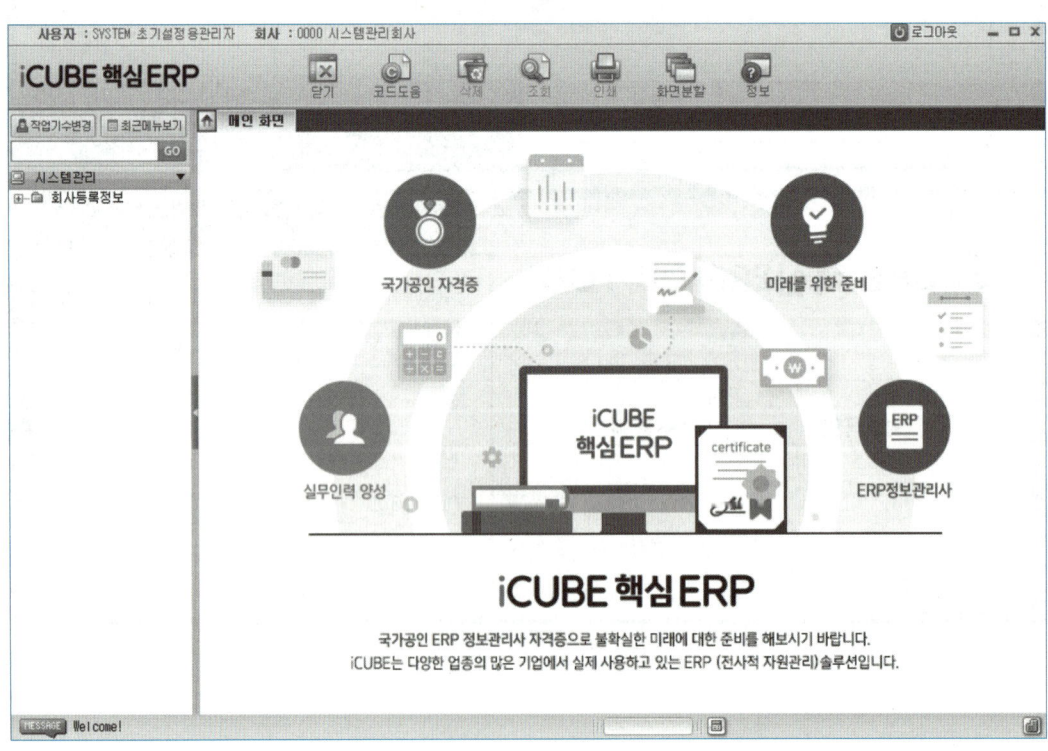

2. 핵심ERP 프로세스

1) 핵심ERP의 구성

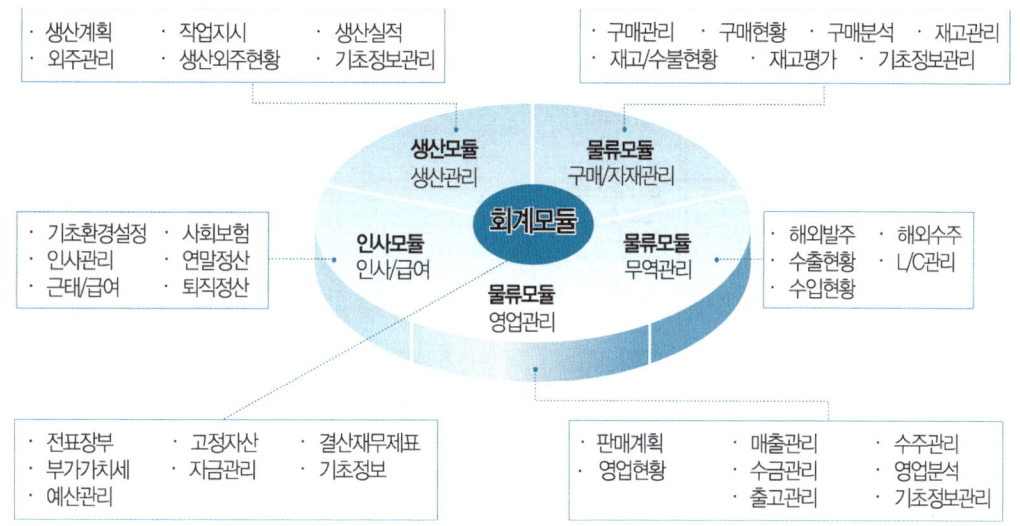

구 분	내 용
회계모듈	핵심ERP 회계모듈은 인사·물류·생산모듈에서 처리된 회계관련정보를 전송받고, 여기에 회계모듈 고유업무인 전표·자금·부가가치세 등의 정보를 관리하여 내부 관리목적과 외부 보고목적의 재무보고서를 작성할 수 있도록 지원한다.
인사모듈	핵심ERP 인사모듈은 ERP운영의 기반이 되는 인적자원에 대한 관리와 이에 수반되는 급여, 사회보험, 세무업무 등에 관한 정보 및 처리를 지원한다.
생산모듈	핵심ERP 생산모듈은 MRP에 의한 최소의 재고비용 및 최적의 생산관리가 가능하도록 통합 생산관리를 지원한다.
물류모듈	핵심ERP 물류모듈은 영업관리, 자재관리, 무역관리를 총괄한다. 영업관리에서는 출고와 판매대금을 관리하고, 자재관리에서는 구매 및 재고관리를 수행하며, 수출과 수입은 무역관리를 통해서 수행한다. ERP 2급에서는 무역관리가 생략되었다.

2) 전체프로세스

　ERP시스템은 기본적으로 인사 / 급여, 영업, 구매 / 자재, 무역, 생산, 원가 등의 업무기능들이 서로 연계되어 있다.(핵심ERP에서는 원가관리가 생략되었음)

| 핵심ERP 프로세스 흐름도 |

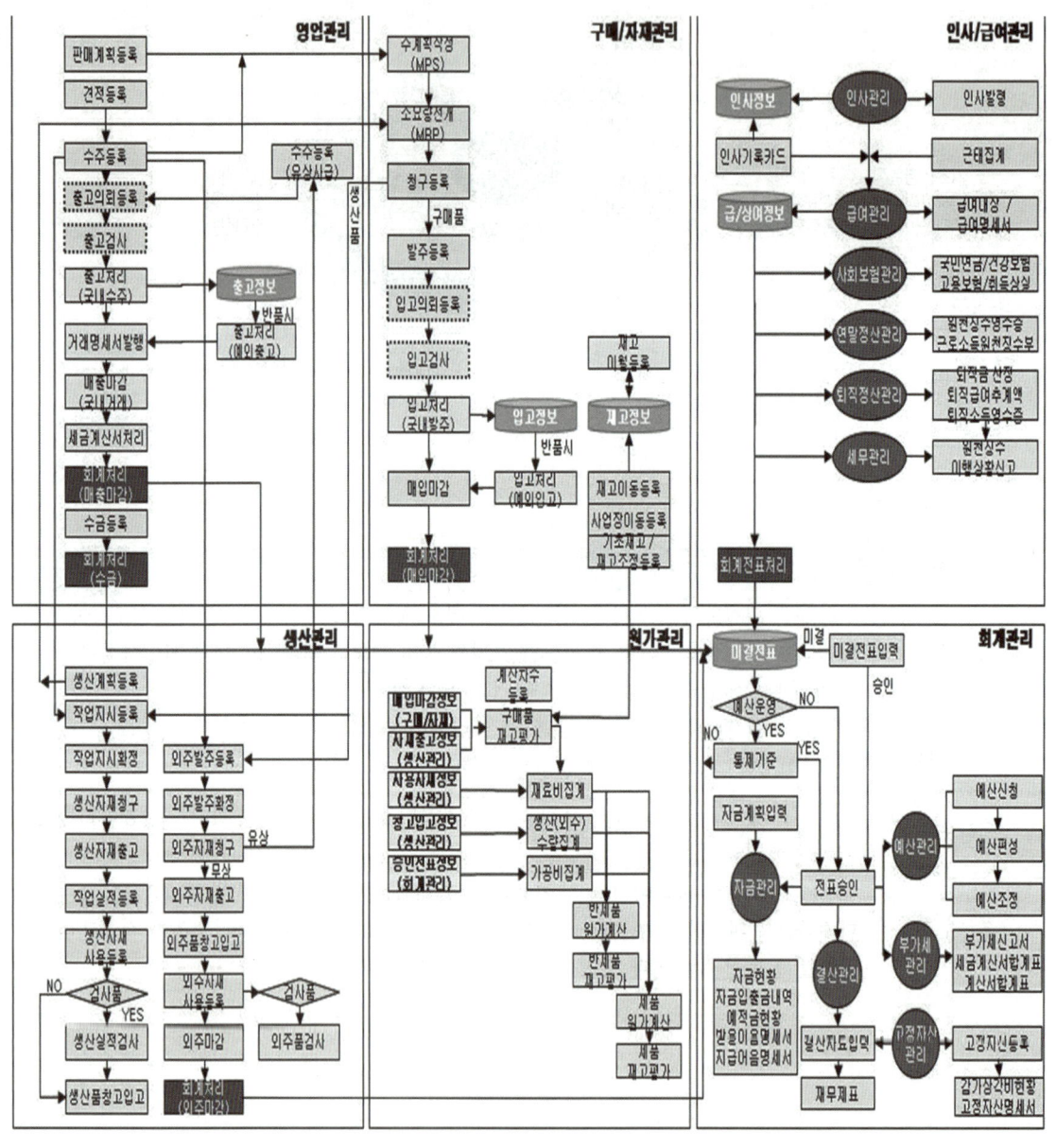

3) 인사관리 전체프로세스

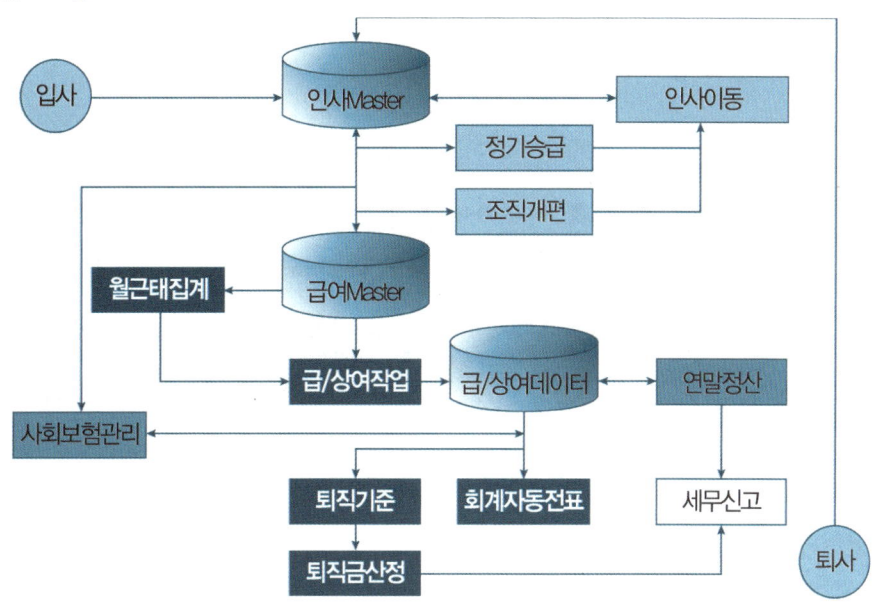

① 기초정보관리

시스템을 사용하기 위한 회사와 회사의 조직도 및 기본환경을 설정한다.

② 인사관리

사원의 인사정보를 통해 인사기록카드 작성과 인사발령을 관리한다.

③ 근태/급여관리

인사기초정보를 통해 근태정보와 급여정보를 계산 및 조회할 수 있다.

④ 연말정산관리

연말정산을 위한 프로세스를 진행하여 세무신고 보고서를 작성한다.

⑤ 사회보험관리

사원의 사회보험 취득과 상실업무를 관리한다.

⑥ 퇴직정산관리

퇴사자의 퇴직금계산과 관련 세무신고 보고서를 작성한다.

> **Master란**
> - 인사Master : 채용절차를 통해서 입사한 각 사원의 인사기본사항과 가족, 경력, 학력, 자격 및 면허 등을 관리하며 인사업무에 있어서의 기준정보를 제공한다.
> - 급여Master : 인사Master의 정보를 토대로 사원별 급여 구분 및 기타 급여정보를 등록·관리한다.

3. 핵심ERP의 기본 사용방법

1) 데이터 처리 화면 구성

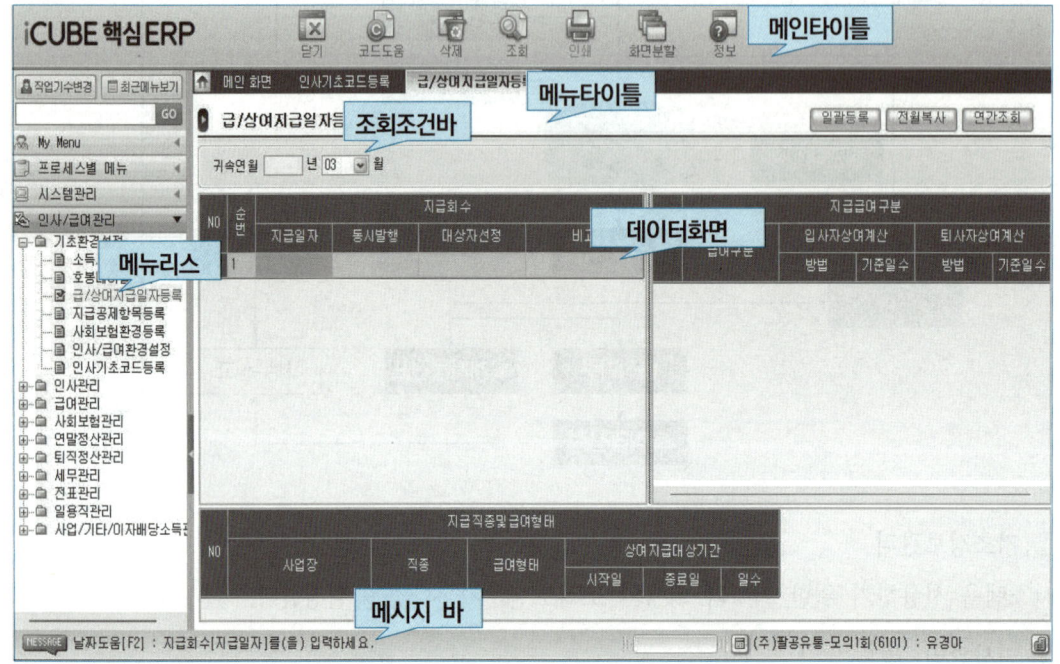

① 메뉴리스트

해당 모듈에 대한 메뉴로 클릭 시 하위 메뉴를 볼 수 있다.

② 메인타이틀바

공통 아이콘들이 위치한다.

③ 메뉴타이틀

메뉴명, 각 메뉴의 아이콘들이 위치한다.

④ 조회조건바

조회 아이콘 클릭 시 조회조건 바의 데이터가 참조된다.

⑤ 데이터화면

데이터를 입력하고 조회할 수 있는 화면이다.

⑥ 메시지 바

해당메뉴의 메시지 및 회계기수, 로그인 사원이 표기된다.

2) 아이콘 설명

이 름	아 이 콘	단축키	설 명
닫 기	닫기	Esc	화면을 닫는다.
코 드 도 움	코드도움	F2	해당코드 조회시 도움창이 표시된다.
삭 제	삭제	F5	체크표시에 선택된 라인을 삭제한다.
조 회	조회	F12	데이터를 불러오거나 현재 정보를 저장한다.
인 쇄	인쇄	F9	인쇄를 실행한다.
화 면 분 할	화면분할		여러개의 화면을 조회하는 경우 화면을 분리한다.

3) 데이터 조회방법

조회방법은 조회입력필드에 조회조건을 입력하고 엔터키를 치거나 아이콘을 클릭(단축키 : F12)하면 된다.

4) 데이터 저장방법

① 엔터키를 이용하는 방법

입력항목의 마지막 부분에서 엔터키를 누르면 자동으로 저장된다.

② [조회] 아이콘을 이용하는 방법

[조회] 아이콘을 이용하여 저장하는 방법은 데이터를 입력하고 데이터가 저장되지 않은 상태로 [조회] 아이콘을 클릭하면 저장된다. 이 방법을 이용해서 [조회] 아이콘 하나로 [조회] 와 [저장] 두 가지 기능을 수행할 수 있다.

5) 데이터 삭제방법

여러 개의 데이터의 선별적인 삭제를 할 때는 각 필드의 좌측에 있는 체크박스를 체크해서 선별적인 삭제를 실행할 수 있다.

CHAPTER 2 핵심ERP 기초정보

1절 핵심ERP 기준정보

1. 조직도 등록

조직이란 공동의 목표를 이루기 위해 권한체계를 지니고 일을 분담하는 사람들의 모임이다. 모든 기업은 기업목표를 달성하기 위하여 조직 구성원이 하여야 할 업무를 구체화하여 할당한다. 이와 같이 할당된 업무를 부서별, 개인별로 체계화한 도표를 조직도라 한다.

ERP시스템을 활용하기 위해서 가장 먼저 수행해야 할 프로세스는 조직도의 등록이다.

> 조직도 등록순서   회사등록 → 사업장등록 → 부문등록 → 부서등록 → 사원등록

(주)블루전자는 전자제품을 제조 및 도매하는 중소기업으로 조직도는 다음과 같다. 다음의 자료에 의하여 ERP시스템에 입력하기로 한다.

| (주)블루전자의 조직도 |

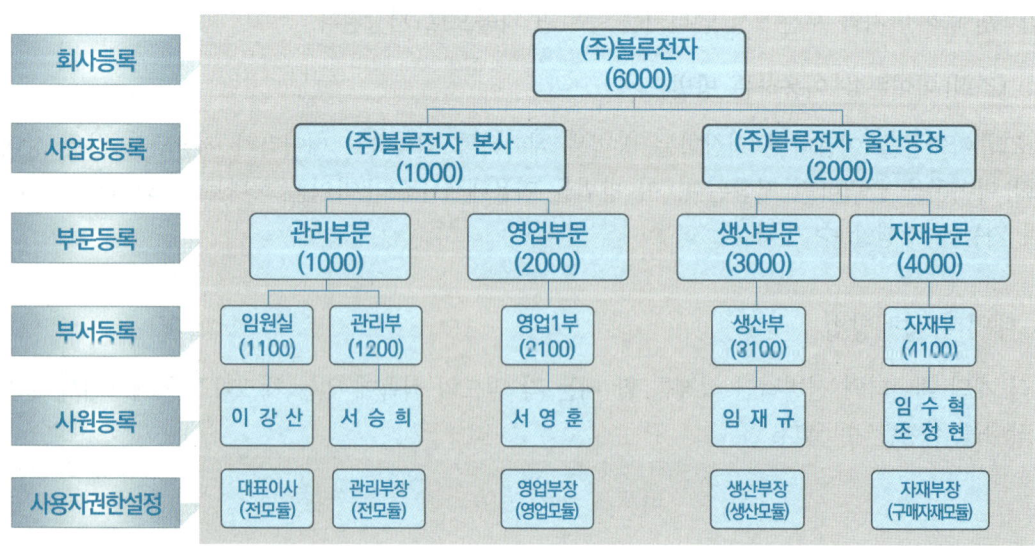

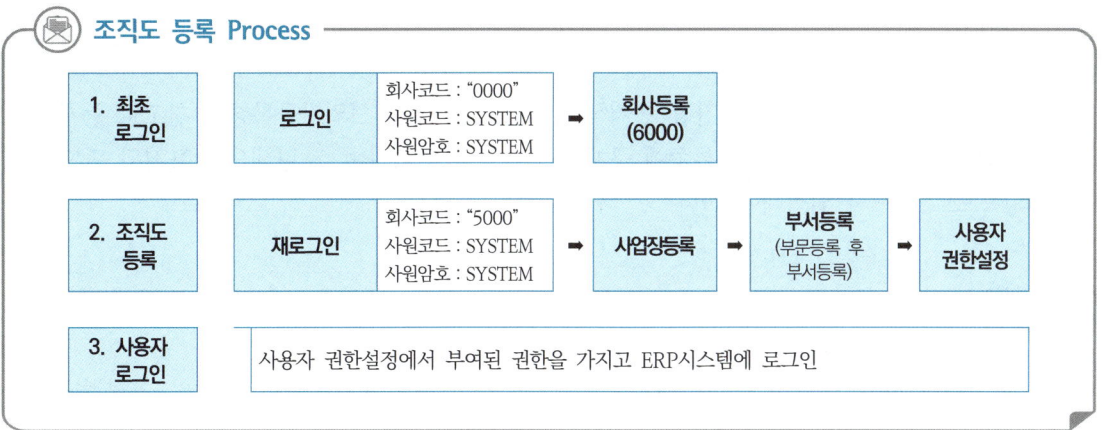

① 시스템 설치후 최초 로그인시 회사코드란에 "0000"입력하고 Enter, 사원코드 란에 "SYSTEM" 입력하고 Enter, 사원암호란에 "SYSTEM"입력하고 Enter한다.

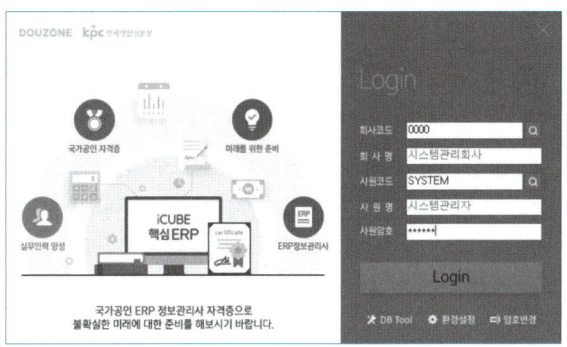

② 프로그램을 설치하고 최초로 로그인 할 때 필요한 과정이며, 기존에 사용하던 경우는 사용하던 회사코드로 로그인 하면 된다.

1) 회사등록

시스템관리/회사등록정보/회사등록

ERP시스템을 활용하기 위하여 가장 먼저하는 작업으로 본점 사업자등록증을 참고로 등록한다. 화면 왼쪽에 회사명을 입력하고 오른쪽에 구체적인 사항을 입력하며, 노란색으로 표시된 필드는 필수입력항목으로 반드시 입력해야 한다.

실무사례

다음의 사업자등록증에 의하여 회사등록을 하시오.
(회계연도 14기 회계기간 2025년 1월 1일~12월 31일 회사코드 6000으로 등록할 것)

```
                    사 업 자 등 록 증
                       (법인사업자)
                    등록번호 : 214-81-11110

    법인명(단체명) : (주)블루전자
    대     표    자 : 이 강 산(540101-111111)
    개 업 연 월 일 : 2012년 5월 1일
    법 인 등 록 번 호 : 100000-2000000
    사업장 소재지 : 서울특별시 서초구 언남길 29
    본 점 소 재 지 : 서울특별시 서초구 언남길 29
    사 업 의 종 류 : 업태  제조·도매   종목  전자제품
    교  부  사  유 : 정정 교부

                         2022년 1월 2일
                        서초세무서장 (인)
```

• 내국법인이며 중소기업법인임
• 본점전화번호 : 02-567-1234
• 관할 세무서 : 서초세무서(세무서코드 : 214)

① 사업자등록번호와 주민등록번호에 빨간색글씨로 표시된 것은 입력오류를 의미한다.
② 노란색으로 표시된 레코드는 필수 입력항목이므로 반드시 입력해야 한다.
③ 본점 우편번호를 입력할 때 🔍 아이콘을 클릭하여 [도로명주소]Tab에서 "언남길29"을 입력한 후 조회하면 우편번호와 도로명 주소가 동시에 선택된다.
④ 내용입력시는 Enter로 이동하면서 입력한다.
⑤ 주어진 내용을 모두 입력하고 사용여부 [1.사용]Enter을 하여 레코드가 코드 [6000]아래로 위치해 있으면 저장된 것이다.

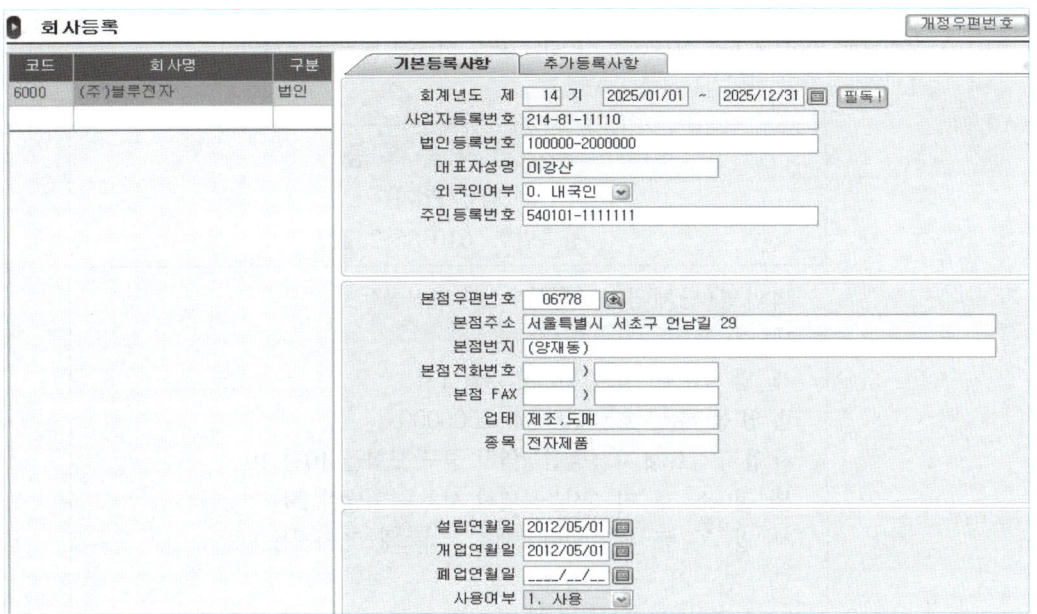

⑥ 회사를 등록한 다음 회사코드 6000.(주)블루전자로 로그인한다.
⑦ 회사코드 "6000", 사원코드 "SYSTEM", 사원암호 "SYSTEM"을 입력한다.

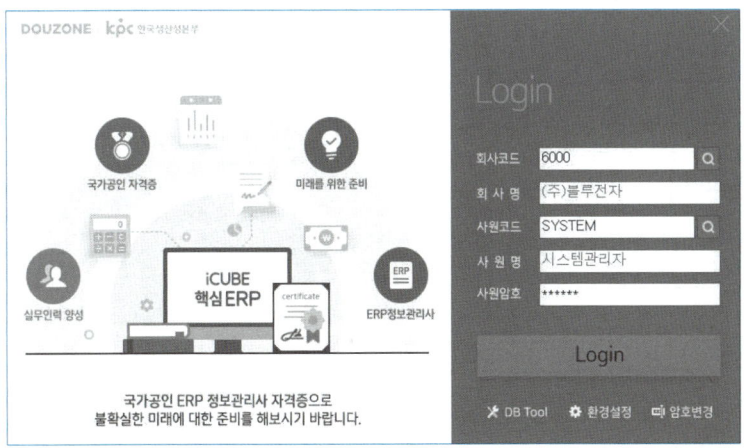

2) 사업장 등록

시스템관리/회사등록정보/사업장등록

사업장은 거래를 행하는 장소를 말하며, 사업자는 이러한 사업장이 여러곳이면 각 장소마다 사업자등록증을 교부받아 사업장별로 구분하여 등록한다.

둘 이상의 사업장을 가진 사업자가 부가가치세 총괄납부신청을 한 경우 [주(총괄납부)사업장등록] 메뉴에 등록하면, 부가가치세신고서에서 통합된 신고내역을 조회할 수 있다.

실무사례

(주)블루전자는 2개의 사업장을 가지고 있다. 다음의 내역을 등록하시오.

1. 울산공장의 사업자등록증

```
                사 업 자 등 록 증
                    (법인사업자)
                등록번호 : 610-86-22222

   법 인 명 ( 단 체 명 ) : (주)블루전자 울산공장
   대      표      자 : 이 강 산
   개 업 연 월 일 : 2022년 5월 1일
   법 인 등 록 번 호 : 100000-2000000
   사 업 장 소 재 지 : 울산광역시 중구 도화골 10길 10
   본 점 소 재 지 : 서울특별시 서초구 언남길 29
   사 업 의 종 류 : 업태  제조    종목  전자제품
   교  부  사  유 : 정정 교부

                        2024년 5월 2일
                        울산세무서장 (인)
```

2. (주)블루전자는 본점과 지점의 회계는 통합하여 본사 관리부에서 일괄처리하고 있다.
3. (주)블루전자는 부가세 총괄납부 사업자이며, 주 사업장은 본사이다.
   (주사업장승인번호 : 1234567, 전자신고ID : 11223344)
4. 원천징수이행상황신고는 월별로 신고한다.
5. 주업종코드는 293001로 신고한다.

❶ 본사 사업장 등록

(주)블루전자로 재로그인한 다음 [시스템관리] ➔ [회사등록정보] ➔ [사업장등록]을 선택하면 회사등록된 정보가 "1000.(주)블루전자본사"라는 본사 사업장으로 자동 반영된다.

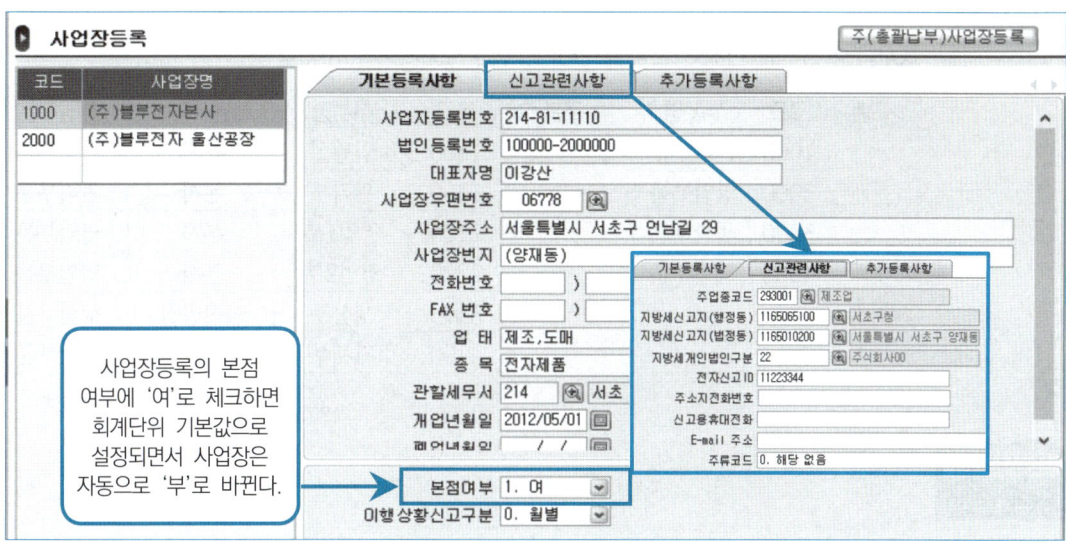

사업장등록의 본점 여부에 '여'로 체크하면 회계단위 기본값으로 설정되면서 사업장은 자동으로 '부'로 바뀐다.

❷ 울산공장 등록

코드[2000]⏎, 사업장명[(주)블루전자 울산공장]으로 주어진 내용을 입력한다.

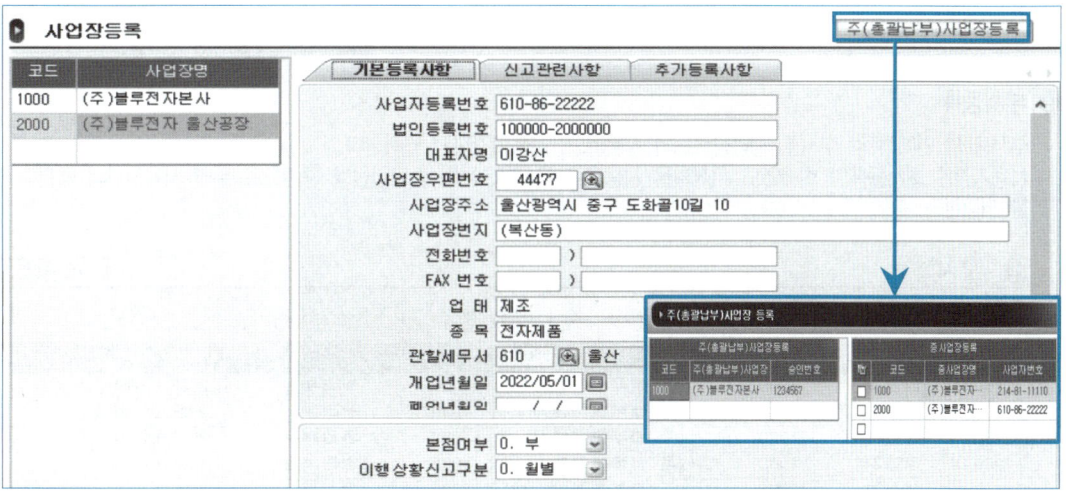

❸ 주(총괄납부)사업장등록

[주(총괄납부)사업장등록]을 클릭하여 주(총괄납부)사업장등록란에 코드 [1000]을 입력하고 ⏎하고, 승인번호 [1234567]을 입력하고 ⏎한 다음 종사업장등록에서 코드 [2000]을 입력하고 ⏎한다.

3) 부문과 부서등록

시스템관리/회사등록정보/부서등록

부서란 회사의 구체적이고 상세적인 작업을 하는 조직체계를 의미하며, 회사는 업무영역에 따라 총무부·경리부·관리부·인사부·생산부 등의 부서를 구분하여 관리한다. 이때 부서들의 총괄업무개념으로 부문을 사용한다.

제시된 조직도에 의해서 다음과 같이 부문과 부서등록을 하시오.

구분	코드	부문명	구분	코드	부서명	해당사업장	해당부문
부 문	1000	관리부문	부 서	1100	임원실	본사	관리부문
	2000	영업부문		1200	관리부	본사	관리부문
	3000	생산부문		2100	영업1부	본사	영업부문
	4000	자재부문		2200	영업2부	본사	영업부문
				3100	생산부	울산공장	생산부문
				4100	자재부	울산공장	자재부문

❶ 부문등록

먼저 부문등록 키를 클릭하여 부문코드와 사용기간을 입력한다.

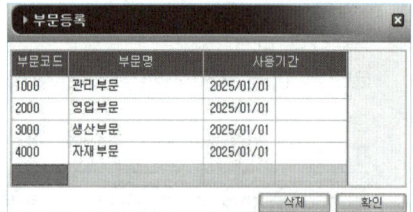

❷ 부서등록

부서등록화면에서 각 부서를 사업장코드와 부문코드, 사용기간까지 입력한다.
사용기간은 회사등록의 회계연도 시작일을 자동으로 표시해 주며, 종료일란을 공란으로 두면 사용기간의 제한이 없음을 의미한다.

부서코드	부서명	사업장코드	사업장명	부문코드	부문명	사용기간	사용기간
1100	임원실	1000	(주)블루전자본사	1000	관리부문	2025/01/01	
1200	관리부	1000	(주)블루전자본사	1000	관리부문	2025/01/01	
2100	영업1부	1000	(주)블루전자본사	2000	영업부문	2025/01/01	
2200	영업2부	1000	(주)블루전자본사	2000	영업부문	2025/01/01	
3100	생산부	2000	(주)블루전자 울산공장	3000	생산부문	2025/01/01	
4100	자재부	2000	(주)블루전자 울산공장	4000	자재부문	2025/01/01	

4) 사원등록

시스템관리/회사등록정보/사원등록

사원이란 회사의 업무를 수행하는 가장 기본적인 단위로 사람을 의미한다. [사원등록]에서는 사원이 소속된 부서 및 조회권한이나 입력방식 등을 수행할 수 있도록 등록한다.

(1) 입력방식

프로그램 사용자(즉, 사원)의 전표입력방식(미결, 승인, 수정)에 대한 권한을 설정한다.

입력방식	내 용
미 결	전표입력을 한 후 전표승인권자로부터 승인을 받아야만 승인전표가 될 수 있는 권한
승 인	전표입력시 자동으로 승인이 되므로 전표승인을 하지 않는다. 하지만 전표를 수정, 삭제하고자 할 경우 승인 해제를 받아야 하는 권한
수 정	전표입력시 자동으로 승인이 되고 승인해제를 하지 않아도 해당 전표의 내용을 수정 및 삭제할 수 있는 권한

(2) 조회권한

프로그램 사용자(즉, 사원)에 대하여 회사, 사업장, 부서, 사원에 따른 사용등급을 설정한다. 즉, 조회권한레벨을 결정한다.

입력방식	내 용
회 사	회사를 선택하면 전체메뉴를 선택할 수 있다. 즉, 최상위 레벨인 회사레벨에서 조회할 수 있다.
사업장	사업장을 선택하면 상위 조직인 회사, 동일수준의 조직인 사업장을 제외한 전 메뉴를 선택할 수 있다. 즉 사업장레벨에서 조회할 수 있다.
부 서	부서를 선택하면 사업장, 다른 부서를 선택 할 수 없으며 부서의 하부 조직인 사원단계의 레벨만을 조회할 수 있다.
사 원	사원을 선택하면 일자 등 권한 레벨로는 최하위 단계의 레벨만을 선택하여 조회할 수 있다.

> **마스터 데이터**
>
> 마스터데이터란 일회성의 데이터가 아니라 지속적으로 사용하기 위해 저장된 데이터를 말한다. 회사코드, 사업장코드, 부문코드, 부서코드, 사원코드, 품목코드, 거래처코드, 관리항목코드 등을 말한다. 잘못된 부분의 삭제는 하위조직이 없어야 하며, 하위조직이 있다면 먼저 하위조직의 삭제가 이루어져야 한다.

다음은 (주)블루전자의 사원현황이다. 사원등록을 하시오.

사원코드	성 명	부 서	입 사 일	사용자여부	인사입력방식	회계입력방식	조회권한
1001	이강산	임원실	2012. 5. 1	여	승인	미결	회사
1101	서승희	관리부	2012. 5. 1	여	승인	미결	회사
2001	서영훈	영업1부	2012. 5. 1	여	미결	미결	사업장
3001	임재규	생산부	2012. 5. 1	여	미결	미결	사업장
4001	임수혁	자재부	2012. 5. 1	여	미결	미결	사업장
4002	조정현	자재부	2015. 5. 1	여	미결	미결	사업장

① 부서~부서란에 [공란]~[공란]이 되도록 [SPACE바]~[SPACE바]로 선택하고 [Enter]를 이용하여 사원코드란으로 이동한다.
② 각 사원코드와 부서코드 및 입사일을 입력한 다음 사용자여부란과 회계입력방식, 조회권한을 입력한다.

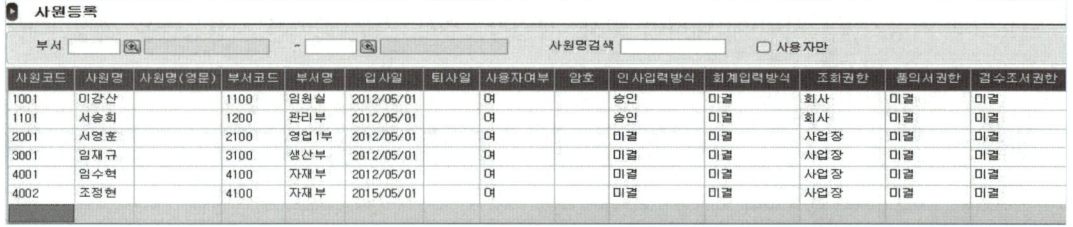

5) 시스템환경설정

시스템관리/회사등록정보/시스템환경설정

시스템 환경설정은 ERP시스템을 사용하기 전에 기준이 되는 여러가지 파라미터를 설정하는 작업으로 전체 모듈에 공통적으로 적용이 되는 것이 있고, 각 모듈별로 적용되는 것도 있다. 환경요소명은 ERP솔루션을 제공한 업체에 의해 고정된 것이므로 추가하거나 삭제할 수 없고 회사의 환경에 맞추어 파라미터(기준값)만 변경할 수 있다.

시스템환경설정을 변경한 후에는 반드시 재로그인해야 시스템에 변경사항이 반영된다.

(주)블루전자는 시스템에 대한 기초설정을 다음과 같이 하려고 한다. 시스템환경설정을 하시오.
1. 더존 SMART 연말정산을 사용하지 않는다.
2. 기타의 환경요소는 시스템설정 내용대로 사용하기로 하였다.

[시스템관리] → [회사등록정보] → [시스템환경설정]을 더블클릭하여 주어진 내용으로 선택한다.

구분	코드	환경요소명	유형구분	유형설정	선택범위	비고
인사	02	더존SMART연말정산 사용여부	여부	0	0.미사용 1.사용	
인사	03	일용직사원등록 대용량데이…	여부	0	0.미사용, 1.사용	

※ 실무용에서 유료로 사용되는 기능이며 교육용에서는 지원되지 않는다.

6) 사용자권한설정   시스템관리/회사등록정보/사용자권한설정

프로그램을 사용할 사용자의 권한을 설정한다. 권한이 설정되지 않으면 시스템을 사용할 수 없게 되며, 권한이 설정된 사원으로 로그인을 하면 로그인한 사원의 권한만큼 설정된 영역을 프로그램에서 제공된다. 사용자 권한설정에 변동이 있으면 반드시 재로그인을 해야 한다.

다음은 (주)블루전자의 시스템사용대상 사원현황이다. 사원별 시스템 사용권한을 설정하시오.

권한구분 사원명	시스템 관리	회계관리	인사/ 급여관리	영업관리	구매/ 자재관리	생산관리 공통
이강산	○		○			
서승희	○		○			
서영훈				○		
임재규						○
임수혁					○	
조정현					○	

프로세스입력

① 모듈구분[S.시스템관리]선택 ➡ 사원명[서승희]선택 ➡ MENU[]선택 ➡ 우측상단[권한설정]버튼 클릭
② 서승희에 대하여 [H.인사/급여관리]도 같은 방법으로 권한을 부여한다.
③ 사원명에서 서승희를 클릭하고 마우스 우측버튼으로 [권한복사]를 선택하여 사원 이강산을 클릭하고 마우스우측버튼으로 [권한붙여넣기(전체모듈)]하여 권한을 부여한다.
④ 같은 방법으로 서영훈, 임재규, 임수혁, 조정현의 사용권한을 부여한다.

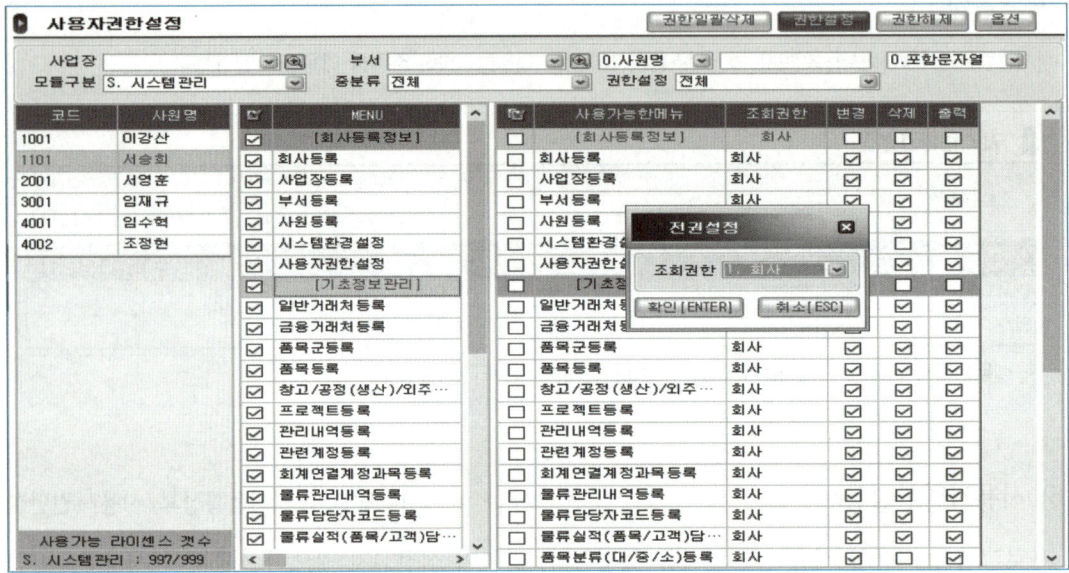

❖ 권한설정 순서 : [모듈구분]선택 ➡ [사원명]선택 ➡ [MENU]선택 ➡ [권한설정]버튼 클릭
❖ 권한해제 순서 : [모듈구분]선택 ➡ [사원명]선택 ➡ [사용가능한메뉴]선택 ➡ [권한해제]버튼 클릭

7) 회계연결계정등록　　　　　　　　　　시스템관리/기초정보관리/회계연결계정과목등록

　인사/급여 모듈의 급여/상여 자료, 물류모듈의 매출/수금 및 매입 자료, 생산모듈의 외주가공비 등의 자료는 회계모듈로 반영되어 기업의 재무상태 변동과 경영성과에 영향을 주어야 한다. 이렇게 각 모듈에서 회계모듈로 자동으로 자료를 이동할 수 있도록 분개과정을 미리 설정해 놓은 것이 [회계연결계정설정]이다.

모듈	전표코드	비고
영업관리	수금, 선수금정리, DOMESTIC_영업	
자재관리	지급, 선급금정리, DOMESTIC_구매	
생산관리	외주가공비	
인사관리	급여	

(주)블루전자의 인사관리에서 회계처리할 때 적용할 분개를 생성하시오.
(프로그램을 로그아웃 후 서승희로 로그인하여 등록하시오. 사원 암호는 없음.)

모듈과 전표코드를 선택하고 초기설정을 클릭하여 연결계정을 초기화시키면 관련 계정과목이 자동으로 적용된다.

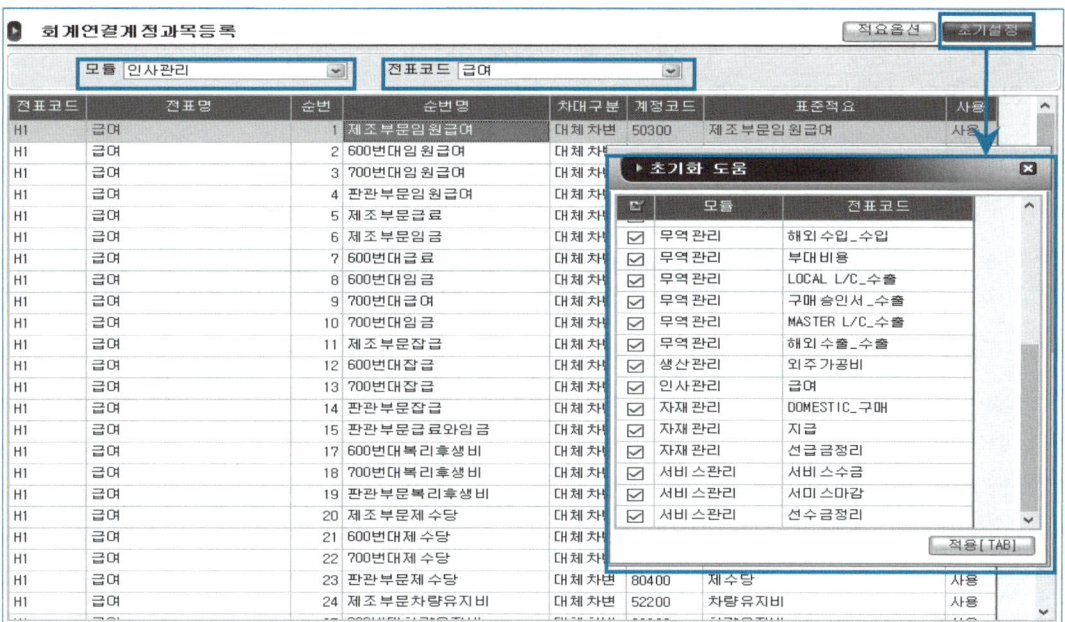

 기초데이터 사용 방법(1.기준정보를 수업 불참으로 인해 입력하지 못했거나 잘못 입력하였을 때)

① 【DB TOOL】→【DB 복원】→【나눔ERP인사2급 기초데이터(2025)】→【확인】 버튼을 클릭하여 기초데이터를【복원】한다.
② 회사코드 : 6001.(주)블루전자, 사원코드 : 1101(서승희), 사원암호 : [　] 공란으로 로그인한다.

2절 인사관리 기초환경설정

1. 인사기초코드등록   인사급여관리/기초환경설정/인사기초코드등록

　인사관리 시스템 사용에 필요한 기본정보를 코드화하여 등록하는 메뉴로, 기본코드는 프로그램설치와 함께 자동 설치되어 있다.
　관리내역코드 중 알파벳으로 시작하는 관리항목은 코드를 시스템에서 관리하는 항목이므로, 반드시 지정된 알파벳으로 코드를 부여해야 한다. 또한 '변경불가능'일 경우 관리항목의 수정 및 삭제가 불가능하며, '변경가능' 항목의 관리내역은 추가/삭제/수정이 가능하다.
* 인사모듈은 서승희로 로그인하여 입력한다.

[인사기초코드등록]메뉴에서 다음 자료를 등록하시오.

출력구분	관리항목	관리내역	
2.급여(P)	PE.호봉	1호봉~5호봉	
2.급여(P)	P2.지급코드	P10.직책수당 P30.자격수당	P20.식사보조비 P40.연장근로수당
0.인사(HR)	H9.자격면허	100.ERP정보관리사2급	200.ERP정보관리사1급
0.인사(HR)	HT.근속년수구분	001.1년 이하(비고 : 1) 003.5년 이하(비고 : 5) 005.20년 이하(비고 : 20)	002. 3년 이하(비고 : 3) 004.10년 이하(비고 : 10)

❶ 호봉등록

　출력구분 2.급여(P)의 PE.호봉 항목 우측에서 코드와 관리내역명을 입력하고 사용여부를 1.사용으로 선택한다.

❷ 수당항목 등록

출력구분 2.급여(P)의 P2.지급코드 항목 우측에서 코드와 관리내역명을 입력하고 사용여부를 1.사용으로 선택한다.

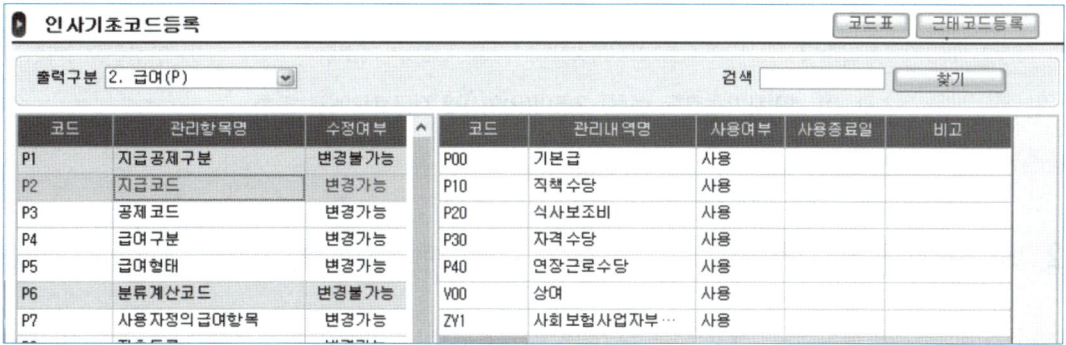

❸ 자격면허 등록

출력구분 0.인사(H.R)의 H9.자격면허란 우측에서 코드와 관리내역명을 입력하고 사용여부를 1.사용으로 선택한다.

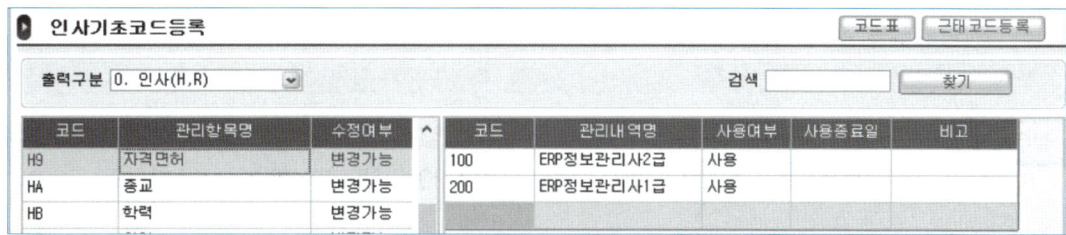

❹ 근속년수 구분등록

출력구분 0.인사(H.R)의 HT.근속년수구분 우측에서 코드와 관리내역명을 입력하고 사용여부를 1.사용으로 선택한 다음 비고란에 해당 연수의 숫자를 입력한다.

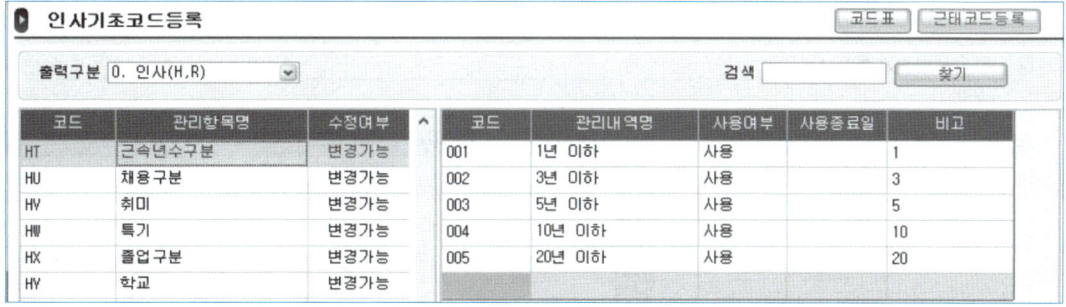

(주)블루전자가 관리하고 있는 급여의 수당이 아닌 것은?
① 직책수당   ② 직무수당   ③ 자격수당   ④ 연장근로수당

→ ② [인사기초코드 등록] 2급여(P)의 P2.지급코드에서 조회

2. 소득세액공제환경설정   인사급여관리/기초환경설정/소득세액공제환경설정

[소득세액공제환경설정]은 원천징수 및 연말정산과 관련된 세법상 과세기준 및 세율 등이 설정되어 있는 부분으로, 근로 및 퇴직소득세를 자동으로 산출하기 위한 기초 데이터들이 회사등록과 함께 자동 생성되며, 임의수정은 불가능하다.

[소득세액공제환경설정]의 2025년도 세율표가 조회되어 있어야 [상용직급여입력]이후메뉴에서 세액등이 자동계산될 수 있다.

(주)블루전자의 근로소득과 퇴직소득에 적용할 2025년도 세액환경을 조회하시오.

① 귀속연도를 선택하면 자동으로 세액공제 등록내용이 조회된다.
② 당해연도 세액공제내역이 조회되지 않는 경우 [세율복사]키를 이용하여 전년도의 세율표를 적용받아 조회할 수 있다.

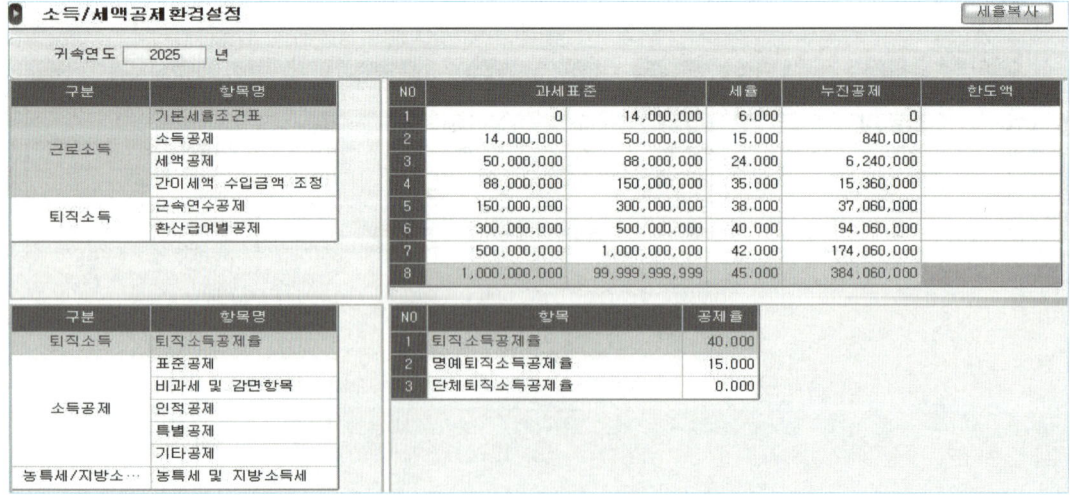

3. 호봉테이블등록

인사급여관리/기초환경설정/호봉테이블등록

급여관리를 연공 및 연령에 의한 호봉체계에 맞추어 관리하는 회사는 각 직급별로 호봉테이블을 등록하여 해당 직급과 호봉으로 기본급계산시 적용할 수 있다. 직급별 호봉테이블은 [인사정보등록]이나 [지급공제항목등록]에서 급여계산시 적용된다.

(주)블루전자의 2025년도 1월부터 적용되는 다음의 호봉테이블을 등록하시오.

(단위 : 원)

직 급	1호봉	2호봉	3호봉	4호봉	5호봉
과장	2,500,000	2,600,000	2,700,000	2,800,000	2,900,000
대리	2,000,000	2,100,000	2,200,000	2,300,000	2,400,000
사원	1,900,000	1,920,000	1,940,000	1,960,000	1,980,000

① 대상직급을 선택한 다음 하단의 [호봉이력]란에 2025/01을 입력한 다음 우측에 호봉테이블을 등록한다.
② 호봉구간별 금액이 일정하게 증가하므로 [호봉]란에서 [일괄등록]키를 클릭하여 '초기치'와 '증가액'에 금액을 입력한 다음 [적용]키를 클릭하면 자동으로 1호봉부터 5호봉까지 등록된다.

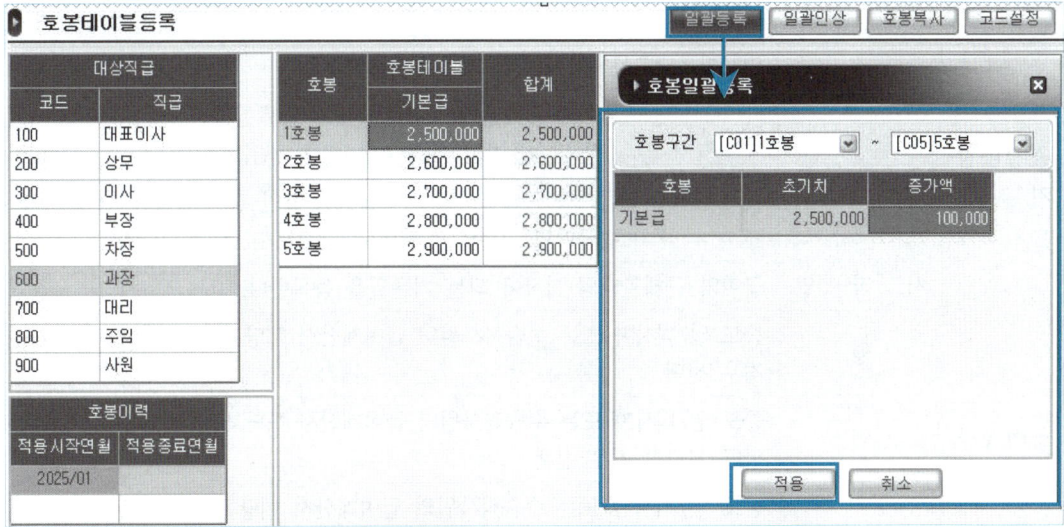

※ 같은 방법으로 대리, 사원의 호봉테이블도 등록한다.

결과검토

2025년 5월 1일 A사원이 대리5호봉으로 입사하였다. 수습직 80%를 적용한다면 5월분 기본급은 얼마가 되겠는가?

→ [호봉테이블 등록] 조회 1,920,000원(2,400,000원×80%)

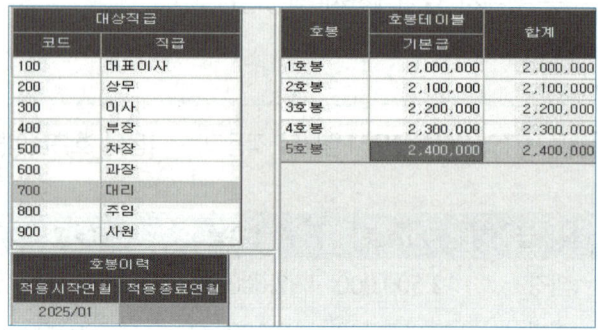

4. 인사급여환경설정

인사급여관리/기초환경설정/인사급여환경설정

급여작업에 적용될 기본 규정을 등록하는 메뉴로써 회사의 급여지급환경과 근태관리환경을 등록한다.

| 인사급여환경설정 주요항목 |

구 분	항 목		등 록 방 법
출결마감 기 준	직 종		인사기초코드등록에 등록된 직종을 선택한다.
	귀속월구분	당 월	급여와 근태관리의 기준월이 현재 속한달인 경우 선택한다.(예 : 1월 귀속급여의 기준일이 1.1.~1.31.인 경우)
		전 월	급여와 근태관리의 기준월이 전달인 경우 선택한다.(예 : 1월 귀속급여의 기준일이 전년도 12.21.~1.20.인 경우)
	시 작 일		급여와 근태관리의 시작이 되는 기준일을 등록한다.
급여계산 기 준	월		중도 입/퇴사자 또는 수습직사원의 급여계산시 해당 월의 급여를 정상 지급할 경우 선택
	일		중도 입/퇴사자 또는 수습직사원의 급여계산시 해당 월의 급여를 실 근무일수 만큼 지급할 경우 선택
	월일		중도 입/퇴사자 또는 수습직사원의 급여계산시 해당 월의 근무일수가 설정된 일수를 초과한 경우 [1.월]의 방법으로 지급하고 설정일 수보다 부족한 경우 [2.일]의 방법으로 지급할 때 선택

구 분	항 목	등 록 방 법	
근태기준설정	한달정상일	한달의 근무일수를 가리키며 등록된 일수는 근무일수의 기준이 된다.	
	한달정상시간	한달의 근무시간을 가리키며 등록된 시간은 근무시간의 기준이 된다.	
	하루시간	하루 근무시간을 등록한다.	
	월일수산정	당 월 일	귀속월의 실일수를 적용한다.
		한달정상일	위에서 입력한 한달정상일의 등록된 일수를 적용한다.

※ 월일수 산정시 2월이 28일인 경우 "당월일"로 선택된 경우의 월일수는 28일이 되고, "한달정상일"로 선택된 경우 "한달정상일"을 30으로 등록하였다면 월일수는 30일이 된다.

(주)블루전자의 급여지급 기준은 다음과 같다. 환경설정에 등록하시오.
[1] 사무직과 생산직 종사자에게 매월 1일부터 말일까지를 기준으로 급여계산을 하여 해당월 25일에 지급한다.
[2] 신입사원과 퇴사사원은 해당월의 월별 해당일수를 기준으로 일할계산한다.
[3] 신입사원은 3개월의 수습기간(80% 지급)을 두며 근무월의 해당일수를 기준으로 일할계산한다.

① 근태/급여환경의 출결마감기준에서 1.사무직을 선택하고 1.당월을 선택한 다음 시작일을 "1"로 입력한다.
② 입사자 급여계산, 수습직 수습계산, 퇴사자 급여계산은 기준을 "일"로 선택한다.
③ 월일수산정시 "당월일"을 선택한다.
④ 2.생산직도 같은 방법으로 1.당월을 선택한 다음 시작일을 "1"로 입력한다.

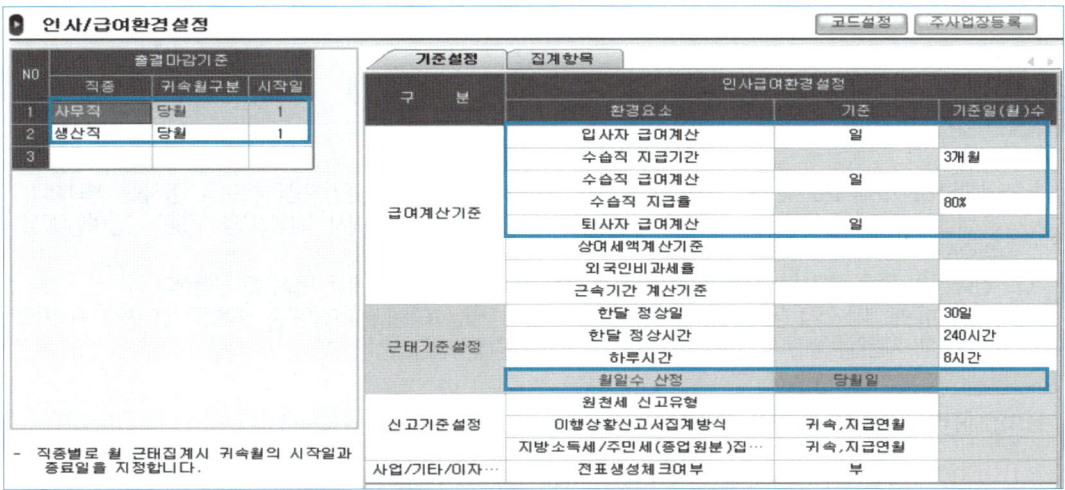

10월 7일에 입사한 B사원(수습적용)이 연봉 26,040,000원인 경우, 급여계산기준이 위 설정과 같다면, 10월의 급여액은 얼마가 되겠는가?

① 1,750,000원   ② 1,400,000원   ③ 2,790,000원   ④ 2,170,000원

→ ② 1,400,000원
  연봉 26,040,000원÷12 = 월급 2,170,000원
  10월급여 = 2,170,000원×25/31×80% = 1,400,000원

5. 급/상여지급일자등록   인사급여관리/기초환경설정/급상여지급일자등록

회사규정에 따라 급여가 지급되는 일자를 월별로 등록하는 메뉴이다.

(주)블루전자의 급여와 상여 지급일자를 등록하시오.
[1] 사무직(월급,연봉)과 생산직(월급)의 급여는 당월분 급여를 당월 25일에 지급하고 6월, 12월에는 급여와 상여금(연봉제 제외)을 동시에 지급한다.
  ① 상여금 지급대상기간
     • 6월분 : 2025.1.1.~2025. 6.30.
     •12월분 : 2025.7.1.~2025.12.31.
  ② 상여금지급시 신입사원과 퇴사자는 일할 계산하여 지급한다.
[2] 1월부터 12월까지의 1년분에 대한 급/상여 지급일을 등록하시오.

① [귀속년월]에 지급월을 입력한 다음 [지급회수]의 지급일자를 등록하고 동시발행여부(분리, 동시)를 선택한다.
② [지급급여구분]에서 "급여"를 선택하고 하단의 [지급직종 및 급여형태]에서 "사업장"과 "직종", "급여형태"를 각각 입력한다.
③ "상여금"이 있는 경우 [지급회수]의 지급일자를 등록하고 동시발행여부에서 "동시"를 선택한다.
④ [지급급여구분]에서 먼저 "급여"해당 정부를 등록한 다음, [지급급여구분]에서 "상여"를 선택하고 입사자와 퇴사자의 상여 계산방법과 기준일수 하단의 급여형태별 상여지급대상기간을 입력한다.

 [전월복사] 기능을 사용할 때

1월의 급/상여지급일자 등록 후 176쪽의 지급공제항목등록을 한 다음 2월~12월의 지급일자등록을 한다.

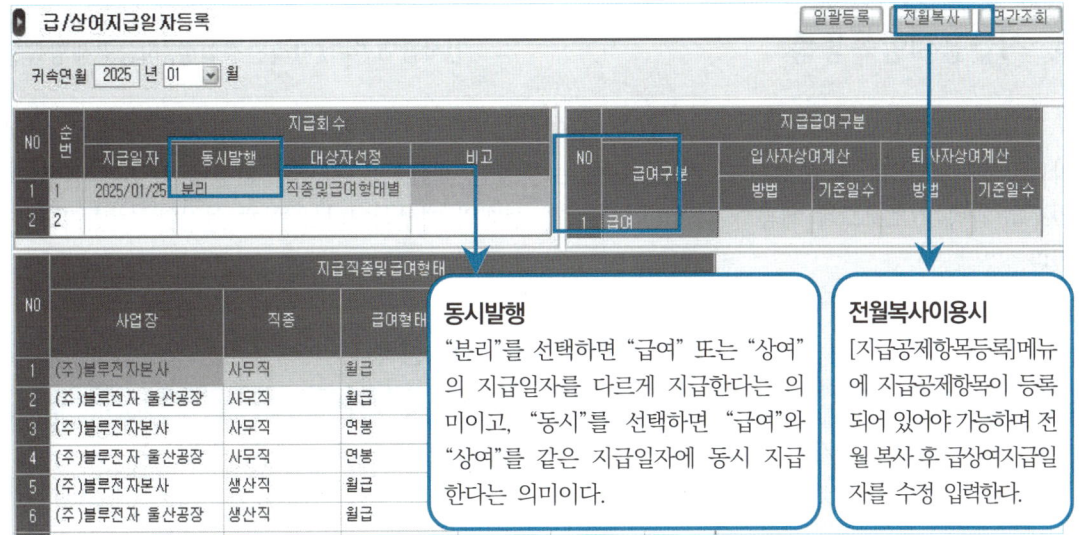

* 2~12월의 급상여지급일자는 화면 상단의 [전월복사]키를 이용하여 선택하는 방법으로 등록하고, 지급일자를 변경한다.

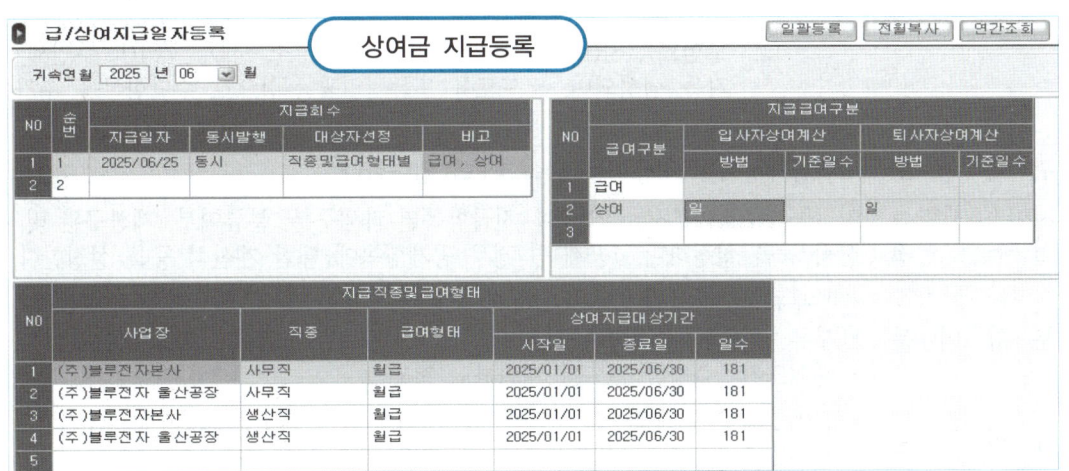

결과검토

(주)블루전자의 6월 25일에 상여금 지급대상자가 아닌 것은?
① 본사 사무직, 연봉계약자
② 본사 생산직, 월급자
③ 울산공장 사무직, 월급자
④ 울산공장 생산직, 월급자

➜ ① 연봉계약자는 상여금 지급대상자가 아님

6. 지급공제항목등록

인사급여관리/기초환경설정/지급공제항목등록

회사는 다양한 급여체계를 가지고 있다. 급여 및 수당은 계산방식 또한 정형화 되어 있는 것이 아니고 매우 다양하게 산정된다. 핵심ERP에는 다양한 계산식을 자사의 환경에 맞추어 설정할 수 있도록 각종 기초코드를 제공하며 어떠한 복잡한 형태의 계산식이라도 쉽게 설정할 수 있도록 되어 있다.

| 지급공제항목등록 주요항목 |

구 분	입력방법 및 내용	
급 여 구 분	[인사기초코드등록]의 〈P4 : 급여구분〉에 등록한 항목을 선택한다.	
지급공제구분	[1.지급], [2.공제] 중 선택한다.	
	1.지 급	지급항목에 〈P00 : 기본급〉이 자동 생성되며, 코드도움 또는 [일괄등록]으로 수당항목을 추가등록 할 수 있다.
	2.공 제	선택하면 공제항목에 〈S00 : 국민연금〉, 〈S10 : 건강보험료〉, 〈S20 : 고용보험료〉, 〈SRI : 장기요양보험〉, 〈T00 : 소득세〉, 〈T10 : 주민세〉가 자동 생성되며, 코드도움 또는 [일괄등록]으로 수당항목을 추가등록할 수 있다.
귀 속 년 도	지급공제항목이 적용되는 귀속년도를 입력한다.	
지급/공제항목 설 정	지급공제구분이 "지급"인 경우 지급항목별 과세구분, 분류여부, 계산구분 및 계산식 등을 설정하며, "공제"인 경우 공제항목에 대한 계산식 등을 설정한다.	
분 류 여 부	• 무분류 : 모든사원에게 동일하게 적용 • 분류 : 범위를 설정하여 적용 • 제외조건 : 설정한 코드를 제외하고 적용	
계 산 구 분	• 금액 : 해당 금액을 입력 • 계산 : 급여관리코드, 근태관리코드 등을 활용하야 계산식을 적용	
귀 속 년 월	등록한 지급/공제항목이 적용되는 귀속월에 체크한다. [급상여지급일자등록]에서 등록한 일자가 자동반영되며 지급/공제항목이 적용되지 않는 지급일은 체크하지 않는다.	

실무사례

(주)블루전자의 급여와 상여금의 지급기준을 등록하시오.

[1] 기본급(P00)

월급	직급과 호봉에 따라 호봉테이블을 적용하여 산정
연봉	책정임금의 월급을 적용하여 산정

[2] 직책수당(P10)

직 책	대표이사	부 장	과 장
금 액	200,000원	150,000원	70,000원

[3] 식사보조비(P20) : 전직원에게 정액으로 200,000원을 지급한다.(비과세요건충족)
[4] 자격수당(P30) : 100.ERP정보관리사2급 : 50,000원
    200.ERP정보관리사1급 : 100,000원
[5] 연장근로수당(P40) : 생산직사원에게 시급(기본급÷30÷8)에 연장근로시간의 50%를 가산하여 지급한다.
[6] 상여금(V00) : 월급직 사원에게 6월과 12월에 기본급의 200%를 지급한다.
[7] 공제항목은 시스템에 등록된 그대로 적용하기로 한다.

❶ 조회조건등록

① [마감취소]를 클릭(마감취소 로그인 암호는 무시)하여 마감을 해제한 후 급여구분에서 "급여"를 선택하고 지급공제 구분에서 "지급"을 선택한다.
② [조회] → [일괄등록]키를 클릭하면 [인사기초코드등록]에 등록된 수당이 지급항목명에 조회된다.

❷ 기본급의 등록

① 과세구분에서 "과세", 월정급여에서 "포함"을 선택한다.
② 분류여부 : 분류를 선택하고, 분류계산 1순위에 "018.급여형태"로 선택한 다음 하단 1순위.급여형태의 상세계산내역을 등록한다.
  001.월급 : 2.계산을 선택하고 "G01.기본급"을 선택한다.
  002.연봉 : 2.계산을 선택하고 "F02.월급"을 선택한다.
③ 화면 우측의 [귀속년월]에서 전체를 클릭하여 ☑표시한다.

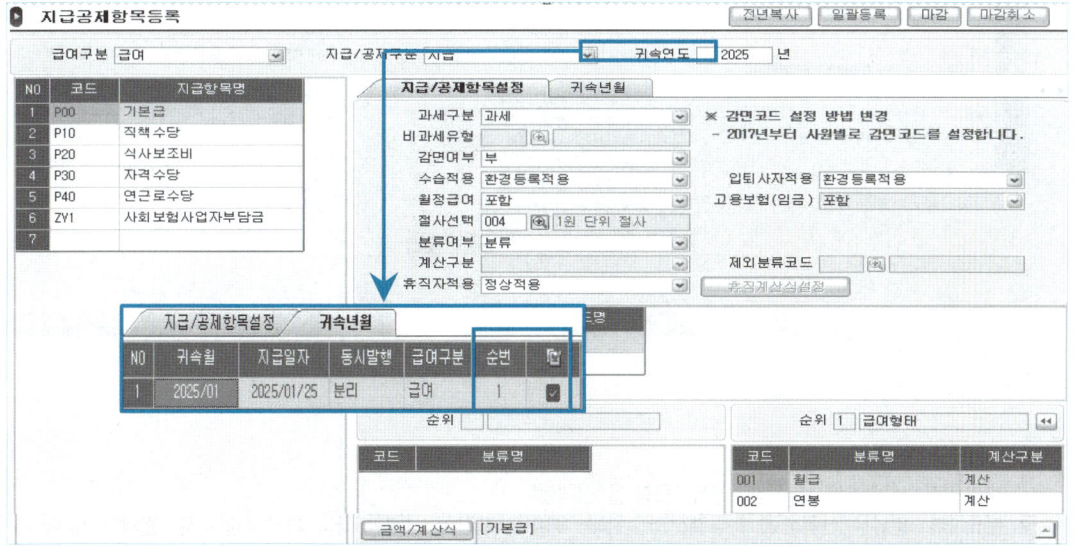

❸ 직책수당의 등록

① 과세구분에서 "과세", 월정급여에서 "포함"을 선택한다.
② 분류여부 : 분류를 선택하고 분류계산 1순위에 "006.직책별"로 선택한 다음 하단 1순위.직책별의 상세계산내역을 등록한다.
　　100.대표이사 : 금액을 선택하고 [금액/계산식] 란에 "200,000원"을 입력한다.
　　400.부장 : 금액을 선택하고 "150,000원"을 입력한다.
　　600.과장 : 금액을 선택하고 "70,000원"을 입력한다.
③ 화면 우측의 [귀속년월]에서 전체를 클릭하여 ☑표시한다.

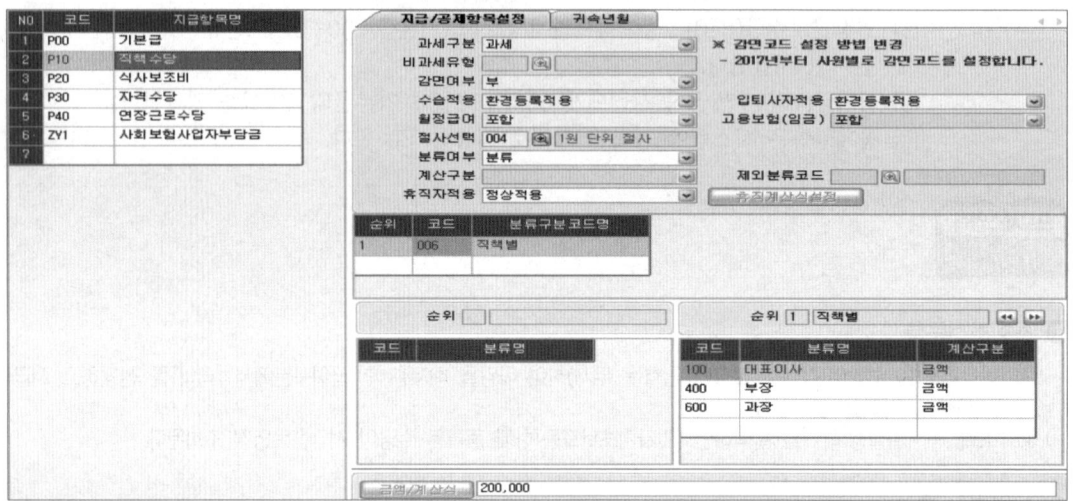

❹ 식사보조비의 등록

① 과세구분에서 "비과세", 비과세유형에서 "P01.식사대", 월정급여에서 "포함"을 선택한다.
② 분류여부 : 무분류, 계산구분 : 금액으로 선택한 다음 하단의 금액입력란에 "200,000원"을 입력한다.
③ 화면 우측의 [귀속년월]에서 전체를 클릭하여 ☑표시한다.

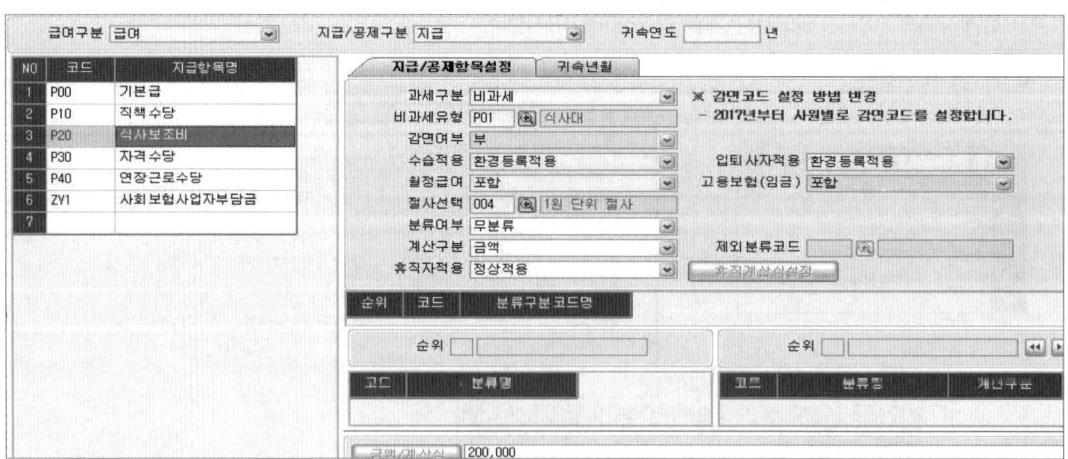

❺ 자격수당의 등록

① 과세구분에서 "과세", 월정급여에서 "포함"을 선택한다.
② 분류여부 : 분류를 선택하고, 분류계산 1순위에 "014.자격별"로 선택한 다음 하단 1순위.자격별의 상세계산내역을 등록한다.

100.ERP정보관리사2급 : 금액을 선택하고 "50,000원"을 입력한다.
200.ERP정보관리사1급 : 금액을 선택하고 "100,000원"을 입력한다.
③ 화면 우측의 [귀속년월]에서 전체를 클릭하여 ☑표시한다.

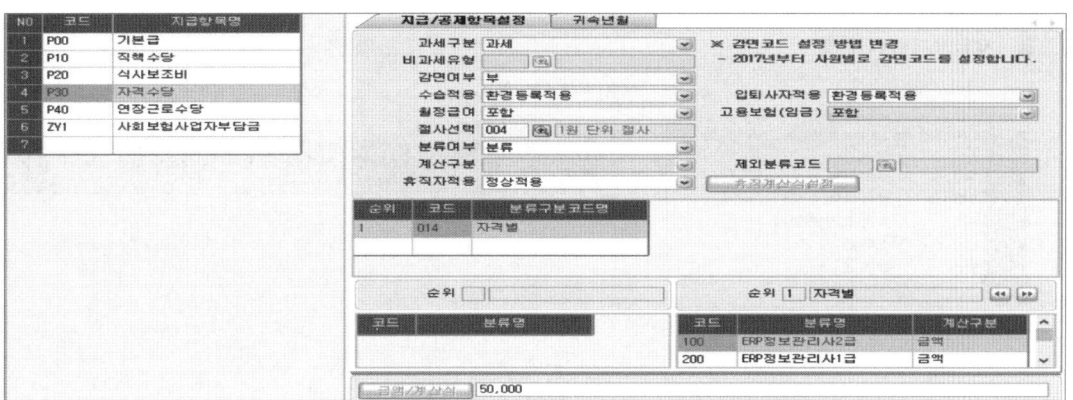

❻ 연장근로수당의 등록

① 과세구분에서 "비과세", 비과세유형에서 "001.야간근로수당", 월정급여에서 "포함"을 선택한다.
② 분류여부 : 분류를 선택하고, 분류계산 1순위에 "005.직종별"로 선택한 다음 하단 1순위.직종별의 상세계산내역을 등록한다.
002.생산직 : 2.계산을 선택하고 ([기본급(G01)]/30/8)×[총연장근무시간]×1.5를 선택한다.
③ 화면 우측의 [귀속년월]에서 전체를 클릭하여 ☑표시한다.

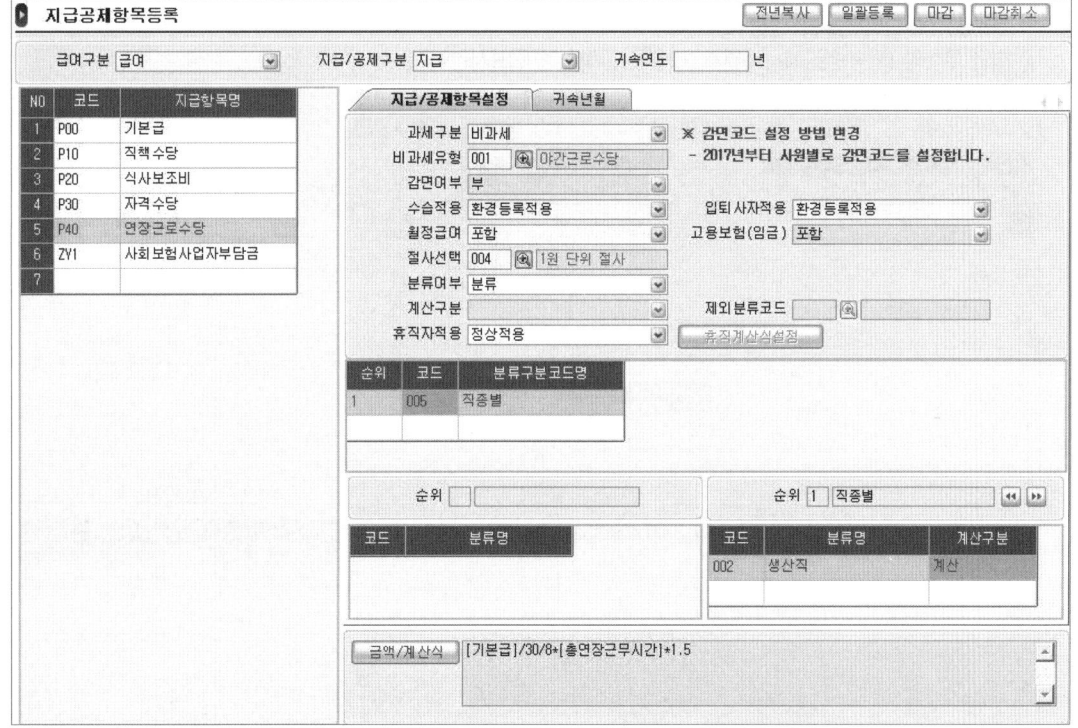

❼ 급여 공제항목의 등록

① 급여구분 : 급여, 지급공제구분 : 공제로 선택하여 조회한다.
② 추가등록항목이 있는 경우 등록하고 [귀속년월]에서 전체를 클릭하여 ☑표시한다.

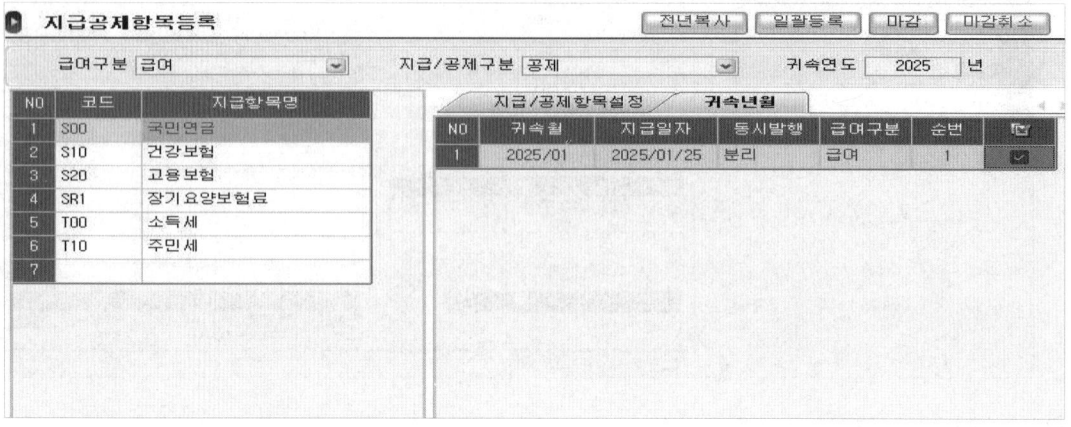

❽ 상여금의 등록

① 급여구분 : 상여, 지급공제구분 : 공제로 선택하여 조회한다.
② 상여금항목의 과세구분에서 "과세"를 선택한다.
③ 분류여부 : 분류를 선택하고, 분류계산 1순위에 "018.급여형태"로 선택한 다음 하단 1순위.급여형태의 상세계산내역을 등록한다.
　001.월급 : 2.계산을 선택하고 [계산식]화면에서 [항목이용]에서 '항목이용'을 클릭하고
　　PP00100[급여]기본급×2를 입력한다.
④ 화면 우측의 [귀속년월]에서 6월과 12월을 클릭하여 ☑표시한다.

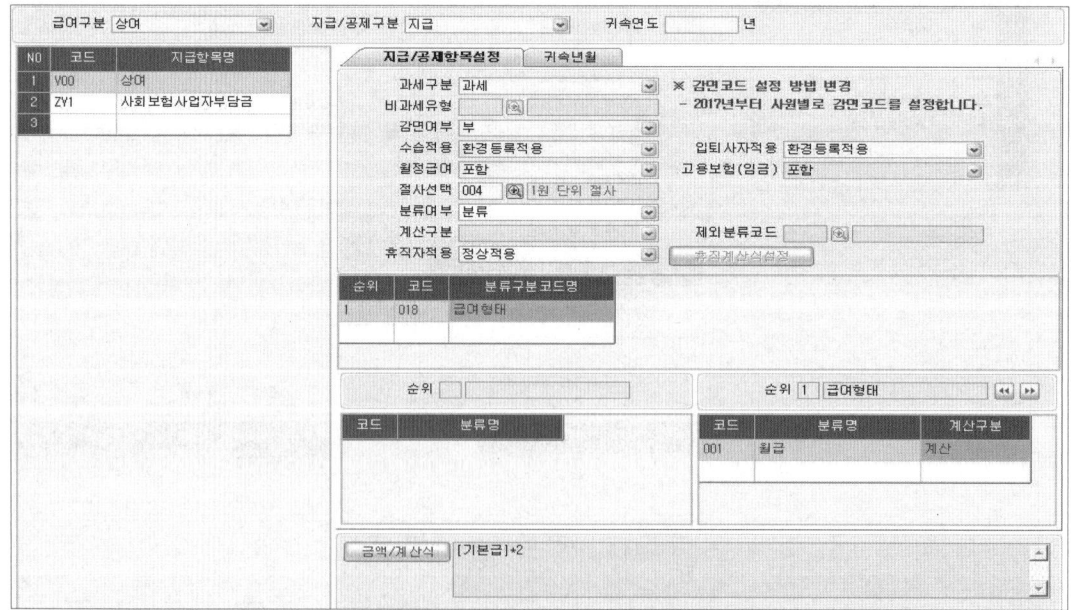

❾ 상여 공제항목의 등록
① 급여구분 : 상여, 지급공제구분 : 공제로 선택하여 조회한다.
② 추가등록항목이 있는 경우 등록하고 [귀속년월]에서 전체를 클릭하여 ☑표시한다.

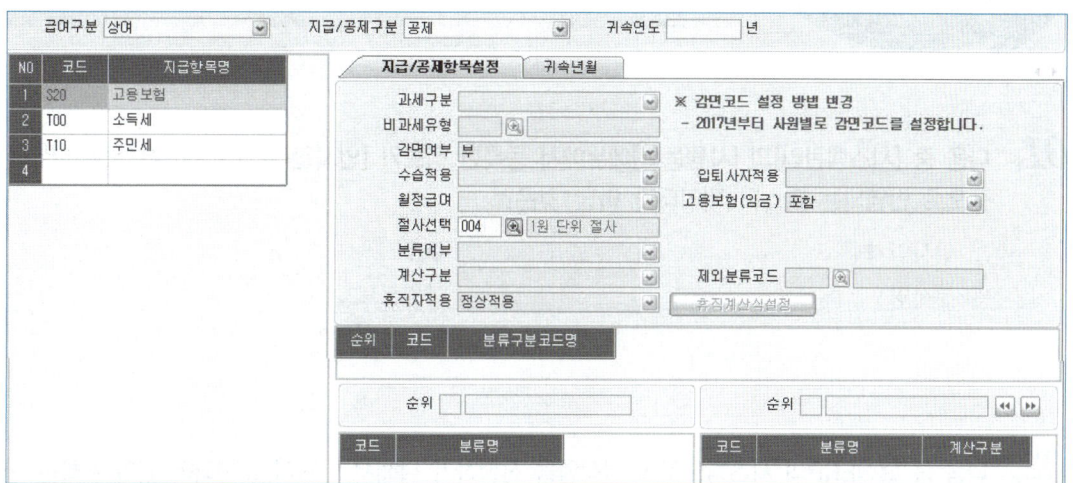

결과검토

[1] (주)블루전자의 ERP정보관리사 1급 자격취득자가 5명인 경우 해당 월에 지급할 자격수당 총액은 얼마가 되겠는가?

① 250,000원   ② 500,000원   ③ 50,000원   ④ 100,000원

→ ② ERP정보관리사 1급의 수당 100,000원×5명 = 500,000원

[2] (주)블루전자에서 직책수당지급대상이 되는 직책이 아닌 것은?

① 대표이사   ② 부장   ③ 과장   ④ 대리

→ ④ 대리는 직책수당등록 대상이 아니다.

[3] (주)블루전자에서 기본급이 3,000,000원인 생산직사원이 3월에 총연장근무시간이 10시간이라면 3월에 받을 연장근무수당은 얼마가 되겠는가?

① 100,000원   ② 150,000원   ③ 187,500원   ④ 1,000,000원

→ ③ 3,000,000원/30/8×10시간×1.5 = 187,500원

핵심평가문제

01. 다음 중 [시스템관리]의 [사원등록]메뉴에서 등록한 정보가 [인사관리]의 [인사정보등록]메뉴에 자동으로 반영되는 마스터 데이터가 아닌 것은?

① 입사일자　　　　　　　　② 주소
③ 부서명　　　　　　　　　④ 사원코드

02. 다음 중 핵심ERP의 시스템으로 급여작업을 진행하기 위해서 반드시 설정되어 있어야 하는 선행 프로세스로서 옳지 않은 것은?

① 연말정산추가자료입력　　② 지급공제항목등록
③ 급상여지급일자등록　　　④ 인사급여환경설정

03. 다음의 [보기]와 같은 규정일 때 [인사급여환경설정]에서 급여계산방식을 올바르게 설정한 것은?

| 보기 |

급여계산시 중도에 입사한 사원에 대해서 15일 초과근무자에게는 책정된 월급을 전액 지급하고, 15일 이하 근무자에게는 실제근무일수/당월일수로 계산하여 지급한다.

① 일할계산방식　　　　　　② 월일계산방식
③ 월할계산방식　　　　　　④ 수습계산방식

04. 3월 5일에 입사한 A사원이 연봉 33,480,000원인 경우, 급여계산기준이 "일" 이고 "월일수산정"을 "당월일" 로 적용한다면, 3월의 급여액은 얼마가 되겠는가?

① 2,160,000원　　　　　　② 2,430,000원
③ 2,790,000원　　　　　　④ 3,000,000원

05. 다음은 급여에서 지급되는 각종 수당항목이 자동계산될 수 있도록 핵심ERP내에 설정하는 프로세스이다. 그 프로세스의 순서로 옳은 것은?

① 계산구분설정 ➜ 분류여부설정 ➜ 과세구분설정 ➜ 수당코드등록 ➜ 계산식설정
② 과세구분설정 ➜ 수당코드등록 ➜ 분류여부설정 ➜ 계산구분설정 ➜ 계산식설정
③ 분류여부설정 ➜ 과세구분설정 ➜ 계산구분설정 ➜ 수당코드등록 ➜ 계산식설정
④ 수당코드등록 ➜ 과세구분설정 ➜ 분류여부설정 ➜ 계산구분설정 ➜ 계산식설정

정답 및 해설

| 01 | ② | 02 | ① | 03 | ② | 04 | ② | 05 | ④ |

01. [사원등록]메뉴에 등록된 사원코드, 사원명, 부서명, 입사일자의 정보가 [인사정보등록]에 자동 반영된다.
02. [연말정산추가자료입력]은 급여작업 이후에 진행되는 프로세스이다.
03. 일할계산방식 : 해당 월의 급여를 근무일수만큼 지급
    월할계산방식 : 해당 월의 급여전체를 정상지급
    월일계산방식 : 해당 월의 기준일수 초과시 정상지급하고, 미달시 근무일수만큼 지급
    수습계산방식 : 해당 월의 급여를 수습직으로 등록된 기준율만큼 지급
04. 연봉 33,480,000원/12 = 2,790,000원(월급)
    3월 급여액 = 2,790,000원 × 27/31 = 2,430,000원

CHAPTER 3
핵심ERP 인사실무프로세스

인사관리란 사원의 입사에서부터 퇴사까지 종업원의 근태관리 및 인사정보관리, 급여와 연말정산관리, 퇴직정산관리 등을 모두 관리하는 프로세스를 말한다.

| 인사관리 전체 프로세스 |

1절 인사관리

인사관리에서는 사원의 필수정보 및 인사관련 정보 등을 등록하여 인사기록카드와 기타 인사정보 현황을 관리할 수 있다.

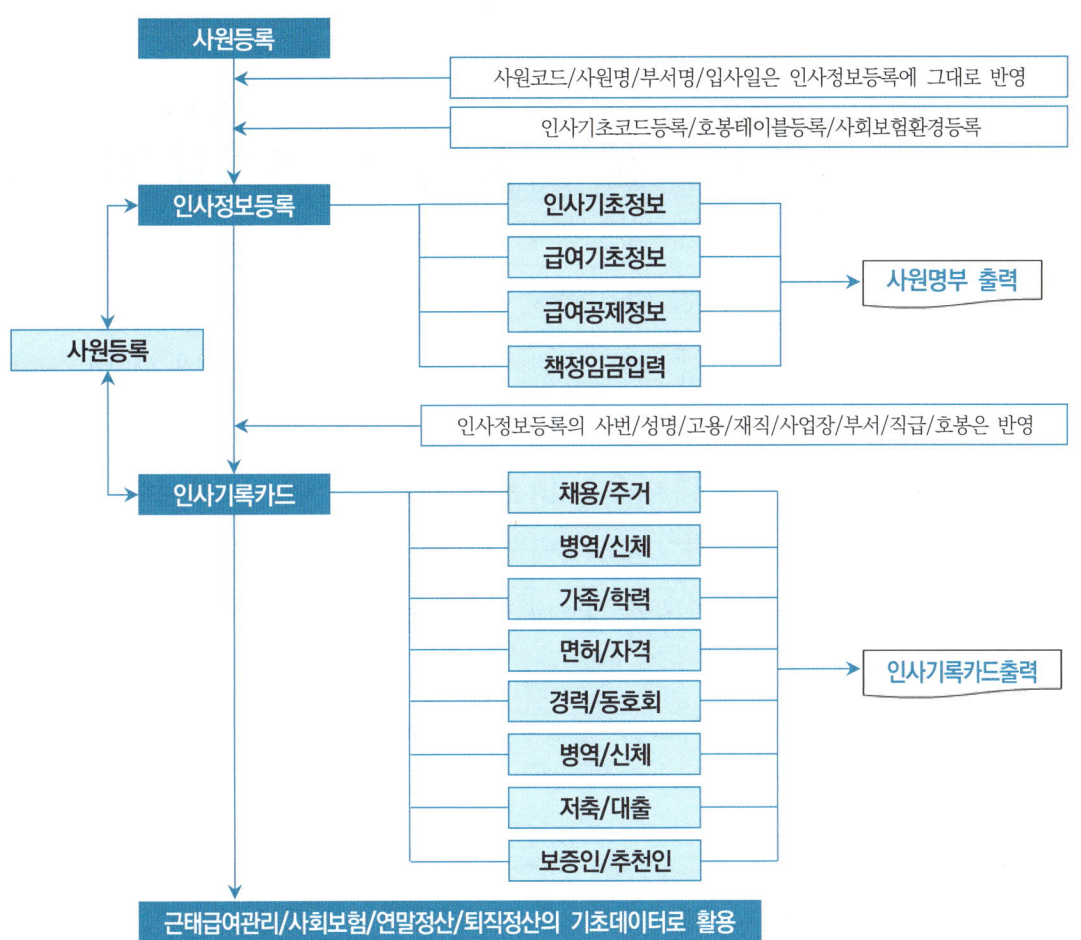

1. 인사정보등록

인사급여관리/인사관리/인사정보등록

사원의 인적정보, 재직정보, 급여정보를 등록 관리한다. 재직자 Tab은 시스템 날짜를 기준으로 퇴사하지 않은 사원이 조회된다. 인사정보등록은 사원의 가장 기본적인 데이터를 등록하는 부분으로 인사급여모듈을 사용하기 위한 기초작업의 일부분이며, 사원명부 등의 각종 현황물을 출력하기 위한 기초정보가 입력되는 부분으로 인사급여모듈의 다른 작업을 위해서 반드시 등록되어야 한다.

- 인적정보 : 사원의 주민등록번호 등 개인정보를 등록 및 관리한다. (필수항목 : 주민등록번호)
- 재직정보 : 입사일자외에 고용형태 등의 재직관련 정보를 등록 및 관리한다. (필수항목 : 고용형태, 직종, 급여형태)
- 급여정보 : 호봉 및 책정임금 등의 급여와 공제항목에 대한 정보를 등록 및 관리한다.

사원의 인사정보는 다음과 같다. 인사정보등록을 하시오. 책정임금 입력시 로그인 암호는 무시(빈칸 → 확인)한다. (인사관리는 관리부 서승희로 로그인할 것)

인적정보			재직정보				급여정보				
성명	주민번호	주소	고용형태	직종	급여형태	직급/직책	호봉	계정유형	국민연금 기준금액	건강보험 기준금액	고용보험 기준금액
이강산	540101-1111111	서울 서초구 반포대로 10	상용직	사무직	연봉	대표이사	연봉 7,200만원	임원	590만원	600만원	해당없음
서승희	670201-1111117	서울 서초구 강남대로 82	상용직	사무직	연봉	부장	연봉 6,000만원	사원	500만원	500만원	500만원
서영훈	640101-1111110	서울 양천구 등촌로 70	상용직	사무직	월급	과장	5호봉	사원	290만원	290만원	290만원
임재규	800911-1212120	울산시 중구 도화골10길1	상용직	생산직	월급	과장	3호봉	제조	270만원	270만원	270만원
임수혁	660815-1777776	울산시 중구 도화골11길10	상용직	생산직	월급	대리	3호봉	제조	220만원	220만원	220만원
조정현	790301-1111115	울산시 중구 난곡10길 6	상용직	생산직	월급	사원	5호봉	제조	198만원	198만원	198만원

* 본인외의 부양가족은 없는 것으로 가정하고, 제시된 정보외에는 없는 것으로 한다.

❶ 이강산의 인사정보

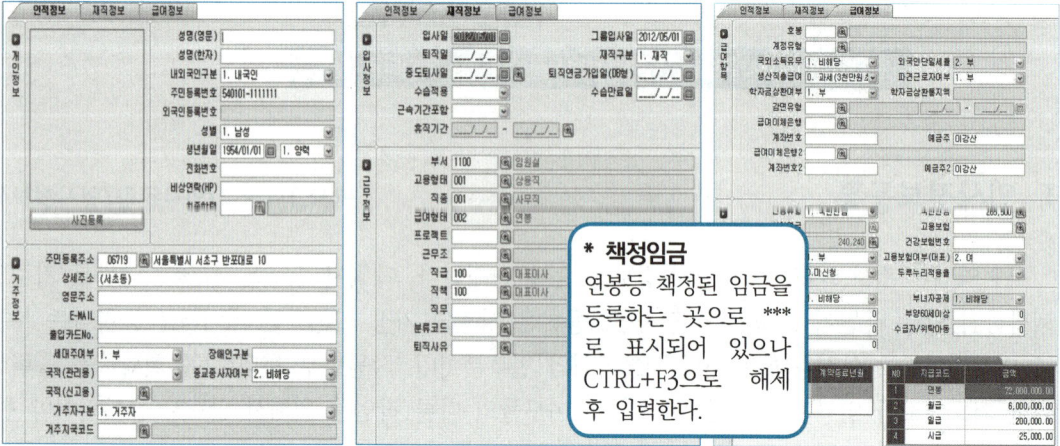

* **책정임금**
연봉등 책정된 임금을 등록하는 곳으로 ***로 표시되어 있으나 CTRL+F3으로 해제 후 입력한다.

❷ 서승희의 인사정보

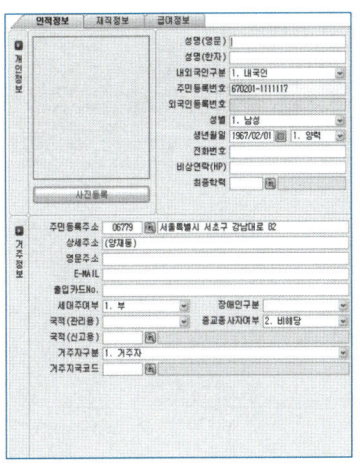
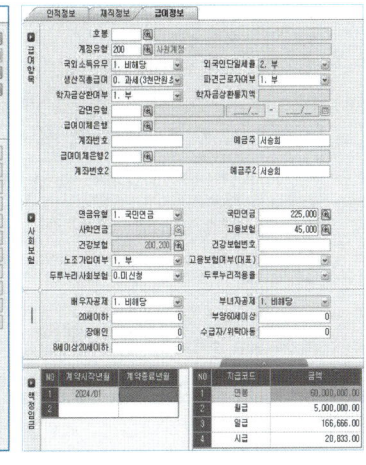

❸ 서영훈의 인사정보

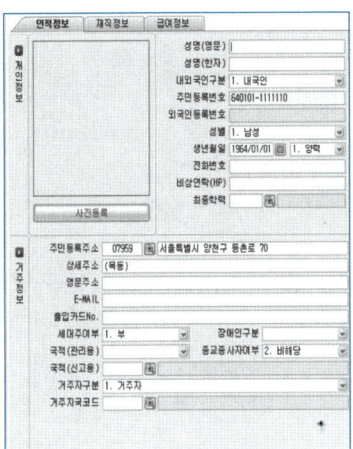
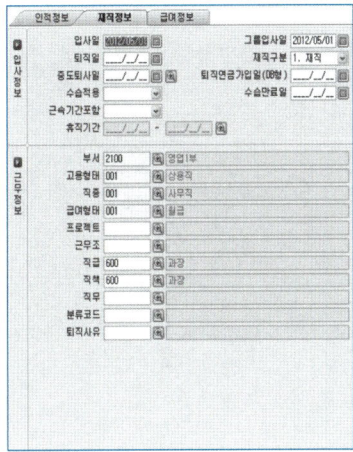
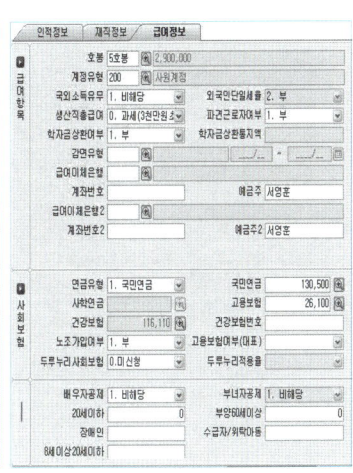

❹ 임재규의 인사정보

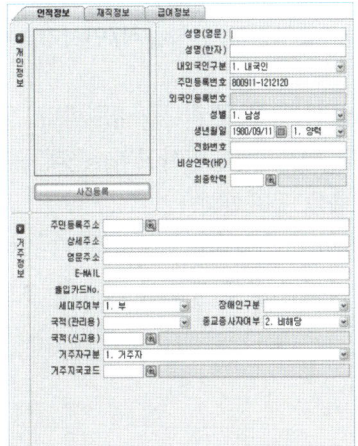
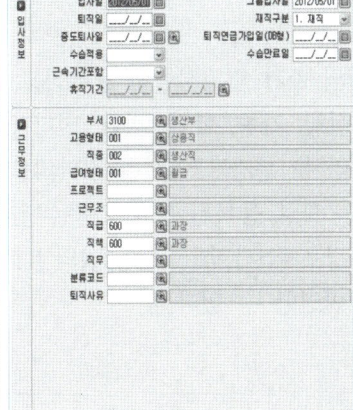

❺ 임수혁의 인사정보

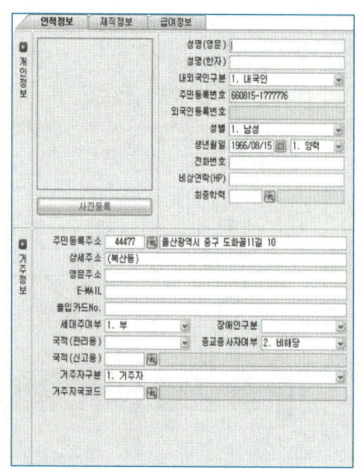
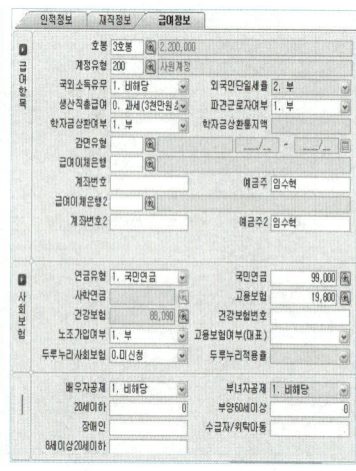

❻ 조정현의 인사정보

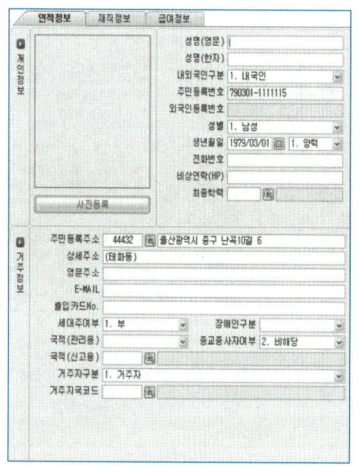
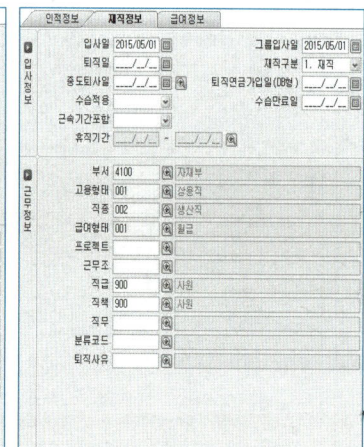
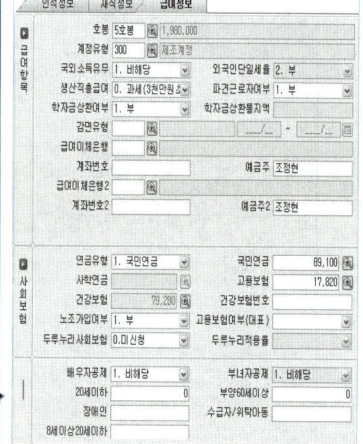

2. 인사기록카드

인사급여관리/인사관리/인사기록카드

　인사정보등록에서 등록한 사원의 추가 인적사항을 등록하고 이력사항을 관리 및 출력한다. 인사기록카드에는 채용, 거주, 병역, 신체, 가족, 학력, 경력, 면허자격, 인사발령, 인사고과, 근태, 출장, 상벌관리를 등록하여 관리하며, 인사기록카드2에서는 기타의 정보를 등록한다.
　가족Tab에서 [수당]항목에 "있음"으로 등록된 경우 가족수당 계산이 가능하며, 면허자격Tab에서 [수당]항목에 "있음"으로 등록된 경우 [인사기초코드등록]의 [H9.자격면허]에 등록한 자료를 조회하여 자격수당을 계산하여 급여에 반영할 수 있다.

[1] 사원의 자격정보는 다음과 같다. 해당 자격취득정보를 등록하시오.

성 명	자격증 종류	수당여부
서영훈	ERP정보관리사1급(2018.09.01.취득)	해당
임수혁	ERP정보관리사2급(2018.06.01.취득)	해당

[2] 종업원의 보증보험 가입내역은 다음과 같다. 등록하시오(보험번호는 생략한다).

성명	보험회사	보증유효일/만료일	보험료	보증금액
서승희	대한보증보험	2025.1.1.~2027.12.31.	100,000원	100,000,000원
서영훈	대한보증보험	2025.1.1.~2027.12.31.	50,000원	50,000,000원
임재규	대한보증보험	2025.1.1.~2027.12.31.	30,000원	30,000,000원
임수혁	대한보증보험	2025.1.1.~2027.12.31.	25,000원	25,000,000원

❶ 인사기록카드 등록

사원을 선택한 다음 [면허자격]Tab에서 자격종류와 취득일자를 입력하고 "수당"에서 "해당"으로 선택한다.

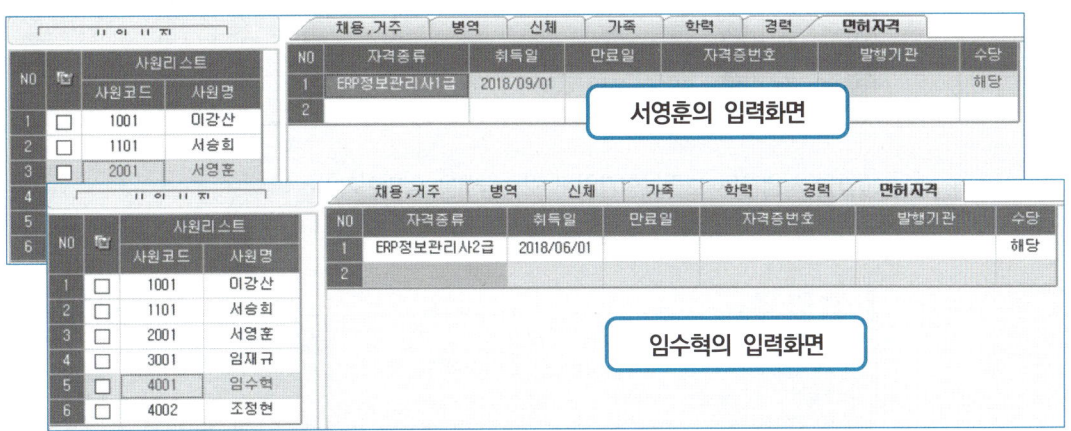

❷ 인사기록카드2 등록

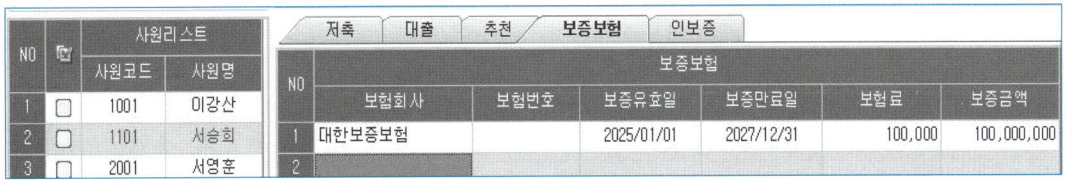

* 같은 방법으로 서영훈, 임재규, 임수혁의 보증보험내역을 등록한다.

결과검토

[1] ERP정보관리사 2급 자격증을 보유하고 있는 종업원은 누구인가?

→ 임수혁 [사원정보현황 조회]

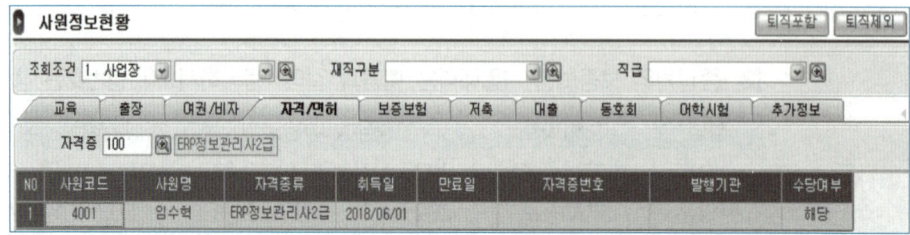

[2] 2025년 1월 1일 현재 근속년수가 10년초과 20년 이하에 해당되지 않는 종업원은 누구인가? 단, 퇴사자는 포함, 미만일수는 버림, 이전 경력은 포함(근속기간 '여' 만)

① 이강산　　　② 임재규　　　③ 서승희　　　④ 조정현

→ ④ 조정현 [근속년수현황 조회]

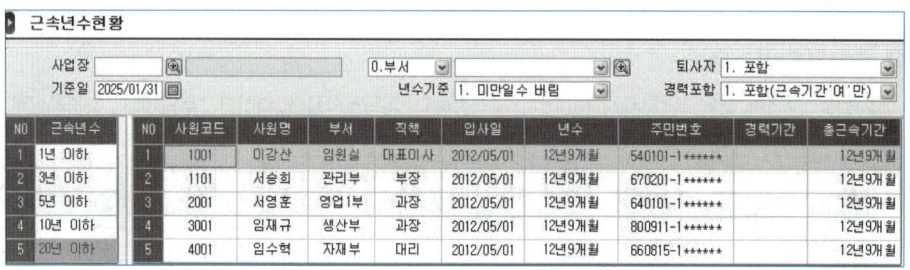

[3] 종업원 서영훈의 보증보험가입된 보증금액은 얼마인가?

→ 50,000,000원 [사원정보현황 조회]

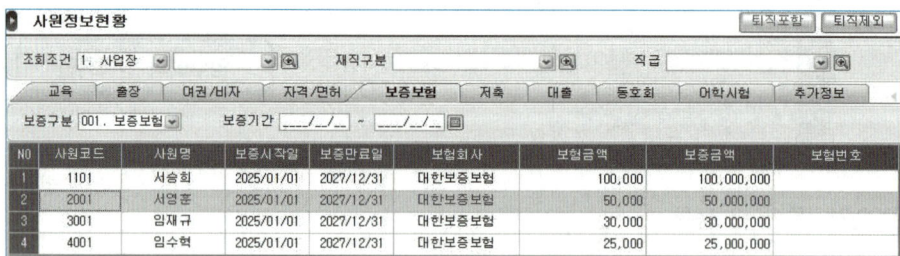

3. 교육관리

회사 사내 혹은 사외 교육에 대해 관리하며 교육 대상자를 선정하여 등록한다.
[교육등록]후 [교육대상자설정]에서 대상자를 선택하여 등록한다.

㈜블루전자가 2025년 시행한 교육내용에 대해 교육등록과 교육대상자설정을 등록하시오.

코드	101	교육명	임직원기본교육	교육기간	2025.4.6.~4.8
교육목적	AI강화교육	교육장소	정보화교육실	주관부서	관리부
교육시간	15시간	대상인원	3명	사내외구분	사내
대상부서	영업1,2부, 자재부	담당강사	외부초빙강사	교육기관	한국AI진흥협회
1인당교육비	200,000원				

❶ 교육등록

① [인사/급여관리] → [기초환경설정] → [인사기초코드등록] → 출력구분(0.인사) → H4.교육과정을 클릭하여 관리내역명에 101.임직원 기본 교육을 등록한다.

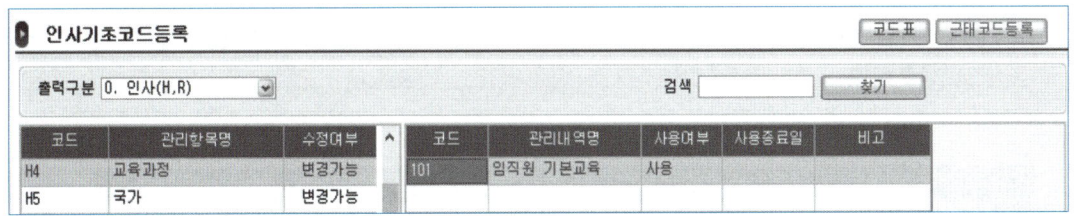

② [인사관리] → [교육관리] → [교육등록]Tab에서 교육과정을 등록한다.

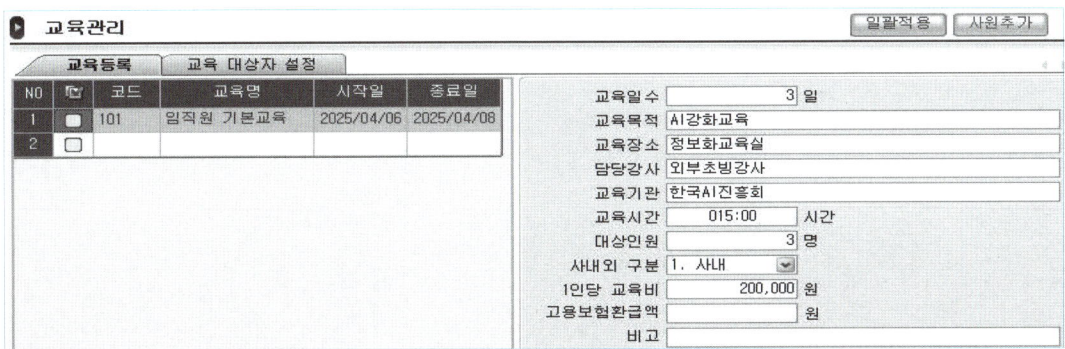

❷ 교육대상자설정

① [교육대상자설정]탭 → [사원추가]에서 대상자를 설정한다. 사원이 조회되면, 분류기준에서 2.부서로 선택후 코드란에서 영업1부/영업2부/자재부에 선택한 다음 [확인]후 [조회]를 클릭하여 교육대상자 3명을 조회한다.

② 조회된 교육대상자를 선택하고 [확인]하여 적용한다.

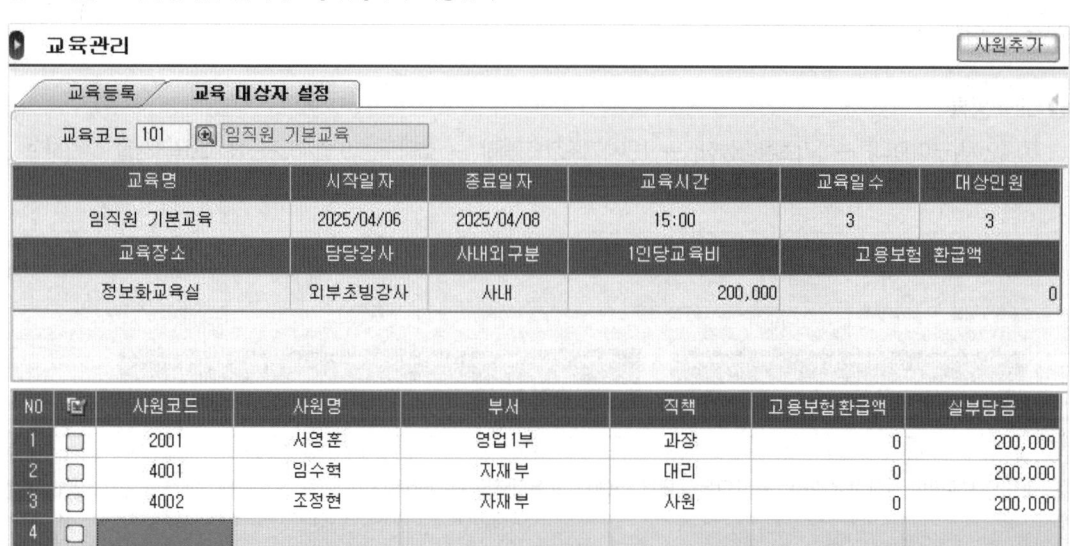

4. 교육평가

교육참가자의 이수여부 점수를 등록한다.

㈜블루전자의 2025년 시행한 교육과정에 대한 교육평가 결과를 등록하시오.
- 과정명 : 임직원 기본교육

성명	이수여부	출석점수	태도점수	평가점수	교육평가
서영훈	이수	95	96	100	A등급
임수혁	이수	94	92	91	B등급
조정현	이수	83	91	86	C등급

❶ 교육평가

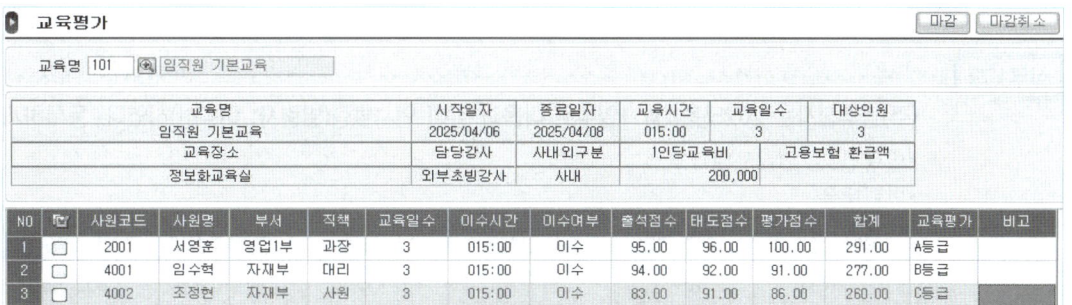

[1] 임직원기본교육에서 조정현의 평가점수 합계는 몇 점인가?

→ 260 [교육평가] 조회

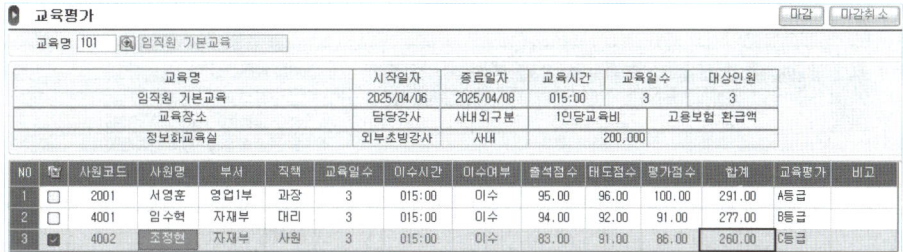

[2] 임직원기본교육에서 A등급의 종업원은 누구인가?

→ 서영훈 [교육현황의 [교육별사원현황] 조회

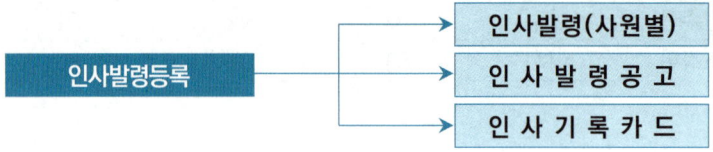

5. 인사발령등록

인사급여관리/인사관리/인사발령등록

```
                              ┌─→ 인사발령(사원별)
         인사발령등록 ─────────┼─→ 인사 발 령 공 고
                              └─→ 인 사 기 록 카 드
```

　인사발령은 인사정보등록에 등록된 현 인사정보데이터를 가져와서 채용, 승진, 승급, 부서이동, 퇴직 등의 발령을 위한 기본정보를 구성한 후 발령적용를 하면 동시에 [인사정보등록]의 해당정보가 적용되어 발령후로 변경된다. 또한 발령정보는 [인사기록카드]의 발령부분에서 조회가 가능하다.

(주)블루전자는 2025년 1월 1일부로 다음과 같이 인사발령(발령자: 이강산)하였다. 등록하시오.
- 발령번호 : 2025-001호
- 발령내용

발령명	발령구분	대상자	현정보	발령후정보	발령일자
정기승급	호봉승급	임수혁	대리3호봉	대리4호봉	2025.1.1.

❶ 인사발령등록

발령호수를 등록하고 추가 정보를 등록한다. 사원추가를 통해 발령대상자를 등록한다.

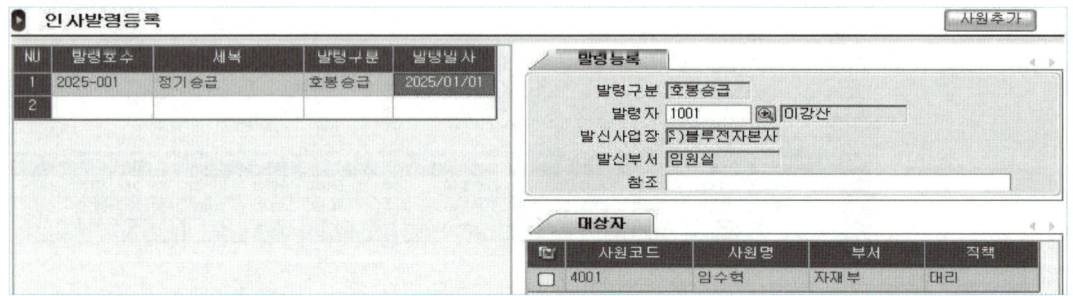

❷ 인사발령(사원별)

사원별 발령내역을 등록하고 실제 발령 적용을 하는 메뉴이다.

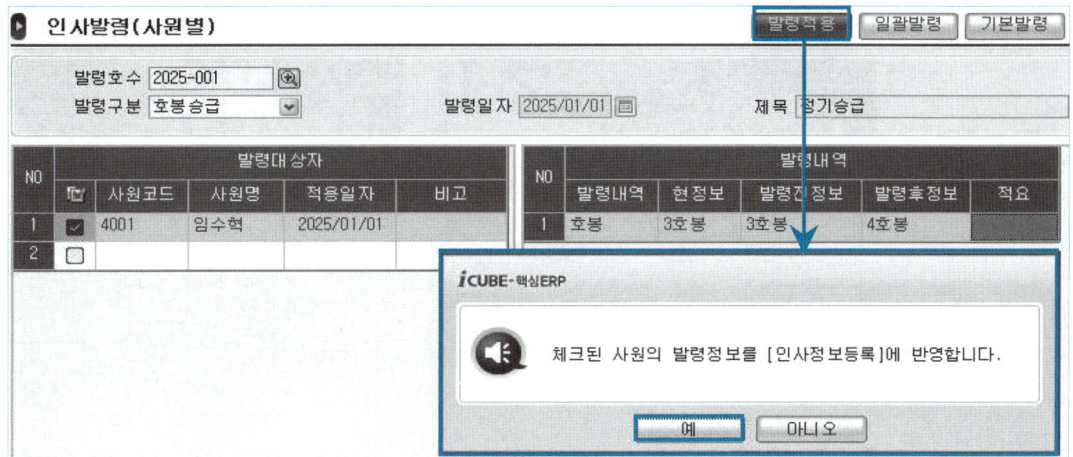

❸ 발령적용

등록된 발령정보는 〈발령적용〉을 클릭하면 〈인사정보등록〉에 자동으로 적용되며, 〈인사기록카드〉의 발령란에서 확인할 수 있다.

2025년 1월 1일 호봉승급된 사원의 발령내용은?

→ 3호봉에서 4호봉으로 호봉승급

❶ [인사기록카드 조회]

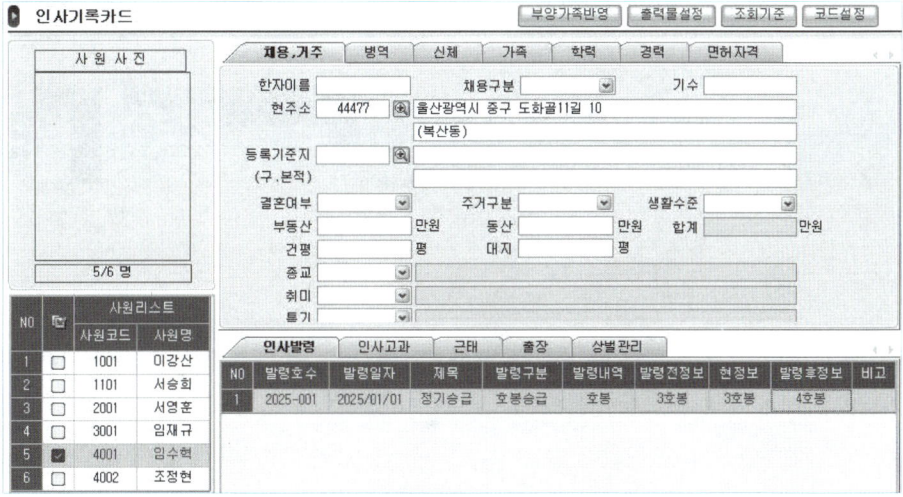

❷ [인사발령공고 조회]

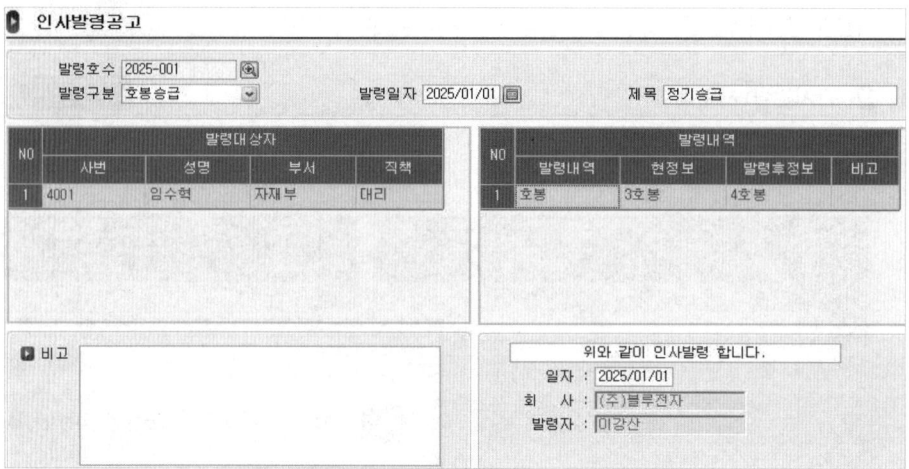

❸ [인사정보등록 조회] : 국민연금, 고용보험, 건강보험 기준금액(230만원)을 변경한다.

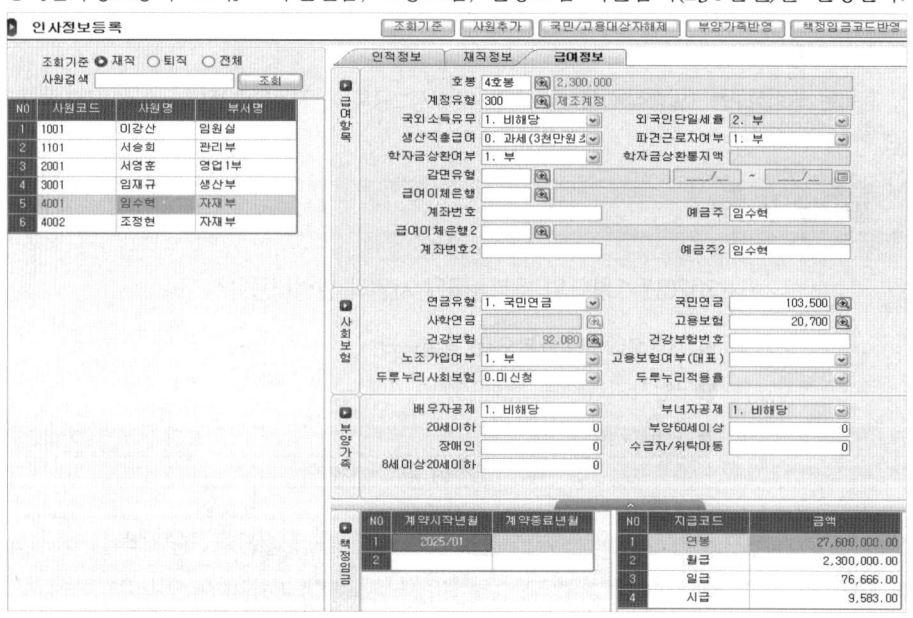

01. 사원의 호봉승급 인사발령을 하였다. 발령정보가 반영되는 곳이 아닌 것은?
① 인사발령리포트
② 책정임금현황
③ 인사기록카드
④ 인사정보등록

02. 다음은 [인사기록카드] 중 가족사항을 등록하는 화면이다. 화면과 다음 [보기]내용을 이용하여 가족수당을 계산하시오.

NO	성명	관계	동거여부	부양관계	주민등록번호	수당여부	부양여부
1	임진수	부	함	소득자의…	420111-1111111	해당	☑
2	양다정	배우자	함	배우자	730511-2111111	해당	☑
3	임한솔	자	함	직계비속	951123-1111111	해당	☑
4	임한나	자	함	직계비속	980620-2222222	해당	☑
5							☐

┤ 보기 ├
배우자, 자녀(인원수의 제한없음), 근로자의 직계존속 : 각 1인당 30,000원

① 120,000원   ② 60,000원   ③ 90,000원   ④ 150,000원

03. 다음 화면은 핵심ERP의 [인사기록카드]의 면허자격 부분이다. 이 화면에 대한 설명으로 틀린 것은?

NO	자격종류	취득일	만료일	자격증번호	발행기관	수당
1	ERP정보관리사2급	2010/06/01				해당
2	정보처리기사	2013/05/01				비해당
3	품질관리기사	2012/06/15				비해당
4	컴퓨터활용능력	2012/05/18				비해당
5						

① 자격종류의 자격증은 인사기초코드등록 메뉴에서 등록된 자격을 불러온다.
② 화면에서는 'ERP정보관리사 2급' 자격증에 대하여만 수당을 지급한다.
③ 자격수당의 대상이 되는 자격면허만 등록하여 관리할 수 있다.
④ 수당필드에서 '비해당'이라고 설정된 자격에 대해서는 수당이 지급되지 않는다.

04. 다음 중 핵심ERP 인사급여모듈의 '인사발령-발령구분'과 관련이 없는 인사기초코드는?
① 호봉승급   ② 승진   ③ 사번   ④ 부서이동

05. 다음의 이미지는 핵심ERP [인사정보등록] 화면이다. 화면에 대한 설명으로 옳지 않은 것은?

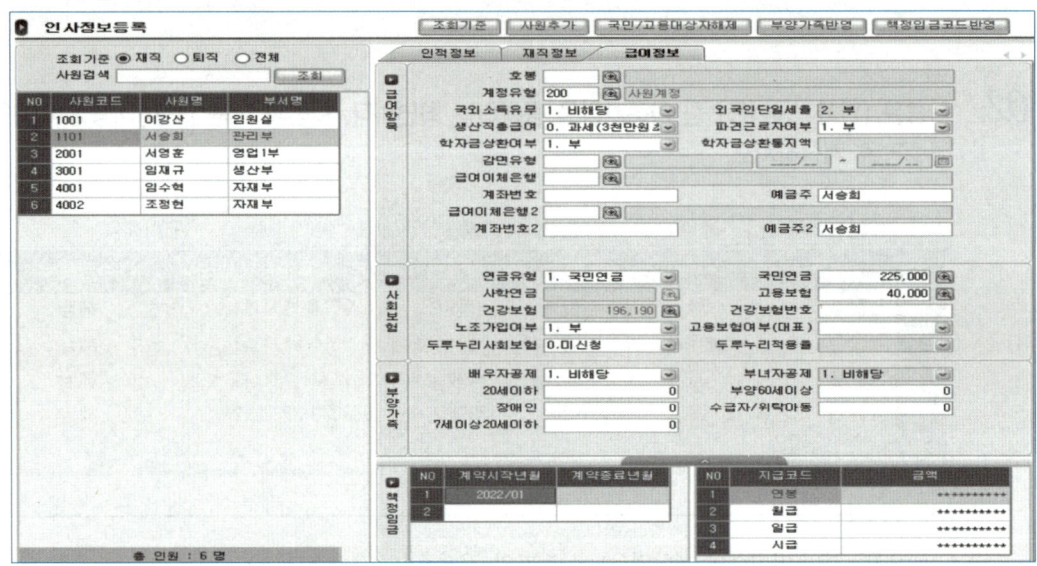

① 책정임금입력은 사원별 연봉액을 입력하고 급여계산과 연동시킬 수 있다.
② 호봉에 의한 급여를 계산할 수 있다.
③ 책정임금은 CTRL+F3으로 입력할 수 있다.
④ 급여에서 국민연금, 건강보험, 고용보험을 공제할 수 있다.

정답 및 해설

| 01 | ② | 02 | ① | 03 | ③ | 04 | ③ | 05 | ② |

01. 인사발령정보가 반영되는 프로세스 : 인사기록카드, 인사정보등록, 인사발령리포트
02. 수당지급대상 가족 4명×30,000원=120,000원
03. [인사기록카드]에는 보유중인 모든 자격증이 등록될 수 있으나, 수당란에 '해당'으로 설정된 자격증만 수당지급대상이다.
04. HD.발령구분 : 채용, 승진, 승급, 호봉승급, 보직변경, 부서이동, 대기·해제, 전입, 전출, 파견, 복귀, 휴직, 복직, 퇴직
05. 호봉란에 해당 정보가 없으므로 호봉에 의한 급여를 계산할 수 없다.

2절 근태/급여관리

기초환경설정을 통해 회사의 인사규정을 등록하고, 인사관리에서 개인별 인사정보를 등록하였다면, 근태/급여관리에서는 근태결과를 등록하여 상용직사원의 급여를 계산하고 세무보고를 한다. 상용직급여입력 및 계산에서 계산된 급상여데이터는 급여대장 및 명세서 출력과 각종 현황, 원천징수이행상황신고서 등의 세무신고 자료에 반영되고, 전표처리하여 회계모듈로 전송할 수 있다.

| 급여관리 프로세스 |

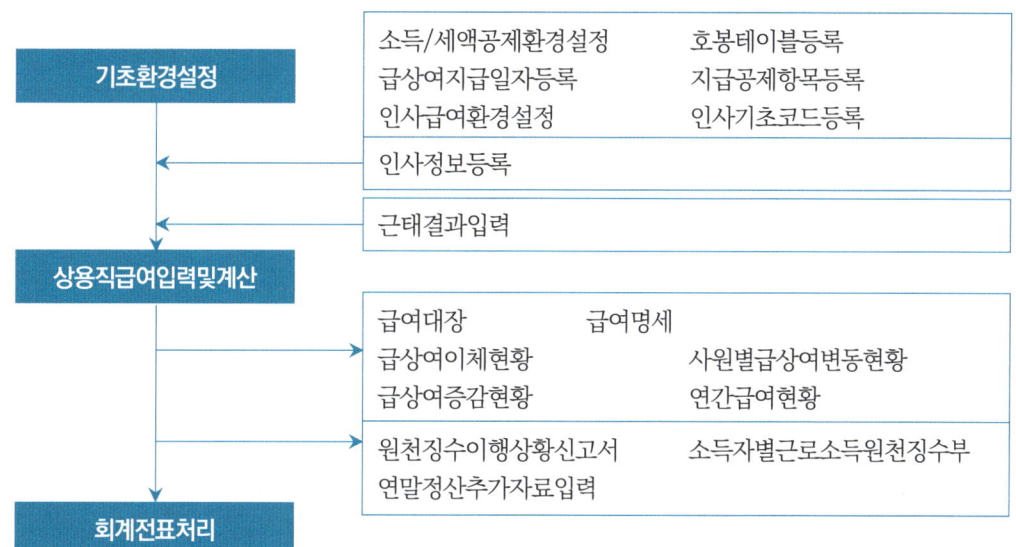

1. 근태결과입력

인사급여관리/급여관리/근태결과입력

개인별 연장근로시간, 지각, 휴가 등 근태결과를 입력하는 메뉴이다. 근태결과내역에 [지급공제항목등록]에서 등록한 계산식에 따라 [상용직급여입력및계산]에 급여가 계산 및 집계된다.

2025년 1월의 근태결과는 다음과 같다. 등록하시오. (로그인 : 관리부 서승희)

구분	임재규	임수혁	조정현
평일연장근무일수(시간)	5일(10시간)	6일(12시간)	7일(15시간)
토일연장근무일수(시간)	2일(6시간)	3일(9시간)	3일(9시간)

❶ 근태항목설정

[근태결과입력] 메뉴에서 귀속연월 : 2025년 1월, 지급일 : 1.2025/01/25 급여분리로 조회하여 화면상단 우측의 [출력항목]아이콘을 이용하여 적용할 항목을 선택한다.

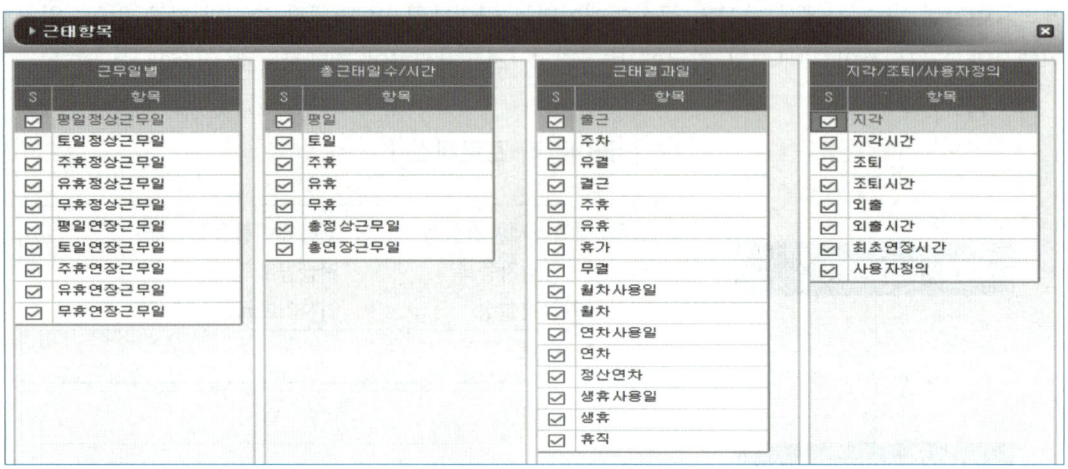

❷ 근태결과입력

사원을 선택하여 해당 근태결과를 입력한 다음, 사원을 선택하고 반드시 **마감(또는 일괄마감)**해야 한다.

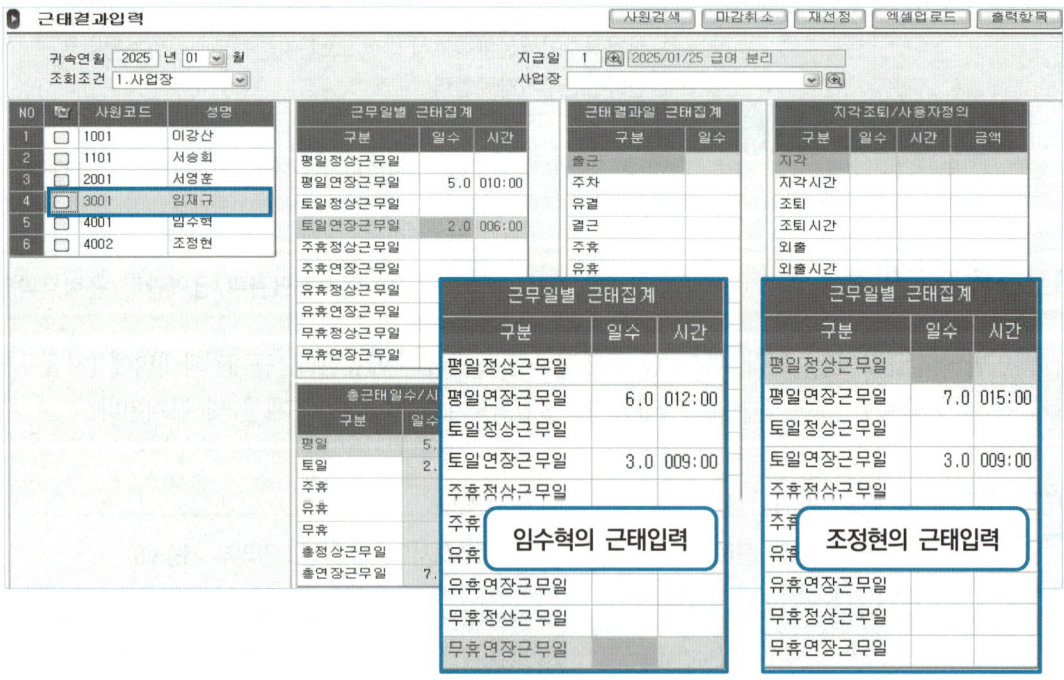

결과검토

임수혁의 시급이 20,000원이고, 평일연장근무시간에 50%를 가산하여 연장근로수당을 계산한다면 1월의 연장근로수당은 얼마가 되겠는가?

→ 630,000원
[평일연장근무시간(12시간) + 토일연장근무시간(9시간)] × 20,000원 × 1.5 = 630,000원

2. 상용직 급여입력 및 계산 인사급여관리/급여관리/상용직급여입력및계산

상용직 종업원에게 지급할 급여를 계산하는 메뉴이다. [지급 및 공제항목]과 [인사정보등록]에서 등록된 급여, 수당정보 및 공제항목에 대한 금액과 [근태결과입력]에서 등록된 자료가 자동으로 반영되어 급여내역과 공제내역을 계산한다.

 급/상여 필수 공제항목

급여지급시 공제항목	상여금지급시 공제항목
소득세 · 주민세	소득세 · 주민세
국민연금	-
건강보험	-
고용보험	고용보험

 급여계산전 프로세스

급여계산전 기초정보등록	→	인사관리	→	급여계산
• 소득세액공제환경설정 • 인사기초코드등록 • 인사/급여환경설정 • 급/상여지급일자등록 • 호봉테이블등록(생략가능) • 지급공제항목등록		• 인사정보등록 • 인사기록카드 (자격, 가족수당정보)		• 근태마감 및 급여계산 • 상용직급여입력

급여대장

상용직급여입력에서 확정된 급/상여 데이터로 급/상여 대장 및 명세를 조회하고 출력한다. 급여대장은 사원들의 급/상여와 관련된 근로기준법상 중요한 장부로, 명세서는 사원별로 급/상여 산정내역을 통지하기 위한 수단으로서 반드시 처리되어야 할 프로세스이다.

실무사례 등록된 정보에 의하여 1월~12월까지 사원별 급여지급내역을 계산하시오.

프로세스입력

귀속년월을 선택한 다음, 사원을 선택하고 [급여계산]키를 클릭하면 사원별 급여계산금액이 자동으로 표기된다. 상용직급여입력및계산 조회 후 사원을 선택하고 반드시 마감(또는 일괄마감)해야 한다.

❶ 이강산의 1월 급여내역

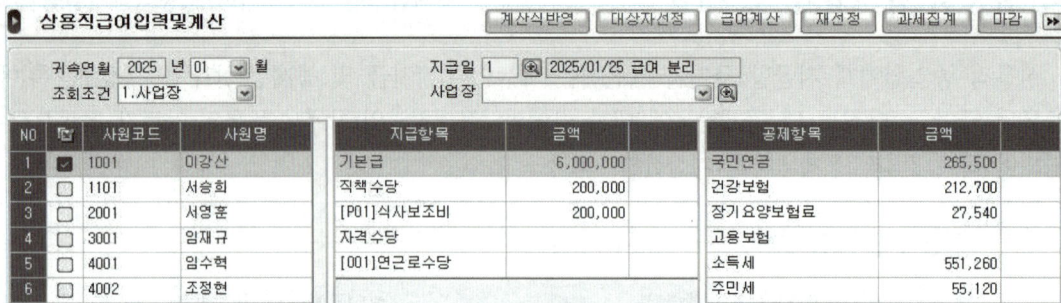

❷ 서승희의 1월 급여내역

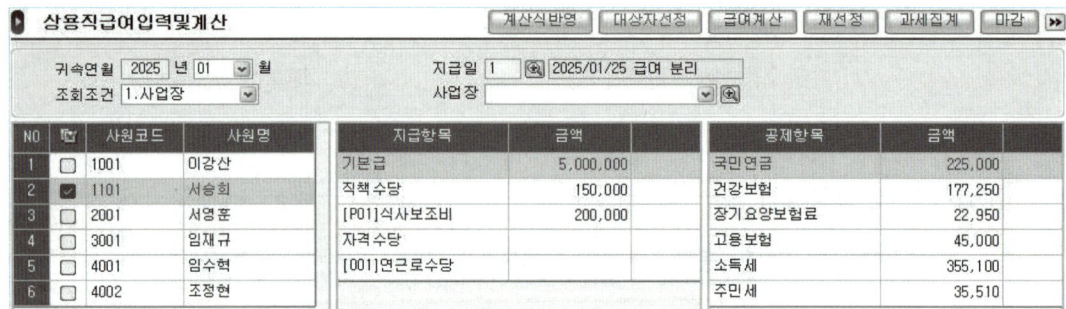

❸ 서영훈의 1월 급여내역

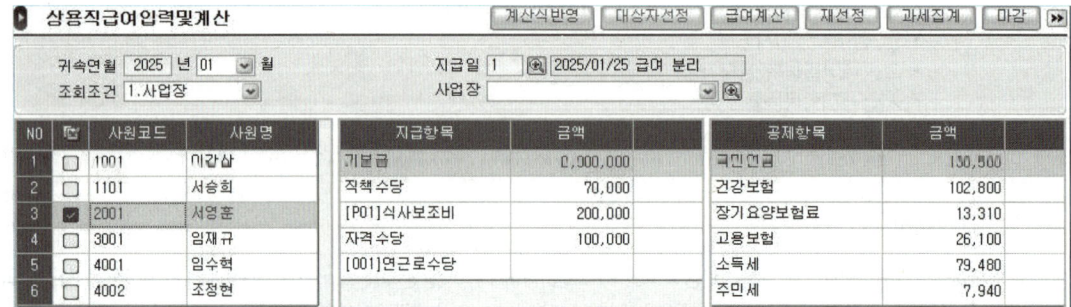

❹ 임재규의 1월 급여내역

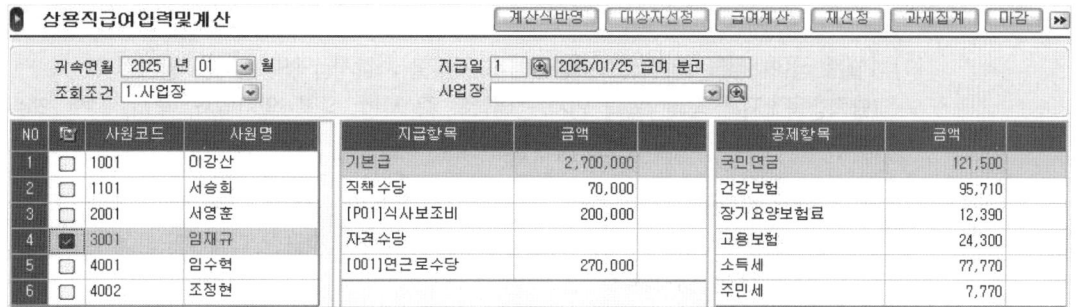

❺ 임수혁의 1월 급여내역

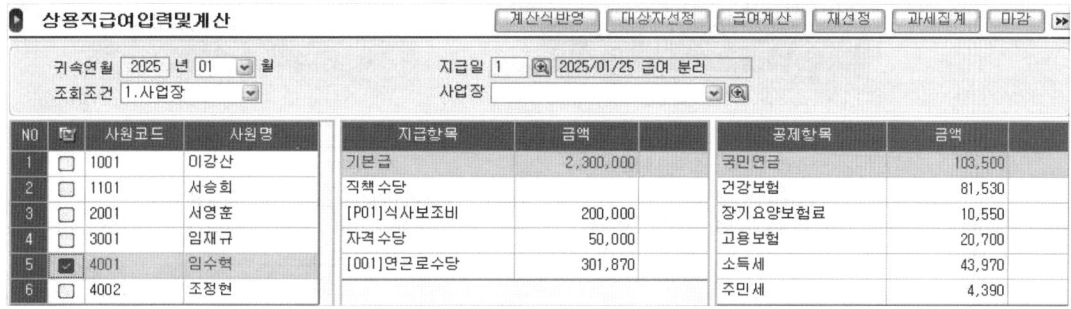

❻ 조정현의 1월 급여내역

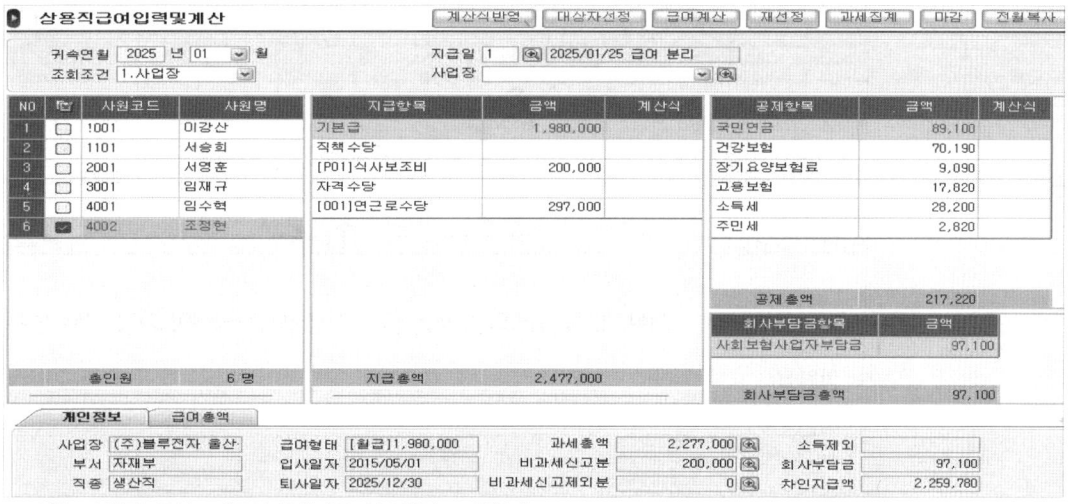

※ 2월~12월의 급여도 [급여계산]키를 이용하여 조회한다.
* 프로그램 버전에 따라 공제항목의 금액이 달라질 수 있다.

결과검토

[1] 1월분 급여대장을 출력하고 종업원에게 지급할 차감지급액의 총액은 얼마인가?
(출력항목 : 지급/공제항목과 인사/근태항목 중 사번, 성명, 입사일자, 부서, 직책, 직종
출력양식 : 근태는 제외시키고 사원정보 6개, 지급항목 24개, 공제항목 24개)

→ 19,804,410원

[급여대장]에서 [출력항목]과 [출력양식]을 선택하여 적용한 다음 [인쇄]아이콘을 클릭하여 급여대장을 출력한다.

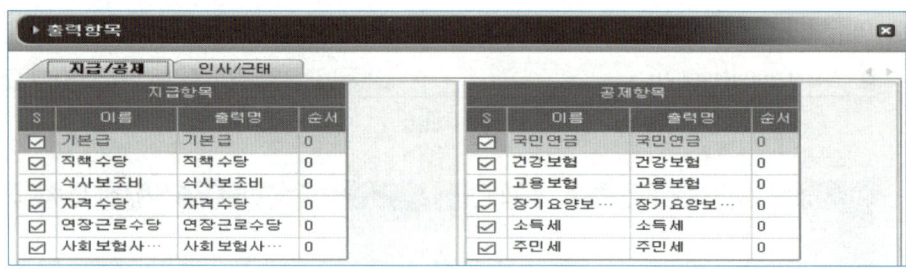

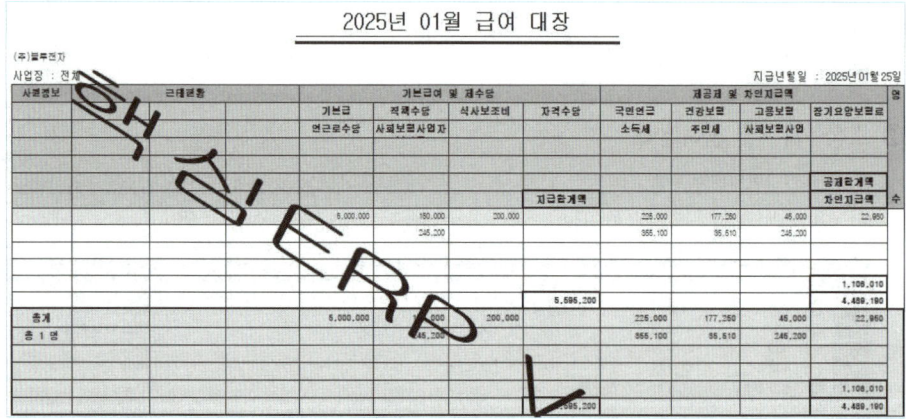

[2] [연간급여현황]에서 1/4분기(1월~3월)의 부서별 급여 지급총액중 금액이 가장 많은 부서는?

→ 임원실

3. 회계전표처리

인사급여관리/전표관리/회계전표처리

[상용직 급여입력 및 계산]에서 계산된 급/상여 데이터 및 공제금액을 회계처리 하는 메뉴이다. 먼저 [회계연결계정설정]에서 인사관리부분의 계정과목이 설정되어 있어야 하며, [계정과목설정]과 [소득자별계정유형설정]을 통해 사원별 계정과목을 설정하고 [전표입력및생성]에서 자동분개한다.

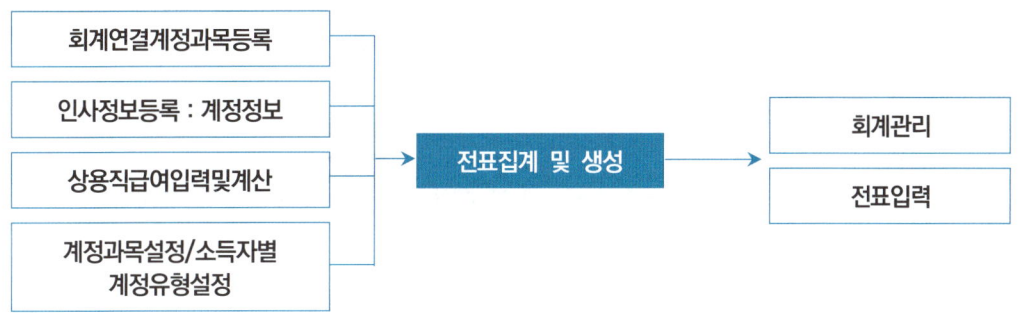

실무사례

[상용직급여입력및계산]에 등록된 정보와 다음의 급여관련 계정과목에 의하여 1월~12월까지 사원별 급여지급내역을 회계전표처리하시오.

	임원계정	사원계정	제조계정
기본급	80100.임원급여	80200.직원급여	50400.임금
직책수당	80400.제수당	80400.제수당	50600.제수당
식사보조비	80400.제수당	80400.제수당	50600.제수당
자격수당	80400.제수당	80400.제수당	50600.제수당
연장근로수당	80400.제수당	80400.제수당	50600.제수당
상여금	80300.상여금	80300.상여금	50500.상여금
공제항목	25400.예수금	25400.예수금	25400.예수금
차인지급액	10301.보통예금	10301.보통예금	10301.보통예금

❶ 계정과목설정

인사급여관리/전표관리/계정과목 설정

상용직급여에 대하여 계정유형별(임원계정, 사원계정, 제조계정), 항목구분별(지급항목, 공제항목)로 계정을 설정한다.

[임원계정의 설정]

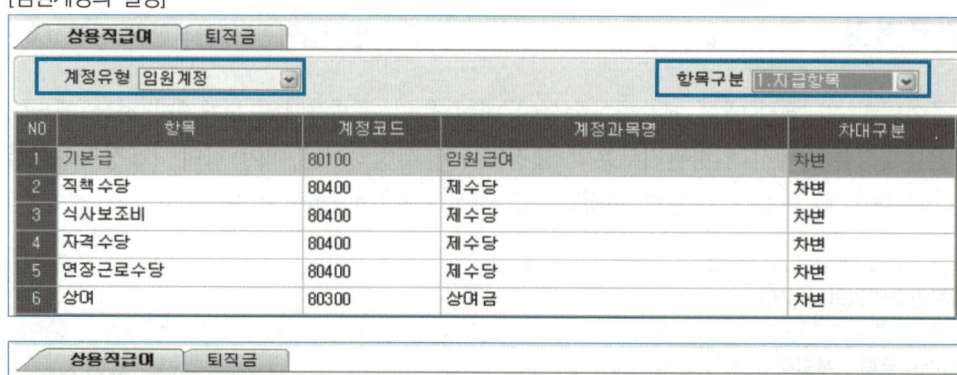

[사원계정의 설정]

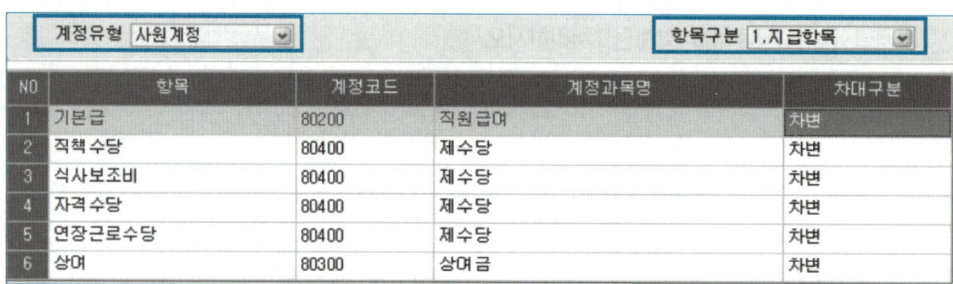

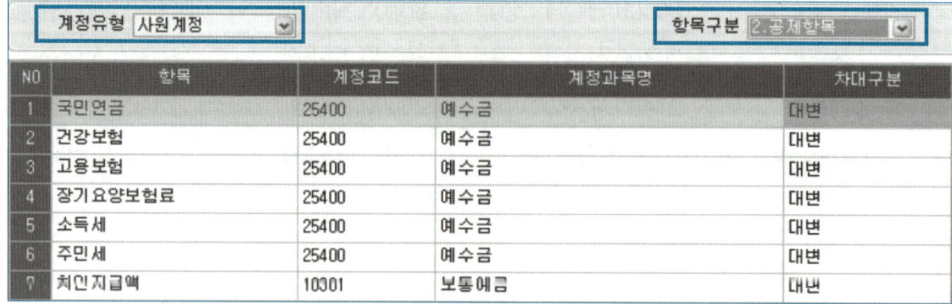

[제조계정의 설정]

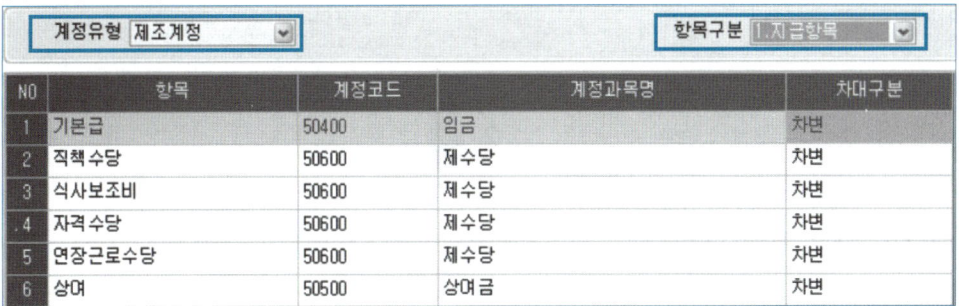

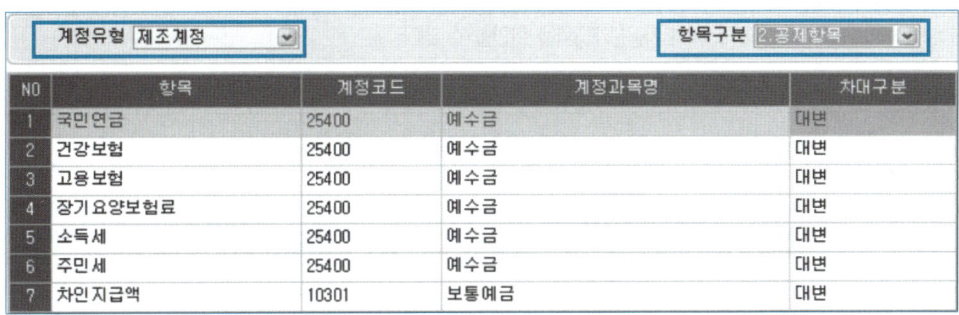

❷ 소득자별계정유형설정

소득자구분을 사원으로, 계정유형별(임원계정, 사원계정, 제조계정)로 대상 사원을 조회한다.

[임원계정]

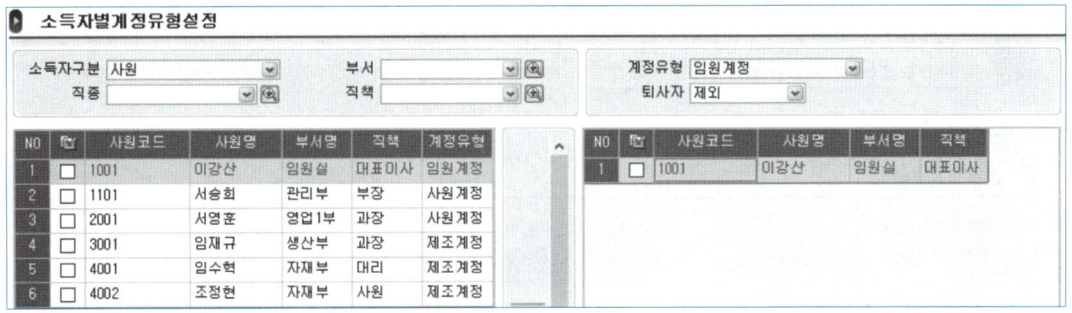

[사원계정]

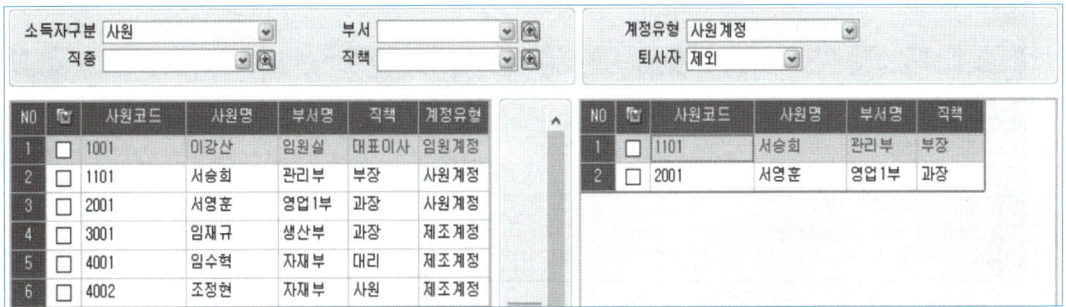

[제조계정]

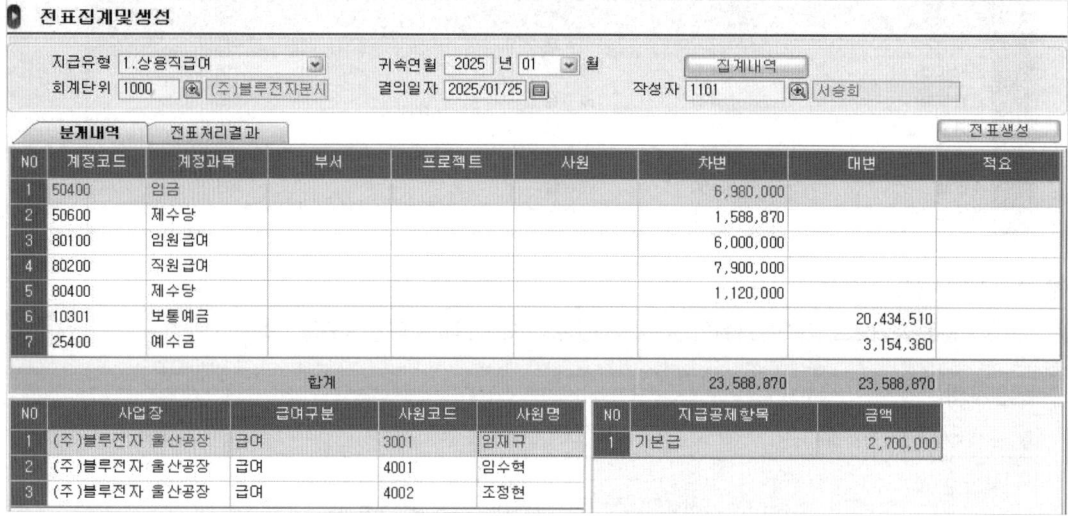

❸ 전표집계및생성

지급유형을 1.상용직급여로 귀속년월, 회계단위, 결의일자를 선택한 다음 분개내역을 조회하고 [전표생성]키를 클릭하여 회계전표를 생성하며, [전표처리결과]Tab에서 자동분개내역을 확인할 수 있다.

[전표처리결과]

* 위 1월의 전표처리방법으로 2월~12월의 전표처리를 한다.

자동 분개가 안되는 경우

- "계정유형"이 지정되지 않은 소득자가 있을 경우
- "계정과목"이 지정되지 않은 지급공제항목이 있을 경우

결과검토

6월분 급여에 대하여 전표처리하고 전표처리결과를 조회하면 상여금계정의 금액은 총 얼마인가?

→ 19,760,000원(13,960,000원+5,800,000원)

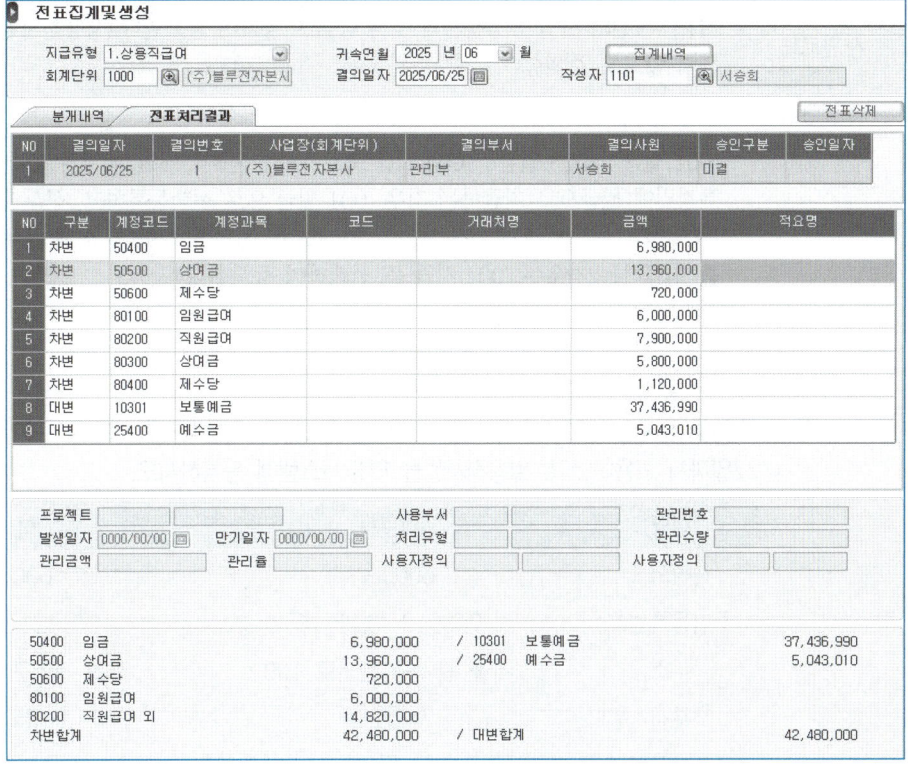

4. 일용직 사원등록

인사급여관리/일용직관리/일용직사원등록

일용직사원은 상용직사원과 달리 일일 또는 1개월 이내의 기간을 정하여 고용되는 자로서, 상용직사원과 구분하여 등록 및 관리한다.

일용직사원을 등록하고 일용직급여입력 및 계산을 통해 세액이 산출된다.

| 일용직사원등록 주요항목설명 |

항 목	설 명
사원코드	일용직사원의 사번을 영문자와 숫자 등을 이용하여 등록한다.(상용직사원의 사번과는 중복되지 않도록 주의한다.)
고용형태	일용직사원 등록이므로 '002.일용직'으로 자동 선택된다.
급여형태	'001.월급', '003.일급', '004.시급'으로 나누어진다. 매일 매일의 출결관리를 하지 않고 특정일에 월급으로 지급하는 경우 '001.월급'으로 선택등록하고, 근무시간에 관계없이 하루 일정금액을 지급하는 경우 '003.일급'으로 선택 등록한다. 실제 근무시간에 따라 급여를 지급하는 경우는 '004.시급'을 선택하여 등록한다

실무사례

(주)블루전자는 2025년 신제품 판촉활동을 위해 일용직사원 2명을 2025년 1월 13일부터 27일까지 고용하였다. 일용직사원을 ERP시스템에 등록하시오.

성명	이준형	박상국
사원코드	6000-01	6000-02
주민등록번호	760918-1111116	801121-1111112
주소	서울 관악구 관천로 100	서울 관악구 관악로 100
부서	영업1부	영업1부
고용보험여부	여	여
근무일자	1/13,14,15,16,17,20,21,22,23,24,27 (11일) 1일8시간근무	1/13,14,15,16,17,20,21,22,23,24,27 (11일) 1일8시간근무
급여(지급)형태	일급(2.일정기간지급)	일급(2.일정기간지급)
급여액	120,000원	130,000원
급여지급일	2025.1.31.	2025.1.31.

❶ 일용직사원등록

사원코드와 사원명을 입력하고 우측에 상세정보를 등록한다.

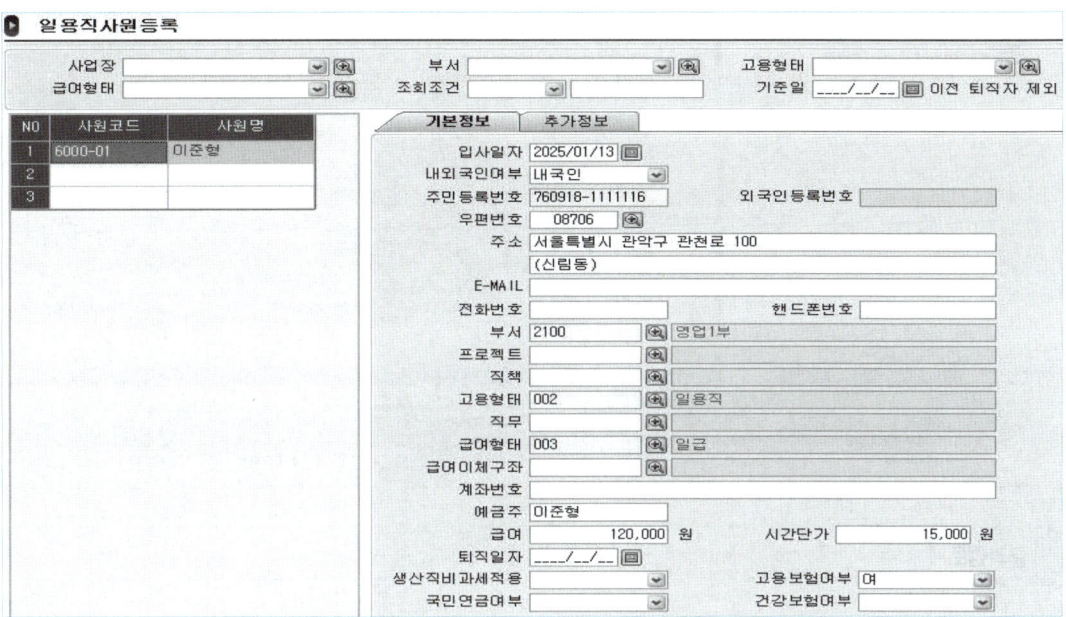

❷ 일용직급여지급일자등록

[지급일 설정]을 클릭한 후 [일용직사원리스트]에서 사원을 선택한다음 [추가] 키를 클릭하여 우측 [일용직급여대상자]로 이동한다.

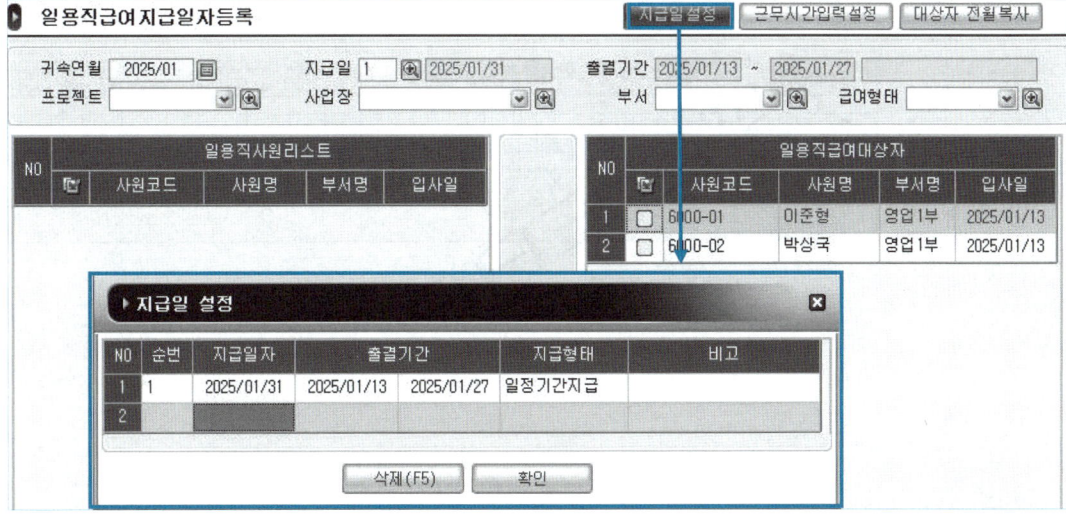

❸ 일용직급여입력및계산

사원을 선택하고 우측에서 해당 근무일자의 근무시간을 입력하면 급여와 세액이 자동으로 산출된다. 입력후 반드시 마감한다.

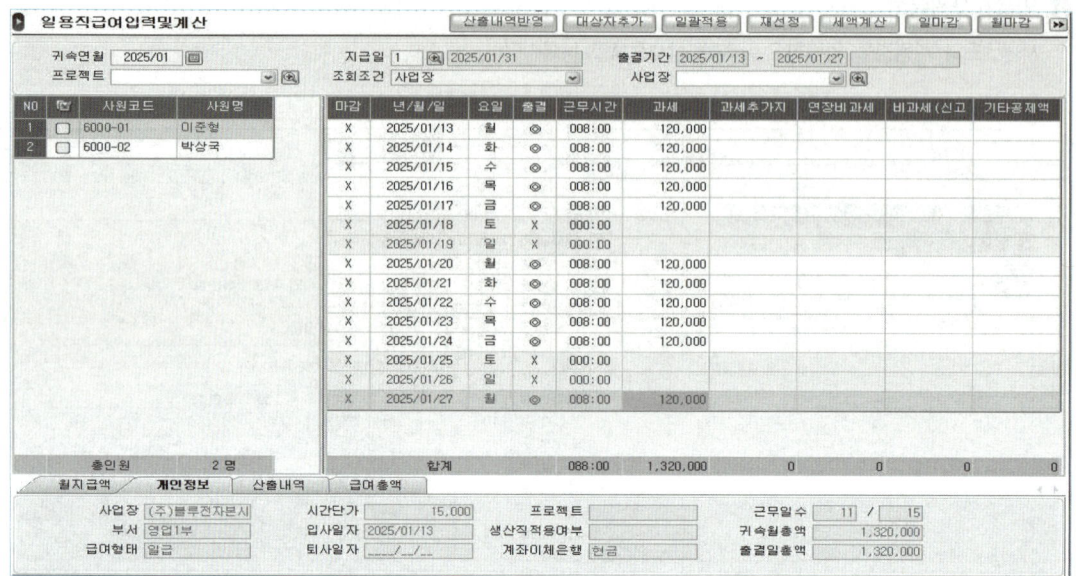

결과검토

[인쇄]를 클릭한 후 급여대장을 출력하고 2025년 1월의 일용직 급여총액을 조회하시오.

→ 2,725,250원

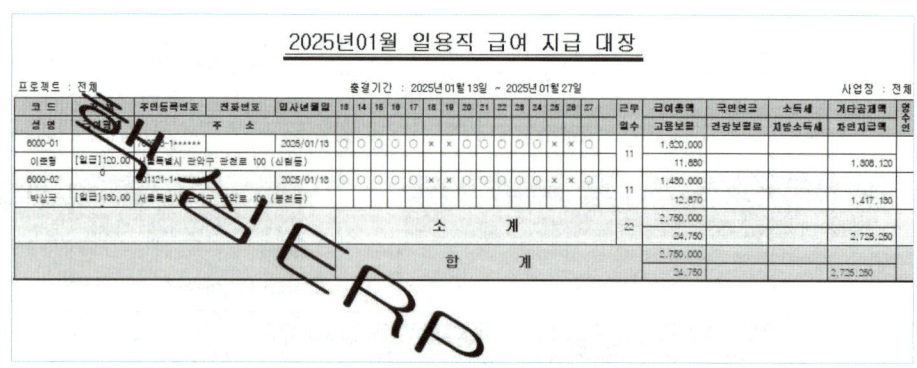

핵심평가문제

01. A회사는 09월부터 직무수당을 신설하여 각 직무별 수당을 지급하고자 한다. 근태마감 및 급여계산 이전에 선행되어야 할 작업내용으로 틀린 것은?

① 호봉테이블등록에 직무수당을 등록한다.
② 인사기초코드등록메뉴에서 사원그룹으로 '직무'를 등록하고 관리내역을 등록한다.
③ 지급공제항목등록에서 분류항목 및 계산식에 각 직무별 수당금액을 입력한다.
④ 인사기초코드등록메뉴에서 지급항목으로 '직무수당'을 등록한다.

02. 다음 중 [보기]와 같은 작업을 처리하기 위해 해야 할 프로세스가 아닌 것은?

┤ 보기 ├
2025년 7월 급여지급부터 사무직사원에 대해 'ERP정보관리사 2급' 자격증 소지자에 대해 각 100,000원의 '자격수당'을 지급하기로 하였다.

① 지급공제항목등록에서 자격수당에 대한 지급일자를 등록한다.
② 지급공제항목등록에서 자격수당의 과세여부를 선택한다.
③ 인사기초코드등록에 'P0.급여지급형태'에서 관리내역으로 '자격수당'을 등록한다.
④ 지급공제항목등록에서 자격수당에 대한 계산식을 등록한다.

03. 다음은 [상용직급여입력및계산] 화면이다. 화면에 대한 설명으로 옳지 않은 것은?

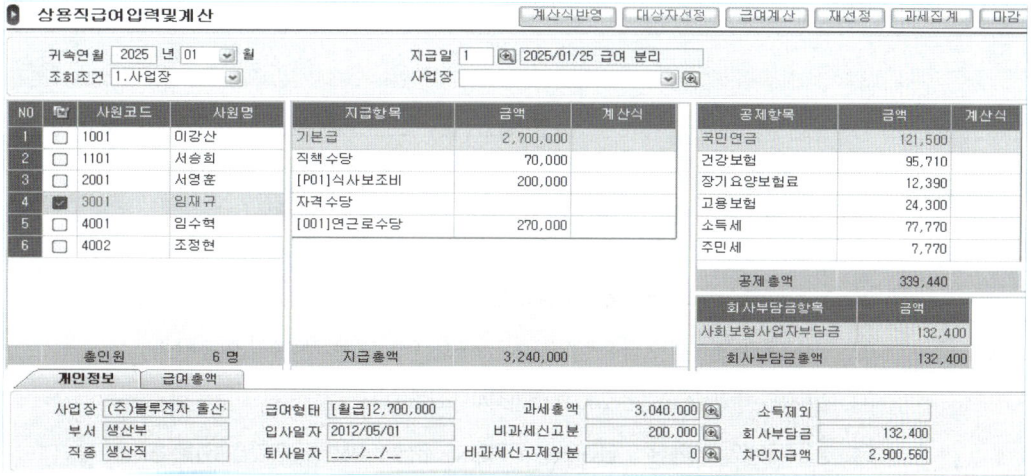

① 임재규의 지급총액은 3,240,000원이다.
② 임재규의 비과세신고분은 270,000원이다.
③ 임재규의 개인계좌로 입금시키기 위한 금액은 2,900,560원이다.
④ 임재규의 급여에서 원천징수해야 할 사회보험금은 132,400원이다.

04. 다음 중 핵심ERP에서의 입력 프로세스와 그 프로세스가 반영되는 결과물의 연결이 올바르지 않은 것은?

① 인사발령 - 인사발령리포트, 인사발령공고
② 원천징수이행상황신고서 - 소득세납부서
③ 연말정산추가자료입력 - 근로소득원천징수영수증, 근로소득원천징수부
④ 상용직급여입력및계산 - 인사기록카드, 연말정산현황

05. 김성실사원의 이혼으로 가족관계가 변동되었을 때 [상용직급여입력및계산]에서 세액계산에 반영하기 위한 프로세스 순서로 옳은 것은?

① 인사정보등록 - 상용직급여입력및계산 - 급여계산
② 인사정보등록 - 급여계산 - 상용직급여입력및계산
③ 인사정보등록 - 상용직급여입력및계산 - 재선정
④ 인사정보등록 - 인사기록카드 - 상용직급여입력및계산 - 급여계산

정답 및 해설

| 01 | ① | 02 | ③ | 03 | ② | 04 | ④ | 05 | ① |

01. 직무수당은 호봉테이블등록과 관련이 없다.
02. 인사기초코드등록의 2.급여에서 P2.지급코드에 P**코드로 자격수당을 등록한다.
03. 임재규의 비과세신고분은 200,000원(식사보조비)이다.
04. 상용직급여입력및계산 - 급여대장, 급여명세, 급상여이체현황, 연간급여현황 등

3절 연말정산관리

상용직사원의 근로소득에 대한 연말정산을 위해 상용직급여자료입력에 입력된 월별 급여자료와 인적정보 및 연말정산추가자료에 의해 연말정산을 수행하여 소득자별근로소득원천징수부와 근로소득원천징수영수증을 자동으로 작성할 수 있다.

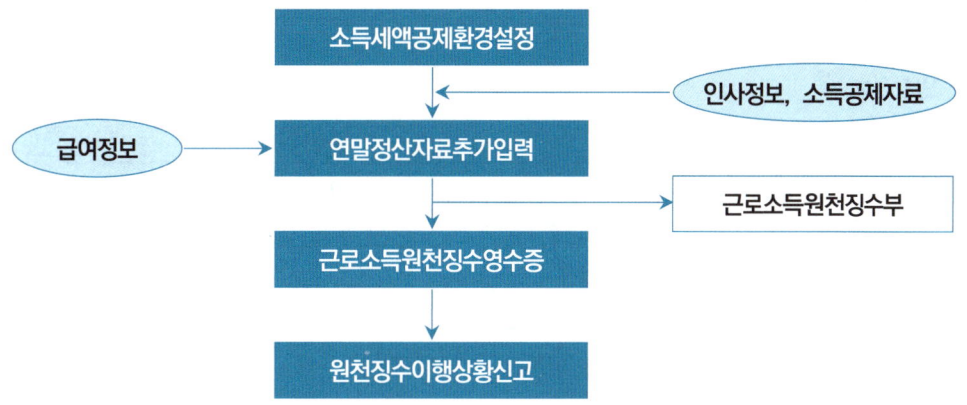

1. 소득공제자료등록   인사급여관리/연말정산관리/소득공제자료등록

연말정산작업을 하기위한 근로자의 부양가족관계 및 부양가족의 소득공제자료들을 등록한다.

 정산연월
연말정산 해당 귀속연월을 입력하며 계속근무자의 연말정산은 13월로 입력한다.

2. 연말정산자료입력   인사급여관리/연말정산관리/연말정산자료입력

[상용직급여입력 및 계산]과 [소득공제자료등록]에서 입력한 연말정산 관련자료 외의 추가정보를 입력하여 정산을 완료하며, 연말정산이 완료되어 근로소득원천징수영수증과 소득자별근로소득원천징수부를 자동으로 작성할 수 있다.

조정현사원이 2025년 12월 30일로 중도 퇴사하였으며, 이에 대한 연말정산을 하시오.
추가로 제출한 소득공제자료는 없는 것으로 한다.
(교육용은 계속근무자의 정산이 지원되지 않으며, 중도퇴사자에 대하여 정산하기로 한다.)

❶ 인사정보등록

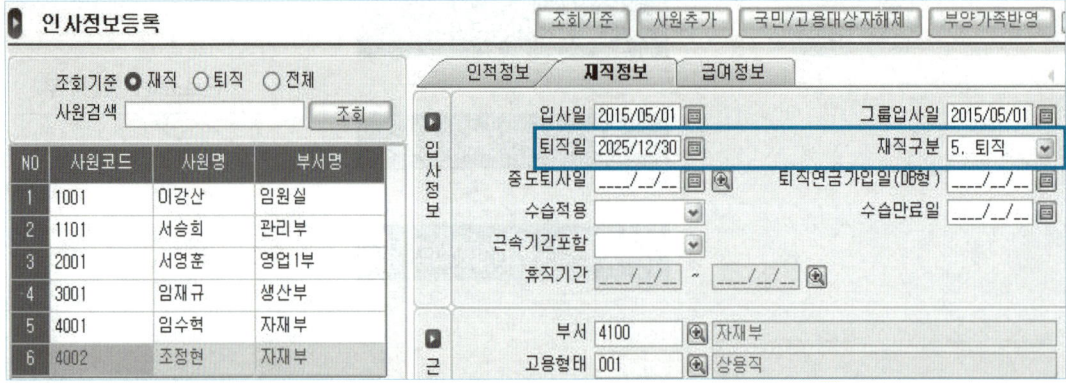

❷ 연말정산추가자료입력

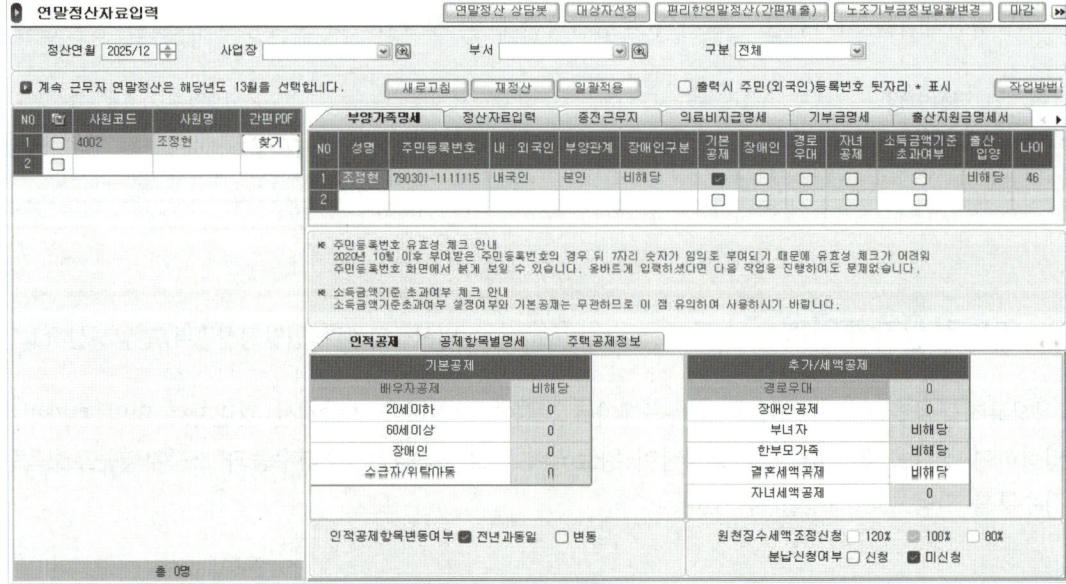

* 연말정산 자료를 입력한 후 상단의 [마감]을 클릭하여 마감한다.

3. 소득자별 근로소득원천징수부   인사급여관리/연말정산관리/근로소득원천징수부

법 제134조의 규정에 의하여 매월분의 근로소득을 지급하는 원천징수의무자는 기획재정부령이 정하는 근로소득원천징수부를 비치·기록하여야 한다.

이 경우 근로소득원천징수부를 전산처리된 테이프 또는 디스크등으로 수록·보관하여 항시 출력이 가능한 상태에 둔 때에는 근로소득원천징수부를 비치·기록한 것으로 본다

사원별로 1.총급여액, 2.차감원천징수액, 3.징수의무자 자체증빙지출액(소득공제)의 급여내역을 조회할 수 있으며, [인사정보등록]또는 [소득공제자료입력]에 등록된 부양가족등의 인적공제내용과 연말정산이 완료된 결과를 조회할 수 있다.

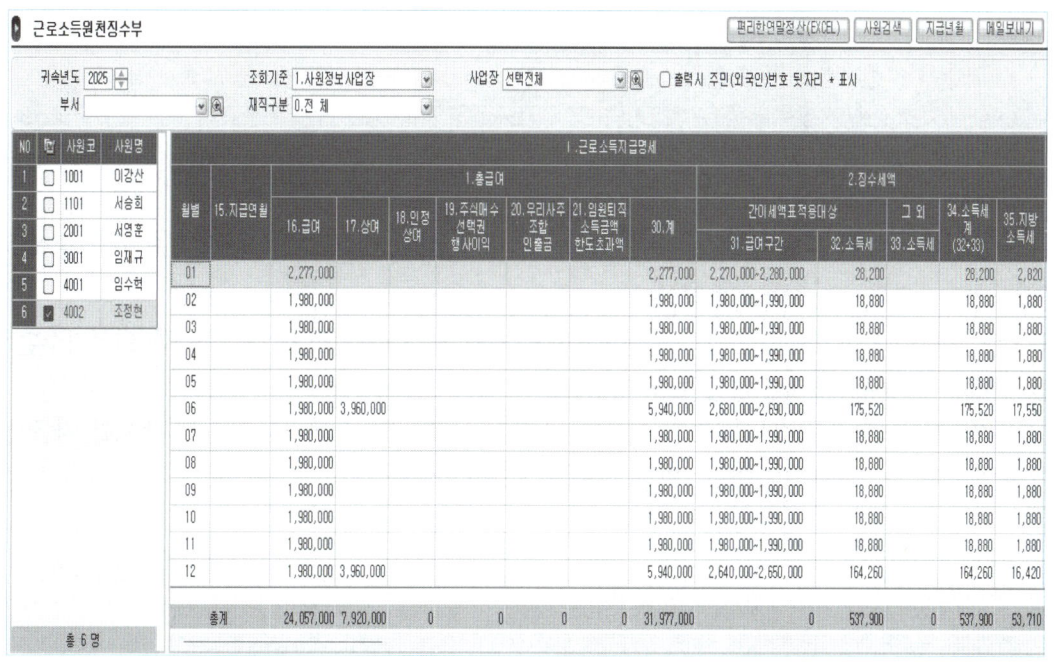

4. 근로소득원천영수증   인사급여관리/연말정산관리/근로소득원천징수영수증

[연말정산 추가자료입력]에서 마감된 정보를 반영하여 작성되며, 중도퇴사자 또는 계속근무자의 연말정산 후 작성된다.

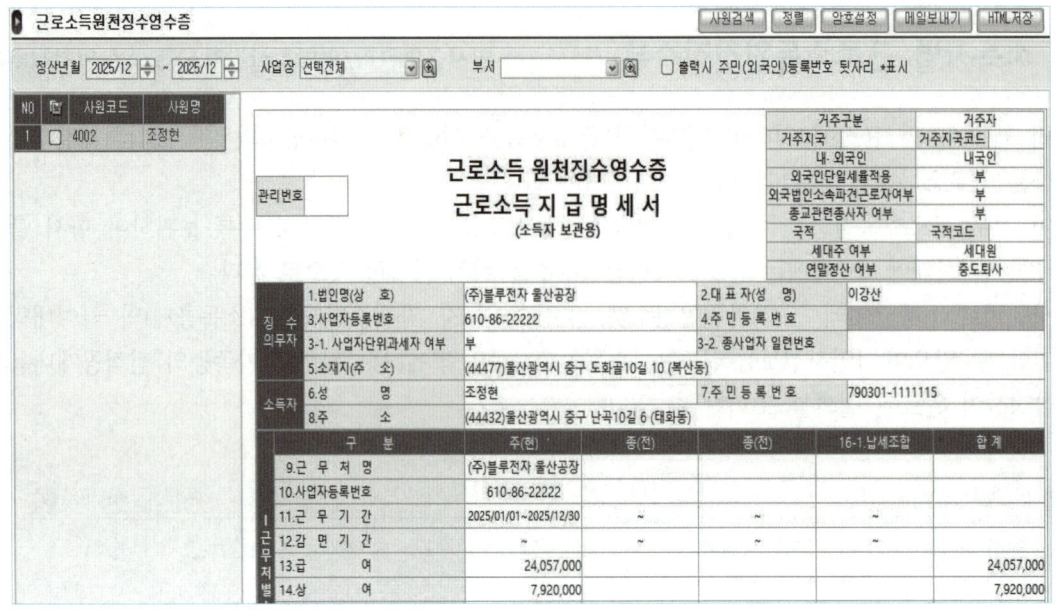

5. 원천징수 이행상황신고 보고   인사급여관리/세무관리/원천징수이행상황신고서

원천징수이행상황신고서란 회사가 원천징수하고 지급한 소득세법상의 소득금액과 원천징수된 세액을 집계하여 세무서에 보고하는 보고서이다.

[상용직급여입력및계산]에서 마감된 정보와 [일용직급여입력및계산]에서 마감된 정보를 자동으로 받아 귀속월과 지급월에 해당하는 [원천징수이행상황신고서]를 작성 및 보고한다.

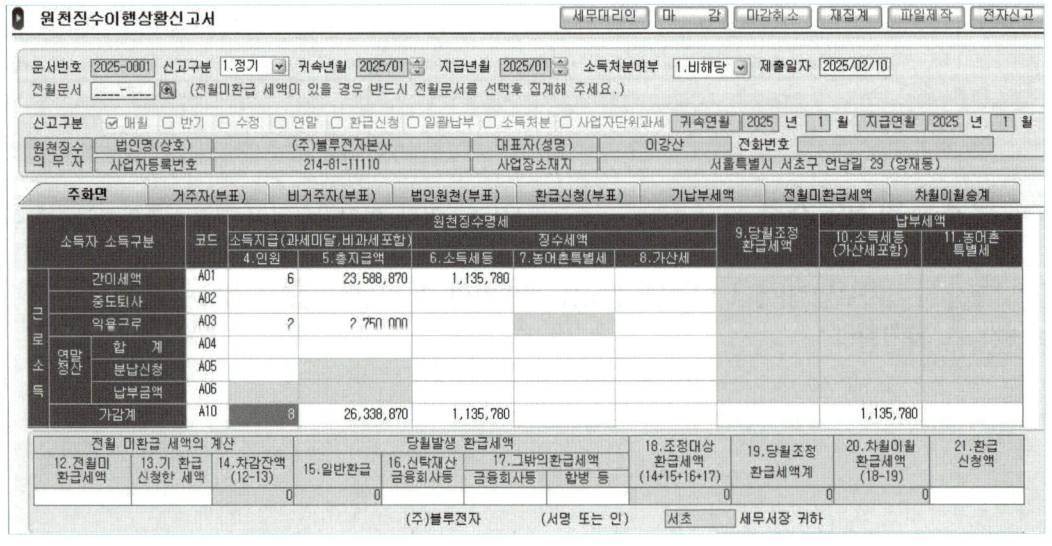

Part 3
합격전략

CHAPTER 1. 모의고사
제 1 회 ERP정보관리사 인사2급 모의고사
제 2 회 ERP정보관리사 인사2급 모의고사

CHAPTER 2. 기출문제
제 1 회 ERP정보관리사 인사2급 기출문제
제 2 회 ERP정보관리사 인사2급 기출문제
제 3 회 ERP정보관리사 인사2급 기출문제
제 4 회 ERP정보관리사 인사2급 기출문제
제 5 회 ERP정보관리사 인사2급 기출문제
제 6 회 ERP정보관리사 인사2급 기출문제
제 7 회 ERP정보관리사 인사2급 기출문제
제 8 회 ERP정보관리사 인사2급 기출문제

데이터 다운로드

기초데이터 다운로드: 데이콤 웹하드(www.webhard.co.kr/ID : ant6545/PW : 1234)
- ERP정보관리사(한국생산성본부) → [나눔ERP인사2급(2025)] → [나눔ERP인사2급 기초데이터.exe]파일을 다운받아 압축을 푼다.
- [나눔ERP인사2급 기초데이터.exe] → 더블클릭 → [나눔ERP인사2급 기초데이터] 실행파일 → 더블클릭하면 기초데이터가 [BAK]폴더에 설치된다.
- [내컴퓨터] → [C:] → [iCUBECORE] → [iCUBECORE_DB] → [BAK]폴더에 자동으로 저장된 데이터 확인

ERP정보관리사 인사2급

경영혁신과 ERP

01 ERP 구축 시 경험있고 유능한 컨설턴트를 활용함으로써 얻는 장점으로 적절하지 않은 것은?
① ERP기능과 관련된 필수적인 지식을 기업에 전달할 수 있다.
② 숙달된 소프트웨어 구축방법론으로 실패를 최소화할 수 있다.
③ 기업의 업무환경에 적합한 최적의 패키지를 선정하는데 도움이 된다.
④ 구축프로젝트를 컨설턴트에게 일임함으로써 경영진의 참여가 없어도 쉽게 구축가능하다.

02 클라우드 서비스 기반 ERP와 관련된 설명으로 가장 적절하지 않은 것은?
① PaaS에는 데이터베이스 클라우드 서비스와 스토리지 클라우드 서비스가 있다.
② ERP 소프트웨어 개발을 위한 플랫폼을 클라우드 서비스로 제공받는 것을 PaaS라고 한다.
③ ERP 구축에 필요한 IT인프라 자원을 클라우드 서비스로 빌려 쓰는 형태를 IaaS라고 한다.
④ 기업의 핵심 애플리케이션인 ERP, CRM 솔루션 등의 소프트웨어를 클라우드 서비스를 통해 제공받는 것을 SaaS라고 한다.

03 효과적인 ERP교육을 위한 고려사항으로 가장 적절하지 않은 것은?
① 다양한 교육도구를 이용하라.
② 교육에 충분한 시간을 배정하라.
③ 비즈니스 프로세스가 아닌 트랜잭션에 초점을 맞춰라.
④ 조직차원의 변화관리활동을 잘 이해하도록 교육을 강화하라.

04 ㈜인사는 'Best Practice' 도입을 목적으로 ERP 패키지를 도입하여 시스템을 구축하고자 한다. ㈜인사의 도입 방법 중 가장 적절하지 않은 것은?

① BPR과 ERP 시스템 구축을 병행하는 방법
② ERP 패키지에 맞추어 BPR을 추진하는 방법
③ 기존 업무처리에 따라 ERP 패키지를 수정하는 방법
④ BPR을 실시한 후에 이에 맞도록 ERP 시스템을 구축하는 방법

인사이론

05 인적자원관리의 여러 기능 중 서로 성격이 가장 다른 하나는?

① 이직관리
② 노사관계관리
③ 안전보건관리
④ 복리후생관리

06 직무요건 중에서도 인적요건에 큰 비중을 주고 정리·기록한 문서로 고용, 훈련, 승진 등에 기초자료를 제공하는 것은?

① 직무기술서
② 직무평가서
③ 직무분석표
④ 직무명세서

07 직무설계 방식에 대한 설명 중 가장 적절하지 않은 것은?

① 과학적 관리법 : 과업을 최대한 가능한 요소로 세분화하는 방식
② 직무순환 : 서로 다른 직무 담당을 바꾸어 주고 직무를 교대하는 방식
③ 직무교차 : 직무의 일부분을 다른 작업자와 공동으로 수행해야 하는 방식
④ 직무충실화 : 전체적인 과업을 보다 작은 요소로 분할하고 나누어 담당하여 종업원의 숙련도를 증가시키는 방식

08 기업차원에서 인력이 부족한 경우의 대응 전략으로 적절하지 않은 것은?

① 초과근로
② 아웃소싱
③ 다운사이징
④ 임시직고용

09 [보기]에서 선발도구의 타당성에 대한 설명으로 가장 적절한 것은?

> ㉠ 선발도구가 안정적이고 일관성 있는 결과를 얻을 수 있는지 판단하는 기준
> ㉡ 선발도구가 당초 측정하려 의도하였던 것을 얼마나 정확하게 측정하고 있는지를 밝히는 정도
> ㉢ 시험-재시험법, 대체형식 방법, 양분법 등으로 타당성을 판단
> ㉣ 내용 타당성 측정을 통해 선발도구의 문항이 직무 성과와의 관련성을 잘 나타내고 있는지를 측정

① ㉠, ㉡   ② ㉠, ㉢   ③ ㉡, ㉣   ④ ㉢, ㉣

10 [보기]는 무엇에 대한 설명인가?

> 인사평가의 타당성, 신뢰성, 객관성을 높이고자 개발된 평가방법으로 근무평가를 위해 자신, 직속 상사, 부하직원, 동료, 고객 등 외부인까지 평가자에 참여시키는 방법이다.

① 면접법   ② 다면평가
③ 자기신고법   ④ 목표관리법

11 [보기]에서 설명하는 교육훈련방법으로 가장 적절한 것은?

> • 상급자는 강의실의 강사 역할을 수행하며, 역할 모형으로서의 기능을 하여 안내, 조직, 피드백, 강화를 제공하는 교육훈련 방법이다.
> • 광의의 교육자와 피교육자가 파트너를 이루어, 스스로 목표를 설정하고 효과적으로 달성하며, 성장할 수 있도록 지원한다.

① 코칭   ② 액션러닝
③ 행동모델법   ④ 감수성 훈련

12 승진관리 방침에서 능력주의 승진에 대한 설명으로 가장 적절하지 않은 것은?

① 구성원들의 성취동기를 증대시킨다.
② 합리적 기준이며 가치·목적적 기준이다.
③ 승진요소는 직무수행능력, 업적, 성과이다.
④ 객관적이고 보편타당한 기준의 제시가 용이하다.

13 법정휴가에 해당하지 않은 것은?

① 생리휴가　　　　　　　　② 경조휴가
③ 출산전후휴가　　　　　　④ 연차유급휴가

14 퇴직급여 중 '근로자가 퇴직 후 지급받는 퇴직 급여를 사전에 정해 놓고 기업이 적립금을 운용하는 형태의 퇴직 연금'으로 가장 적절한 것은?

① 퇴직금　　　　　　　　　② 개인형 퇴직연금
③ 확정기여형 퇴직연금　　　④ 확정급여형 퇴직연금

15 [보기]에 설명하는 복리후생제도로 가장 적절한 것은?

> 근로자를 전인적 인간으로서 육체적·심리적·정신적 측면에서 균형된 삶을 추구할 수 있도록 지원하는 복리후생 제도

① 이윤배분제도　　　　　　② 홀리스틱 복리후생
③ 라이프사이클 복리후생　　④ 카페테리아식 복리후생

16 근로소득 중 비과세소득에 해당되지 않은 것은?

① 국민연금법에 따른 반환일시금
② 국외 근로 급여 중 월 100만원
③ 퇴직 후 수령하는 500만원 이상의 직무발명보상금
④ 실업급여, 육아휴직 급여, 육아기 근로시간 단축 급여, 출산전후휴가 급여

17 건강보험 대상자로 옳지 않은 것은?

① 교직원　　　　　　　　　② 공무원
③ 1주일 고용된 일용근로자　④ 상시근로자가 1명인 사업장의 사업주

18 [보기]의 설명하는 근무제도로 가장 적절한 것은?

> 근로자가 출장, 기타의 사유로 인하여 근로시간의 전부, 일부를 사업장 밖에서 근로하여 근로시간의 산정이 어려운 경우, 근로시간에 관계없이 일정합의시간을 근로시간으로 보는 제도

① 탄력 근무시간제　　　　　② 재량 근로시간제
③ 간주 근로시간제　　　　　④ 선택 근로시간제

19 [보기]에서 설명하고 있는 노동조합의 가입 방법은 무엇인가?

> 노동조합에 가입된 이후 일정기간 동안은 노동조합원으로서 자격을 유지하여야 한다는 제도

① 클로즈드 숍 (closed shop)　　② 에이전시 숍 (agency shop)
③ 프리퍼렌셜 숍 (preferential shop)　　④ 메인터넌스 숍 (maintenance shop)

20 경영참가 방법 중 직접참가 방법으로 가장 적절하지 않은 것은?

① 럭커플랜　　　　　② 스캔론플랜
③ 스톡옵션제도　　　④ 노사협의제도

【ERP 인사 시뮬레이션】 기초데이터는 데이콤 웹하드(www.webhard.co.kr/ID:ant6545/비번:1234)에서 다운받아 설치한 후 6101 ㈜팔공유통-유경아로 로그인 한다.

01 다음 중 핵심 ERP 사용을 위한 기초 사업장 정보를 확인하고, 그 내역으로 올바르지 않은 것은 무엇인가?

① [1000.㈜팔공유통 본사] 사업장의 업태는 '제조.도매'이며, 등록된 사업장 중 유일한 본점 사업장이다.
② [2000.㈜팔공유통 인천지점] 사업장의 주업종코드는 [369301.제조업]이고, 지방세신고지 (행정동) 코드는 [2823710100.인천광역시 부평구 부평동]이다.
③ [3000.㈜팔공유통 강원지점] 사업장은 2022/01/02부터 새롭게 개업한 사업장이고, 관할세무서는 [221.춘천]이다.
④ 사업자단위과세 신고를 할 때, [1000.㈜팔공유통 본사] 사업장이 주(총괄납부)사업장이다.

02 다음 중 핵심 ERP 사용을 위한 기초 부서 정보를 확인하고, 내역으로 올바르지 않은 것은 무엇인가?

① 2025/03/25 현재 사용 중인 부서는 모두 8개 이다.
② [1000.㈜팔공유통 회사본사] 사업장에 속한 2025/03/25 현재 사용 중인 부서 중 [1000. 관리부문]에 속한 부서가 많다.
③ 사용기간이 종료된 부서는 모두 [2000.㈜팔공유통 인천지점] 사업장 소속이고, 2021/12/31에 종료됐다.
④ [6000.교육부문]에 속한 부서는 [7100.교육부]가 유일하다.

03 다음 중 [H.인사/급여관리] 모듈에 대한 [ERP26206.유경아] 사원의 설정 내역을 확인하고 관련된 설명으로 올바르지 않은 것은 무엇인가?

① [인사정보등록]메뉴에서 입력(내용 수정), 삭제, 출력이 모두 가능하다.
② [사회보험환경등록]메뉴에 입력된 내역을 수정할 수 없다.
③ [연말정산관리]의 모든 메뉴에 대한 권한이 없다.
④ [급여명세]메뉴에서는 본인이 속한 사업장의 급여명세 만 출력 할 수 있다.

04 당 회사는 2025년 1월 [800.주임] 직급의 호봉을 아래 [보기]와 같이 일괄 등록하고자 한다. 호봉등록을 완료 후 5호봉 '호봉합계'의 금액은 얼마인가?

> 1. 기 본 급 : 초기치 2,850,000원, 증가액 77,500원
> 2. 직급수당 : 초기치 110,000원, 증가액 22,080원
> 4. 일괄인상 : 기본급 3% 정률인상

① 3,160,000원   ② 3,254,800원
③ 3,358,320원   ④ 3,453,120원

05 2025년도 귀속 [급여]구분의 '지급항목'에 대한 설정으로 올바르지 않은 것은 무엇인가?

① [P00.기본급]은 각 사원별 책정된 월급을 기준으로 지급하며, 입퇴사자의 경우 무조건 일할 계산하여 지급한다.
② [P02.가족수당]은 부양가족 별 책정된 수당이 다르며, 근로자 본인의 부모님을 모두 부양하는 경우 200,000원을 지급받을 수 있다.
③ [P20.직책수당]은 직책별로 차등 지급되며, [300.부서장] 또는 [400.팀장]에 해당 하는 경우만 지급한다.
④ [P40.육아수당]은 비과세인 수당으로, 재직구분이 [J06.육아휴직] 인 경우 책정된 월급의 80%만큼 지급받을 수 있다.

06 당 회사의 인사/급여기준에 대한 설정을 확인한 뒤, 설정을 올바르게 설명한 [보기] 내용은 몇 개인가? 단, 환경설정 기준은 변경하지 않는다.

> A : 입사자 급여계산 시, 근무일수가 25일을 초과하는 경우 '월'의 방식으로 급여를 지급하고 그렇지 않은 경우 실제 근무일만큼 급여를 지급한다.
> B : 수습직의 경우 3개월 간 80%에 해당하는 급여를 지급받는다.
> C : 월일수 산정 시, '한달 정상일'에 입력된 기준일(월)수를 일수로 적용한다.
> D : '사무직'과 '생산직'의 출결마감 기준일은 당월 1일에서 말일까지이다.

① 0개 ② 1개 ③ 2개 ④ 3개

07 당 회사 [20110101.배유진] 사원의 정보로 올바르지 않은 것은 무엇인가?

① 주민등록주소는 강원도 춘천시 온의로 60이며, 세대주이다.
② 2023/05/14 입사했으며 3개월의 수습기간을 적용했었다.
③ 현재 직책은 [800.주임]이고, 급여형태는 [001.월급]이다.
④ 현재 [T13.중소기업취업감면(90% 감면)] 대상자이고, 2025/01 새롭게 임금을 책정했다.

08 당 회사는 〈개인정보보호교육〉을 진행하였다. 아래 [보기] 기준으로 교육평가 내역을 직접 확인 시, 교육평가 결과가 '이수'가 아닌 사원은 누구인가?

> • 교육명 : [810.개인정보보호교육]   • 교육기간 : 2025/01/01~2025/03/31

① [20000502.김종욱] ② [20001102.정영수]
③ [20040301.오진형] ④ [20190701.장석훈]

09 당 회사는 모든 사업장에 대해 아래 [보기]와 같이 [특별자격수당]을 자격취득자에게 지급하기로 하였다. [보기]와 같이 [특별자격수당]을 지급 시, 그 지급액은 얼마인가? 단, 퇴사자는 제외한다.

> 1. 대상자 : 2025년 1/4분기에 자격증을 취득한 사원
> 2. [200.ERP정보관리사2급] : 30,000원
> 3. [900.PAC(프레젠테이션능력인증자격) 2급] : 25,000원
> 4. 수당여부 : 해당

① 140,000원 ② 165,000원 ③ 195,000원 ④ 220,000원

10 회사는 2025년 01월 01일 기준으로 모든 사업장에 대해 만 10년 이상 장기근속자에 대해 특별근속수당을 지급하기로 하였다. 아래 [보기]를 기준으로 총 지급한 특별근속수당은 얼마인가? 단, 퇴사자는 제외하며, 미만일수는 올리고, 이전 경력은 제외한다.

- 10년 이상 15년 미만 : 100,000원
- 15년 이상 : 150,000원

① 700,000원
② 1,650,000원
③ 1,000,000원
④ 1,150,000원

11 당 회사는 [2025년 03월 인사발령]을 사원 별로 진행하고자 한다. [20250331] 발령호수의 발령내역을 확인하고, 그 설명으로 올바르지 않은 것은 무엇인가?

① 해당 발령호수의 발령일자는 '2025/03/31'이고, 모든 대상자는 현재 '관리부'에 속해있다.
② [20001101.박용덕] 사원은 발령 후 자재부로 소속 부서가 변동된다.
③ [20001102.정영수] 사원의 현재 직책은 매니저이고, 발령 후 주임으로 직책 변동이 있다.
④ [20040301.오진형] 사원은 발령 후 근무조와 직책에 변동사항이 있다.

12 당 회사는 2025년 03월 귀속 〈급여〉 지급 시, '자격수당' 지급 요건을 추가하고자 한다. [보기]를 기준으로 직접 '자격수당' 분류코드를 추가하고 〈급여계산〉 시, 급여 지급 대상자들의 총 '과세' 금액은 얼마인가? 단, 그 외 급여계산에 필요한 조건은 프로그램에 등록된 기준을 이용한다.

1. 지급항목 : [P50.자격수당]
2. 분류코드(자격별) : [900.PAC(프레젠테이션능력인증자격) 2급] 추가
3. 계산구분 : 금액 25,000원

① 79,771,870원
② 78,102,910원
③ 80,771,870원
④ 80,921,870원

13 당 회사는 2025년 03월 귀속 '상여' 소득을 지급하고자 한다. 〈2024년 03월 귀속 상여〉 지급일 기준으로 아래 [보기]와 같이 직접 지급일을 추가 등록하여 상여 계산 시, 대상자들의 총 '과세' 금액은 얼마인가? 단, 그 외 급여계산에 필요한 조건은 프로그램에 등록된 기준을 이용한다.

> 1. 지급일자 : 2025/04/10   2. 상여지급대상기간 : 2025/03/01~2025/03/31

① 17,633,330원   ② 19,570,100원
③ 20,332,440원   ④ 21,250,100원

14 당 회사는 사원별 '지각, 조퇴, 외출시간'에 대해 급여에서 공제하고 지급하려고 한다. 아래 [보기]의 기준을 토대로 산정할 경우, 2025년 02월 귀속(지급일 1번) [20110401.강민주] 사원의 지각, 조퇴, 외출시간에 따른 공제금액은 얼마인가?(단, 프로그램에 등록된 기준을 그대로 적용하며 원단위 절사한다.)

> • 시급 : [20110401.강민주] 사원의 책정임금 시급
> • 공제금액 : (지각시간 + 조퇴시간 + 외출시간) × 시급

① 50,880원   ② 62,370원   ③ 71,540원   ④ 82,360원

15 당 회사는 일용직 사원에 대해 평일 8시간을 근무한다고 가정하고 있다. 2025년 03월 귀속 '매일지급' 지급형태의 해당 일용직 사원들의 급여를 계산하고 난 뒤 조회되는 지급내역에 대해 올바르지 않은 것은 무엇인가? 단, 그 외 급여계산에 필요한 조건은 프로그램에 등록된 기준을 이용한다.

① 해당 지급일자의 대상자는 모두 '경리부' 소속이며, 급여형태는 '일급'이다.
② 해당 지급일자에서 발생한 비과세금액은 없으며, 총 실지급액은 18,308,200원이다.
③ 해당 지급일자에서 소득세를 원천징수 한 인원은 세명이며, 총 91,980원을 공제했다.
④ 해당 지급일자의 대상자 중 [0016.김소현]은 21일을 근무했으며, 카카오뱅크를 통해 급여를 지급받는다.

16 당 회사는 일용직 사원에 대해 급여를 지급하고자 한다. 아래 [보기]를 기준으로 2025년 03월 귀속 일용직 대상자의 정보를 변경 후 모든 대상자들에 대해 급여 계산을 했을 때, 해당 지급일에 대한 설명으로 올바르지 않은 것은 무엇인가? 단, 그 외 급여계산에 필요한 조건은 프로그램에 등록된 기준을 따른다.

> 1. 생산직 비과세적용 대상자 추가 : [0017.박지원] 2. 지급형태 : 일정기간지급
> 3. 평일 9시간 근무 가정   4. 비과세 신고제외 : 8,000원

① 해당 지급일자의 대상자는 모두 5명이고, 시간단가가 가장 높은 사원은 [0002.김은채] 이다.
② 해당 지급일자의 대상자 중 근무일수가 다른 사원은 [0017.박지원] 이고, 근무일수가 다른 이유는 2025/03월 중도 입사자이기 때문이다.
③ 해당 지급일자에 소득세를 공제한 인원은 모두 두명이고, [0006.박소담]의 소득세는 21,620원이다.
④ 해당 지급일자에서 발생한 총 실지급액은 16,933,570원이고, 총 비과세신고분 금액의 합계는 1,990,830원이다.

17 당 회사는 [2000.(주)팔공유통 인천지점] 사업장과 [3000.(주)팔공유통 강원지점] 사업장에 대한 2024년 4/4분기 급여 내역을 확인하고자 한다. 지급구분을 [100.급여]로 설정하고, 사용자부담금을 제외하여 조회했을 때, 부서별 지급총액 및 공제총액의 소계로 올바른 것은 무엇인가?

① 관리부 - 지급총액 : 49,592,010원 / 공제총액 : 7,155,370원
② 교육부 - 지급총액 : 51,413,430원 / 공제총액 : 7,132,040원
③ 생산부 - 지급총액 : 42,069,680원 / 공제총액 : 5,563,220원
④ 자재부 - 지급총액 : 35,077,010원 / 공제총액 : 4,979,330원

18 당 회사는 모든 사업장을 대상으로 급/상여 지급액 등 변동사항을 확인하고자 한다. 아래 [보기]를 참고하여 조회했을 때, 각 항목의 기준연월 금액에서 비교연월 금액을 차감한 결과로 올바르지 않은 것은 무엇인가? 단, 모든 기준은 조회된 데이터를 기준으로 확인한다.

- 기준연월 : 2025년 02월(지급일 : 2025/02/24)
- 비교연월 : 2024년 02월(지급일 : 2024/02/25)
- 사용자부담금 : [0.제외]

① 기 본 급 : 1,358,340원
② 국민연금 : -10,810원
③ 건강보험 : 0원
④ 소 득 세 : 374,870원

19 당 회사는 [2000.(주)팔공유통 인천지점] 사업장에 대해 2025년 02월 귀속(지급일 1번)에 이체한 급/상여를 확인하고자 한다. 이체 현황에 대한 설명으로 올바르지 않은 것은 무엇인가? 단, 무급자는 제외한다.

① 해당 사업장의 급/상여는 모두 4개의 은행을 통해 이체되었으며, 가장 많은 급/상여를 이체한 은행의 금액은 13,551,240원이다.
② 해당 사업장의 급/상여 지급 대상자는 모두 11명이고, 총 실지급액은 36,736,840원이다.
③ 해당 사업장의 급/상여는 2025/02/24에 지급했으며, 가장 많은 급여를 지급받은 사원은 [20020603.이성준]이다.
④ 해당 사업장에서 국민은행으로 이체된 급/상여의 실지급액 합은 기업은행과 신한은행으로 이체된 급/상여의 실지급액 합보다 적다.

20 당 회사는 2024년 4/4분기 급여 작업에 대해 수당 별 지급현황을 확인하고자 한다. [4100.생산부] 소속 기준 [P06.근속수당]을 지급 받은 보기의 사원들 중 가장 많은 수당을 지급받은 사람은 누구인가?

① [20110401.강민주]
② [20040301.오진형]
③ [20001102.정영수]
④ [20001101.박용덕]

ERP정보관리사 인사2급

경영혁신과 ERP

01 ERP의 특징에 관한 설명 중 가장 적절하지 않은 것은?

① 세계적인 표준 업무절차를 반영하여 기업 조직구성원의 업무수준이 상향평준화된다.
② ERP시스템의 안정적인 운영을 위하여 특정 H/W와 S/W업체를 중심으로 개발되고 있다.
③ 정확한 회계데이터 관리로 인하여 분식결산 등을 사전에 방지하는 수단으로 활용이 가능하다.
④ Parameter 설정에 의해 기업의 고유한 업무환경을 반영하게 되어 단기간에 ERP 도입이 가능하다.

02 ERP의 발전과정으로 가장 옳은 것은?

① MRP I → MRP II → ERP → 확장형ERP
② MRP I → ERP → 확장형ERP → MRP II
③ ERP → 확장형ERP → MRP I → MRP II
④ MRP II → MRP I → ERP → 확장형ERP

03 [보기]는 무엇에 대한 설명인가?

> 조직의 효율성을 제고하기 위해 업무흐름 뿐만 아니라 전체 조직을 재구축하려는 경영혁신전략 기법이다. 주로 정보기술을 통해 기업경영의 핵심과 과정을 전면 개편함으로 경영성과를 향상시키려는 경영기법인데 매우 신속하고 극단적인 그리고 전면적인 혁신을 강조하는 이 기법은 무엇인가?

① 지식경영   ② 벤치마킹
③ 리스트럭처링   ④ 리엔지니어링

04 e-Business 지원 시스템을 구성하는 단위 시스템으로 가장 적절하지 않은 것은?

① 성과측정관리(BSC)
② EC(전자상거래) 시스템
③ 의사결정지원시스템(DSS)
④ 고객관계관리(CRM) 시스템

인사이론

05 [보기]에서 인적자원관리의 실시 원칙과 설명이 바르게 짝지어진 것을 모두 고른 것은?

> ㉠ 직무주의 원칙: 직무에 관한 분석 실시로 관리의 기반이 됨
> ㉡ 능력주의 원칙: 업적 및 성과 평가에 비례함
> ㉢ 공정성의 원칙: 평가 시 최대한 공정하게 반영함
> ㉣ 참가주의 원칙: 의사결정 과정에 조직 구성원의 참여가 필요함

① ㉠, ㉢
② ㉡, ㉢
③ ㉠, ㉢, ㉣
④ ㉠, ㉡, ㉢, ㉣

06 직무와 관련한 용어에 대한 설명으로 가장 적절하지 않은 것은?

① 요소: 작업이 나누어질 수 있는 최소 단위
② 과업: 목표를 위하여 수행되는 하나의 명확한 작업 활동
③ 직위: 근로자 개인에게 부여된 하나 또는 그 이상의 과업들의 집단
④ 직군: 업무를 수행하는 데 필요한 노동력의 내용에 따라 크게 분류하는 기준

07 [보기]에서 설명하고 있는 인력계획의 미래예측기법은 무엇인가?

> 인적자원 수요 결정의 다양한 요인들의 상관관계를 도출하여 미래의 수요를 예측한다.

① 회귀분석법
② 목적계획법
③ 델파이기법
④ 마코프분석

08 인력과잉의 경우 조치해야 할 행동으로 가장 적절하지 않은 것은?
① 정리해고 ② 임시직고용
③ 조기퇴직제 ④ 직무분할제

09 포드가 채택한 3S 전략으로 옳지 않은 것은?
① 단순화(Simplification) ② 전문화(Specialization)
③ 구조화(Structuration) ④ 표준화(Standardization)

10 인사고과 오류 중에서 "타인에 대한 평가가 그 사람이 속한 사회적 집단에 대한 지각을 기초로 해서 이루어진다."에 해당하는 것은?
① 대비 효과 ② 관대화 경향
③ 논리적 오류 ④ 상동적 오류

11 [보기]에서 설명하고 있는 교육훈련방법으로 가장 적절한 것은?

> 교육 참가자들이 소규모집단을 구성하여 개인과 집단이 팀워크를 바탕으로 경영상의 실제 문제를 정해진 시점까지 해결하도록 하여 문제해결 과정에 대하여 성찰을 통하여 학습하도록 지원하는 방법

① 팀빌딩 ② 액션러닝
③ 그리드훈련 ④ 인바스켓법

12 경력개발의 기본원칙으로 가장 적절하지 않은 것은?
① 직무개발의 원칙 ② 적재적소의 원칙
③ 후진양성의 원칙 ④ 승진경로의 원칙

13 법정수당에 해당하지 않은 것은?
① 휴업수당 ② 판매수당 ③ 해고예고수당 ④ 유급휴일수당

14 연봉제의 단점으로 가장 적절하지 않은 것은?

① 연봉액이 삭감될 경우 사기가 저하됨
② 절차가 복잡하고 직무수행의 유연성이 떨어짐
③ 평가 결과의 객관성과 공정성에 대한 시비를 제기함
④ 종업원 상호 간의 불필요한 경쟁심과 위화감을 조성하고 불안감이 증대됨

15 건강보험에 대한 설명으로 가장 적절하지 않은 것은?

① 고용기간이 1개월 미만인 일용근로자는 적용제외대상이다.
② 적용대상은 상시 1인 이상의 근로자를 사용하는 모든 사업장이 해당한다.
③ 사용자는 가입자 부담 금액을 원천징수하여, 사용자부담금과 함께 납부하여야 한다.
④ 자격 상실시에는 당해 사업장의 건강보험이 상실된 날로부터 30일 이내에 신고하여야 한다.

16 [보기]의 내용에 적절한 원천징수대상 소득은 무엇인가?

> 간이세액표에 의하여 원천징수하며, 일용근로자의 경우 소득의 6%를 징수한다.

① 근로소득　　② 기타소득　　③ 퇴직소득　　④ 이자소득

17 복리후생제도에 대한 설명으로 가장 적절하지 않은 것은?

① 라이프 사이클 복리후생은 근로자의 직위 변화에 따른 생활 패턴 및 의식 변화를 고려하는 제도이다.
② 홀리스틱 복리후생은 근로자를 전인적 인간으로서 균형 잡힌 삶을 추구할 수 있도록 지원하는 제도이다.
③ 카페테리아식 복리후생은 여러 가지 제도 중 근로자들이 각자의 필요에 따라 선택적으로 이용하도록 하는 제도이다.
④ 임금채권 보장제도는 기업이 도산하여 임금, 휴업수당 및 퇴직금을 지급받지 못하고 퇴직한 근로자를 보호하기 위한 제도이다

18 [보기]에서 법정휴가에 해당하는 것은?

> ㄱ. 하계휴가   ㄴ. 포상휴가   ㄷ. 출산휴가   ㄹ. 연차휴가

① ㄱ, ㄴ   ② ㄱ, ㄹ   ③ ㄴ, ㄹ   ④ ㄷ, ㄹ

19 노동조합의 노동 3권에 해당하지 않은 것은?
① 단결권
② 단체교섭권
③ 경영참가권
④ 단체행동권

20 부당노동행위에 해당하지 않은 것은?
① 사용자의 황견계약
② 사용자의 단체교섭 거부행위
③ 사용자의 조업계속(대체고용)
④ 사용자의 운영비를 원조하는 행위

【ERP 인사 시뮬레이션】 기초데이터는 데이콤 웹하드(www.webhard.co.kr/ID:ant6545/비번:1234)에서 다운받아 설치한 후 6102 ㈜그린골프-김그린으로 로그인 한다.

01 다음 중 핵심 ERP 사용을 위한 기초 사업장 정보를 확인하고, 그 내역으로 알맞지 않은 것은 무엇인가?

① [1000.회사본사] 사업장은 해당 회사의 본점 사업장이다.
② [2000.인천지점] 사업장의 주업종코드는 '513960.도매 및 소매업'이다.
③ [3000.강원지점] 사업장은 원천징수이행상황신고서를 '월별' 기준으로 작성한다.
④ [1000.회사본사] 사업장과 [2000.인사2급 인천지점] 사업장은 모두 해당 회사의 주사업장이다.

02 다음 중 핵심 ERP 사용을 위한 기초 부서 정보를 확인하고, 내역으로 알맞지 않은 것은 무엇인가?

① 현재 사용하지 않는 부서는 총 2개 이다.
② [3000.관리부문(인천지점)]에 속한 부서는 모두 사용 중 이다.
③ '1300.관리부'의 사용종료일은 2012/12/31 이다.
④ [7000.교육부문]에 속해 있는 부서는 '9100.교육부'만 존재한다.

03 당 회사의 〈사용자권한설정〉의 '인사/급여관리' 모듈에 대한 '김그린' 사원의 설정 내역을 확인하고 관련된 설명으로 올바르지 않은 것은 무엇인가?

① [인사발령등록] 메뉴에 입력된 내역을 삭제할 수 없다.
② [급여대장] 메뉴에서 조회되는 내역에 대해 출력 할 수 있다.
③ [급여명세] 메뉴의 조회권한은 '사업장'이다.
④ [퇴직금산정] 메뉴에 입력된 내역을 변경할 수 없다.

04 당 회사는 2025년 05월 [800.주임] 직급의 호봉을 아래 [보기]와 같이 일괄 등록하고자 한다. 호봉등록을 완료 후 5호봉 '호봉합계'의 금액은 얼마인가?

> 1. 기 본 급 : 초기치 2,200,000원, 증가액 100,000원
> 2. 직급수당 : 초기치   70,000원, 증가액 20,000원
> 3. 호봉수당 : 초기지   50,000원, 증가액 10,000원
> 3. 일괄인상 : 기본급 5.5%, 직급수당 2.5% 정률인상

① 2,450,000원   ② 2,578,750원
③ 2,840,000원   ④ 2,986,750원

05 당 회사의 인사/급여기준에 대한 설정을 확인한 뒤, 설정을 올바르게 설명한 [보기] 내용은 몇 개인가?(단, 환경설정 기준은 변경하지 않는다.)

> A : '사무직'의 출결마감 기준일은 당월 1일에서 말일까지이다.
> B : 첫 상여세액은 당해년 1일을 기준으로 계산한다.
> C : 월일수 산정 시, '한달 정상일'에 입력된 기준일(월)수를 일수로 적용한다.
> D : 지방소득세특별징수명세/납부서의 데이터는 '귀속연월'이 같은 경우에 집계된다.

① 0개   ② 1개   ③ 2개   ④ 3개

06 당 회사의 2025년 04월 귀속 급/상여 지급일자 등록을 확인하고, 그 내역으로 옳지 않은 것은?

① 급여 작업 시, '지급직종및급여형태' 기준으로 대상자가 자동 반영된다.
② 해당 지급순번과 동일한 지급순번에 '특별급여'를 추가하여 지급할 수 있다.
③ '상여지급대상기간' 내 입사자와 퇴사자는 상여 지급대상에서 제외된다.
④ '생산직' 근로자에 대해서만 상여를 지급한다.

07 당 회사의 인사정보를 확인하고 관련된 설명으로 올바르지 않은 것은 무엇인가?

① [20001101.박용덕] 사원의 근무조는 '001.1조' 이며, 현재 직급은 '400.부장' 이다.
② [20001102.정영수] 사원은 노조에 가입되어 있으며, 생산직총급여 비과세 대상자이다.
③ [20040301.오진형] 사원의 2024년 현재 책정 된 임금의 월급은 '3,625,000원' 이다.
④ [20140102.김희수] 사원은 학자금상환 대상자로 상환통지액은 '240,000원' 이다.

08 당 회사는 아래 [보기]와같이 [온라인교육]을 진행하였다. 해당 교육평가 내역을 직접 확인 시, 다음 중 교육평가 결과가 'A' 인 사원으로 묶인 것은 무엇인가?

- 교육명 : [980.2025년 온라인 교육]
- 시작/종료일 : 2025/04/01~2025/04/30

① 김희수 / 김윤미
② 김화영 / 이성준
③ 김용수 / 신별
④ 정수연 / 오진형

09 당 회사는 발령일자 2025/04/15 날짜로 [2025년 2분기 인사발령]을 진행하였다. [20250415] 발령호수의 〈발령내역〉에 대한 설명으로 옳지 않은 것은?(단, 발령적용은 진행하지 않으며, 모든 정보는 프로그램에 입력된 기준으로 확인한다.)

① [20140102.김희수] 사원은 발령 후 부서, 근무조 및 직급이 모두 변경된다.
② [20140501.김화영] 사원은 발령 후 부서는 변경되지 않는다.
③ [20130701.신별] 사원의 현재 직급은 '대리'이며, 발령 후 직급이 '과장'으로 변경된다.
④ 발령 대상자는 모두 3명이며, 발령일자 이후에 동일한 근무조로 근무한다.

10 회사는 창립기념일을 맞아 2025년 05월 27일 기준으로 모든 사업장에 대해 만 10년 이상 장기근속자에 대해 특별근속수당을 지급하기로 하였다. 아래 [보기]를 기준으로 지급한 총 특별근속수당은 얼마인가?(단, 퇴사자는 제외하며, 미만일수는 올리고, 이전 경력은 제외한다.)

- 10년 이상 ~ 15년 미만 : 100,000원
- 15년 이상 : 200,000원

① 2,400,000원   ② 2,800,000원   ③ 3,000,000원   ④ 3,200,000원

11 당 회사는 2025년 05월 귀속 〈급여〉 지급 시, '엄현애' 사원의 변경된 부양가족 정보를 반영하여 급여작업을 진행하고자 한다. [보기]를 기준으로 직접 부양가족 정보를 반영하고 〈급여계산〉 시, '엄현애' 사원의 2025년 05월 귀속 급여의 실지급액은 얼마인가?(단, 그 외 급여계산에 필요한 조건은 프로그램에 등록된 기준을 이용한다.)

1. 사원명(사원코드) : 엄현애(20030701)
2. 반영기준 : 인사기록카드
3. 기준일 : 2025/05/27

① 3,322,740원   ② 3,339,480원   ③ 3,420,830원   ④ 3,670,830원

12 당 회사는 2025년 05월 귀속 '특별급여' 소득을 지급하고자 한다. 아래 [보기]의 지급대상 요건으로 지급일자를 직접 추가하여 급여 계산 시, 대상자들의 과세총액 금액으로 옳지 않은 것은?(단, 그 외 급여계산에 필요한 조건은 프로그램에 등록된 기준을 이용한다.)

> 1. 특별급여지급일자 : 2025/05/31   2. 동시발행 및 대상자선정 : 분리, 직종및급여형태별
> 3. 특별급여지급대상 : [2000.인천지점] 사업장의 사무직(연봉), 생산직(월급)

① [20010401.노희선] : 2,012,500원   ② [20130701. 신별] : 2,205,000원
③ [20040301.오진형] : 2,567,910원   ④ [ERP26207. 김그린] : 2,517,550원

13 당 회사는 초과근무에 대해 수당을 지급하고 있다. 아래 [보기]의 기준을 토대로 2025년 04월 귀속 [20020603.이성준] 사원의 '초과근무수당'을 계산하면 얼마인가? (단, 근무수당을 계산하면서 발생되는 모든 원단위 금액은 절사하며, 책정임금 시급은 원단위 금액을 절사하지 않고 계산한다.)

> • 초과근무수당 = 1유형 근무수당 + 2유형 근무수당
> • 초과근무 시급 : 책정임금 시급
> 1유형 근무수당 : 총 연장근무시간에 초과근무 시급을 곱한 후 50% 가산하여 산정
> 2유형 근무수당 : 총 심야근무시간에 초과근무 시급을 곱한 후 150% 가산하여 산정

① 834,430원   ② 932,400원   ③ 940,180원   ④ 1,000,240원

14 당 회사는 일용직 사원에 대해 사원 별 지급형태를 구분하여 일용직 급여를 지급하고 있다. 아래 [보기]를 확인하여 2025년 05월 귀속 지급일 중 '매일지급' 대상자를 직접 반영 후 여 계산 할 때, 해당 지급일의 급여내역에 대해 올바르지 않은 것은 무엇인가?(단, 그 외 급여계산에 필요한 조건은 프로그램에 등록된 기준대로 확인한다.)

> 1. 지급형태 : '매일지급' 지급일
> 2. 지급 대상자 : '시급직'인 '총무부', '생산부' 사원
> 3. 평일 10 시간 근무, 토요일 4 시간 근무
> 4. 비과세(신고제외분) 적용 : 10,000원 (평일만 적용)

① 해당 지급일자에 비과세신고제외분은 총 1,610,000원 지급되었으며, 비과세신고분은 지급되지 않았다.
② 해당 지급일자의 대상자 중 급여를 계좌로 지급받는 인원은 존재하지 않는다.
③ 해당 지급일자의 대상자 중 소득세를 원천징수하지 않고 급여를 지급받는 인원이 존재한다.
④ 해당 지급일자에 실제 지급된 금액은 총 43,500,900원 이다.

15 2025년 05월 귀속 일용직 급여작업 전, 아래 [보기]를 기준으로 [0017.정일용] 사원의 사원 정보를 직접 입력하고 일용직급여지급일자등록에 대상자를 반영하여 급여계산을 했을 때, 2025년 05월 귀속 해당 일용직 대상자들의 실지급액의 총계는 얼마인가?(단, 그 외 급여계산에 필요한 조건은 프로그램 등록된 기준을 따른다.)

> 1. 사원정보 입력 (사원코드 : 0017, 사원명 : 정일용)
>   • 입사일자 : 2025/05/08 • 주민등록번호 : 941226-1234566 • 부서 : [5100.자재부]
>   • 급여형태 : [004.시급] • 급여/시간단가 : 30,000원, • 생산직비과세적용 : 함
>   국민/건강/고용보험여부 : 여
> 2. 일용직 급여지급
>   • 지급형태 : '일정기간지급' 지급일, • 평일 9시간 근무 가정

① 11,008,680원 ② 11,049,190원
③ 16,682,080원 ④ 17,591,000원

16 당 회사의 [2000.인천지점] 사업장 기준 2025년 1분기의 〈과세/비과세〉 총액은 각각 얼마인가? (단, 사용자부담금은 제외한다.)

① 과세총액 :   91,276,980원 / 비과세총액 :   4,200,000원
② 과세총액 : 119,392,470원 / 비과세총액 : 11,200,830원
③ 과세총액 : 265,478,310원 / 비과세총액 : 25,130,820원
④ 과세총액 : 279,278,310원 / 비과세총액 : 35,721,400원

17 당 회사는 [2000.인천지점] 사업장에 대해 2025년 04월 귀속(지급일 1번)에 이체한 급/상여를 확인하고자 한다. 이체 현황에 대한 설명으로 옳지 않은 것은 무엇인가? (단, 무급자는 제외한다.)

① 계좌이체를 통해 급/상여를 지급 받지 않는 사원이 존재한다.
② '기업은행'에 이체된 금액은 '신한은행'에 이체된 금액보다 많다.
③ 해당 사업장의 급/상여는 3개의 은행을 통해 이체되었으며, 가장 많은 급/상여를 이체한 은행의 이체된 금액은 18,374,280원이다.
④ 해당 사업장의 급/상여 지급 대상자는 모두 8명이고, 총 실지급액은 47,727,620원이다.

18 당 회사는 2025년 1분기 귀속 급여 작업에 대해 수당 별 지급현황을 확인하고자 한다. 다음 중 〈1000.회사본사〉 사업장 기준 'T00.소득세'가 가장 많이 원천징수 된 사원은 누구인가?

① 20000501.한국인
② 20000502.김종욱
③ 20010402.박국현
④ 20030701.엄현애

19 당 회사는 [2000.인천지점] 사업장의 2025년 1분기 급여 집계 현황을 '부서별'로 구분하여 집계하고자 한다. 2025년 1분기 동안 지급구분이 [급여]인 지급내역 중 공제합계 금액으로 올바르지 않은 것은?

① 전 체 합 계 : 82,862,670원
② 관 리 부 : 4,826,940원
③ 생 산 부 : 4,194,930원
④ 자 재 부 : 3,592,440원

20 당 회사는 사원 별 월별 급/상여 지급현황을 확인하고자 한다. 2025년 04월 지급내역 중 근무조가 〈002.2조〉인 '정영수' 사원의 '급여합계' 및 '공제합계'는 각각 얼마인가?

① 급여합계 : 10,519,930원 / 공제합계 : 1,038,220원
② 급여합계 : 10,519,930원 / 공제합계 : 1,564,490원
③ 급여합계 : 10,570,160원 / 공제합계 : 1,038,220원
④ 급여합계 : 10,519,930원 / 공제합계 : 1,547,260원

ERP정보관리사 인사2급
99-2023.11.25

경영혁신과 ERP

01 ERP의 선택기준으로 가장 적절하지 않은 것은?
① 커스터마이징의 최대화
② 자사에 맞는 패키지 선정
③ 현업 중심의 프로젝트 진행
④ TFT는 최고의 엘리트 사원으로 구성

02 다음 [보기]에서 설명하는 RPA(로봇프로세스자동화) 적용단계는 무엇인가?

> 빅데이터 분석을 통해 사람이 수행한 복잡한 의사결정을 내리는 수준이다. 이것은 RPA가 업무 프로세스를 스스로 학습하면서 자동화하는 단계이다.

① 기초프로세스 자동화
② 인지자동화
③ 데이터전처리
④ 데이터전처리'데이터 기반의 머신러닝(기계학습) 활용

03 ERP에 대한 설명으로 가장 적절하지 않은 것은?
① 경영혁신환경을 뒷받침하는 새로운 경영업무 시스템 중 하나이다.
② 기업의 전반적인 업무과정이 컴퓨터로 연결되어 실시간 관리를 가능하게 한다.
③ 기업 내 각 영역의 업무프로세스를 지원하고 단위별 업무처리의 강화를 추구하는 시스템이다.
④ 전통적 정보시스템과 비교하여 보다 완벽한 형태의 통합적인 정보인프라구축을 가능하게 해주는 신 경영혁신의 도구이다.

04 일반적으로 기업의 ERP 도입 최종 목적으로 가장 적절한 것은?
① 해외 매출 확대
② 경영정보의 분권화
③ 관리자 리더십 향상
④ 고객만족과 이윤 극대화

인사이론

05 인적자원관리 패러다임의 변화에 대한 설명으로 적절하지 않은 것은?

① 다원관리 → 일원관리
② 비용 중심 → 수익 중심
③ 반응적 접근 → 예방적 접근
④ 표준형 인재 → 이질적 인재

06 테일러의 과학적 관리법에 대한 설명으로 적절하지 않은 것은?

① 조직을 시스템으로 인식한다.
② 동작연구와 시간연구 방법이다.
③ 표준작업량 연구 방법에 해당한다.
④ 직장을 중시하고 조직이론의 기초가 된다.

07 직무분석을 위한 질문지법에 대한 설명으로 가장 적절하지 않은 것은?

① 질문지 개발에 비용이 많이 들지 않는다.
② 직무에 대한 유용한 정보를 획득할 수 있다.
③ 수집된 정보를 계량적으로 분석하기 용이하다.
④ 실행이 용이해서 정보획득에 시간이 많이 들지 않는다.

08 인적자원의 수요예측 방법 중 정량적 방법에 해당하지 않는 것은?

① 회귀분석법
② 명목집단법
③ 추세분석법
④ 시계열분석모형

09 [보기]는 무엇에 대한 설명인가?

> 직원의 능력을 활용함과 동시에 직원이 학습하고 성장할 수 있도록 해야 하며, 정기적인 배치전환 및 인사이동을 통하여 풍부한 경험을 축적시키고 능력을 개발시켜야 한다는 원칙

① 균형주의 원칙
② 능력주의 원칙
③ 인재육성주의 원칙
④ 적재적소주의 원칙

10 인사고과 평가의 오류에 대한 설명으로 가장 적절하지 않은 것은?

① 관대화 경향은 고과자가 피고과자를 가능하면 후하게 평가하려는 경향을 말한다.
② 시간적 오류는 최근 행위보다 과거 행위에 더 큰 영향을 받아 판단하려는 경향이다.
③ 상동적 태도는 타인에 대한 평가가 그에 속한 특정 집단에 대한 지각을 기초로 이루어지는 것이다.
④ 엄격화 경향은 고과자가 전반적으로 피고과자를 가혹하게 평가하여 평가결과의 분포가 평균 이하로 편중되는 경향을 말한다.

11 비자발적 이직으로 옳지 않은 것은?

① 사직
② 파면
③ 명예퇴직
④ 일시해고

12 직장 외 훈련(Off the Job Training)에 대한 설명으로 가장 적절하지 않은 것은?

① 시간과 비용이 비교적 적게 소요된다.
② 동일 시간, 장소에서 다수교육이 가능하다.
③ 업무에 배제되어 교육훈련에만 집중이 가능하다.
④ 훈련 내용 중 대부분이 현장에 바로 적용되기 어렵다.

13 [보기]는 무엇에 대한 설명인가?

> 근로자의 기본적인 임금 곡선 자체를 전체적으로 상향 이동시켜 임금수준을 증액 조정하거나 인상하는 것

① 베이스 업
② 최저임금제
③ 임금피크제
④ 승급 또는 승격

14 연차유급휴가에 대한 설명으로 적절하지 않은 것은?

① 법근근거는 근로기준법 제60조에 명시되어 있다.
② 1년간 80%이상 출근한 근로자에게 15일의 유급휴가를 주어야 한다.
③ 사용자는 계속하여 근로한 기간이 1년 미만인 근로자 또는 1년에 80% 미만 출근한 근로자에게 1개월 개근 시 1일의 유급휴가를 주어야 한다.
④ 사용자는 5년 이상 계속하여 근로한 근로자에게는 제1항에 따른 휴가에 최초 1년을 초과하는 계속 근로 연수 매 2년에 대하여 1일을 가산한 유급휴가를 주어야 한다.

15 [보기]에 대한 설명에 해당하는 성과급제는 무엇인가?

> 근로자의 참여의식을 높이기 위하여 고안된 성과배분제도로 생산의 판매가치에 대한 인건비의 절약이 있는 경우 그 절약 분을 분배하는 것

① 럭커 플랜
② 주식소유권
③ 스캔론플랜
④ 임프로쉐어

16 복리후생의 설계원칙으로 가장 적절하지 않은 것은?

① 다수혜택의 원칙
② 지급 능력의 원칙
③ 근로자 결정의 원칙
④ 근로자 욕구충족의 원칙

17 소득세의 과세표준별 기본 세율에 대한 설명으로 옳지 않은 것은?

① 과세표준 1,400만원 이하 기본 세율 6%
② 과세표준 1,400만원 초과 5,000만원 이하 기본 세율 12%
③ 과세표준 5,000만원 초과 8,800만원 이하 기본 세율 24%
④ 과세표준 8,800만원 초과 1억 5천만원 이하 기본 세율 35%

18 [보기]의 설명하는 근무제도로 가장 적절한 것은?

> 일정한 기간을 단위로, 총 근로시간이 기준 근로시간 이내인 경우 그 기간 내 어느 주 또는 어느 날의 근로시간이 기준 근로시간을 초과하더라도 연장근로가 되지 않는 제도

① 법정 근무시간제
② 재량 근로시간제
③ 탄력 근로시간제
④ 간주 근로시간제

19 [보기]에서 설명하는 노동조합의 형태로 가장 적절한 것은?

> 산업, 직업에 관계없이 하나 또는 여러 개의 산업에 걸쳐 흩어져 있는 노동자들에 의해 조직되는 형태의 노동조합을 의미한다.

① 일반 노동조합
② 지역별 노동조합
③ 산업별 노동조합
④ 연합단체 노동조합

20 부당 노동행위로 해당하지 않는 것은?

① 직장폐쇄
② 황견계약
③ 불이익 대우
④ 단체교섭 거부

기출문제 [실무]

【ERP 인사 시뮬레이션】 기초데이터는 데이콤 웹하드(www.webhard.co.kr/ID:ant6545/비번:1234)에서 다운받아 설치한 후 6201 ㈜영원물산-이영원으로 로그인 한다.

01 다음 중 핵심 ERP 사용을 위한 기초 사업장 정보를 확인하고, 그 내역으로 알맞지 않은 것은 무엇인가?

① 〈1000.㈜영원물산본사〉 사업장의 주업종코드는 '721000.정보통신업' 이다.
② 〈2000.㈜영원물산인천지점〉 사업장은 이행상황신고구분을 '월별'로 설정하여 월별 신고서를 작성한다.
③ 〈3000.㈜영원물산강원지점〉 사업장의 지방세신고지 행정동은 '5111066000.춘천시청' 이다.
④ 〈1000.㈜영원물산본사〉 사업장은 본점사업장이지만 주(총괄납부)사업장은 아니다.

02 다음 중 핵심 ERP 사용을 위한 기초 부서 정보를 확인하고, 내역으로 알맞은 것은 무엇인가?

① 현재 사용하지 않는 부서는 총 3개이다.
② [1000.관리부문]에 속한 부서는 모두 사용 중이다.
③ [3000.㈜영원물산강원지점]에 속한 부서는 총 2개이다.
④ [6100.연구개발부]의 사용시작일은 2006/01/01이다.

03 당 회사의 〈사용자권한설정〉의 '인사/급여관리' 모듈에 대한 '이영원' 사원의 설정 내역을 확인하고 관련된 설명으로 옳지 않은 것은?

① [인사발령등록]메뉴에 입력된 내역을 삭제할 수 있다.
② [책정임금현황]메뉴의 조회권한은 '사원'이다.
③ [급여대장]메뉴에서 조회되는 내역에 대해 출력 할 수 있다.
④ [전표관리]의 모든 메뉴에 대한 권한이 없다.

04
당 회사는 2025년 11월 [700.대리] 직급의 호봉을 아래 [보기]와 같이 일괄 등록하고자 한다. 호봉등록을 완료 후 3호봉 '호봉합계'의 금액은 얼마인가?

> 1. 기 본 급 : 초기치 2,400,000원, 증가액 100,000원
> 2. 직급수당 : 초기치   50,000원, 증가액   10,000원
> 3. 일괄인상
>   - 정률인상 적용 : 기본급 5.5%
>   - 정액인상 적용 : 직급수당 3,000원

① 2,816,000원 ② 2,931,500원
③ 3,214,450원 ④ 3,393,500원

05
당 회사의 인사/급여기준에 대한 설정을 확인하고, 관련 설명으로 올바르지 않은 것은 무엇인가? (단, 환경설정 기준은 변경하지 않는다.)

① 월일수 산정 시, 해당 귀속연월의 실제 일수를 적용한다.
② 원천세 신고는 '사업자단위과세신고'로 진행하며, [주사업장등록]에 등록한 사업장을 기준으로 신고한다.
③ 입사자의 경우 20일 초과 근무 시, 월 급여를 '일할' 지급한다.
④ 지방소득세 신고서의 데이터는 '귀속연월' / '지급연월'이 모두 일치하는 경우에만 집계된다.

06
2025년 귀속 기준 급여 지급/공제항목설정을 확인하고, 그 설명으로 옳지 않은 것은?(단, 지급/공제항목설정 기준은 변경하지 않는다.)

① [P01.영업촉진수당]은 '국내영업부'와 '해외영업부'에 속한 직원들만 지급 받는다.
② [P05.월차수당]은 퇴사자에게는 지급하지 않는 항목이다.
③ [P06.근속수당]은 근속기간이 3년 이상인 대상자에게 지급하며, [근무한년수]*[시급]으로 수당이 지급된다.
④ [P70.직무발명보상금]은 비과세유형이 'R11.직무발명보상금'인 수당이며, 연구직인 경우에만 지급한다.

07 당 회사의 인사정보를 확인하고 관련된 설명으로 올바르지 않은 것은 무엇인가?

① [20000501.한국인] 사원의 최근 책정된 임금 중 연봉은 59,500,000원이고, [상용직급여입력및계산] 메뉴에서 급여계산 시, 고용보험을 공제하지 않는 사원이다.
② 생산부 소속인 [20001101.박용덕] 사원은 2015/01 ~ 2017/12까지 중소기업취업감면 대상자였으며, 노조에 가입되어 있는 사원이다.
③ [20110101.배유진] 사원은 2023/08/10에 수습기간이 만료되었고, [상용직급여입력및계산] 메뉴에서 급여계산 시, 31,600원 만큼 고용보험이 공제되고 급여를 지급받는다.
④ [20120101.정수연] 사원의 급여이체은행은 '030.기업' 은행이며, 부녀자공제가 적용된다.

08 당 회사는 [임직원정기교육]을 진행하였다. 아래 [보기] 기준으로 교육평가 내역을 직접 확인 시, 교육평가 결과가 'A' 인 사원으로 묶인 것은 무엇인가?

- 교육명 : [980.임직원정기교육(2025년)] • 시작/종료일 : 2025/10/01~2025/10/31

① 김종욱 / 이성준　　　　② 오진형 / 장석훈
③ 정영수 / 이현우　　　　④ 배유진 / 강민주

09 당 회사는 〈1000.(주)영원물산본사〉 사업장의 2025년 상반기 (2025.01.01. ~ 2025.06.30.) '이직률'을 확인하고자 한다. 해당 기간동안 〈1000.(주)영원물산본사〉 사업장의 평균 이직률은 얼마인가?(단, 모든 정보는 프로그램에 입력된 기준으로 확인한다.)

① 0.17　　② 3.33　　③ 4.00　　④ 20.00

10 회사는 창립기념일을 맞아 2025년 10월 31일 기준으로 모든 사업장에 대해 만 10년 이상 장기근속자에 대해 특별근속수당을 지급하기로 하였다. 아래 [보기]를 기준으로 총 지급한 특별근속수당은 얼마인가?(단, 퇴사자는 제외하며, 미만일수는 버리고, 이전 경력은 제외한다.)

- 10년 이상 ~ 15년 미만 : 100,000원　 • 15년 이상 ~ 20년 미만 : 150,000원
- 20년 이상 ~ : 200,000원

① 1,200,000원　　　　　② 2,550,000원
③ 2,950,000원　　　　　④ 3,150,000원

11 당 회사의 2025년 11월 귀속 급여(지급일자 : 2025/11/25)에 해당하는 대상자 중 [20190701.장석훈] 사원이 중소기업취업감면 대상자로 변경되었다. [20190701.장석훈] 사원의 감면유형 및 기간을 [보기]와 같이 등록한 뒤 모든 지급 대상자에 대해 급여를 계산 할 때, '소득세' 총액은 얼마인가?(단, 그 외 급여계산에 필요한 조건은 프로그램에 등록된 기준을 이용한다.)

> 1. 감면코드 : T13. 중소기업취업감면 (90%감면)
> 2. 감면기간 : 2025/11 ~ 2026/12

① 1,947,460원　　　　　　　　② 3,594,080원
③ 2,178,710원　　　　　　　　④ 2,578,940원

12 당 회사는 2025년 11월 귀속 '특별급여' 소득을 지급하고자 한다. 아래 [보기]의 지급대상 요건으로 지급일자를 직접 추가하여 급여 계산 시, 대상자들의 과세총액 금액으로 옳지 않은 것은? (단, 그 외 급여계산에 필요한 조건은 프로그램에 등록된 기준을 이용한다.)

> 1. 특별급여지급일자 : 2025/12/10
> 2. 동시발행 및 대상자선정 : 분리, 직종및급여형태별
> 3. 특별급여지급대상 : [1000.(주)영원물산본사], [3000.(주)영원물산강원지점] 사업장의 사무직 (월급), 생산직(연봉)

① [20000601.이종현] : 1,299,300원　　② [20110101.배유진] : 1,270,830원
③ [20130102.김용수] : 1,181,660원　　④ [ERP26208.이영원] : 1,391,660원

13 당 회사는 초과근무에 대해 수당을 지급하고 있다. 아래 [보기]의 기준을 토대로 2025년 10월 귀속 〈급여〉구분 [20000601.이종현] 사원의 '초과근무수당'을 계산하면 얼마인가? (단, 근무수당을 계산하면서 발생되는 모든 원단위 금액은 절사하며, 책정임금 시급은 원단위 금액을 절사하지 않고 계산한다.)

> • 초과근무수당 = 1유형 근무수당 + 2유형 근무수당
> • 초과근무 시급 : 책정임금 시급
> • 1유형근무수당 = (평일연장근무시간 + 토일정상근무시간) * 2 * 초과근무 시급
> • 2유형근무수당 = (평일심야근무시간 + 토일연장근무시간) * 2.5 * 초과근무 시급

① 492,820원　　　　　　　　② 517,790원
③ 591,260원　　　　　　　　④ 728,890원

14 당 회사는 일용직 사원에 대해 사원 별 지급형태를 구분하여 일용직 급여를 지급하고 있다. 아래 [보기]를 확인하여 2025년 11월 귀속 지급일 중 '매일지급' 대상자를 직접 반영 후 급여계산 할 때, 해당 지급일의 급여내역에 대해 바르지 않은 것은 무엇인가? (단, 급여계산에 필요한 조건은 프로그램에 등록된 기준대로 확인한다.)

> 1. 지급형태 : '매일지급' 지급일   2. 지급 대상자 : '시급직'인 '자재부' 사원
> 3. 평일 10 시간 근무, 토요일 4 시간 근무   4. 비과세 적용 10,000원(평일만 적용)

① 해당 지급일자에 비과세신고분은 총 3,139,200원 지급되었으며, 모든 사원에 대하여 비과세신고분이 지급되었다.
② [0006.박소담] 사원은 총 30일 중 25일을 근무하였으며, 고용보험은 55,400원 공제되었다.
③ 해당 지급일자의 대상자 중 과세총액이 가장 적은 사원의 과세총액은 3,239,240원이며, 해당 사원은 급여를 현금으로 지급받는다.
④ 해당 지급일자에 실제 지급된 금액이 가장 많은 사원은 [0006.박소담] 사원이며, 해당 사원에게 실제 지급된 금액은 6,227,400원이다.

15 2025년 11월 귀속 일용직 급여작업 전, 아래 [보기]를 기준으로 [0009.김한의] 사원의 사원정보를 직접 변경하고 급여계산을 했을 때, 해당 지급일의 실지급 총액은 얼마인가? (단, 그 외 급여계산에 필요한 조건은 프로그램에 등록된 기준을 따른다.)

> 1. 사원정보 변경
>   1) 생산직비과세 적용 '함'   2) 고용보험여부 '여'
> 2. 일용직 급여지급
>   1) 지급형태 : '일정기간지급' 지급일   2) 평일 9시간 근무 / 토요일 2시간 근무 가정
>   3) 비과세(신고제외분) : 적용안함

① 65,441,060원   ② 54,919,800원
③ 58,237,280원   ④ 61,236,400원

16 당 회사의 〈2000.(주)영원물산인천지점〉 사업장 기준 2025년 3분기의 과세총액 및 비과세총액은 얼마인가?(단, 사용자부담금은 포함한다.)

① 과세총액 :   56,958,450원 / 비과세총액 :   2,307,360원
② 과세총액 : 130,216,860원 / 비과세총액 :   750,000원
③ 과세총액 : 126,520,500원 / 비과세총액 :   6,598,320원
④ 과세총액 : 239,886,180원 / 비과세총액 : 11,241,360원

17 당 회사는 [2000.(주)영원물산인천지점] 사업장에 대해 2025년 10월 귀속(지급일 1번)에 이체한 급/상여를 확인하고자 한다. 이체 현황에 대한 설명으로 옳지 않은 것은 무엇인가?(단, 무급자는 제외한다.)

① 해당 사업장에 지급된 급/상여의 총 실지급액은 36,229,780원이다.
② 모든 사원은 현금으로 급/상여를 지급 받지 않는다.
③ '기업은행'을 통해 급여를 지급 받는 인원은 2명이며, 총 이체 금액은 6,432,980원이다.
④ '신한은행'에 이체된 금액은 '우리은행'에 이체된 금액보다 적다.

18 부서 별로 월별 급상여 지급현황을 조회하고자 한다. 2025년 10월 귀속 '3100. 관리부' 부서 기준으로 조회 시, 부서 전체 월별 급상여 지급/공제항목 내역으로 알맞은 것은 무엇인가? (단, 지급구분은 100.급여로 조회한다.)

① 지급합계 : 16,837,110원
② 건강보험 : 691,460원
③ 소득세 : 941,980원
④ 차인지급액 : 13,981,850원

19 당 회사는 전 사업장을 대상으로 급/상여 지급액 등 변동사항을 확인하고자 한다. 2024년 09월 변동 상태에 대한 설명으로 알맞은 무엇인가? (단, 모든 기준은 조회된 데이터를 기준으로 확인한다.)

> 1. 기준연월 : 2025년 09월
> 2. 비교연월 : 2024년 09월
> 3. 사용자부담금 '포함'

① 전체 급/상여 지급 대상 '인원'은 동일하고, '과세' 지급액은 증가하였다.
② 전체 '비과세' 지급액은 동일하고, '사업자부담금'은 증가하였다.
③ 전체 공제된 '소득세', '지방소득세' 금액은 감소하였다.
④ 전체 실제 지급한 '차인지급액'은 증가하였고, [20020603.이성준] 사원의 '기본급' 지급액은 변동사항이 없다.

20 당 회사는 전체 사업장에 대해 수당 별 지급현황을 확인하고자 한다. 다음 중 2025년 3분기 동안 'P06.근속수당'을 가장 많이 지급 받은 사원은 누구인가?

① [20000501.한국인]
② [ERP26206.이영원]
③ [20120101.정수연]
④ [20000502.김종욱]

ERP정보관리사 인사2급
100-2025.01.27

경영혁신과 ERP

01 클라우드 컴퓨팅의 유형 중에서 PaaS(Platform as a Service)에 대한 설명으로 적절하지 않은 것은?

① 사용자는 인프라의 기본 투자 없이 응용 소프트웨어의 테스트가 가능하다.
② 사용자는 응용 소프트웨어 개발 환경을 설치하는데 소요되는 비용을 절약할 수 있다.
③ 사용자는 응용 소프트웨어 개발에 필요한 다양한 플랫폼 환경을 직접 구축할 수 있다.
④ 사용자는 하드웨어 및 소프트웨어의 인프라의 유지 보수 및 관리 비용을 절약할 수 있다.

02 ERP의 발전과정으로 가장 옳은 것은?

① MRPⅡ → MRPⅠ → ERP → 확장형ERP
② ERP → 확장형ERP → MRPⅠ → MRPⅡ
③ MRPⅠ → ERP → 확장형ERP → MRPⅡ
④ MRPⅠ → MRPⅡ → ERP → 확장형ERP

03 ERP에 대한 설명 중 가장 적절하지 않은 것은?

① 신속한 의사결정을 지원하는 경영정보시스템이다.
② 인사, 영업, 구매, 생산, 회계 등 기업의 업무가 통합된 시스템이다.
③ 모든 사용자들은 사용권한 없이도 쉽게 기업의 정보에 접근할 수 있다.
④ ERP의 기본시스템에 공급망관리, 고객지원기능 등의 확장기능을 추가할 수 있다.

04 ERP도입 기업의 사원들을 위한 ERP교육을 계획할 때, 고려사항으로 가장 적절하지 않은 것은?

① 전사적인 참여가 필요함을 강조한다.
② 지속적인 교육이 필요함을 강조한다.
③ 최대한 ERP커스터마이징이 필요함을 강조한다.
④ 자료의 정확성을 위한 철저한 관리가 필요함을 강조한다.

인사이론

05 인적자원관리의 목표로 가장 적절하지 않은 것은?

① 임금 지급을 통해 근로자에게 근로생활의 양적인 충족을 추구한다.
② 노동의 능력이나 능력 개발에 대한 동기부여 향상을 통해 근로자를 유지한다.
③ 기업의 생산성 목표와 유지 목표를 조화시켜 생산성, 이직률 등의 기업 성과를 창출한다.
④ 기업에 필요한 인적자원을 유지 또는 확보하고 근로자에게 직무에 대한 만족감을 느끼게 하여 능동적인 참여를 유도한다.

06 인적자원관리의 인간관계관리에 대한 설명으로 가장 적절하지 않은 것은?

① 인간관계 개선 및 인간성을 실현한다.
② 동기부여와 근로생활의 질을 향상한다.
③ 능력있는 노동력을 확보하기 위한 관리영역이다.
④ 제안제도와 고충처리제도 등을 도입하고 활성화한다.

07 [보기]에 대한 직무분석 방법으로 가장 적절한 것은?

> 직무분석자가 전체 작업 과정 동안 무작위로 많은 관찰을 하여 직무 행동에 대한 정보를 얻는 방법

① 관찰법
② 마코브 체인법
③ 워크 샘플링법
④ 중요사건 기록법

08 [보기]에서 설명하고 있는 인력계획의 미래예측기법은 무엇인가?

> 특정 문제에 있어서 다수의 전문가들의 의견을 종합하여 미래 상황을 예측하는 방법

① 선형계획법 ② 추세분석법
③ 델파이기법 ④ 마코프분석

09 [보기]의 설명으로 가장 적절한 것은?

> 선발시험에 합격한 사람들의 시험 성적과 입사 후의 직무성과를 비교하여 타당성을 검사하는 방법

① 내용 타당성 ② 구성 타당성
③ 예측 타당성 ④ 동시 타당성

10 인사고가 평가 방법 중 절대평가 방법에 해당하는 것을 고르시오.

① 서열법 ② 쌍대비교법
③ 강제할당법 ④ 행위기준고과법

11 교육훈련의 목적으로 가장 적절하지 않은 것은?

① 사기 제고 ② 품질 개선
③ 결근 감소 ④ 기업 홍보

12 비자발적 이직에 해당하지 않는 것은?

① 일시해고 ② 정리해고
③ 명예퇴직 ④ 의원퇴직

13 우리나라는 국가가 저임금근로자의 최저생활을 보호하기 위해 최저임금제도를 시행하고 있다. 2025년도 적용연도 기준 최저임금 시급은 얼마인가?

① 9,380원 ② 9,620원
③ 9,860원 ④ 9,970원

14 [보기]는 무엇에 대한 설명인가?

> 근로자에게 정기적, 일률적으로 소정근로 또는 총근로에 대하여 지급하기 정한 시간급, 일급, 주급, 월급 또는 도급 금액을 말한다.

① 통상 임금 ② 약정 임금
③ 기준 임금 ④ 평균 임금

15 복리후생제도에 대한 설명으로 가장 적절하지 않은 것은?

① 홀리스틱 복리후생은 근로자의 다양한 욕구를 반영하여 균형 잡힌 동기부여를 추구하는 제도이다.
② 라이프사이클 복리후생은 근로자의 연령에 따른 생활 패턴 및 의식 변화를 고려하여 차이를 두는 제도이다.
③ 카페테리아식 복리후생은 여러 가지 제도 중 근로자들이 각자의 필요에 따라 선택적으로 이용하도록 하는 제도이다.
④ 퇴직금제도는 근로자가 일정 기간 기업에 종사한 경우에 자발적 또는 비자발적으로 고용관계가 파기되거나 소멸되어 받게 되는 보상이다.

16 비과세 근로소득에 대한 설명으로 적절하지 않은 것은?

① 별도의 식사를 제공받지 않는 경우 월 30만원의 식대
② 국외에 주재하며 근로를 제공하고 받는 보수 중 월 100만원 국외근로소득
③ 관련 법령에 의거하여 연구 활동에 직접 종사하는 자의 월 20만원 이내의 연구보조비
④ 근로자 또는 배우자의 출산, 6세 이하 자녀보육과 관련하여 지급하는 월10만원 이내의 자녀보육수당

17 연말정산에 대한 설명으로 적절하지 않은 것은?

① 연말정산 월별 납부자의 신고·납부기한은 다음 해 3월 10일이다.
② 연말정산 반기별 납부자의 신고·납부기한은 다음 해 7월 10일이다.
③ 2개 이상의 근로소득이 있는 경우 주된 근무지의 원천징수영수증을 종된근무지의 원천징수 의무자에게 제출한다.
④ 중도입사자의 연말정산은 전근무지의 근로소득 원천징수영수증을 발급받아 해당 연도 근로소득에 합산하여 연말정산한다.

18 [보기]에 해당하는 근로시간제는?

> 사용자와 근로자 대표와 서면합의로 정한 시간을 근로한 것으로 인정하는 제도

① 간주 근로시간제　　　② 선택 근로시간제
③ 탄력 근로시간제　　　④ 재량 근로시간제

19 [보기]의 설명으로 가장 적절한 것은?

> 노동자들이 근로 조건 향상을 위하여 노동조합을 조직할 권리

① 단결권　　　　② 단체교섭권
③ 경영참가권　　④ 단체행동권

20 [보기]에서 설명하는 노동쟁위는 무엇인가?

> 제품구입 거절 등의 형태로 나타나는 집단적인 불매운동 행위

① 태업　　　② 보이콧
③ 피케팅　　④ 생산통제

기출문제 [실무]

【ERP 인사 시뮬레이션】 기초데이터는 데이콤 웹하드(www.webhard.co.kr/ID:ant6545/비번:1234)에서 다운받아 설치한 후 6202 ㈜달구벌-한으뜸으로 로그인 한다.

01 다음 중 핵심 ERP 사용을 위한 기초 사원등록 정보를 확인하고, '사용자'로 등록 된 사원의 등록내역으로 알맞지 않은 것은 무엇인가?

① '인사입력방식'은 〈미결〉이다.
② '회계입력방식'은 〈승인〉이다.
③ '조회권한'은 〈회사〉이다.
④ '검수조서권한'은 〈승인〉이다.

02 다음 중 핵심 ERP 사용을 위한 기초 부서 정보를 확인하고, 내역으로 알맞지 않은 것은 무엇인가?

① [2000.영업부문]에 속해 있는 부서는 모두 사용 중 이다.
② 현재 사용하지 않는 부서는 총 2개이다.
③ 〈3000.㈜달구벌 강원지점〉 사업장에는 8100.관리부', '9100.교육부' 부서가 속해있다.
④ '6100.경리부'는 [3000.관리부문(인천지점)]에 속해있으며, 사용종료일은 2012/12/31이다.

03 [ERP26207.한으뜸] 사원의 [H.인사/급여관리] 모듈 내 설정 된 메뉴 권한의 설명으로 올바르지 않은 것은 무엇인가?

① [인사관리]에 속한 메뉴에서는 회사에 속한 모든 근로자의 자료를 출력할 수 있다.
② '퇴직소득원천징수영수증'은 본인이 속한 부서의 퇴사자(또는 중도퇴사)에게만 교부할 수 있다.
③ [전표관리]에 속한 메뉴에서는 회사에 속한 모든 근로자의 자료를 변경 및 출력할 수 있다.
④ [사회보험관리]의 모든 메뉴에 대해서 권한이 없다.

04
당 회사는 2025년 01월 [800.주임] 직급의 호봉을 아래 [보기]와 같이 일괄 등록하고자 한다. 호봉등록을 완료 후 7호봉 '호봉합계'의 금액은 얼마인가?

> 1. 기 본 급 : 초기치 2,200,000원, 증가액 100,000원
> 2. 직급수당 : 초기치   100,000원, 증가액 50,000원
> 3. 일괄인상 : 1) 기본급 7.5% 정률인상   2) 직급수당 20,000 정액인상

① 3,430,000원
② 3,587,500원
③ 3,718,500원
④ 3,962,250원

05
당 회사의 인사/급여기준에 대한 설정을 확인했을 때, 올바르게 설명한 [보기] 내용은 몇 개인가?(단, 환경설정 기준은 변경하지 않는다.)

> A : 모든 직종의 출결마감 기준일은 전월 25일에서 당월 24일까지이다.
> B : 2025년 1월 귀속의 급여를 계산할 때, 2025년 1월 25일 퇴사한
>   사무직 사원의 경우 해당 월의 실제 근무일수 만큼 급여가 지급된다.
> C : 2025년 1월 귀속 기준으로 월일수 산정 시, 해당 귀속연월의 실제 일수인 31일을 적용한다.
> D : 수습직의 경우 3개월 간 75%에 해당하는 급여를 지급받는다.

① 0개
② 1개
③ 2개
④ 3개

06
2025년 귀속 기준 급여 지급/공제항목설정을 확인하고, 그 설명으로 옳지 않은 것은?(단, 지급/공제항목설정 기준은 변경하지 않는다.)

① [P00.기본급]은 '과세' 지급항목이며, 휴직자에 대한 별도 계산식이 설정되어 있다.
② [P02.가족수당]은 '야간근로수당' 비과세 적용 기준요건인 월정급여에 포함되는 지급항목이며, 입사자에게는 지급하지 않는다.
③ [P06.근속수당]은 수습직 사원에게는 지급하지 않는 항목이며, 근속기간이 15년 이상인 대상자에게는 150,000원을 지급한다.
④ [P30.야간근로수당]은 직종이 생산직인 사원에게 100,000원을 지급하며, 'O01.야간근로수당' 비과세가 적용되는 항목이다.

07 당 회사의 인사정보를 확인하고 관련된 설명으로 올바르지 않은 것은 무엇인가?

① [20000502.김종욱] 사원은 세대주가 아니며, 배우자 공제를 적용 받는다.
② [20001101.박용덕] 사원의 직급은 부장이며, 현재 책정된 임금의 연봉은 '54,250,000원'이다.
③ [20020603.이성준] 사원의 근무조는 2조이며, 노조에 가입되어 있다.
④ [20140102.김희수] 사원은 학자금 상환 대상자이며, 2013/08 ~ 2018/08 까지 [T13.중소기업취업감면(90% 감면)] 대상자로 설정되어 있었다.

08 당 회사는 [2024년 법정의무교육]을 진행하였다. 아래 [보기] 기준으로 교육평가 내역을 직접 확인 시, 교육평가 결과가 '상'이 아닌 사원은 누구인가?

- 교육명 : [990.2024년 법정의무 교육]
- 시작/종료일 : 2024/12/01 ~ 2024/12/31

① [20001102.정영수]
② [20010402.제갈형서]
③ [20110101.김윤미]
④ [20140903.정용빈]

09 당 회사는 2024년 귀속 모든 사업장의 사원 별 상벌현황을 확인하고자 한다. 아래 [보기]의 기준에 해당하는 포상 대상자가 아닌 사원은 누구인가?(단, 퇴사자는 제외한다.)

1. 상벌코드 : 100.고과포상
2. 포상일자 : 2024.12.31.
3. 포상내역 : 2024년 우수사원 포상

① [20010401.노희선]
② [20020603.이성준]
③ [20120501.김윤정]
④ [20130701.신별]

10 회사는 창립기념일을 맞아 2024년 12월 31일 기준으로 모든 사업장에 대해 만 15년 이상 장기근속자에 대해 특별근속수당을 지급하기로 하였다. 아래 [보기]를 기준으로 지급한 총 특별근속수당은 얼마인가?(단, 퇴사자는 제외하며, 미만일 수는 올리고, 이전 경력은 제외한다.)

- 15년 이상 : 100,000원
- 20년 이상 : 200,000원

① 1,700,000원
② 2,100,000원
③ 2,300,000원
④ 2,400,000원

11 당 회사의 2025년 01월 귀속 급여(지급일자 : 2025/01/25)에 해당하는 대상자 중 사원 [20010402.제갈형서]는 개인적인 사유로 휴직을 신청하였다. [20010402.제갈형서] 사원의 휴직 내역을 [보기]와 같이 등록한 뒤 모든 지급 대상자를 급여 계산 할 때, '과세' 총액은 얼마인가?(단, 급여 지급일자는 2025/01/25이고, 그 외 급여계산에 필요한 조건은 프로그램에 등록된 기준을 이용한다.)

1. 시작일, 종료일 : 2025/01/01, 2025/01/15
2. 휴직사유 : [300.질병휴직]
3. 휴직지급율 : 80%
4. 퇴직기간적용 : 함

① 33,144,330원
② 37,858,540원
③ 39,408,240원
④ 40,762,380원

12 당 회사는 2025년 01월 귀속 '특별급여' 소득을 지급하고자 한다. 아래 [보기]의 지급대상 요건으로 지급일자를 직접 추가하여 급여 계산 시, 대상자 별 실지급액으로 옳지 않은 것은? (단, 그 외 급여계산에 필요한 조건은 프로그램에 등록된 기준을 이용한다.)

1. 특별급여지급일자 : 2025/01/31
2. 동시발행 및 대상자선정 : 분리, 직종및급여형태별
3. 특별급여지급대상 : 〈2000.(주)달구벌 인천지점〉 사업장의 사무직(월급), 생산직(월급)

① [20020603.이성준] : 2,292,470원
② [20040301.오진형] : 2,356,480원
③ [20010401.노희선] : 1,885,010원
④ [20001101.박용덕] : 3,390,620원

13 당 회사는 초과근무에 대해 수당을 지급하고 있다. 아래 [보기]의 기준을 토대로 2024년 12월 귀속 〈급여〉 구분 [20001102.정영수] 사원의 '초과근무수당'을 계산하면 얼마인가?(단, 근무수당을 계산하면서 발생되는 모든 원단위 금액은 절사하며, 책정임금 시급은 원단위 금액을 절사하지 않고 계산한다.)

- 초과근무수당 = 1유형근무수당 + 2유형근무수당
- 초과근무 시급 : 책정임금 시급
- 1유형근무수당 = (평일연장근무시간 + 토일정상근무시간) × 2 × 초과근무 시급
- 2유형근무수당 = (평일심야근무시간 + 토일연장근무시간) × 2.5 × 초과근무 시급

① 979,260원 ② 999,140원
③ 1,139,120원 ④ 1,244,510원

14 당 회사는 일용직 사원에 대해 사원 별 지급형태를 구분하여 일용직 급여를 지급하고 있다. 아래 [보기]를 확인하여 2025년 01월 귀속 지급일 중 '매일지급' 대상자를 직접 반영 후 급여계산 할 때, 해당 지급일의 급여내역에 대해 올바르지 않은 것은?(단, 급여계산에 필요한 조건은 프로그램에 등록된 기준대로 확인한다.)

1. 지급형태 : '매일지급' 지급일
2. 지급 대상자 : 부서가 '4100.생산부'이고 급여형태가 '004.시급'인 사원
3. 평일 10 시간 근무, 토요일 2 시간 근무
4. 비과세(신고제외분) : 10,000원(평일만 적용)

① 해당 지급일자의 대상자는 총 31일 중 27일을 근무하였으며, 모든 대상자는 4대 사회보험 금액과 소득세가 공제되었다.
② 해당 지급일자에 실제 지급된 금액이 가장 많은 사원은 [0001.김인사] 사원이며, 해당 사원에게 실제 지급된 금액은 11,722,990원이다.
③ 해당 지급일자에 비과세신고분은 총 6,823,180원 지급되었으며, 생산직적용여부가 '함'으로 설정된 사원에게만 비과세신고분이 지급되었다.
④ [0014.백석준] 사원은 급여를 현금으로 지급받으며, 고용보험은 63,360원 공제되었다.

15 2025년 01월 귀속 일용직 급여작업 전, 아래 [보기]를 기준으로 [0004.김향기] 사원의 사원정보를 직접 변경하고 급여계산을 했을 때, 해당 지급일에 모든 지급대상자들에게 실제 지급된 금액의 합계는 얼마인가?(단, 그 외 급여계산에 필요한 조건은 프로그램에 등록된 기준을 따른다.)

> 1. 사원정보 변경
>   1) 생산직비과세 적용 '함'
>   2) 국민/건강/고용보험여부 '여'
> 2. 일용직 급여지급
>   1) 지급형태 : '일정기간지급' 지급일
>   2) 평일 10시간 근무 / 토요일 2시간 근무 가정
>   3) 비과세(신고제외분) : 10,000원(평일만 적용)

① 28,318,540원 ② 29,755,630원
③ 31,767,680원 ④ 32,508,090원

16 당 회사의 〈1000.(주)달구벌 본사〉 사업장 기준 2024년 4분기의 과세총액 및 비과세총액은 얼마인가?(단, 사용자부담금은 포함한다.)

① 과세총액 : 113,575,620원 / 비과세총액 : 5,100,000원
② 과세총액 : 102,400,500원 / 비과세총액 : 8,660,430원
③ 과세총액 : 265,778,310원 / 비과세총액 : 13,800,000원
④ 과세총액 : 265,778,310원 / 비과세총액 : 25,133,520원

17 당 회사는 전체 사업장 기준 2024년 12월 귀속(지급일 1번) 급여구분의 대장을 확인하고자 한다. 근무조별로 대장을 집계하여 확인했을 때, 근무조별 지급/공제항목의 금액으로 옳지 않은 것은?

① 1조 - 기본급 : 26,912,490원   ② 2조 - 근속수당 : 500,000원
③ 2조 - 고용보험 : 159,390원   ④ 3조 - 사회보험부담금 : 999,820원

18 부서 별로 월별 급상여 지급현황을 조회하고자 한다. 2024년 4분기 '2100. 국내영업부' 부서 기준으로 조회 시, 부서 전체 월별 급상여 지급/공제항목 내역으로 알맞지 않은 것은 무엇인가? (단, 지급구분은 100.급여로 조회한다.)

① 근속수당 :   1,350,000원
② 급여합계 : 55,812,720원
③ 건강보험 :   1,492,590원
④ 공제합계 : 17,029,480원

19 당 회사는 〈3000.(주)달구벌 강원지점〉 사업장을 제외한 나머지 사업장에 대해 2024년 3분기 급여 집계 현황을 '부서별'로 구분하여 집계하고자 한다. 2024년 3분기 동안 지급구분이 '100.급여'인 지급내역 중 '직무발명보상금'이 가장 많이 지급된 '부서'로 알맞은 것은 무엇인가?

① 경리부   ② 관리부
③ 국내영업부   ④ 자재부

20 당 회사는 전체 사업장에 대해 수당 별 지급현황을 확인하고자 한다. 다음 중 2024년 하반기동안 'P30.야간근로수당'을 지급 받지 못한 사원은 누구인가?

① [20001101.박용덕]
② [20020603.이성준]
③ [20040301.오진형]
④ [20120101.정수연]

ERP정보관리사 인사2급
101-2024.03.23

경영혁신과 ERP

01 'Best Practice' 도입을 목적으로 ERP 패키지를 도입하여 시스템을 구축하고자 할 경우 가장 적절하지 않은 방법은?

① BPR과 ERP 시스템 구축을 병행하는 방법
② ERP 패키지에 맞추어 BPR을 추진하는 방법
③ 기존 업무처리에 따라 ERP 패키지를 수정하는 방법
④ BPR을 실시한 후에 이에 맞도록 ERP 시스템을 구축하는 방법

02 ERP와 전통적인 정보시스템(MIS) 특성 간의 차이점에 대한 설명으로 가장 적절하지 않은 것은?

① 전통적인 정보시스템의 업무범위는 단위업무이고, ERP는 통합업무를 처리한다.
② 전통적인 정보시스템의 시스템구조는 폐쇄형이나 ERP는 개방성을 갖는다.
③ 전통적인 정보시스템의 업무처리 대상은 Process 중심이나 ERP는 Task 중심이다.
④ 전통적인 정보시스템의 저장구조는 파일시스템을 이용하나 ERP는 관계형 데이터베이스시스템(RDBMS) 등을 이용한다.

03 ERP의 기능적 특징으로 가장 적절하지 않은 것은?

① 경영정보제공 및 경영조기경보체계를 구축
② 선진 비즈니스 프로세스 모델에 의한 BPR 지원
③ 중복업무의 배제 및 실시간 정보처리 체계 구축
④ 특정 하드웨어나 특정 운영체체와 연계 가능하므로 보안성 강화

04 ERP시스템의 SCM 모듈을 실행함으로써 얻는 장점으로 가장 적절하지 않은 것은?

① 공급사슬에서의 가시성 확보로 공급 및 수요변화에 대한 신속한 대응이 가능하다.
② 정보투명성을 통해 재고수준 감소 및 재고회전율(inventory turnover) 증가를 달성할 수 있다.
③ 공급사슬에서의 계획(plan), 조달(source), 제조(make) 및 배송(deliver) 활동 등 통합 프로세스를 지원한다.
④ 마케팅(marketing), 판매(sales) 및 고객서비스(customer service)를 자동화함으로써 현재 및 미래 고객들과 상호작용할 수 있다.

인사이론

05 포드 시스템의 3S원칙에 해당하지 않는 것은?

① 표준화
② 전문화
③ 다각화
④ 단순화

06 인간관계적 인사관리에 대한 설명으로 적절하지 않은 것은?

① 고임금·저노무비의 실천
② 협력관계설, 경영공동체설 주장
③ 인사관리활동영역에 비공식집단포함
④ 종업원의 상호협력 관계적 인사관리 중요

07 [보기]는 무엇에 대한 설명인가?

> 직무분석을 통해 나타난 결과를 직무내용 보다는 직무요건인 인적특성에 중심을 두고 기술한 것으로 교육 및 훈련, 직무경험, 신체적 요건 등이 포함되어 있는 문서

① 직무평가서
② 직무명세서
③ 직무분석표
④ 직무고과표

08 인적자원의 수요예측 및 공급예측에 대한 설명으로 적절하지 않은 것은?

① 델파이기법은 다수 전문가들의 의견을 종합하여 미래 상황을 예측하는 기법이다.
② 회귀분석은 인적자원 수요 결정에서 다양한 요인들의 영향력을 계산하여 미래 수요를 예측한다.
③ 요소비교법은 조직 내 모든 관리자들의 관리능력을 포함하여 그들의 자세한 정보를 모아놓은 목록이다.
④ 마코브분석은 시간이 경과함에 따라 한 직급에서 다른 직급으로 이동해 나가는 확률을 기술함으로써 인적자원계획에 사용되는 모델이다.

09 인력과잉의 경우 조치해야 할 행동으로 가장 적절하지 않은 것은?

① 작업분할제
② 다운사이징
③ 조기퇴직제
④ 파견근로활용

10 종업원을 평가하기 위한 평가요소를 선정하여 놓고, 평가요소별 등급(척도)을 정한 다음, 각 종업원이 그 평가요소에 포함된 능력을 어느 정도 소유하고 있는가를 검토함으로써 각 평가요소의 척도상에 우열을 표시하는 인사고과 방법은 무엇인가?

① 토의식고과법
② 대조표고과법
③ 서술식고과법
④ 평정척도고과법

11 플리포(Edwin B. Flippo)에 의한 교육훈련의 목적에 대한 설명으로 적절하지 않은 것은?

① 업무생산성이 향상될 수 있다.
② 사고율이 감소하고 사기가 향상된다.
③ 조직의 안정성이 증가하며, 탄력성이 또한 증가한다.
④ 직원들의 업무 역량이 높아지므로 관리자의 부담이 증가한다.

12 [보기]에서 설명하는 리더십은 무엇인가?

> 현대적 리더십이론 중 문제해결방안을 전문가가 직접 제시하는 것이 아니라, 당사자가 해결책을 스스로 발견할 수 있도록 지원하는 형태의 리더십

① 셀프리더십　　　　　　　　② 코칭리더십
③ 슈퍼리더십　　　　　　　　④ 변혁적리더십

13 근로기준법 상 임금지급의 기본원칙이 아닌 것은?

① 전액불의 원칙　　　　　　② 직접불의 원칙
③ 현물급여의 원칙　　　　　④ 일정기일 지급의 원칙

14 선택적 기업복지제도로 기업이 다양한 복지제도 및 시설을 마련하여 놓고 종업원들이 자신이 원하는 제도나 시설을 선택할 수 있도록 하는 복리후생제도는 무엇인가?

① 표준적 복리후생제도
② 홀리스틱 복리후생제도
③ 라이프사이클 복리후생제도
④ 카페테리아식 복리후생제도

15 산재보험에 대한 설명 중 옳지 않은 것은?

① 보험사업에 소요되는 재원인 보험료는 원칙적으로 사업주가 전액 부담한다.
② 건설공사 사업장의 경우 규모 및 금액에 관계 없이 모든 공사 현장이 해당된다.
③ 산재보험 급여는 재해 발생에 따른 손해 전체를 보상하는 것이 아니라 평균임금을 기초로 하는 정률보상 방식을 따른다.
④ 농업·임업(벌목업은 1인 기준)·어업·수렵업 중 법인이 아닌 자의 사업으로 상시근로자 수가 3명 미만인 사업장은 가입대상 제외된다.

16 [보기]의 (A) 에 알맞은 금액은 얼마인가?

> 일용근로자의 원천징수세액
> =[일급(비과세소득제외) - (A)만원] × 6% × [1-55%(근로소득세액공제)]

① 100,000(원) ② 120,000(원)
③ 130,000(원) ④ 150,000(원)

17 연말정산시 근로자가 제출하는 서류 중 적절하지 않은 것은?
① 기부금 명세서   ② 소득세 납부서
③ 의료비 지급명세서   ④ 소득·세액 공제신고서

18 약정휴가에 해당하는 것으로 적절하지 않은 것은?
① 경조 휴가   ② 출산 휴가
③ 포상 휴가   ④ 하계 휴가

19 노동조합의 가입방법 중 변형적 형태에 해당하지 않는 것은?
① 에이전시 숍   ② 클로즈드 숍
③ 메인터넌스 숍   ④ 프리퍼렌셜 숍

20 [보기]에 (   )에 들어갈 내용을 고르시오.

> (   )은 경영에 있어서의 제도·기관의 조직과 운영 등에 관한 조항과 같이 집단적 노사관계에 적용되면서도 개별적인 근로관계와 관련된 부분을 말한다.

① 규범적 효력   ② 채무적 효력
③ 조직적 효력   ④ 지역적 구속력

【ERP 인사 시뮬레이션】 기초데이터는 데이콤 웹하드(www.webhard.co.kr/ID:ant6545/비번:1234)에서 다운받아 설치한 후 6203 ㈜맵시나-김맵시로 로그인 한다.

01 다음 중 핵심 ERP 사용을 위한 기초 사업장 정보를 확인하고, 그 내역으로 알맞지 않은 것은 무엇인가?

① 〈1000.㈜맵시나 본사〉 사업장의 대표자는 '한국인'이고, 해당 사업장은 당 회사의 '본점' 사업장이다.
② 〈2000.㈜맵시나 인천지점〉 사업장의 지방세신고지 행정동은 '2823751000.부평구청'이며, 사업자단위과세 신고 시 〈1000.㈜맵시나 본사〉 사업장의 종사업장으로 포함하여 신고한다.
③ 〈2000.㈜맵시나 인천지점〉 사업장의 주업종코드는 '369301.제조업'이며, 원천징수이행상황신고 시, '월별' 신고를 하는 유일한 사업장이다.
④ 〈3000.㈜맵시나 강원지점〉 사업장의 업태는 '제조.도매'이며, 관할세무서는 '221.춘천'이다.

02 다음 중 핵심 ERP 사용을 위한 기초 부서 정보를 확인하고, 내역으로 알맞지 않은 것은 무엇인가?

① 〈1000.㈜맵시나 본사〉 사업장에 속해 있는 부서는 총 6개가 있으며, 이 중 현재 사용하는 부서는 총 5개 이다.
② [1000.관리부문], [4000.생산부문]에 속해 있는 부서는 모두 사용 중 이다.
③ 〈3000.㈜맵시나 강원지점〉 사업장에는 '7100.교육부' 부서만 속해 있다.
④ '2100.국내영업부'는 [2000.영업부문]에 속해있으며, 사용시작일은 2008/05/01이다.

03 [ERP26206.김맵시] 사원의 [H.인사/급여관리] 모듈 내 설정 된 메뉴 권한의 설명으로 올바르지 않은 것은 무엇인가?

① [인사관리]에 속한 메뉴에서는 회사에 속한 모든 근로자의 자료를 출력할 수 있다.
② '근로소득원천징수부'는 사용자 본인에게만 교부할 수 있다.
③ [전표관리]의 모든 메뉴에 대해서 권한이 없다.
④ [사업/기타/이자배당소득관리]에 속한 메뉴에서는 회사에 속한 모든 근로자의 자료를 변경할 수 있다.

04 당 회사는 2025년 03월 [700.대리] 직급의 호봉을 아래 [보기]와 같이 일괄 등록하고자 한다. 호봉등록을 완료 후 4호봉 '호봉합계'의 금액은 얼마인가?

> 1. 기 본 급 : 초기치 2,500,000원, 증가액 100,000원
> 2. 직급수당 : 초기치   50,000원, 증가액 10,000원
> 3. 일괄인상
>   1) 기본급 4.7% 정률인상
>   2) 직급수당 5,000 정액인상

① 2,931,600원 ② 3,016,600원
③ 3,036,300원 ④ 3,246,000원

05 당 회사의 인사/급여기준에 대한 설정을 확인했을 때, 올바르게 설명한 [보기] 내용은 몇 개인가?(단, 환경설정 기준은 변경하지 않는다.)

> A : 사무직의 출결마감 기준일은 당월 1일에서 당월 24일까지이다.
> B : 당 회사의 기본급이 책정임금의 '월급'을 기준으로 지급하고 [지급공제항목등록] 메뉴에서 기본급의 입퇴사자적용 설정이 '환경등록적용'이고, 절사선택이 '1원 단위 반올림'인 경우 2025년 4월 11일에 입사한 사원 (월급 : 3,000,000원)의 4월 귀속 급여의 기본급은 2,000,000원이다.
> C : 2025년 3월 귀속 기준으로 월일수 산정 시, 한달 정상일로 설정한 30일을 적용한다.
> D : 수습직의 경우 6개월 간 70%에 해당하는 급여를 지급 받는다.

① 0개 ② 1개
③ 2개 ④ 3개

06 2025년 귀속 기준 급여 지급/공제항목설정을 확인하고, 그 설명으로 옳지 않은 것은?(단, 지급/공제항목설정 기준은 변경하지 않는다.)

① [P01.영업촉진수당]은 '과세' 지급항목이며, 입/퇴사자에게는 지급하지 않는다.
② [P02.가족수당]은 감면적용 대상 지급항목이 아니며, 자녀가 있는 경우 30,000원을 지급한다.
③ [P40.육아수당]은 수습직 사원에게는 지급하지 않는 항목이며, 육아휴직 대상자에게 책정임금의 월급의 80% 금액을 지급한다.
④ [P70.직무발명보상금]은 'R11.직무발명보상금' 비과세가 적용되는 항목이고, 직종이 연구직인 사원에게 250,000원을 지급한다.

07 당 회사의 인사정보를 확인하고 관련된 설명으로 올바르지 않은 것은 무엇인가?

① [20000601.이종현] 사원은 배우자공제 적용 대상자가 아니며, [상용직급여입력및계산] 메뉴에서 급여계산 시, 32,380원 만큼 고용보험이 공제되고 급여를 지급 받는다.
② [20001101.박용덕] 사원의 직책은 팀장이며, 2015/01 ~ 2017/12 까지 [T12. 중소기업취업감면(70% 감면)] 대상자로 설정되어 있다.
③ [20030701.엄현애] 사원은 노조에 가입되어 있으며, 급여이체은행은 '040.국민'은행으로 설정되어 있다.
④ [20110101.배유진] 사원은 수습적용 이력이 존재하며, 수습만료일은 2020/08/10 이었고, 생산직총급여 비과세 대상자로 설정되어 있다.

08 당 회사는 [2025년 법정의무교육]을 진행하였다. 아래 [보기] 기준으로 교육평가 내역을 직접 확인 시, 평가점수 결과가 100점이 아닌 사원은 누구인가?

• 교육명   : [990.2025년 법정의무교육]   • 시작/종료일 : 2025/01/02 ~ 2025/01/31

① [20010402.박국현]
② [20040301.오진형]
③ [20120101.정수연]
④ [20161107.박선우]

09 당 회사의 2025년 02월 귀속 급/상여 지급일자 등록을 확인하고, 그 내역으로 알맞지 않은 것은 무엇인가?

① '급여'를 지급하는 일자에 '상여'를 추가하여 지급할 수 있다.
② '상여'는 '급여'를 지급 받는 대상자 중 직종이 '사무직', '생산직'인 사원에게만 지급한다.
③ '상여' 지급 시 입사자의 경우 기준일수 초과 근무 시 상여 지급 대상 기간 내 근무일수에 상관없이 월할로 상여를 지급하며, 퇴사자의 경우 지급하지 않는다.
④ '상여'의 '지급직종및급여형태'에 반영된 정보와 일치하는 대상자는 [상용직급여입력및계산] 메뉴에서 자동으로 대상자가 반영된다.

10 회사는 창립기념일을 맞아 2025년 02월 28일 기준으로 모든 사업장에 대해 만 10년 이상 장기근속자에 대해 특별근속수당을 지급하기로 하였다. 아래 [보기]를 기준으로 지급한 총 특별근속수당은 얼마인가?(단, 퇴사자는 제외하며, 미만일수는 올리고, 이전 경력은 제외한다.)

- 10년 이상 ~ 15년 미만 : 100,000원
- 15년 이상 ~ : 200,000원

① 1,500,000원
② 2,800,000원
③ 3,000,000원
④ 3,200,000원

11 당 회사는 2025년 03월 귀속(지급일자 : 2025/03/25) 급여를 계산하기 전 [20161107.박선우] 사원의 책정임금을 새로 계약하였다. [보기]와 같이 책정임금을 새로 등록하고, 급여 계산 시 [20161107.박선우] 사원의 '과세총액'과 '소득세'는 얼마인가?

1. 계약시작년월 : 2025년 03월
2. 연봉 : 39,270,000원

① 과세총액 : 2,847,460원 / 소득세 : 89,180원
② 과세총액 : 3,246,140원 / 소득세 : 95,430원
③ 과세총액 : 3,272,500원 / 소득세 : 106,610원
④ 과세총액 : 3,384,310원 / 소득세 : 112,550원

12 당 회사는 2025년 03월 귀속 급여(지급일자 : 2025/03/31)에 '특별급여'를 추가하여 소득을 지급하고자 한다. 아래 [보기]와 같이 지급대상 요건을 직접 등록하여 급여 계산을 진행한 뒤 확인한 정보로 올바르지 않은 설명은 무엇인가?(단, 그 외 급여계산에 필요한 조건은 프로그램에 등록된 기준을 이용한다.)

> 1. 동시발행여부 및 대상자선정 : 동시, 직종 및 급여형태별
> 2. 특별급여 지급대상 : 〈1000.(주)맵시나 본사〉, 〈3000.(주)맵시나 강원지점〉에 속한 급여형태가 '월급'인 모든 사원

① 해당 지급일자의 지급인원은 모두 7명이고, 총 과세금액의 합계는 31,480,060원이다.
② 해당 지급일자의 지급인원은 모두 동일한 금액의 특별급여를 지급 받았다.
③ [20000601.이종현] 사원은 자격수당을 30,000원 지급 받았고, 사회보험부담금은 176,430원 공제되었다.
④ [20120101.정수연] 사원의 실지급액은 3,671,580원이고, 소득세는 233,340원 공제되었다.

13 당 회사는 사원 별 근태내역에 따라 '기타수당'을 지급하고 있다. 아래 [보기]를 기준으로 2025년 02월 귀속(지급일 1번) [20001101.박용덕] 사원의 '기타수당'을 계산하면 얼마인가?(단, 기타수당을 계산하면서 발생되는 모든 원단위 금액은 절사하고, 책정임금의 일급 및 시급은 원단위 금액을 절사하지 않고 계산한다.)

> • 일급 : 책정임금 일급 / 시급 : 책정임금 시급
> • 기타수당 = (출근일수 × 일급) - [(지각시간+조퇴시간+외출시간) × 시급]

① 2,041,310원 ② 2,204,150원
③ 2,693,290원 ④ 2,780,120원

14 당 회사는 일용직 사원에 대해 사원 별 지급형태를 구분하여 일용직 급여를 지급하고 있다. 아래 [보기]를 확인하여 2025년 03월 귀속 지급일 중 '매일지급' 대상자를 직접 반영 후 급여계 산할 때, 해당 지급일의 급여내역에 대해 올바르지 않은 것은?(단, 급여계산에 필요한 조건은 프로그램에 등록된 기준대로 확인한다.)

> 1. 지급형태 : '매일지급' 지급일
> 2. 지급 대상자 : 부서가 '5100.자재부'이고 급여형태가 '004.시급'인 사원
> 3. 평일 10 시간 근무, 토요일 2 시간 근무
> 4. 비과세(신고제외분) : 15,000원(평일만 적용)

① 해당 지급일자의 대상자는 총 4명이며, 과세금액의 합계는 15,113,980원이다.
② 해당 지급일자의 대상자는 총 31일 중 26일을 근무하였으며, 비과세신고 제외분은 총 1,260,000원이 지급되었다.
③ 해당 지급일자에 실제 지급된 금액이 가장 많은 사원은 [0002.김은채] 사원이며, 해당 사원에게 실제 지급된 금액은 4,909,240원이다.
④ [0015.박동민] 사원은 급여를 '신협'은행으로 지급 받으며, 소득세는 공제되지 않았다.

15 2025년 03월 귀속 일용직 급여작업 전, 아래 [보기]를 기준으로 [0009.김한의] 사원의 사원정보를 직접 변경하고 급여계산을 했을 때, 해당 지급일에 실제 지급된 금액의 합계는 얼마인가?(단, 그 외 급여계산에 필요한 조건은 프로그램에 등록된 기준을 따른다.)

> 1. 사원정보 변경
> 1) 생산직비과세 적용 '함'
> 2) 국민/건강/고용보험여부 '여'
> 2. 일용직 급여지급
> 1) 지급형태 : '일정기간지급' 지급일
> 2) 평일 10시간 근무 / 토요일 4시간 근무 가정
> 3) 비과세(신고제외분) : 10,000원(평일만 적용)

① 31,265,130원 ② 33,761,360원
③ 35,375,530원 ④ 36,117,810원

16 당 회사의 〈2000.(주)맵시나 인천지점〉 사업장 기준 2024년 하반기의 지급총액 및 공제총액은 얼마인가?(단, 사용자부담금은 포함한다.)

① 지급총액 : 261,986,010원 / 공제총액 : 36,746,880원
② 지급총액 : 268,011,390원 / 공제총액 : 35,881,590원
③ 지급총액 : 481,324,650원 / 공제총액 : 67,032,480원
④ 지급총액 : 502,307,370원 / 공제총액 : 67,032,480원

17 당 회사는 전체 사업장 기준 2025년 02월 귀속(지급일 1번) 급여구분의 대장을 확인하고자 한다. 직종별로 대장을 집계하여 확인했을 때, 직종별 지급/공제항목의 금액으로 옳지 않은 것은?

① 고문직 - 가족수당 : 80,000원
② 사무직 - 직책수당 : 450,000원
③ 생산직 - 장기요양보험료 : 65,020원
④ 연구직 - 소득세 : 408,000원

18 부서 별로 월별 급상여 지급현황을 조회하고자 한다. 2024년 하반기 지급현황에 대해 '4100. 생산부', '5100. 자재부' 부서 기준으로 조회 시, 월별 급상여 지급/공제항목 내역으로 알맞지 않은 것은 무엇인가?(단, 지급구분은 100.급여로 조회한다.)

① 생산부 소계 - 근속수당 : 3,802,020원
② 자재부 소계 - 급여합계 : 74,920,680원
③ 자재부 소계 - 고용보험 : 605,700원
④ 전체 총계 - 공제합계 : 21,398,610원

19 당 회사는 전체 사업장에 대해 2024년 4분기 급여 집계 현황을 '직종별'로 구분하여 집계하고자 한다. 2024년 4분기 동안 지급구분이 '100.급여'인 지급내역 중 '근속수당'이 가장 적게 지급된 '직종'으로 알맞은 것은 무엇인가?

① 사무직 ② 생산직 ③ 연구직 ④ 고문직

20 당 회사는 〈2000.(주)맵시나 인천지점〉 사업장에 대해 수당 별 지급현황을 확인하고자 한다. 다음 중 2024년 4분기동안 'T00.소득세'가 가장 적게 공제된 사원은 누구인가?

① [20110401.강민주]
② [20190701.장석훈]
③ [20020603.이성준]
④ [20030701.엄현애]]

ERP정보관리사 인사2급
102-2024.05.25

경영혁신과 ERP

01 ERP 시스템의 프로세스, 화면, 필드, 그리고 보고서 등 거의 모든 부분을 기업의 요구사항에 맞춰 구현하는 방법을 무엇이라 하는가?

① 정규화(Normalization)
② 트랜잭션(Transaction)
③ 컨피규레이션(Configuration)
④ 커스터마이제이션(Customization)

02 ERP 아웃소싱(Outsourcing)에 대한 설명으로 적절하지 않은 것은?

① ERP 자체개발에서 발생할 수 있는 기술력 부족을 해결할 수 있다.
② ERP 아웃소싱을 통해 기업이 가지고 있지 못한 지식을 획득할 수 있다.
③ ERP 개발과 구축, 운영, 유지보수에 필요한 인적 자원을 절약할 수 있다.
④ ERP시스템 구축 후에는 IT아웃소싱 업체로부터 독립적으로 운영할 수 있다.

03 ERP도입 기업의 사원들을 위한 ERP교육을 계획할 때, 고려사항으로 가장 적절하지 않은 것은?

① 전사적인 참여가 필요함을 강조한다.
② 지속적인 교육이 필요함을 강조한다.
③ 최대한 ERP커스터마이징이 필요함을 강조한다.
④ 자료의 정확성을 위한 철저한 관리가 필요함을 강조한다.

04 ERP와 인공지능(AI), 빅데이터(Big Data), 사물인터넷(IoT) 등 혁신기술과의 관계에 대한 설명으로 가장 적절하지 않은 것은?

① 현재 ERP는 기업 내 각 영역의 업무프로세스를 지원하여 독립적으로 단위별 업무처리를 추구하는 시스템으로 발전하고 있다.
② 제조업에서는 빅데이터 분석기술을 기반으로 생산자동화를 구현하고 ERP와 연계하여 생산계획의 선제적 예측과 실시간 의사결정이 가능하다.
③ ERP에서 생성되고 축적된 빅데이터를 활용하여 기업의 새로운 업무개척이 가능해지고, 비즈니스 간 융합을 지원하는 시스템으로 확대가 가능하다.
④ 현재 ERP는 인공지능 및 빅데이터 분석기술과의 융합으로 전략경영 등의 분석도구를 추가하여 상위계층의 의사결정을 지원할 수 있는 지능형시스템으로 발전하고 있다.

인사이론

05 행동과학적 인사관리 중 동기부여 이론에 해당하지 않는 것은?

① 맥그리거 – X·Y 이론
② 허즈버그 – 2요인 이론
③ 매슬로우 – 욕구의 5단계 이론
④ 허시와 블랜차드 – 3차원 모델

06 직무평가의 요소 중 책임 요소에 해당하는 것은?

① 육체적 , 정신적 노력 등
② 위험도 , 작업시간 , 작업환경 , 작업위험 등
③ 관리감독 , 기계설비 , 직무개선, 책임, 원재료 등
④ 도전성 , 교육 , 경험 , 몰입 , 창의성 , 지식 , 기술 등

07 인적자원계획 방법 중 내부적 공급예측 방법에 해당하지 않은 것은?

① 대체도
② 마코브 분석
③ 관리자 목록
④ 델파이 기법

08 외부모집에 대한 설명 중 적절하지 않은 것은?

① 모집 비용 및 시간이 감소한다.
② 인력개발 비용의 축소가 가능하다.
③ 유능한 인재확보가 가능하다는 장점이 있다.
④ 내부 지원자의 사기를 저하시킨다는 단점이 있다.

09 [보기]에서 설명하는 배치원칙은?

> 사람을 소모시키면서 사용하지 않고 성장시키면서 사용해야 한다는 원칙이다.

① 균형주의 원칙
② 인재육성주의 원칙
③ 적재적소주의 원칙
④ 실력(능력)주의 원칙

10 인사고과 평가에 대한 오류 중 타인에 대한 평가가 속한 특정 집단에 대한 지각을 기초로 이루어지는 것을 말하는 것은?

① 현혹 효과
② 상동적 태도
③ 관대화 경향
④ 중심화 경향

11 직장 외 훈련(Off the Job Training)에 대한 설명으로 옳지 않은 것은?

① 낮은 비용으로 시행이 용이하다.
② 많은 교육생에게 계획적인 훈련이 가능하다.
③ 강의식 훈련, 비즈니스게임 등의 방법이 있다.
④ 교육 훈련의 결과를 현장에 바로 활용하기 어렵다.

12 Hall의 경력단계모형은 종업원이 직장에 입사하고 퇴직할 때까지 일련의 과정을 연령, 욕구, 작업성 등과 연관하여 4단계로 구분한 것이다. 경력단계와 경력욕구의 조합 중 적절하지 않은 것은?

① 1단계(탐색단계) - 주체형성
② 2단계(확립과 전진단계) - 친교
③ 3단계(유지단계) - 소비
④ 4단계(쇠퇴단계) - 통합

13 [보기]에서 설명하고 있는 것은?

> 임금의 산정방법, 임금의 지급방법을 의미한다.

① 임금구성
② 임금형태
③ 임금수준
④ 임금체계

14 성과배분제도 중 기본적 보상 외에 영업 수익의 일부를 근로자에게 지급하는 것으로 근로자들에게 기업의 소유주로 느끼게 하는 제도는 무엇인가?

① 럭커 플랜
② 이윤분배제도
③ 순응임률제도
④ 임프로쉐어 플랜

15 4대보험에 해당하지 않는 것은?

① 국민연금
② 퇴직연금
③ 고용보험
④ 산업재해보상보험

16 다음 중 [보기]가 설명하는 것은?

> 소득과세방법으로 장기간에 걸쳐 발생하는 퇴직소득 또는 양도소득은 다른 소득과 합산하지 않고 별도로 과세한다.

① 종합과세
② 분리과세
③ 분류과세
④ 병합과세

17 원천징수제도에 대한 설명으로 적절하지 않은 것은?

① 세무서장의 승인을 받은 경우에는 6개월마다 반기별 납부도 가능하다.
② 납세의무 종결 여부에 따라 완납적 원천징수, 예납적 원천징수로 분류한다.
③ 원천징수 의무자와 소득자의 인적사항과 소득금액의 지급 시기, 소득 금액 등을 기재한 지급명세서를 제출해야한다.
④ 원천징수 의무자는 원천징수한 세금을 소득 지급일이 속하는 달의 다음 달 20일까지 관할 세무서 또는 금융기관에 납부해야한다.

18 수익의 인식에 대한 설명으로 옳은 것은?

① 시용판매의 경우 수익의 인식은 구매자가 시용한 날이다.
② 할부판매의 경우 수익의 인식은 항상 구매자에게 대금을 회수하는 시점이다.
③ 위탁판매는 위탁자가 수탁자에게 해당 재화를 판매한 시점에 수익을 인식한다.
④ 예약판매계약의 경우 공사결과를 신뢰성 있게 추정할 수 있을 때에 진행기준을 적용하여 공사수익을 인식한다.

19 [보기]에서 설명하는 것은?

> 취재, 연구, 설계 및 분석, 디자인 업무 등과 같이 업무수행 방법이나 수단, 시간배분 등이 근로자의 재량에 따라 결정되어 근로시간보다 성과에 의해 근무 여부를 판단할 수 있는 경우 노사 간의 합의시간을 근로시간으로 보는 제도이다.

① 재량 근로시간제　　　　　　② 연장 근로시간제
③ 선택적 근로시간제　　　　　④ 탄력적 근로시간제

20 [보기]에서 설명하고 있는 노동조합의 가입 방법은 무엇인가?

> 기업이 근로자를 채용할 때 조합원이 아닌 자를 근로자로 채용할 수는 있지만, 채용이 된 이후에는 일정 기간 내에 자동으로 노조에 가입하게 되는 제도

① 유니온 숍 (union shop)
② 클로즈드 숍 (closed shop)
③ 에이전시 숍 (agency shop)
④ 메인터넌스 숍 (maintenance shop)

【ERP 인사 시뮬레이션】 기초데이터는 데이콤 웹하드(www.webhard.co.kr/ID:ant6545/비번:1234)에서 다운받아 설치한 후 6204 ㈜포시즌-이나래로 로그인 한다.

01 다음 중 핵심 ERP 사용을 위한 기초 사원등록 정보를 확인하고, '사용자'로 등록 된 사원의 등록내역으로 알맞지 않은 것은 무엇인가?

① '인사입력방식'은 〈미결〉이다.
② '회계입력방식'은 〈수정〉이다.
③ '조회권한'은 〈회사〉이다.
④ '검수조서권한'은 〈미결〉이다.

02 다음 중 핵심 ERP 사용을 위한 기초 부서 정보를 확인하고, 내역으로 알맞지 않은 것은 무엇인가?

① [1000.관리부문]에 속해 있는 부서는 모두 사용 중 이다.
② 〈3000.(주)포시즌 강원지점〉 사업장에 속한 부서는 '8100.관리부', '9100.교육부'가 존재하며 모두 현재 사용 중인 부서이다.
③ '1300.관리부'는 〈1000.(주)포시즌 본사〉 사업장에 속해 있으며, 사용종료일은 '2012/12/31'이다.
④ [5000.자재부문]에 속해 있는 부서는 '5100.자재부'만 존재한다.

03 당 회사의 〈사용자권한설정〉의 '인사/급여관리' 모듈에 대한 '이나래' 사원의 설정 내역을 확인하고 관련된 설명으로 올바르지 않은 것은 무엇인가?

① [인사정보등록] 메뉴에서는 회사에 속한 모든 근로자의 자료를 삭제할 수 있다.
② [퇴직정산관리]에 속한 메뉴에서는 회사에 속한 모든 근로자의 자료를 출력할 수 있다.
③ [일용직관리]에 속한 메뉴에서는 회사에 속한 모든 근로자의 자료를 변경할 수 있다.
④ [소득자별소득현황] 메뉴에서는 본인의 자료에 대해서만 자료를 출력할 수 있다.

04 당 회사는 2025년 05월 [700.대리] 직급의 호봉을 아래 [보기]와 같이 일괄 등록하고자 한다. 호봉등록을 완료 후 5호봉 '호봉합계'의 금액은 얼마인가?

> 1. 기 본 급 : 초기치 2,500,000원, 증가액 70,000원
> 2. 직급수당 : 초기치 30,000원, 증가액 25,000원
> 3. 일괄인상
>   1) 정률인상 적용 : 기본급 3.5%
>   2) 정액인상 적용 : 직급수당 10,000원

① 2,877,300원 ② 3,017,300원
③ 3,212,200원 ④ 3,504,550원

05 당 회사의 인사/급여기준에 대한 설정을 확인하고, 관련 설명으로 올바른 것은 무엇인가?

(단, 환경설정 기준은 변경하지 않는다.)
① 입사자의 경우 지정한 '기준일수' 이하 근무 시, 월 급여를 '일할' 지급한다.
② 수습직의 경우 80%의 급여를 3개월간 지급 받는다.
③ 원천세 신고유형은 '사업자단위과세신고'로 설정되어 있고, 사업자단위과세 신고 시, 모든 사업장은 〈1000.(주)포시즌 회사본사〉 사업장의 종사업장으로 포함하여 신고한다.
④ 2025년 05월 귀속 기준으로 월일수 산정 시, 한달정상일로 설정된 30일을 적용한다.

06 2025년 귀속 기준 지급/공제항목설정을 확인하고, 그 설명으로 옳지 않은 것은?(단, 지급/공제항목설정 기준은 변경하지 않는다.)

① [P02.가족수당]은 과세 지급항목이며, 가족수당 대상에 따라 금액을 지급한다.
② [P06.근속수당]은 '수습적용' 대상자에게는 지급하지 않는 항목이며, 근속기간이 5년 이상 10년 미만인 경우 50,000원을 지급한다.
③ [P11.특별급여]는 '입/퇴사자'에게 지급 시, [인사/급여환경설정]의 환경설정에 따라 지급하며, '휴직자'에게도 정상적으로 지급하는 항목이다.
④ [V00.상여]는 '입사자'에게는 지급하지 않는 항목이며, 책정임금의 월급의 1.5배로 지급된다.

07 당 회사의 인사정보를 확인하고 관련된 설명으로 올바르지 않은 것은 무엇인가?

① [20001101.박용덕] 사원은 장애인 복지법에 의한 장애인이며, 노조에 가입되어 있다.
② [20010401.노희선] 사원의 현재 책정된 임금의 월급은 '2,875,000원'이며, 직책은 '700.대리'이다.
③ [20130102.김용수] 사원은 수습적용 대상자였으며, 수습기간은 '2013/04/01'에 만료되었다.
④ [20140102.김희수] 사원은 학자금상환 대상자로 상환통지액은 200,000이다.

08 당 회사는 [임직원정기교육]을 진행하였다. 아래 [보기] 기준으로 교육평가 내역을 직접 확인 시, 다음 중 교육평가 결과가 '상'이 아닌 사원은 누구인가?

- 교육명 : [991.임직원정기교육(2025년)] • 시작/종료일 : 2025/01/01 ~ 2025/01/31

① 이종현
② 신별
③ 오진현
④ 제갈형서

09 당 회사는 [2025년 06월 인사발령]을 사원 별로 진행하고자 한다. 〈20250601〉 발령호수의 '엄현애' 사원의 발령내역을 확인하고, 그 설명으로 옳지 않은 것은?

① 발령 적용 후 '부서', '근무조' 및 '직급'이 모두 변경된다.
② 발령 적용 후 '직급'이 '과장'으로 변경된다.
③ 현재 '국내영업부' 소속이며, 발령 적용 후 '관리부'로 소속이 변경된다.
④ 현재 '근무조'는 '3조'이며, 발령 적용 후 '근무조'는 '2조'로 변경된다.

10 회사는 창립기념일을 맞아 2025년 04월 30일 기준으로 전체 사업장에 대해 만 15년 이상 장기근속자에 대해 특별근속수당을 지급하기로 하였다. 아래 [보기]를 기준으로 지급한 총 특별근속수당은 얼마인가?(단, 퇴사자는 제외하며, 미만일수는 올리고, 이전 경력은 제외한다.)

- 15년 이상 ~ 20년 미만: 150,000원
- 20년 이상 ~ : 200,000원

① 2,100,000원
② 2,350,000원
③ 2,500,000원
④ 2,700,000원

11 당 회사의 2025년 05월 귀속 급여(지급일자 : 2025/05/25)에 해당하는 대상자 중 [20130102.김용수] 사원이 중소기업취업감면 대상자로 변경되었다. [20130102.김용수] 사원의 감면유형 및 기간을 [보기]와 같이 등록한 뒤 모든 지급 대상자에 대해 급여를 계산 할 때, '소득세' 총액은 얼마인가?(단, 그 외 급여계산에 필요한 조건은 프로그램에 등록된 기준을 이용한다.)

> 1. 감면코드 : T13. 중소기업취업감면 (90%감면)   2. 감면기간 : 2025/05 ~ 2027/04

① 1,716,140원 ② 2,249,120원
③ 2,026,530원 ④ 2,404,310원

12 당 회사는 2025년 05월 귀속 '특별급여' 소득을 지급하고자 한다. 아래 [보기]의 지급대상 요건으로 지급일자를 직접 추가하여 모든 지급 대상자에 대해 급여를 계산 할 때, '과세' 총액은 얼마인가?(단, 그 외 급여계산에 필요한 조건은 프로그램에 등록된 기준을 이용한다.)

> 1. 특별급여지급일자 : 2025/05/31
> 2. 동시발행 및 대상자선정 : 분리, 직종및급여형태별
> 3. 특별급여지급대상 : [1000.(주)포시즌 회사본사] 사업장을 제외한 사업장의 사무직(월급)

① 9,857,490원 ② 13,576,490원
③ 6,857,490원 ④ 20,401,940원

13 당 회사는 초과근무에 대해 수당을 지급하고 있다. 아래 [보기]의 기준을 토대로 2025년 04월 귀속 '급여' 구분 [20010402.제갈형서] 사원의 '초과근무수당'을 계산하면 얼마인가?(단, 근무수당을 계산하면서 발생되는 모든 원단위 금액은 절사하고, 책정임금 시급은 원단위 금액을 절사하지 않고 계산한다.)

> • 초과근무수당= 1유형 근무수당 + 2유형 근무수당
> • 초과근무 시급 : 책정임금 시급
> • 1유형 근무수당 = (평일연장근무시간 + 토일정상근무시간) × 1.5 × 초과근무 시급
> • 2유형 근무수당 = (평일심야근무시간 + 토일연장근무시간) × 2 × 초과근무 시급

① 668,400원 ② 674,020원
③ 721,450원 ④ 745,230원

14 당 회사는 일용직 사원에 대해 사원 별 지급형태를 구분하여 일용직 급여를 지급하고 있다. 아래 [보기]를 확인하여 2025년 05월 귀속 지급일 중 '매일지급' 대상자를 직접 반영 후 급여계산 할 때, 해당 지급일의 급여내역에 대해 바르지 않은 것은 무엇인가?(단, 급여계산에 필요한 조건은 프로그램에 등록된 기준대로 확인한다.)

> 1. 지급형태 : '매일지급' 지급일
> 2. 지급 대상자 : '시급직'인 '생산부', '자재부' 사원
> 3. 평일 10 시간 근무, 토요일 2 시간 근무
> 4. 비과세 적용 10,000원(평일만 적용)

① 해당 지급일자에 실제 지급된 금액은 총 49,465,700원이다.
② [0016.문리리] 사원은 소득세가 공제되지 않고 급여가 지급되었다.
③ 해당 지급일자의 대상자는 총 31일 중 27일을 근무하였으며, 급여를 계좌로 지급 받는 사원이 존재한다.
④ 해당 지급일자의 대상자 중 신고 대상이 아닌 비과세 항목을 지급 받지 않은 사원이 존재한다.

15 2025년 05월 귀속 일용직 급여작업 전, 아래 [보기]를 기준으로 [0015.한주원] 사원의 사원정보를 직접 변경하고 급여계산을 했을 때, 해당 지급일에 실제 지급된 금액의 합계는 얼마인가?(단, 그 외 급여계산에 필요한 조건은 프로그램에 등록된 기준을 따른다.)

> 1. 사원정보 변경
> 1) 생산직비과세 적용 '함'
> 2) 국민/건강/고용보험여부 '여'
> 2. 일용직 급여지급
> 1) 지급형태 : '일정기간지급' 지급일
> 2) 평일 12시간 근무 / 토요일 2시간 근무 가정
> 3) 비과세(신고제외분) : 12,000원(평일만 적용)

① 34,871,200원   ② 42,664,570원   ③ 44,535,340원   ④ 51,124,300원

16 당 회사의 전체 사업장 기준 2025년 1분기의 지급총액 및 공제총액은 각각 얼마인가?(단, 사용자부담금은 포함한다.)

① 지급총액 : 118,675,620원 / 공제총액 : 16,302,030원
② 지급총액 : 123,824,040원 / 공제총액 : 16,302,030원
③ 지급총액 : 279,578,310원 / 공제총액 : 35,077,680원
④ 지급총액 : 225,118,800원 / 공제총액 : 31,105,950원

17 당 회사는 전체 사업장 기준 2025년 4월 귀속(지급일 1번)의 급여에 대한 대장을 확인하고자 한다. 근무조별로 대장을 집계하여 확인했을 때, 근무조별 지급/공제항목의 금액으로 옳지 않은 것은?

① 1조 - 근속수당 : 800,000원
② 1조 - 소득세 : 1,927,330원
③ 2조 - 직무발명보상금 : 750,000원
④ 3조 - 건강보험 : 735,320원

18 부서 별로 월별 급상여 지급현황을 조회하고자 한다. 2025년 1분기 '3100.관리부' 부서 기준으로 조회 시, 부서 전체 월별 급상여 지급/공제항목 내역으로 알맞지 않은 것은 무엇인가?(단, 지급구분은 100.급여로 조회한다.)

① 식비 : 900,000원
② 직무발명보상금 : 900,000원
③ 장기요양보험료 : 259,740원
④ 차인지급액 : 28,764,660원

19 당 회사는 전체 사업장을 대상으로 급/상여 지급액 등 변동사항을 확인하고자 한다. 아래 [보기] 기준으로 조회한 변동 상태에 대한 설명으로 알맞지 않은 것은 무엇인가?(단, 모든 기준은 조회된 데이터를 기준으로 확인한다.)

> 1. 기준연월 : 2025년 03월   2. 비교연월 : 2024년 03월   3. 사용자부담금 '포함'

① 전체 급/상여 지급 대상 '인원' 및 '기본급' 지급액은 변동 사항이 없다.
② 전체 '건강보험' 및 '고용보험' 공제액은 감소하였다.
③ [20000601.이종현] 사원의 경우 지급항목 중 '사회보험부담금' 항목 외에는 변동 사항이 없다.
④ 전체 '소득세' 공제액 및 실제 지급한 '차인지급액'은 증가하였다.

20 당 회사는 [2000.(주)포시즌 인천지점] 사업장에 대해 수당 별 지급현황을 확인하고자 한다. 다음 중 2025년 1분기동안 'P06.근속수당'을 가장 적게 지급 받은 사원은 누구인가?

① [20010401.노희선]
② [20020603.이성준]
③ [20130701. 신 별]
④ [20001101.박용덕]

ERP정보관리사 인사2급
103-2025.07.27

경영혁신과 ERP

01 클라우드 컴퓨팅 서비스 유형에 대한 설명으로 가장 적절하지 않은 것은?

① PaaS는 데이터베이스와 스토리지 등을 제공하는 서비스이다.
② ERP 소프트웨어 개발을 위한 플랫폼을 클라우드 서비스로 제공받는 것을 PaaS라고 한다.
③ ERP 구축에 필요한 IT인프라 자원을 클라우드 서비스로 빌려 쓰는 형태를 IaaS라고 한다.
④ ERP, CRM 솔루션 등의 소프트웨어를 클라우드 서비스를 통해 제공받는 것을 SaaS라고 한다.

02 ERP와 전통적인 정보시스템(MIS) 특성 간의 차이점에 대한 설명으로 가장 적절하지 않은 것은?

① 전통적인 정보시스템의 시스템구조는 폐쇄형이나 ERP는 개방성을 갖는다.
② 전통적인 정보시스템의 업무범위는 단위업무이고, ERP는 통합업무를 처리한다.
③ 전통적인 정보시스템의 업무처리 대상은 Process 중심이나 ERP는 Task 중심이다.
④ 전통적인 정보시스템의 저장구조는 파일시스템을 이용하나 ERP는 관계형 데이터베이스시스템(RDBMS) 등을 이용한다.

03 기업에서 ERP시스템을 도입하기 위해 분석, 설계, 구축, 구현 등의 단계를 거친다. 이 과정에서 필수적으로 거쳐야하는 "GAP분석" 활동의 의미를 적절하게 설명한 것은?

① TO - BE 프로세스 분석
② TO - BE 프로세스에 맞게 모듈을 조합
③ 현재업무(AS - IS) 및 시스템 문제 분석
④ 패키지 기능과 TO - BE 프로세스와의 차이 분석

04 'Best Practice' 도입을 목적으로 ERP 패키지를 도입하여 시스템을 구축하고자 할 경우 가장 적절하지 않은 방법은?

① BPR과 ERP 시스템 구축을 병행하는 방법
② ERP 패키지에 맞추어 BPR을 추진하는 방법
③ 기존 업무처리에 따라 ERP 패키지를 수정하는 방법
④ BPR을 실시한 후에 이에 맞도록 ERP 시스템을 구축하는 방법

인사이론

05 과학적 관리의 인사관리에 대한 설명으로 적절하지 않은 것은?

① 과업관리 도입
② 고임금·저노무비의 실천
③ 매슬로우의 욕구계층이론과 맥그리거의 X·Y 이론
④ 작업분석 및 시간·동작연구 실시로 차별적 성과급 제도 도입

06 [보기]의 직무분석 방법에 대한 방법에 해당하는 것은?

> 전체 작업 과정 동안 무작위로 많은 관찰을 하여 직무 행동에 대한 정보를 얻는 방법

① 관찰법　　　　　　　　　② 종합적 방법
③ 워크 샘플링법　　　　　　④ 업무일지 분석법

07 직무설계의 목적에 대한 설명으로 가장 적절하지 않은 것은?

① 노사협상력 증대
② 작업의 생산성 향상
③ 종업원의 동기부여 향상
④ 신기술에 대한 신속한 대응

08 인력 부족 시 대응 전략에 해당하지 않는 것은?
① 아웃소싱
② 임시직고용
③ 다운사이징
④ 파견근로 활용

09 면접자는 지원자에게 악의, 적대가 있는 것으로 가정하고, 지원자를 당황하게 한 후 반응을 관찰하여 감정적인 자제 등을 평가하는 면접시험의 유형은 무엇인가?
① 집단면접
② 개별면접
③ 스트레스면접
④ 비구조적면접

10 인사고과 평가의 오류에 대한 설명으로 적절하지 않은 것은?
① 중심화 경향은 피고과자의 대다수를 중간 정도로 판단하는 경향이다.
② 관대화 경향은 고과자가 피고과자를 가능하면 후하게 평가하려는 경향을 말한다.
③ 엄격화 경향은 고과자가 전반적으로 피고과자를 가혹하게 평가하여 평가결과의 분포가 평균 이하로 편중되는 경향을 말한다.
④ 현혹효과는 피평가자에 대한 경직적인 편견을 가진 지각을 뜻하는 것으로서 타인에 대한 평가가 그가 속한 사회적 집단에 대한 지각을 기초로 해서 이루어지는 것을 말한다.

11 교육훈련방법 중 '적절한 소수의 사람들이 모여서 집단회의를 열고 집단의 리더가 제기한 문제에 대하여 참가자 각자가 생각나는 아이디어를 자연스럽게 자발적으로 제시하여 이것들로부터 유용한 아이디어를 가능한 한 많이 얻어 문제의 해결책을 찾아 보고자 하는 방법'은 무엇인가?
① 액션러닝
② 심포지엄
③ 인바스켓법
④ 브레인스토밍

12 리더가 부하들에게 교환적 의도를 가지고 접근하며, 경제적·물질적 성격의 교환관계를 통해 성과를 추진하는 리더십은?
① 코칭 리더십
② 셀프 리더십
③ 거래적 리더십
④ 변혁적 리더십

13 통상임금과 평균임금에 대한 설명으로 옳지 않은 것은?

① 평균임금 – 장해보상
② 평균임금 – 해고예고수당
③ 통상임금 – 연장근로가산수당
④ 통상임금 – 야간근로가산수당

14 단위시간당 임금률에 표준시간을 곱하여 임금을 산출하는 방식의 성과급제는 무엇인가?

① 단순성과급제　　　　　　② 복률성과급제
③ 차별성과급제　　　　　　④ 표준시간급제

15 고용보험 적용제외 대상이 아닌 것은?

① 외국인 근로자
② 별정우체국 직원
③ 60세 이후에 고용된 자
④ 1월간 소정근로시간이 60시간 미만인 근로자

16 근로소득에서 비과세소득에 해당되지 않는 것은?

① 이자소득　　　　　　　② 실업급여
③ 근로장학금　　　　　　④ 자가운전보조금

17 소득세 납세의무자에 대한 설명 중 다음 (A)에 알맞은 것은?

> 거주자란 국내에 주소를 두거나 (A)일 이상의 거소를 둔 개인을 말한다.

① 100　　　　　　　　　② 180
③ 183　　　　　　　　　④ 360

18 야간·휴일 근무에 대한 설명으로 적절하지 않은 것은?

① 야간근로는 오후 12시부터 다음날 오전 8시까지 근무를 말한다.
② 사용자는 임산부와 18세 미만자를 야간 또는 휴일에 근로시키지 못한다.
③ 사용자는 18세 이상의 여성을 야간근로를 시키려면 근로자의 동의를 받아한다.
④ 사용자는 휴일근로한 근로자에서 8시간 이내는 통상임금의 100분의50, 8시간을 초과한 경우는 통상임금의 100분의100을 지급하여야 한다.

19 직업이나 산업, 직업에 관계없이 하나 또는 수 개의 산업에 걸쳐 흩어져 있는 일반 근로자들에 의해 폭넓게 규합하는 노동조합의 형태는 무엇인가?

① 일반 노동조합   ② 직업별 노동조합
③ 기업별 노동조합   ④ 산업별 노동조합

20 부당노동행위의 유형에 해당하지 않는 것은?

① 황견계약   ② 불이익대우
③ 단체교섭의 거부   ④ 사용자의 대체고용

기출문제 [실무]

【ERP 인사 시뮬레이션】 기초데이터는 데이콤 웹하드(www.webhard.co.kr/ID:ant6545/비번:1234)에서 다운받아 설치한 후 6205 ㈜유명-박유명으로 로그인 한다.

01 다음 중 핵심 ERP 사용을 위한 기초 사업장 정보를 확인하고, 그 내역으로 알맞지 않은 것은 무엇인가?

① 〈1000.㈜유명 본사〉 사업장의 업태는 '제조.도매'이다.
② 〈2000.인천지점〉 사업장은 당 회사의 종사업장이다.
③ 〈2000.인천지점〉 사업장의 주업종코드는 '369301.제조업'이다.
④ 〈3000.강원지점〉 사업장은 원천징수이행상황 신고 시, '반기' 신고를 하는 유일한 사업장이다.

02 다음 중 핵심 ERP 사용을 위한 기초 부서 정보를 확인하고, 그 내역으로 알맞은 것은 무엇인가?

① [4000.생산부문]에 속한 부서는 모두 사용 중이다.
② 현재 사용하지 않는 부서는 총 3개이다.
③ 〈1000.㈜유명 본사〉 사업장에 속한 부서는 모두 사용 중이다.
④ '1300.기획부'는 [2000.영업부문]에 속해 있으며, 사용종료일은 2021/12/31이다.

03 다음 중 [인사기초코드등록]의 〈4.사원그룹(G)〉 출력구분에 대한 설명으로 올바르지 않은 것은 무엇인가?

① 〈G4.직납〉은 [인사정보등록] 메뉴에서만 관리하고 있는 코드이다.
② [일용직사원등록] 메뉴에서 현재 조회되고 있는 고용형태는 〈002.생산직〉이다.
③ 생산직 연장근로 비과세 적용대상 코드를 만들려면, 〈G2.직종〉의 비고에 '1'을 입력해야 한다.
④ [인사정보등록] 메뉴에서 조회되는 고용형태 코드를 만들려면, 〈G1.고용구분〉에 비고가 '1'인 고용형태 코드를 생성해야 한다.

04 당 회사는 2025년 07월 [700.대리] 직급의 호봉을 아래 [보기]와 같이 일괄 등록하고자 한다. [700.대리] 직급의 호봉등록을 완료하였을 때, 7호봉 기준의 '호봉합계'는 얼마인가?

> 1. 기 본 급 : 초기치 2,500,000원, 증가액 100,000원
> 2. 직급수당 : 초기치   120,000원, 증가액 50,000원
> 3. 일괄인상 : 기본급 4.5%, 직급수당 3.0% 정률인상

① 3,239,500원 ② 3,672,100원
③ 3,828,100원 ④ 3,984,100원

05 당 회사의 인사/급여 설정기준을 확인하고 관련된 설명으로 옳지 않은 것은 무엇인가?(단, 환경설정 기준은 변경하지 않는다.)

① '수습직'의 지급기간은 3개월이고, 지급율은 70%이다.
② 한 달의 일수는 한달 정상일에 입력된 기준일(월) 수를 반영한다.
③ 원천징수이행상황 신고서의 데이터는 '귀속연월'이 같은 경우에 집계된다.
④ 퇴사자의 경우 지정한 '기준일수' 초과 근무 시, 월 급여를 '일할' 지급한다.

06 당 회사의 2025년 06월 귀속 급/상여 지급일자 등록을 확인하고, 그 내역으로 옳지 않은 것은 무엇인가?

① 급여와 상여는 동일한 지급일에 동시에 지급한다.
② '지급직종및급여형태' 기준으로 급여 대상자를 사용자가 직접 선택하여 반영한다.
③ 해당 지급일자에 '특별급여'를 추가하여 지급할 수 있다.
④ '상여지급대상기간' 내 퇴사자는 실제 근무한 일 수 만큼 상여소득을 지급한다.

07 당 회사의 인사정보를 확인하고 관련된 설명으로 올바르지 않은 것은 무엇인가?

① [20000601.이종현] 사원은 '2100.국내영업부' 소속이며, 급여 이체은행은 '030.기업' 은행이다.
② [20001102.정영수] 사원의 직책은 '700.매니저'이며, 노조에 가입되어 있다.
③ [20040301.오진형] 사원은 생산직총급여 비과세 대상자이며, 국외소득이 존재한다.
④ [20110101.배유진] 사원은 세대주이며, 수습적용 이력이 존재하고 수습만료일은 '2022/08/13'이다.

08 당 회사는 전체 사업장의 〈991. 임직원역량강화교육(2025년)〉 교육평가가 우수한 사원을 대상으로 포상을 지급하기로 하였다. 아래 [보기]를 기준으로 지급한 총 지급액은 얼마인가?

| • 교육평가 A등급 : 100,000원 | • 교육평가 B등급 : 50,000원 |

① 250,000원
② 300,000원
③ 400,000원
④ 450,000원

09 당 회사 [20000502.김종욱] 사원에 대해 〈가족〉 정보를 확인하고, 등록 정보에 대한 설명으로 올바르지 않은 것은 무엇인가?

① 부양가족 중 연말정산 '장애인공제' 적용 대상자가 존재한다.
② 부양가족 중 연말정산 '인적공제 및 공제항목별명세' 미적용 대상자가 존재한다.
③ 부양가족 중 '가족수당' 적용 대상자는 존재하지 않는다.
④ 부양가족 중 '외국인'은 존재하지 않는다.

10 당 회사는 창립기념일을 맞아 2025년 06월 30일 기준으로 전체 사업장의 만 15년 이상 장기근속자에 대해 특별근속수당을 지급하기로 하였다. 아래 [보기]를 기준으로 지급한 총 특별근속수당은 얼마인가?(단, 퇴사자는 제외하며, 미만일수는 올리고, 모든 경력사항을 포함한다.)

| 1. 15년 이상 ~ : 150,000원 | 2. 20년 이상 ~ : 200,000원 |

① 1,050,000원
② 2,250,000원
③ 2,400,000원
④ 2,550,000원

11 당 회사는 2025년 07월 귀속 '급여' (지급일자 : 2025/07/25) 지급 시, [20110101.배유진] 사원의 변경된 책정임금을 반영하여 급여작업을 진행하고자 한다. [보기]를 기준으로 직접 '책정임금'을 변경하고 모든 지급 대상자에 대해 급여를 계산 할 때, 해당 지급일자의 과세총액은 얼마인가?(단, 그 외 급여계산에 필요한 조건은 프로그램에 등록된 기준을 이용한다.)

> 1. 사원명 : [20110101.배유진] 2. 계약시작년월 : 2025/07 3. 연봉 : 50,000,000원

① 79,104,510원 ② 80,414,110원
③ 82,333,010원 ④ 78,376,670원

12 당 회사는 2025년 07월 귀속 '특별급여' (지급일자 : 2025/07/31) 소득을 지급하고자 한다. 아래 [보기]를 기준으로 '특별급여' 지급항목의 지급 요건을 직접 변경하고 모든 지급 대상자에 대해 급여를 계산 할 때, 해당 지급일자의 과세총액은 얼마인가?(단, 그 외 급여계산에 필요한 조건은 프로그램에 등록된 기준을 이용한다.)

> 1. 지급항목 : P07.특별급여
> 2. 분류코드 : 005.직종별
>   • '001.사무직' (금액 : 150,000원) • '002.생산직' (금액 : 250,000원)

① 14,751,490원 ② 15,251,470원
③ 16,464,160원 ④ 17,120,100원

13 당 회사는 사원 별 '지각/조퇴/외출시간'을 기준으로 '기본급 공제액'을 계산하여 해당 금액을 '기본급'에서 공제하고 지급한다. 아래 [보기]의 기준을 토대로 2025년 06월 귀속 [20010402.박국현] 사원의 근태내역을 확인하고, '기본급 공제액'을 계산하면 얼마인가?(단, 공제액을 계산하면서 발생되는 모든 원단위 금액은 절사하며, 책정임금 시급은 원단위 금액을 절사하지 않고 계산한다.)

> • 기본급 공제액 = 1유형 공제액 + 2유형 공제액
> • 1유형 공제액 : (지각시간 + 외출시간) × 1.5 × 책정임금 시급
> • 2유형 공제액 : (조퇴시간) × 2 × 책정임금 시급

① 208,320원 ② 212,450원
③ 226,150원 ④ 241,180원

14 당 회사는 일용직 사원에 대해 사원 별 지급형태를 구분하여 일용직 급여를 지급하고 있다. 아래 [보기]를 확인하여 2025년 07월 귀속 지급일 중 '매일지급' 대상자를 직접 반영 후 급여계산 할 때, 해당 지급일의 급여내역에 대한 설명 중 올바르지 않은 것은 무엇인가?(단, 급여계산에 필요한 조건은 프로그램에 등록된 기준대로 확인한다.)

> 1. 지급형태 : '매일지급' 지급일
> 2. 지급 대상자 : 부서가 '5100.자재부'이고 급여형태가 '004.시급'인 사원
> 3. 평일 10 시간 근무, 토요일 2 시간 근무
> 4. 비과세 적용 12,000원(평일만 적용)

① 해당 지급일자에 신고대상 항목이 아닌 비과세는 총 1,104,000원 지급되었다.
② 해당 지급일자에 실제 지급된 금액이 가장 적은 사원은 [0015.박동민]사원이며, 해당 사원에게 실제 지급된 금액은 3,974,820원이다.
③ [0010.유성룡] 사원은 급여를 현금으로 지급 받으며, 고용보험은 29,760원 공제되었다.
④ 해당 지급일자의 대상자는 총 31일 중 27일을 근무하였으며, 모든 대상자는 생산직 비과세 적용 대상자이다.

15 2025년 07월 귀속 일용직 급여작업 전, 아래 [보기]를 기준으로 [0007.황시윤] 사원의 사원정보를 직접 변경하고 급여계산을 했을 때, 2025년 07월 귀속 해당 일용직 대상자들의 실지급액 총계는 얼마인가? (단, 그 외 급여계산에 필요한 조건은 프로그램에 등록된 기준을 따른다.)

> 1. 사원정보 변경
> 1) 생산직비과세 적용 '안함'
> 2) 국민연금 여부 : '여' / 건강보험여부 : '여'
> 2. 일용직 급여지급
> 1) 지급형태 : '일정기간지급' 지급일
> 2) 평일 10시간 근무 / 토요일 2시간 근무 가정

① 30,790,640원
② 31,609,850원
③ 31,911,710원
④ 32,163,390원

16 당 회사의 〈2000.인천지점〉 사업장 기준 2025년 2분기의 〈지급/공제〉 총액은 각각 얼마인가?(단, 사용자부담금은 제외한다.)

① 지급총액 : 84,022,140원 / 공제총액 : 10,576,400원
② 지급총액 : 86,330,340원 / 공제총액 : 10,576,400원
③ 지급총액 : 187,951,320원 / 공제총액 : 28,000,730원
④ 지급총액 : 200,537,490원 / 공제총액 : 24,159,730원

17 당 회사는 〈2000.인천지점〉 사업장에 대해 2025년 06월 귀속(지급일 1번)에 이체한 급/상여를 확인하고자 한다. 이체 현황에 대한 설명으로 옳지 않은 것은(단, 무급자는 제외한다.)

① 해당 사업장의 급/상여 이체 대상의 총 인원은 11명이며, 총 실지급액은 97,347,060원이다.
② 계좌이체를 통해 급/상여를 지급 받지 않는 사원은 존재하지 않는다.
③ '기업은행'에 이체된 금액은 '신한은행'에 이체된 금액보다 적다.
④ '우리은행'을 통해 급/상여를 지급 받는 인원은 3명이며, 총 이체 금액은 21,602,030원이다.

18 당 회사는 2025년 상반기 급여 작업에 대해 수당 별 지급현황을 확인하고자 한다. 다음 중 〈2000.인천지점〉 사업장 기준 'P06.근속수당'을 가장 적게 지급 받은 사원은 누구인가?

① [20110401.강민주]
② [20010402.박국현]
③ [20001101.박용덕]
④ [20020603.이성준]

19 당 회사는 전체 사업장에 대해 2025년 2분기 급여 집계 현황을 '부서별'로 구분하여 집계하고자 한다. 2025년 2분기 동안 지급구분이 [급여]인 내역 중 '소득세'가 가장 많이 공제된 '부서'로 알맞은 것은 무엇인가?

① 총무부
② 경리부
③ 관리부
④ 생산부

20 당 회사는 부서 별 월별 급/상여 지급현황을 확인하고자 한다. 2025년 06월 귀속 '5100.자재부' 부서 기준으로 조회 시, 부서 전체 월별 급/상여 지급/공제항목 내역으로 알맞지 않은 것은?

① 지급합계 : 28,780,910원
② 소득세 : 33,347,780원
③ 사회보험부담금 : 504,750원
④ 공제합계 : 4,737,610원

경영혁신과 ERP

01 ERP와 인공지능(AI), 빅데이터(Big Data), 사물인터넷(IoT) 등 혁신기술과의 관계에 대한 설명으로 가장 적절하지 않은 것은?

① 현재 ERP는 기업 내 각 영역의 업무프로세스를 지원하여 독립적으로 단위별 업무처리를 추구하는 시스템으로 발전하고 있다.
② 제조업에서는 빅데이터 분석기술을 기반으로 생산자동화를 구현하고 ERP와 연계하여 생산계획의 선제적 예측과 실시간 의사결정이 가능하다.
③ ERP에서 생성되고 축적된 빅데이터를 활용하여 기업의 새로운 업무개척이 가능해지고, 비즈니스 간 융합을 지원하는 시스템으로 확대가 가능하다.
④ 현재 ERP는 인공지능 및 빅데이터 분석기술과의 융합으로 전략경영 등의 분석도구를 추가하여 상위계층의 의사결정을 지원할 수 있는 지능형시스템으로 발전하고 있다.

02 ERP 구축 전에 수행되는 단계적으로 시간의 흐름에 따라 비즈니스 프로세스를 개선해가는 점증적 방법론은 무엇인가?

① ERD(Entity Relationship Diagram)
② BPI(Business Process Improvement)
③ MRP(Material Requirement Program)
④ SFS(Strategy Formulation & Simulation)

03 ERP시스템의 SCM 모듈을 실행함으로써 얻는 장점으로 가장 적절하지 않은 것은?

① 공급사슬에서의 가시성 확보로 공급 및 수요변화에 대한 신속한 대응이 가능하다.
② 정보투명성을 통해 재고수준 감소 및 재고회전율(inventory turnover) 증가를 달성할 수 있다.
③ 공급사슬에서의 계획(plan), 조달(source), 제조(make) 및 배송(deliver) 활동 등 통합 프로세스를 지원한다.
④ 마케팅(marketing), 판매(sales) 및 고객서비스(customer service)를 자동화함으로써 현재 및 미래 고객들과 상호작용할 수 있다.

04 ERP의 특징에 대한 설명으로 가장 옳지 않은 것은?

① Open Multi-vendor: 특정 H/W 업체에만 의존하는 open 형태를 채용, C/S형의 시스템 구축이 가능하다.
② 통합업무시스템: 세계유수기업이 채용하고 있는 Best Practice Business Process를 공통화, 표준화 시킨다.
③ Parameter 설정에 의한 단기간의 도입과 개발이 가능: Parameter 설정에 의해 각 기업과 부문의 특수성을 고려할 수 있다.
④ 다국적, 다통화, 다언어: 각 나라의 법률과 대표적인 상거래 습관, 생산방식이 시스템에 입력되어 있어서 사용자는 이 가운데 선택하여 설정할 수 있다.

인사이론

05 포드 시스템의 3S원칙에 해당하지 않는 것은?

① 표준화   ② 구조화
③ 전문화   ④ 단순화

06 인적자원관리 체계의 기능적 인적자원관리 중 노동력 관리에 해당하는 것은?

① 임금관리   ② 고용관리
③ 근로시간관리   ④ 산업안전관리

07 [보기]에 대한 직무분석 방법으로 가장 적절한 것은?

> 직무분석자가 전체 작업 과정 동안 무작위로 많은 관찰을 하여 직무 행동에 대한 정보를 얻는 방법

① 작업 기록법 ② 워크 샘플링법
③ 마코브 체인법 ④ 업무일지 분석법

08 직무전문화에 관한 설명으로 적합하지 않은 것은?

① 종업원의 숙련도를 증대시킬 수 있다.
② 직무의 비인간화 등의 문제점이 발생할 수 있다.
③ 전체적인 과업을 보다 작은 요소로 분할하여 담당하게 한다.
④ 직무의 내용을 고도화하여 작업상의 책임과 권한을 늘리며, 능력을 발휘할 수 있게 한다.

09 인적자원계획 방법중 수리적(정량적)기법에 해당하지 않는 것은?

① 추세분석 ② 회귀분석
③ 선형계획법 ④ 전문가 예측법

10 인사고과 평가 방법 중 평가자가 일을 효과적 또는 비효과적으로 수행하는 요인에 대해 핵심적이고 중요한 행동에 초점을 맞추어 평가하는 방법은 무엇인가?

① 체크리스트법 ② 행위기준고과법
③ 평정척도고과법 ④ 중요사건평가법

11 직장 내 훈련(OJT)에 관한 설명으로 적절하지 않은 것은?

① 훈련과 직무가 직결되며, 경제적이다.
② 전문적인 지식과 기능을 전달할 수 있다.
③ 교육훈련의 내용과 수준의 통일성을 갖추기 힘들다.
④ 교육생의 수준에 맞게 실무와 밀착된 교육훈련을 할 수 있다.

12 승진의 유형 중 일정 기간의 직무수행 능력 및 업적만을 평가하여 특별히 유능한 사람에게 승진을 제공하는 제도는 무엇인가?

① 역직 승진 ② 직급 승진
③ 대용 승진 ④ 발탁 승진

13 각종 소득 중 종합과세 대상 소득이 아닌 것은?

① 사업소득 ② 양도소득
③ 기타소득 ④ 연금소득

14 연말정산에 관한 설명 중 적절하지 않은 것은?

① 연말정산 시기는 다음 해 3월 10일이다.
② 연말정산 반기별 납부자의 신고·납부 기한은 다음 해 7월 10일이다.
③ 중도 입사자는 전근무지의 근로소득 원천징수영수증을 발급받아 해당 연도 근로소득에 합산하여 연말정산 한다.
④ 2개 이상의 근로소득이 있는 경우에는 종된 근무지의 원천징수 영수증을 주된 근무지의 원천징수 의무자에게 제출한다.

15 [보기]의 (   )에 들어갈 임금의 종류를 고르시오.

> (   )을 산정하여야 할 사유가 발생한 날 이전 3개월 동안에 그 근로자에게 지급된 임금의 총액을 그 기간의 총 일수로 나눈 금액

① 기준 임금 ② 총액 임금
③ 통상 임금 ④ 평균 임금

16 법정 복리후생제도의 유형으로 적절하지 않는 것은?

① 사회보장보험 ② 산전·산후 유급휴가
③ 퇴직금 및 퇴직연금 ④ 경조금 및 학자금지원

17 [보기]의 (A) 에 알맞은 숫자는 무엇인가?

> 일용근로자의 원천징수세액
> = [일급여액 - 150,000원] × 6% - 근로소득세액공제[산출세액×(A)%]

① 45　　　　　　　　　　② 55
③ 65　　　　　　　　　　④ 75

18 [보기]에서 설명하는 노동조합의 가입 방법은 무엇인가?

> 기업이 근로자를 채용할 때 조합원이 아닌 자를 근로자로 채용할 수는 있지만 일단 채용된 후에는 일정기간 내에 자동으로 노조에 가입하게 되는 제도

① 오픈 숍　　　　　　　　② 유니언 숍
③ 에이전시 숍　　　　　　④ 클로즈드 숍

19 노동쟁의 조정제도에 해당하지 않는 것은?

① 조정　　　　　　　　　② 중재
③ 대체고용　　　　　　　④ 긴급조정

20 비정규직 근로자보호법의 대상이 되는 근로자에 해당하지 않는 것은?

① 파견 근로자　　　　　　② 원격 근로자
③ 단시간 근로자　　　　　④ 기간제 근로자

기출문제 [실무]

【ERP 인사 시뮬레이션】 기초데이터는 데이콤 웹하드(www.webhard.co.kr/ID:ant6545/비번:1234)에서 다운받아 설치한 후6206 ㈜명문-오희수로 로그인 한다.

01 다음 중 핵심 ERP 사용을 위한 기초 사원등록 정보를 확인하고, '사용자'로 등록 된 사원의 등록내역으로 알맞지 않은 것은 무엇인가?

① '조회권한'은 〈사업장〉이다.
② '입사일'은 2002/12/01이고 '3100.관리부'에 소속되어 있다.
③ '회계입력방식'은 〈수정〉이다.
④ '품의서권한'은 〈미결〉이다.

02 다음 중 핵심 ERP 사용을 위한 기초 부서 정보를 확인하고, 내역으로 알맞지 않은 것은 무엇인가?

① [3000.관리부문(인천지점)]에 속한 부서는 '3100.관리부', '6100.경리부'가 존재하며 이 중 '6100.경리부'는 현재 사용하지 않는 부서이다.
② '9100.교육부'는 〈3000.㈜명문 강원지점〉 사업장에 속해 있으며, 사용시작일은 '2021/01/01' 이다.
③ [2000.영업부문]에 속해 있는 부서는 모두 사용 중 이다.
④ 〈2000.㈜명문 인천지점〉 사업장에 속한 부서는 모두 사용 중 이다.

03 당 회사의 〈사용자권한설정〉의 '인사/급여관리' 모듈에 대한 '오희수' 사원의 설정 내역을 확인하고 관련된 설명으로 올바르지 않은 것은 무엇인가?

① [급여명세] 메뉴에서는 본인이 소속된 사업장의 자료만 조회할 수 있다.
② [전표관리]에 속한 메뉴에서는 모든 자료에 대해서 삭제가 불가능하다.
③ [인사관리]에 속한 메뉴에서는 회사에 속한 모든 근로자의 자료를 출력할 수 있다.
④ [소득자별정보현황] 메뉴에서는 본인의 자료만 변경할 수 있다.

04 당 회사는 2025년 09월 [800.주임] 직급의 호봉을 아래 [보기]와 같이 일괄 등록하고자 한다. 호봉등록을 완료 후 6호봉 '호봉합계' 금액은 얼마인가?

> 1. 기 본 급 : 초기치 2,500,000원, 증가액 100,000원
> 2. 직급수당 : 초기치   120,000원, 증가액 50,000원
> 3. 일괄인상
>   1) 정률인상 적용 : 기본급 3.5%
>   2) 정액인상 적용 : 직급수당 10,000원

① 3,105,000원 ② 3,331,500원
③ 3,485,000원 ④ 3,638,500원

05 당 회사의 인사/급여기준에 대한 설정을 확인하고, 관련 설명으로 올바른 것은 무엇인가?

(단, 환경설정 기준은 변경하지 않는다.)
① '생산직' 직종의 출결마감기준일은 전월 25일부터 당월 말일까지 이다.
② 퇴사자의 경우 지정한 '기준일수' 초과 근무 시, 월 급여를 '일할' 지급한다.
③ 지방소득세 신고서의 데이터는 '귀속연월' / '지급연월'이 모두 일치하는 경우에만 집계된다.
④ 2025년 08월 귀속 기준으로 월일수 산정 시, 한달정상일로 설정된 30일을 적용한다.

06 2025년 귀속 기준 지급/공제항목설정을 확인하고, 그 설명으로 옳지 않은 것은?(단, 지급/공제항목설정 기준은 변경하지 않는다.)

① [P06.근속수당]은 '수습직'에게는 지급하지 않는 항목이며, 근속기간이 6년인 경우 100,000원을 지급한다.
② [P11.특별급여]는 '사무직' 직종에게 지급 시, 책정임금의 월급을 기준으로 65%로 지급하고, '생산직' 직종에게 지급 시, 책정임금의 월급을 기준으로 75%로 지급한다.
③ [P30.야간근로수당]은 비과세 적용 기준요건인 '월정급여'에 포함되는 지급항목이다.
④ [P50.자격수당]은 '100.정보기술자격(ITQ)' 자격 대상자인 경우 80,000원을 지급한다.

07 당 회사의 인사정보를 확인하고 관련된 설명으로 올바르지 않은 것은 무엇인가?

① [20001102.정영수] 사원의 근무조는 '2조'이며, 노조에 가입되어 있다.
② [20010402.제갈형서] 사원의 직급은 '부장'이며, 급여이체은행은 '국민'은행이다.
③ [20130701.신별] 사원은 휴직이력이 존재하고, 휴직사유는 '육아휴직'이며 급여형태는 '연봉'이다.
④ [20140102.김희수] 사원의 현재 책정된 임금의 연봉은 '35,000,000원'이며, 학자금상환 대상자이다.

08 당 회사는 전체 사업장의 〈992. 임직원역량강화교육〉 교육평가가 우수한 사원을 대상으로 포상을 지급하기로 하였다. 아래 [보기]를 기준으로 지급한 대상자들의 총 지급금액으로 알맞은 것은 무엇인가?

| • 교육평가 A등급 : 200,000원 | • 교육평가 B등급 : 100,000원 |

① 800,000원
② 900,000원
③ 1,100,000원
④ 1,200,000원

09 당 회사는 〈2000.(주)명문 인천지점〉 사업장의 2024년 하반기 (2024.07.01. ~ 2024.12.31.) '이직률'을 확인하고자 한다. 해당 기간동안 〈2000.(주)명문 인천지점〉 사업장의 평균 이직률은 얼마인가?(단, 모든 정보는 프로그램에 입력된 기준으로 확인한다.)

① 0.08
② 0.17
③ 0.69
④ 1.52

10 당 회사는 창립기념일을 맞아 2025년 08월 31일 기준으로 전체 사업장의 만 15년 이상 장기근속자에 대해 특별근속수당을 지급하기로 하였다. 아래 [보기]를 기준으로 지급한 총 특별근속수당은 얼마인가?(단, 퇴사자는 제외하며, 미만일수는 올리고, 모든 경력사항을 제외한다.)

| 1. 15년 이상 ~ 20년 미만 : 100,000원 | 2. 20년 이상 ~ : 150,000원 |

① 1,450,000원
② 1,550,000원
③ 1,800,000원
④ 1,950,000원

11 당 회사의 2025년 09월 귀속 급여(지급일자 : 2025/09/25)에 해당하는 대상자 중 [2016018.박지성] 사원이 중소기업취업감면 대상자로 변경되었다. [2016018.박지성] 사원의 감면유형 및 기간을 [보기]와 같이 등록한 뒤 모든 지급 대상자에 대해 급여를 계산 할 때, '소득세' 총액은 얼마인가?(단, 그 외 급여계산에 필요한 조건은 프로그램에 등록된 기준을 이용한다.)

> 1. 감면코드 : T13. 중소기업취업감면 (90%감면)　　2. 감면기간 : 2025/09 ~ 2026/08

① 1,535,090원　　　　　　　　② 1,619,430원
③ 1,656,850원　　　　　　　　④ 2,150,000원

12 당 회사는 2025년 09월 귀속 '특별급여' 소득을 지급하고자 한다. 아래 [보기]의 지급대상 요건으로 지급일자를 직접 추가하여 모든 지급 대상자에 대해 급여를 계산 할 때, '과세' 총액은 얼마인가?(단, 그 외 급여계산에 필요한 조건은 프로그램에 등록된 기준을 이용한다.)

> 1. 특별급여지급일자 : 2025/09/30
> 2. 동시발행 및 대상자선정 : 분리, 직종및급여형태별
> 3. 특별급여지급대상 : 〈2000.(주)명문 인천지점〉 사업장을 제외한 사업장의 모든 직종 및 급여형태

① 27,792,450원　　　　　　　② 29,176,840원
③ 26,582,870원　　　　　　　④ 34,217,690원

13 당 회사는 초과근무에 대해 수당을 지급하고 있다. 아래 [보기]의 기준을 토대로 2025년 08월 귀속의 [20020603.이성준] 사원의 '초과근무수당'을 계산하면 얼마인가?(단, 근무수당을 계산하면서 발생되는 모든 원단위 금액은 절사하며, 책정임금 시급은 원단위 금액을 절사하지 않고 계산한다.)

- 초과근무수당 = 1유형 근무수당 + 2유형 근무수당
- 초과근무 시급 : 책정임금 시급
- 1유형 근무수당 = (평일연장근무시간 + 토일정상근무시간) × 2 × 초과근무 시급
- 2유형 근무수당 = (평일심야근무시간 + 토일연장근무시간) × 2.5 × 초과근무 시급

① 598,130원　　② 607,330원
③ 621,890원　　④ 645,990원

14 당 회사는 일용직 사원에 대해 사원 별 지급형태를 구분하여 일용직 급여를 지급하고 있다. 아래 [보기]를 확인하여 2025년 09월 귀속 지급일 중 '매일지급' 대상자를 직접 반영 후 급여계산 할 때, 해당 지급일의 급여내역에 대한 설명으로 바르지 않은 것은 무엇인가?(단, 급여계산에 필요한 조건은 프로그램에 등록된 기준대로 확인한다.)

1. 지급형태 : '매일지급' 지급일
2. 지급 대상자 : '시급직'인 '1200.경리부', '4100.생산부' 사원
3. 평일 10 시간 근무, 토요일 2 시간 근무
4. 비과세 적용 12,000원(평일만 적용)

① 해당 지급일자의 대상자는 총 30일 중 26일을 근무하였으며, 과세총액은 41,199,120원이다.
② [0006.이희성] 사원은 급여를 계좌로 지급 받으며, 신고 대상인 비과세 항목은 지급 받지 않았다.
③ [0009.강하나] 사원에게 연장 비과세는 총 252,000원 지급 되었고, 소득세는 60,500원 공제되었다.
④ [0015.한주원] 사원은 4대 사회보험 및 소득세가 공제되지 않고 급여를 지급 받았다.

15 2025년 09월 귀속 일용직 급여작업 전, 아래 [보기]를 기준으로 [0017.조혜나] 사원의 사원정보를 직접 변경하고 급여계산을 했을 때, 해당 지급일에 실제 지급된 금액의 합계는 얼마인가? (단, 그 외 급여계산에 필요한 조건은 프로그램에 등록된 기준을 따른다.)

> 1. 사원정보 변경
>   1) 생산직비과세 적용 '안함'
>   2) 국민/건강/고용보험여부 '부'
> 2. 일용직 급여지급
>   1) 지급형태 : '일정기간지급' 지급일
>   2) 평일 10시간 근무 / 토요일 4시간 근무 가정
>   3) 비과세(신고제외분) : 12,000원(평일만 적용)

① 32,687,360원 ② 33,091,400원
③ 37,471,150원 ④ 36,658,390원

16 당 회사의 〈1000.(주)명문 회사본사〉 사업장 기준 2025년 2분기의 과세총액 및 비과세총액은 각각 얼마인가?(단, 사용자부담금은 포함한다.)

① 과세총액 : 113,675,620원 / 비과세총액 : 5,100,000원
② 과세총액 : 101,980,620원 / 비과세총액 : 9,001,920원
③ 과세총액 : 118,775,620원 / 비과세총액 : 14,258,210원
④ 과세총액 : 118,775,620원 / 비과세총액 : 16,308,930원

17 당 회사는 전체 사업장 기준 2025년 08월 귀속 급여에 대한 대장을 확인하고자 한다. 부서별로 대장을 집계하여 확인했을 때, 부서별 지급/공제항목의 금액으로 옳지 않은 것은?

① 교육부 - 근속수당 : 500,000원
② 국내영업부 - 고용보험 : 147,180원
③ 생산부 - 사회보험부담금 : 415,800원
④ 자재부 - 야간근로수당 : 100,000원

18 근무조 별로 월별 급상여 지급현황을 조회하고자 한다. 2025년 2분기 '002. 2조' 근무조 기준으로 조회 시, 근무조 전체 월별 급상여 지급/공제항목 내역으로 알맞지 않은 것은 무엇인가? (단, 지급구분은 100.급여로 조회한다.)

① 근속수당 : 1,950,000원
② 고용보험 : 292,590원
③ 사회보험부담금 : 3,177,810원
④ 소득세 : 4,035,330원

19 당 회사는 전체 사업장을 대상으로 급/상여 지급액 등 변동사항을 확인하고자 한다. 2025년 08월 변동 상태에 대한 설명으로 알맞지 않은 것은 무엇인가?(단, 모든 기준은 조회된 데이터를 기준으로 확인한다.)

> 1. 기준연월 : 2025년 08월   2. 비교연월 : 2024년 08월
> 3. 사용자부담금 '포함'

① [20030701.엄현애] 사원의 경우 지급항목 중 '근속수당' 항목은 변동 사항이 없다.
② 전체 '국민연금' 및 '장기요양보험' 공제액은 감소하였다.
③ 전체 급/상여 지급 대상 '인원' 및 '비과세' 지급액은 변동 사항이 있다.
④ 전체 '소득세' 공제액 및 '기본급' 지급액은 변동 사항이 없다.

20 당 회사는 〈2000.(주)명문 인천지점〉 사업장에 대해 수당 별 지급/공제현황을 확인하고자 한다. 다음 보기의 사원 중 2025년 상반기동안 'T00.소득세'가 가장 적게 공제된 사원은 누구인가?

① [20140501.김화영]
② [20010401.노희선]
③ [20140903.정용빈]
④ [20040301.오진형]

ERP정보관리사 인사2급
105-2024.11.23

경영혁신과 ERP

01 머신러닝 워크플로우 프로세스의 순서를 고르시오.

① 데이터 수집 → 점검 및 탐색 → 전처리 및 정제 → 모델링 및 훈련 → 평가 → 배포
② 점검 및 탐색 → 데이터 수집 → 전처리 및 정제 → 모델링 및 훈련 → 평가 → 배포
③ 데이터 수집 → 전처리 및 정제 → 모델링 및 훈련 → 평가 → 배포 → 점검 및 탐색
④ 데이터 수집 → 전처리 및 정제 → 점검 및 탐색 → 모델링 및 훈련 → 평가 → 배포

02 [보기]에서 가장 성공적인 ERP 도입이 기대되는 회사를 고르시오.

- 회사 A: 현재 업무 방식이 최대한 반영될 수 있도록 업무 단위에 맞추어 ERP 도입을 추진 중이다.
- 회사 B: 시스템의 전문지식이 풍부한 IT 및 전산 관련 부서 구성원으로 도입 TFT를 결성하였다.
- 회사 C: ERP 도입 과정에서 부서 간 갈등 발생 시, 최고경영층의 개입이 최소화 될 수 있도록 하향식(Top-Down) 의사결정을 배제한다.
- 회사 D: 프로세스 개선을 위해 효율적인 업무 프로세스를 재정립하고, 성공적인 ERP 도입을 위해 유능한 컨설턴트를 고용하고자 한다.

① 회사 A
② 회사 B
③ 회사 C
④ 회사 D

03 빅데이터의 주요 특성(5V)으로 옳지 않은 것은?

① 속도
② 다양성
③ 정확성
④ 일관성

04 ERP 아웃소싱(Outsourcing)에 대한 설명으로 적절하지 않은 것은?

① ERP 자체개발에서 발생할 수 있는 기술력 부족을 해결할 수 있다.
② ERP 아웃소싱을 통해 기업이 가지고 있지 못한 지식을 획득할 수 있다.
③ ERP시스템 구축 후에는 IT아웃소싱 업체로부터 독립적으로 운영할 수 있다.
④ ERP 개발, 구축, 운영, 유지보수 등에 필요한 인적 자원 절약 효과를 거둘 수 있다.

인사이론

05 테일러의 과학적 관리법에 관한 설명으로 가장 거리가 먼 것은?

① 조직 이론의 기초가 된다.
② 차별적 성과급을 지급했다.
③ 동작연구와 시간연구를 한다.
④ 표준화, 전문화, 단순화를 추구한다.

06 작업의 종류와 수준이 동일하거나 유사한 직위들의 집단을 무엇이라고 하는가?

① 직무
② 과업
③ 요소
④ 직군

07 ㈜생산성에서는 [보기]와 같이 사내인트라넷을 통해 인적자원을 모집하고자 한다. ㈜생산성의 모집방법을 고르시오.

직무공고 안내
인재개발센터〉홍길동 센터장　　　　　　　등록일: 2025-11-23 10:01:13

"다음과 같이 능력있는 인재를 찾습니다."

☐ 모집직무 및 응모자격

　• 모집직무

부문	인원	직무내역
생산성정책센터	1	• 생산성 통계 분석 정책연구 • 서비스생산성 공적개발원조 컨설팅
자격검정센터	1	• ERP정보관리사 출제기획 • 국가공인민간자격 시행관리

　• 응모자격: 인사규정시행규칙 제21조에 의거 ㈜생산성 근무 2년 이상인 자

☐ 지원서 접수
　• (접수기간) 2025.11.23. ~ 11.26 18:00 限
　• (접수방법) 이메일로 지원서 제출
　　　※ 담당자: 김철수(내선 123, chulsookim@kpc.co.kr
　• (제출서류) 지원서 (별지 서식 참조)

☐ 심사절차
　• 인사위원회 면접전형(11.29. 예정) 실시. 끝.

---

① 인턴십　　　　　　　　② 헤드헌터
③ 종업원파견　　　　　　④ 사내공모제

08 인력의 수요가 공급보다 많을 경우 해야 될 조치로 적절하지 않은 것은?

① 아웃소싱　　　　　　　② 직무공유제
③ 파견근로 활용　　　　　④ 초과근로 활용

09 [보기]의 면접 방법에 해당하는 것은?

> 다수의 면접자가 한 사람의 피면접자를 상대로 하는 면접방식으로 관리직 또는 전문직 선발 시 많이 활용하는 방법이다.

① 패널 면접 ② 압박 면접
③ 정형적 면접 ④ 비지시적 면접

10 인사고과 평가에 대한 오류 중 피고과자의 대다수를 중간정도로 판단하는 경향을 말하는 것은 무엇인가?

① 관대화 경향 ② 엄격화 경향
③ 중심화 경향 ④ 상동적 태도

11 [보기]에서 설명하는 교육훈련 방법은 무엇인가?

> 실제 상황과 비슷한 상황을 부여하는 방법으로 주로 문제 해결 능력이나 기획 능력을 향상시킬 때 이용한다.

① 액션러닝 ② 인바스켓법
③ 비즈니스 게임 ④ 행동모델링 법

12 비자발적 이직에 해당하지 않는 것은?

① 정년 퇴직 ② 일시 해고
③ 파면 · 해고 ④ 전직 · 사직

13 임금수준의 결정 요인으로 가장 거리가 먼 것은?

① 노동시장 요인 ② 직무의 특수성
③ 근로자의 생계비 ④ 기업의 지급 능력

14 산재보험에 관한 설명 중 옳지 않은 것은?

① 보험사업에 소요되는 재원인 보험료는 사업주가 전액 부담한다.
② 산재보험 급여는 평균임금을 기초로 하는 정률보상 방식으로 행한다.
③ 근로자의 업무상 재해에 대하여 사용자에게는 고의·과실의 유무를 불문하는 무과실 책임주의에 따른다.
④ 산재보험은 산재근로자와 가족의 생활을 보장하기 위해 기업이 책임을 지는 의무보험이다.

15 임금수준 결정요인에 대한 설명으로 옳은 것은?

① 임금수준이란 기업이 일정 기간 근로자에게 지급하는 금액의 총량을 뜻한다.
② 기업은 근로자와 특수계약을 통해 최저임금제도보다 낮은 임금을 지급해도 된다.
③ 기업은 업종, 규모, 설비 등에 고려하여 지급 능력 안에서 임금의 상한선을 결정한다.
④ 대부분 해당 기업이 속해 있는 업계 평균임금에 초점을 두기 때문에, 동종업계에 속한 기업 간 임금차이는 5% 이상 발생하지 않는다.

16 연말정산에 대한 설명으로 적절하지 않는 것은?

① 연말정산 월별 납부자의 신고·납부기한은 다음 해 2월 10일이다.
② 연말정산 반기별 납부자의 신고·납부기한은 다음 해 7월 10일이다.
③ 2개 이상의 근로소득이 있는 경우 종된 근무지의 원천징수영수증을 주된 근무지의 원천징수 의무자에게 제출하여 연말정산한다.
④ 중도입사자의 연말정산은 전근무지의 근로소득 원천징수영수증을 발급받아 해당 연도 근로소득에 합산하여 연말정산한다.

17 근로시간제 유형에 관한 설명 중 옳지 않은 것은?

① 2주 단위 이내 탄력적 근로시간제에서는 특정일에 1일 8시간을 초과하여 근로하게 할 수 있다.
② 선택적 근로시간제의 경우 1주간의 근로시간이 40시간을 초과한 시간에 대해서는 연장 야간 및 휴일 근로로 적용해야 한다.
③ 재량 근로시간제에서는 업무의 수행 방법이나 수단, 시간 배분 등을 근로자가 결정하며, 근로시간보다 성과에 의해 근무 여부를 판단한다.
④ 간주 근로시간제에서는 근로자가 사유로 인하여 사업장 밖에서 근로하여 근로시간 산정이 어려운 경우에 일정 합의시간을 근로시간으로 본다.

18 법정외수당(약정수당)에 해당하지 않는 것은?

① 근속수당　　② 휴업수당
③ 가족수당　　④ 직무수당

19 [보기]에서 설명하는 노동조합 제도는 무엇인가?

> 조합비를 징수할 때 사용자가 노동조합의 의뢰에 의하여 조합비를 급여계산 시 일괄 공제하여 전달해 주는 방법

① 유니언 숍　　② 에이전시 숍
③ 클로즈드 숍　　④ 체크오프 제도

20 경영참가제도의 유형 분류 중 적절하지 않은 것은?

① 이윤참가-스캘론 플랜
② 성과참가-스톡옵션제도
③ 자본참가-종업원지주제도
④ 의사결정참가-노사협의제도

기출문제 [실무]

【ERP 인사 시뮬레이션】 기초데이터는 데이콤 웹하드(www.webhard.co.kr/ID:ant6545/비번:1234)에서 다운받아 설치한 후 6207 ㈜탐스패션-이팔도로 로그인 한다.

01 다음 중 핵심 ERP 사용을 위한 기초 사원등록 정보를 확인하고, '사용자'로 등록된 사원의 등록 내역으로 옳지 않은 것은?

① '인사입력방식'은 〈승인〉이다.
② '회계입력방식'은 〈승인〉이다.
③ '조회권한'은 〈회사〉이다.
④ '품의서권한'은 〈미결〉이다.

02 다음 중 핵심 ERP 사용을 위한 기초 부서 정보를 확인한 내용으로 옳지 않은 것은?

① '2025/11/23' 기준, 사용 중인 부서는 총 9개다.
② [2200.해외영업부]는 2026년부터 사용하지 않는 부서이다.
③ 2007년부터 사용된 부서는 모두 [1000.관리부문] 소속이다.
④ [3000.관리부문(인천지점)]은 현재 사용하지 않는 부문이다.

03 당 회사의 [ERP13104.이팔도] 사원의 [H.인사/급여관리] 모듈의 설정 내역을 확인하고, 관련된 설명으로 옳지 않은 것은?

① 근로자의 부양가족에 대한 정보를 인사기록카드에 입력할 수 있다.
② 회사 내 모든 근로자의 급여대장을 출력할 수 있다.
③ 본인이 속한 사업장의 근로자에 대해서만 연말정산자료입력 작업을 할 수 있다.
④ 발생한 급여에 대해 전표집계 및 생성 작업을 할 수 없다.

04 당 회사는 2025년 01월 [800.주임] 직급의 호봉을 아래 [보기]와 같이 일괄 등록하고자 한다. 호봉등록을 완료 후 6호봉 '호봉합계'의 금액으로 옳은 것은?

> 1. 기 본 급 : 초기치 2,700,000원, 증가액 120,000원
> 2. 직급수당 : 초기치   70,000원, 증가액 15,000원
> 3. 일괄인상
>   1) 기본급 6.5% 정률인상   2) 직급수당 12,500원 정액인상

① 3,300,000원   ② 3,445,000원
③ 3,514,500원   ④ 3,672,000원

05 당 회사의 인사/급여기준에 대한 설정을 확인하고, 관련된 설명으로 옳은 것은? (단, 환경설정 기준은 변경하지 않는다.)

① '생산직' 직종의 출결기준일은 전월 25일부터 당월 말일까지다.
② 퇴사자의 경우 '기준일수'와는 관계없이 월 급여를 '일할' 지급한다.
③ 지방소득세 신고서의 데이터는 '귀속연월' 또는 '지급연월'이 일치하는 경우 집계된다.
④ 2025년 11월 귀속 기준으로 월일수 산정 시, 한달정상일로 설정된 30일을 적용한다.

06 2025년도 귀속 [급여]구분에 등록된 '지급항목'에 대한 설명으로 옳은 것은?

① [P00.기본급]은 각 근로자의 호봉테이블에 해당하는 금액이 지급된다.
② 근로자에게 자녀가 존재하는 경우 [P02.가족수당]으로 50,000원이 지급된다.
③ 3년 이상 5년 미만 근속한 근로자는 [P06.근속수당]으로 [근무한년수]*[시급]만큼 지급된다.
④ 재직구분이 [J06.육아휴직]인 근로자는 [P40.육아수당]으로 200,000원이 지급된다.

07 당 회사 [20110401.강민주] 사원의 정보로 옳지 않은 것은?

① 현재 세대주가 아니며, 종교종사자도 아니다.
② 입사일과 그룹입사일이 다르며, 수습기간을 거친 이력이 있다.
③ 현재 [4100.생산부] 소속이며, 생산직 총급여 비과세를 적용하는 사원이다.
④ 가장 최근 책정된 임금의 적용시작년월은 '2024/01'이고, 책정된 월급은 2,603,750원이다.

08 당 회사는 2025년 4분기에 [990.2025년 법정의무교육]을 진행하고 있다. 보기의 근로자들 중 이수여부가 다른 근로자는 누구인가?

① [20000502.김종욱]
② [20010401.노희선]
③ [20030701.엄현애]
④ [20120101.정수연]

09 당 회사는 [2025년 4/4분기 인사발령]을 사원 별로 진행하고자 한다. [20251001] 발령호수의 발령내역을 확인하고, 그 설명으로 옳지 않은 것은?

① 해당 발령호수의 발령일자는 '2025/10/01'이고, 발령내역은 부서, 직책, 직급이 등록되어 있다.
② 현재 '해외영업부'에 속한 대상자들의 부서는 모두 발령 후 '관리부'로 변경된다.
③ 발령 후 직급이 변경되는 대상자는 [20010401.노희선]과 [ERP13102.이호재]만 해당한다.
④ 발령 후 직책이 변경되는 대상자는 모두 현정보가 '관리부' 소속인 사원들이다.

10 회사는 창립기념일을 맞아 2024년 12월 31일 기준으로 모든 사업장에 대해 만 15년 이상 장기근속자에 대해 특별근속수당을 지급하기로 하였다. 아래 [보기]를 기준으로 총 지급한 특별근속수당은 얼마인가? (단, 퇴사자는 제외하며, 미만일수는 버리고, 이전 경력은 제외한다.)

- 15년 이상 20년 이하 : 150,000원
- 20년 초과 : 200,000원

① 1,550,000원
② 1,700,000원
③ 900,000원
④ 2,000,000원

11 2025년 11월 귀속 급여(지급일자 : 2025/11/25)에 해당하는 대상자 중 [20120101.정수연] 사원이 개인적인 사유로 휴직을 신청하였다. [20120101.정수연] 사원의 휴직 내역을 [보기]와 같이 등록한 뒤 모든 지급 대상자를 급여 계산 할 때, 모든 지급 대상자들의 '과세' 총액의 합으로 옳은 것은?(단, 그 외 급여계산에 필요한 조건은 프로그램에 등록된 기준을 이용한다.)

> 1. 시작일, 종료일 : 2025/11/11, 2025/11/22 2. 휴직사유 : [300.질병휴직]
> 3. 휴직지급율 : 75%   4. 퇴직기간적용 : 함

① 82,278,080원 ② 76,068,060원
③ 82,538,080원 ④ 82,548,080원

12 당 회사는 2025년 11월 귀속 '특별급여' 소득을 지급하고자 한다. 아래 [보기]와 같이 직접 지급 일자를 생성하고 지급 대상 요건을 등록하여 급여 계산 시, [20161107.박선우] 사원의 과세총액으로 옳은 것은?(단, 그 외 급여계산에 필요한 조건은 프로그램에 등록된 기준을 이용한다.)

> 1. 급여구분 : 특별급여 (지급일자 : 2025/12/10)
> 2. 동시발행 및 대상자선정 : 분리, 직종 및 급여형태별
> 3. 지급직종 : 사무직(연봉/일급), 생산직(월급/일급)
> 4. 지급사업장 : [1000.㈜탐스패션 본사], [2000.㈜탐스패션 인천지점]

① 1,141,660원 ② 1,341,660원
③ 1,577,580원 ④ 1,764,330원

13 당 회사는 사원별 '지각, 조퇴, 외출시간'에 대해 급여에서 공제하고 지급하려고 한다. 아래 [보기]의 기준을 토대로 산정할 경우, 2025년 10월 귀속(지급일 1번) [20130701.김수영] 사원의 지각, 조퇴, 외출시간에 따른 공제금액으로 옳은 것은? (단, 프로그램에 등록된 기준을 그대로 적용하며 원단위는 절사한다.)

> • 시급 : [20130701.김수영] 사원의 책정임금 시급
> • 공제금액 : (지각시간+조퇴시간+외출시간) × 시급

① 108,840원 ② 111,460원
③ 124,570원 ④ 134,330원

14 당 회사는 일용직 사원에 대해 사원 별 지급형태를 구분하여 일용직 급여를 지급하고 있다. 아래 [보기]를 확인하여 2025년 11월 귀속 지급일 중 '매일지급' 대상자를 직접 반영 후 급여계산 할 때, 해당 지급일의 급여내역에 대해 옳지 않은 것은?(단, 급여계산에 필요한 조건은 프로그램에 등록된 기준대로 확인한다.)

> 1. 지급형태 : '매일지급' 지급일
> 2. 지급 대상자 : '시급직'인 [1200.경리부], [4100.생산부] 사원
> 3. 평일 9시간 근무, 토요일 4시간 근무
> 4. 비과세 적용 12,000원(평일만 적용)

① 해당 지급일자의 대상자는 총 30일 중 26일을 근무하였으며, 실지급액은 18,279,140원 이다.
② 해당 지급일자의 대상자 중 가장 많은 소득세를 공제한 사원은 [0016.김소현]이다.
③ [0007.황시윤]사원을 제외한 나머지 사원들의 급여에서 국민연금이 공제되었으며, 총 670,410원이 공제되었다.
④ [4100.생산부] 소속의 사원들은 모두 현금으로 급여를 지급받으며, 총 13,524,290원이 지급된다.

15 2025년 11월 귀속 일용직 급여작업 전, 아래 [보기]를 기준으로 [0019.류성준] 사원의 사원정보를 직접 변경하고 급여계산을 했을 때, 해당 지급일의 실지급 총액으로 옳은 것은?(단, 그 외 급여계산에 필요한 조건은 프로그램에 등록된 기준을 따른다.)

> 1. 사원정보 변경
> 1) 생산직비과세 적용 '함'
> 2) 국민/건강/고용보험여부 '여'
> 2. 일용직 급여지급
> 1) 지급형태 : '일정기간지급' 지급일
> 2) 평일 10시간 근무 / 토요일 2시간 근무 가정
> 3) 비과세(신고제외분) : 10,000원(평일만 적용)

① 19,204,360원   ② 19,950,760원
③ 20,593,200원   ④ 21,279,180원

16 당 회사의 [2000.㈜탐스패션 인천지점] 사업장 기준 2025년 3분기의 지급총액 및 공제총액으로 옳은 것은?(단, 사용자부담금은 제외한다.)

① 지급총액 : 117,188,850원 / 공제총액 : 15,923,130원
② 지급총액 : 135,231,810원 / 공제총액 : 15,923,130원
③ 지급총액 : 123,834,900원 / 공제총액 : 17,202,060원
④ 지급총액 : 141,080,130원 / 공제총액 : 19,184,160원

17 당 회사는 [1000.㈜탐스패션본사] 사업장을 제외한 사업장에 대해 2025년 10월 귀속(지급일 1번)에 이체한 급/상여를 확인하고자 한다. 이체 현황에 대한 설명으로 옳지 않은 것은?
(단, 무급자는 제외한다.)

① 계좌이체를 통해 급/상여를 지급받지 않는 사원이 존재한다.
② '국민은행'을 통해 급여를 지급받는 인원은 4명이며, 총 이체 금액은 13,234,630원이다.
③ 해당 조회조건의 사업장들에 지급된 급/상여의 총 실지급액은 49,499,930원이다.
④ 급/상여는 2025/10/25에 지급하였고, 가장 많은 급/상여를 지급받은 사원은 [20010402.박국현]이다.

18 당 회사는 2025년 3분기에 발생한 급/상여를 부서별로 조회하고자 한다. [4100.생산부] 기준으로 조회했을 때, 해당 부서의 지급/공제항목 금액의 총계로 옳지 않은 것은?(단, 지급구분은 [100.급여]로 조회한다.)

① 기 본 급 : 39,507,720원
② 소 득 세 : 4,450,000원
③ 국민연금 : 1,777,500원
④ 건강보험 : 1,400,520원

19 당 회사는 모든 사업장을 대상으로 급/상여 지급액 등 변동사항을 확인하고자 한다. 아래 [보기]를 기준으로 조회했을 때, 급/상여 변동 상태에 대한 설명으로 옳지 않은 것은?(단, 모든 기준은 조회된 데이터를 기준으로 확인한다.)

> • 기준연월 : 2025년 10월(지급일 : 2025/10/25)
> • 비교연월 : 2024년 10월(지급일 : 2024/10/25)
> • 사용자부담금 : [0.제외]

① 기준연월과 비교연월의 인원의 차이는 없으나, 과세금액이 1,050,000원만큼 차이가 난다.
② 사회보험 항목 중 기준연월과 비교연월의 차이가 있는 항목은 항목은 '국민연금'이 유일하다.
③ [20030701.엄현애]사원의 근속수당은 비교연월에 비해 15,020원만큼 감소했다.
④ [20130701.김수영]사원의 장기요양보험료는 비교연월과 같다.

20 당 회사는 2025년 3분기에 지급한 급여에 대한 수당별 금액을 확인하고자 한다. [4100.생산부]와 [5100.자재부] 소속 사원 중 보기의 사원만 놓고 비교했을 때, [P06.근속수당]의 총합이 가장 높은 사원으로 옳은 것은?

① [20190701.장석훈] ② [20130701.김수영]
③ [20110401.강민주] ④ [20040301.오진형]

ERP정보관리사 인사2급

106-2025.01.25

경영혁신과 ERP

01 정형화된 데이터 기반의 자료 작성, 단순 반복 업무 처리, 고정된 프로세스 단위 업무 수행이 이루어지는 RPA 적용단계는 무엇인가?

① 인지자동화
② 예측모델구축
③ 기초프로세스 자동화
④ 데이터 기반의 머신러닝(기계학습) 활용

02 [보기]는 무엇에 대한 설명인가?

> • 인터넷을 통해서 모든 사물을 서로 연결하여 정보를 상호 소통하는 지능형 정보기술 및 서비스
> • 해당 기기들이 내장 센서를 통해 데이터를 수집하고 인터넷을 통해 서로 연결·통신하며, 수집된 정보 기반으로 자동화된 프로세스나 제어기능을 수행함
> • 스마트 가전, 스마트 홈, 의료, 원격검침, 교통 등 다양한 산업 분야에 적용됨

① 사물인터넷(Internet of Things)
② 클라우드 컴퓨팅(Cloud Computing)
③ 인공신경망(Artificial Neural Network)
④ 사이버물리시스템(Cyber Physical System)

03 'Best Practice'를 목적으로 ERP 패키지를 도입하여 시스템을 구축하고자 할 경우 가장 적절하지 않은 방법은?

① BPR과 ERP 시스템 구축을 병행하는 방법
② ERP 패키지에 맞추어 BPR을 추진하는 방법
③ 기존 업무처리에 따라 ERP 패키지를 수정하는 방법
④ BPR을 실시한 후에 이에 맞도록 ERP 시스템을 구축하는 방법

04 기업에서 ERP시스템을 도입하기 위해 분석, 설계, 구축, 구현 등의 단계를 거친다. 이 과정에서 필수적으로 거쳐야하는 "GAP분석" 활동의 의미를 적절하게 설명한 것은?

① TO-BE 프로세스 분석
② TO-BE 프로세스에 맞게 모듈을 조합
③ 현재업무(AS-IS) 및 시스템 문제 분석
④ 패키지 기능과 TO-BE 프로세스와의 차이 분석

인사이론

05 인적자원관리 패러다임의 변화에 대한 설명으로 적절하지 않은 것은?

① 연공 중심 → 성과 중심
② 역할 중심 → 사람 중심
③ 비용 관점 → 수익 관점
④ 일방적 통보 → 쌍방향 소통

06 직무 관련 용어에 대한 설명으로 적절하지 않은 것은?

① 요소: 목표를 위하여 수행되는 하나의 명확한 작업 활동
② 직종: 직업이라고도 불리며, 동일하거나 유사한 직군들의 집단
③ 직무: 작업의 종류와 수준이 동일하거나 유사한 직위들의 집단
④ 직위: 근로자 개인에게 부여된 하나 또는 그 이상의 과업들의 집단

07 직무분석의 절차(단계) 중 실시단계에 수행하는 내용으로 가장 적절하지 않은 것은?

① 직무분석표 작성
② 분석방법의 결정
③ 직무정보의 수집
④ 직무정보의 분석

08 직무평가의 방법 중 요소비교법의 장·단점에 대한 설명으로 적절하지 않은 것은?

① 평가의 타당도 및 신뢰도가 우수하다.
② 평가 과정이 단순하여 비용과 시간이 절약된다.
③ 평가요소에 대한 주관이 개입될 가능성이 높아진다.
④ 기준직무를 통하여 평가하므로 유사한 직무 및 기업 내의 전체직무를 평가하는데 용이하다.

09 도구를 선발 대상자들에게 적용했을 때 안정적이고 일관성 있는 결과를 얻어낼 수 있는지를 판단하는 기준을 나타내는 것은?

① 타당성
② 효율성
③ 효용성
④ 신뢰성

10 도구를 선발 대상자들에게 적용했을 때 안정적이고 일관성 있는 결과를 얻어낼 수 있는지를 판단하는 기준을 나타내는 것은?

① 타당성
② 효율성
③ 효용성
④ 신뢰성

11 경력개발의 원칙에 해당하지 않는 것은?

① 균형주의 원칙
② 승진경로의 원칙
③ 적재적소배치의 원칙
④ 경력기회개발의 원칙

12 리더십 이론 중 문제해결 방안을 전문가가 직접 제시하기보다는 해결 당사자가 해결방안을 스스로 발견할 수 있도록 지원하는 리더십은 무엇인가?

① 셀프 리더십
② 슈퍼 리더십
③ 코칭 리더십
④ 카리스마 리더십

13 평균임금의 적용대상에 해당하지 않는 것은?

① 휴업수당
② 감급제재의 제한
③ 평균임금의 최저한도
④ 재해보상 및 산업재해보상보험급여

14 비과세 근로소득에 해당하는 것은?

① 월 30만원 한도의 자가운전보조금
② 직무발명 보상금으로서 500만원 이하의 보상금
③ 직전 연도 총급여약이 3,000만원 이하로서 월정액 급여가 240만원 이하인 자가 받는 연장근로수당
④ 근로자 또는 그 배우자의 출산이나 10세 이하 자녀의 보육과 관련하여 지급받는 월 20만원의 금액

15 우리나라는 국가가 저임금근로자의 최저생활을 보호하기 위해 최저임금제도를 시행하고 있다. 최근 발표된 2025년도 적용연도 기준 최저임금 시급은 얼마인가?

① 10,020원   ② 10,030원
③ 10,040원   ④ 10,050원

16 4대보험에 해당하지 않는 것은?

① 건강보험   ② 개인연금
③ 고용보험   ④ 국민연금

17 법정휴가에 해당하지 않는 것은?

① 연차 휴가   ② 보상 휴가
③ 출산 휴가   ④ 경조 휴가

18 [보기]의 설명으로 가장 적절한 것은?

> 근로자의 노동조합이 사용자와 근로조건의 유지·개선에 관하여 의논하고 절충할 수 있는 권리

① 단결권
② 단체행동권
③ 경영참가권
④ 단체교섭권

19 근로자 측 노동쟁의 행위에 해당하지 않는 것은?

① 보이콧
② 피케팅
③ 긴급조정
④ 생산통제

20 [보기]에서 설명하는 경영참가 제도는 무엇인가?

> 근로자의 참여의식을 높이기 위하여 위원회제도를 활용해 근로자의 경영참여와 개선된 생산의 판매가치를 기초로 한 성과배분제

① 럭커 플랜
② 스캘론 플랜
③ 스톡옵션 제도
④ 종업원지주 제도

기출문제 [실무]

【ERP 인사 시뮬레이션】 기초데이터는 데이콤 웹하드(www.webhard.co.kr/ID:ant6545/비번:1234)에서 다운 받아 설치한 후 6208 ㈜드림패션-김명인로 로그인 한다.

01 다음 중 핵심 ERP 사용을 위한 기초 사원등록 정보를 확인하고, '사용자'로 등록 된 사원의 등록내역으로 알맞지 않은 것은 무엇인가?

① 부서는 '3100.관리부'이다.
② 입사일은 '2002/12/01'이다.
③ '회계입력방식'은 〈승인〉이다.
④ '조회권한'은 〈회사〉이다.

02 다음 중 핵심 ERP 사용을 위한 기초 부서 정보를 확인하고, 그 내역으로 알맞지 않은 것은 무엇인가?

① 현재 사용하지 않는 부서는 총 2개이다.
② [2000.영업부문]에 속한 부서는 모두 사용 중 이다.
③ 〈2000.㈜드림패션 인천지점〉 사업장에 속한 부서는 모두 사용 중 이다.
④ '6100.경리부'는 [3000.관리부문(인천지점)]에 속해 있으며, '2021/12/31'에 사용 종료되었다.

03 다음 중 [인사기초코드등록]의 〈4.사원그룹(G)〉 출력구분에 대한 설명으로 올바르지 않은 것은 무엇인가?

① 생산직 연장근로 비과세 적용대상 코드를 만들려면, 〈G2.직종〉의 비고에 '1'을 입력해야 한다.
② 〈G5.직무〉 중 '004.생산' 직무는 [일용직사원등록] 메뉴에서만 관리하고 있는 코드이다.
③ [일용직사원등록] 메뉴에서 현재 조회되고 있는 고용형태는 '002.일용직', '003.인턴직'이다.
④ 〈G3.직책〉은 [인사정보등록] 및 [일용직사원등록] 메뉴에서 관리하고 있는 코드이다.

04
당 회사는 2025년 01월 [800.주임] 직급의 호봉을 아래 [보기]와 같이 일괄 등록하고자 한다. [800.주임] 직급의 호봉등록을 완료하였을 때, 6호봉 기준의 '호봉합계'는 얼마인가?

> 1. 기 본 급 : 초기치 2,300,000원, 증가액 100,000원
> 2. 직급수당 : 초기치   120,000원, 증가액 50,000원
> 3. 일괄인상 : 기본급 3.5%, 직급수당 4.0% 정률인상

① 3,127,300원　　　　　　　② 3,282,800원
③ 3,438,300원　　　　　　　④ 3,593,800원

05
당 회사의 인사/급여 설정기준을 확인하고 관련된 설명으로 옳지 않은 것은 무엇인가? (단, 환경설정 기준은 변경하지 않는다.)

① 지방소득세 특별징수 명세/납부서의 데이터는 '귀속연월', '지급연월'이 모두 일치하는 경우 집계된다.
② 한 달의 일수는 귀속 월의 실제 일수를 기준으로 반영한다.
③ 입사자의 경우 지정한 '기준일수' 미만 근무 시, 월 급여를 '일할' 지급한다.
④ 원천징수이행상황 신고서의 신고 진행 시, 주사업장에서 종사업장까지 일괄로 취합하여 신고한다.

06
당 회사의 2024년 12월 귀속 급/상여 지급일자 등록을 확인하고, 그 내역으로 옳지 않은 것은 무엇인가?

① '상여' 지급 시, '상여지급대상기간' 내 입사자는 실제 근무일수 기준으로 상여소득을 지급한다.
② '급여' 지급 시, '지급직종및급여형태' 기준으로 [상용직급여입력및계산] 메뉴에 대상자가 자동으로 반영된다.
③ '상여' 지급 시, '상여지급대상기간' 내 '생산직' 근로자에 대해서만 상여를 지급한다.
④ '급여'를 지급하는 일자에 '상여'를 추가하여 지급할 수 있다.

07 당 회사의 인사정보를 확인하고 관련된 설명으로 올바르지 않은 것은 무엇인가?

① [20001101.박용덕] 사원의 직급은 '400.부장'이며, 노조에 가입되어 있다.
② [20030701.엄현애] 사원의 급여 이체은행은 '040.국민' 은행이며, 20세 이하 부양가족이 존재한다.
③ [20110101.김윤미] 사원은 '8100.관리부' 소속이며, 국외소득이 존재한다.
④ [20140901.강민우] 사원은 배우자 공제가 적용되며, 학자금상환 대상자로 상환통지액은 100,000원이다.

08 당 회사는 전체 사업장의 〈993. 임직원정기교육(2025년)〉 교육평가가 우수한 사원을 대상으로 포상을 지급하기로 하였다. 아래 [보기]를 확인하여 대상자들의 총 지급금액으로 알맞은 것은 무엇인가?

• 교육평가 A등급 : 150,000원   • 교육평가 B등급 : 50,000원

① 500,000원　　② 550,000원
③ 600,000원　　④ 650,000원

09 당 회사 [20030701.엄현애] 사원에 대해 〈가족〉 정보를 확인하고, 등록 정보에 대한 설명으로 올바르지 않은 것은 무엇인가?

① 부양가족 중 연말정산 '인적공제 및 공제항목별명세' 미적용 대상자는 존재하지 않는다.
② 부양가족 중 '가족수당' 적용 대상자는 존재하지 않는다.
③ 부양가족 중 연말정산 '장애인공제' 적용 대상자가 존재한다.
④ 부양가족 중 동거를 하고 있지 않은 대상자는 존재하지 않는다.

10 당 회사는 창립기념일을 맞아 2024년 12월 31일 기준으로 전체 사업장의 만 20년 이상 장기근속자에 대해 특별근속수당을 지급하기로 하였다. 아래 [보기]를 기준으로 지급한 총 특별근속수당은 얼마인가?(단, 퇴사자는 제외하며, 미만일수는 올리고, 모든 경력사항은 제외한다.)

> 1. 20년 이상 ~ : 200,000원   2. 25년 이상 ~ : 250,000원

① 1,800,000원
② 1,850,000원
③ 2,000,000원
④ 2,050,000원

11 당 회사는 2025년 01월 귀속 '급여' (지급일자 : 2025/01/25) 지급 시, [20130701.신별] 사원의 변경된 책정임금을 반영하여 급여작업을 진행하고자 한다. [보기]를 기준으로 직접 '책정임금'을 변경하고 모든 지급 대상자에 대해 급여를 계산 할 때, 해당 지급일자의 과세총액은 얼마인가?(단, 그 외 급여계산에 필요한 조건은 프로그램에 등록된 기준을 이용한다.)

> 1. 사원명 : [20130701.신별]   2. 계약시작년월 : 2025/01
> 3. 연봉 : 45,000,000원

① 39,997,490원
② 40,180,820원
③ 37,714,160원
④ 41,224,310원

12 당 회사는 2025년 01월 귀속 '특별급여' 소득을 지급하고자 한다. 아래 [보기]의 지급대상 요건으로 지급일자를 직접 추가하여 모든 지급 대상자에 대해 급여를 계산 할 때, '과세' 총액은 얼마인가?(단, 그 외 급여계산에 필요한 조건은 프로그램에 등록된 기준을 이용한다.)

> 1. 특별급여지급일자 : 2025/01/31
> 2. 동시발행 및 대상자선정 : 분리, 직종및급여형태별
> 3. 특별급여지급대상 : 〈2000.㈜드림패션 인천지점〉 사업장을 제외한 사업장의 모든 직종 및 급여형태

① 26,582,870원
② 32,426,120원
③ 33,117,430원
④ 34,201,560원

13 당 회사는 사원 별 '지각/조퇴/외출시간'을 기준으로 '기본급 공제액'을 계산하여 해당 금액을 '기본급'에서 공제하고 지급한다. 아래 [보기]의 기준을 토대로 2024년 12월 귀속 [20130102.김용수] 사원의 근태내역을 확인하고, '기본급 공제액'을 계산하면 얼마인가? (단, 공제액을 계산하면서 발생되는 모든 원단위 금액은 절사하며, 책정임금 시급은 원단위 금액을 절사하지 않고 계산한다.)

- 기본급 공제액 = 1유형 공제액 + 2유형 공제액
- 1유형 공제액 : (지각시간 + 외출시간) × 2 × 책정임금 시급
- 2유형 공제액 : (조퇴시간) × 2.5 × 책정임금 시급

① 534,280원   ② 542,450원
③ 566,750원   ④ 582,120원

14 당 회사는 일용직 사원에 대해 사원 별 지급형태를 구분하여 일용직 급여를 지급하고 있다. 아래 [보기]를 확인하여 2025년 01월 귀속 지급일 중 '매일지급' 대상자를 직접 반영 후 급여계산 할 때, 해당 지급일의 급여내역에 대한 설명 중 올바르지 않은 것은 무엇인가?(단, 급여계산에 필요한 조건은 프로그램에 등록된 기준대로 확인한다.)

1. 지급형태 : '매일지급' 지급일
2. 지급 대상자 : 부서가 '4100.생산부'이고 급여형태가 '004.시급'인 사원
3. 평일 10 시간 근무, 토요일 4 시간 근무
4. 비과세 적용 12,000원(평일만 적용)

① 해당 지급일자의 대상자는 5명 이며, 신고대상 항목이 아닌 비과세는 총 1,380,000원 지급 되었다.
② [0014.백석준] 사원은 급여를 현금으로 지급 받으며, 장기요양보험료는 66,000원 공제되었다.
③ 해당 지급일자의 대상자는 총 31일 중 27일을 근무하였으며, 과세총액은 33,107,540원이다.
④ [0016.문리리] 사원은 신고대상 항목인 비과세를 지급 받지 않았고, 소득세가 공제되지 않았다.

15 2025년 01월 귀속 일용직 급여작업 전, 아래 [보기]를 기준으로 [0004.김향기] 사원의 사원정보를 직접 변경하고 급여계산을 했을 때, 2025년 01월 귀속 해당 일용직 대상자들의 실지급액 총계는 얼마인가?(단, 그 외 급여계산에 필요한 조건은 프로그램 등록된 기준을 따른다.)

> 1. 사원정보 변경
> 1) 생산직비과세 적용 '함'
> 2) 고용보험 여부 : '여' / 국민연금 여부 : '여' / 건강보험여부 : '여'
> 2. 일용직 급여지급
> 1) 지급형태 : '일정기간지급' 지급일
> 2) 평일 10시간 근무 / 토요일 2시간 근무 가정

① 51,830,840원　　　　② 50,867,750원
③ 51,221,110원　　　　④ 52,369,240원

16 당 회사의 〈2000.㈜드림패션 인천지점〉 사업장 기준 2024년 4분기의 〈과세/비과세〉 총액은 각각 얼마인가? (단, 사용자부담금은 포함한다.)

① 과세총액 : 119,992,470원 / 비과세총액 :   6,450,000원
② 과세총액 : 111,892,470원 / 비과세총액 : 10,877,910원
③ 과세총액 : 266,228,310원 / 비과세총액 : 13,800,000원
④ 과세총액 : 266,228,310원 / 비과세총액 : 25,389,030원

17 당 회사는 〈2000.㈜드림패션 인천지점〉 사업장에 대해 2024년 12월 귀속(지급일 1번)에 이체한 급/상여를 확인하고자 한다. 이체 현황에 대한 설명으로 옳지 않은 것은? (단, 무급자는 제외한다.)

① 계좌이체를 통해 급/상여를 지급 받지 않는 사원은 존재하지 않는다.
② 해당 사업장의 급/상여 지급 대상자는 총 10명이며, 총 실지급액은 33,192,660원이다.
③ '신한은행'을 통해 급/상여를 지급 받는 인원은 2명이며, 총 이체 금액은 7,999,800원이다.
④ '기업은행'에 이체된 금액은 '국민은행'에 이체된 금액보다 적다.

18 당 회사는 2024년 4분기 급여 작업에 대해 수당 별 지급현황을 확인하고자 한다. 다음 중 〈1000.㈜드림패션 회사본사〉 사업장 기준 'T00.소득세'가 가장 많이 공제된 사원은 누구인가?

① [20130102.김용수]
② [20120101.정수연]
③ [20000502.김종욱]
④ [20000601.이종현]

19 당 회사는 전체 사업장 기준 2024년 12월 귀속(지급일 1번) 급여에 대한 대장을 확인하고자 한다. 부서별로 대장을 집계하여 확인했을 때, 부서별 지급/공제항목의 금액으로 옳지 않은 것은?

① '1200.경리부' - 자격수당 : 160,000원
② '9100.교육부' - 건강보험 : 109,300원
③ '2100.국내영업부' - 소득세 : 867,960원
④ '4100.생산부' - 야간근로수당 : 100,000원

20 당 회사는 부서 별 월별 급/상여 지급현황을 확인하고자 한다. 2024년 4분기 '3100.관리부' 부서 기준으로 조회 시, 부서 전체 월별 급/상여 지급/공제항목 내역으로 알맞지 않은 것은?

① 근속수당 : 1,800,000원
② 사회보험부담금 : 2,418,930원
③ 급여합계 : 57,059,990원
④ 장기요양보험료 : 226,400원

제 1 회 ERP정보관리사 인사2급 모의고사

[이론]

01	④	02	①	03	③	04	③	05	④
06	④	07	④	08	③	09	③	10	②
11	①	12	④	13	②	14	④	15	②
16	③	17	③	18	③	19	④	20	③

01 ④ 최고경영진이 참여하는 프로젝트로 진행해야 한다.
02 ① 데이터베이스 클라우드 서비스와 스토리지 클라우드 서비스는 IaaS에 속한다.
03 ③ 트랜잭션이 아닌 비즈니스 프로세스에 초점을 맞추어야 한다.
04 ③ 기존 업무처리에 따라 ERP 패키지를 수정하는 방법은 효율적인 방법이 아니다.
05 ④ ㉠ 안전보건관리, 노사관계관리, 이직관리는 유지기능에 속한다.
   ㉡ 복리후생관리, 임금관리는 보상기능에 속한다.
06 ④ 직무요건 중 인적요건을 중점적으로 기술한 문서는 직무명세서이다.
07 ④ 전체적인 과업을 보다 작은 요소로 분할하고 나누어 담당하여 종업원의 숙련도를 증가시키는 방식은 직무전문화이다.
08 ③ 다운사이징은 인력 과잉 시 대응전략이다.
09 ③ ㉡과 ㉣은 타당성에 대한 내용이며 ㉠과 ㉢은 신뢰성에 대한 내용이다.
10 ② 다면평가에 대한 설명이다.
11 ① 코칭에 대한 설명이다
12 ④ 승진관리가 불안정적이며 평가객관성 확보가 곤란하다.
13 ② 경조휴가는 약정휴가이다.
14 ④ 확정급여형(DB) 퇴직연금에 대한 설명이다.
15 ② 홀리스틱 복리후생제도에 대한 설명이다.
16 ③ 퇴직 후 수령하는 500만원 이상의 직무발명보상금은 기타소득에 해당한다.
17 ③ 1개월 미만의 기간 동안 고용되는 일용근로자는 건강보험 대상에서 제외된다.
18 ③ 간주 근로시간제에 대한 설명이다.
19 ④ 메인터넌스 숍 (maintenance shop) 에 대한 설명이다.
20 ③ 스톡옵션제도는 자본참가 방법으로 간접참가에 해당한다.

[실무]

01	②	02	③	03	①	04	④	05	①
06	①	07	④	08	③	09	③	10	②
11	①	12	②	13	①	14	②	15	①
16	③	17	④	18	②	19	③	20	④

01 ② ㉠ [시스템관리] → [회사등록정보] → [사업장등록]
   ㉡ [2000.(주)팔공유통인천지점] 사업장의 지방세신고지(행정동) 코드는 [2823768000.부평구청]이다.

02 ③ ㉠ [시스템관리] → [회사등록정보] → [부서등록]
   ㉡ 사용기간이 종료된 부서는 모두 [1000..(주)팔공유통본사] 사업장 소속이고, 2022/12/31에 종료됐다.

03 ① ㉠ [시스템관리] → [회사등록정보] → [사용자권한설정], 모듈구분(H.인사/급여관리)
   ㉡ [인사정보등록]메뉴에서 입력(내용 수정), 삭제만 가능하다.

04 ④ ㉠ [인사/급여관리] → [기초환경설정] → [호봉테이블등록], 800.주임 선택, 호봉이력의 적용시작연월(2025/01) 입력
   ㉡ [일괄등록]버튼 클릭 호봉일괄등록창에서 초기치와 증가액을 입력 적용한다.
   ㉢ [일괄인상]버튼 클릭 기본급의 인상 정률을 입력 적용한다.
   ㉣ 주임 5호봉의 합계금액을 확인한다.

05 ① ㉠ [인사/급여관리] → [기초환경설정] → [지급공제항목등록], 급여구분(급여), 지급/공제구분(지급), 귀속연도(2025) 조회
   ㉡ 상단의 [마감취소]를 클릭(마감취소 로그인암호는 무시) 후 확인
   ㉢ [P00.기본급]은 입퇴사자의 경우 '인사/급여환경설정' 메뉴에 따라 지급한다.

06 ① ㉠ [인사/급여관리] → [기초환경설정] → [인사/급여환경설정]
   ㉡ A : 입사자 급여계산 시, 근무일수가 20일을 초과하는 경우 '월'의 방식으로 급여를 지급하고 그렇지 않은 경우 실제 근무일만큼 급여를 지급한다.
   B : 수습직의 경우 3개월 간 75%에 해당하는 급여를 지급받는다.
   C : 월일수 산정 시, 실제 귀속연월의 말일을 기준으로 일수를 적용한다.
   D : '생산직'의 출결마감 기준일은 전월 25일에서 당월 24일까지이다.

07 ④ ㉠ [인사/급여관리] → [인사관리] → [인사정보등록], [급여정보]탭
   ㉡ 감면유형은 'T13.중소기업취업감면(90%)' 대상자이고 2024/01 새롭게 임금을 책정했다.

08 ③ ㉠ [인사/급여관리] → [인사관리] → [교육현황] 교육별사원현황 탭
   ㉡ 교육기간(2025/01/01~2025/03/31), 교육명(810.개인정보보호교육)
   ㉢ 평가(이수여부)를 확인한다.

09 ③ ㉠ [인사/급여관리] → [인사관리] → [사원정보현황] [자격면허]탭
   ㉡ [자격/면허] 탭, 자격증 🔍 아이콘을 클릭하여 해당 자격선택, [퇴직제외]버튼 클릭
   ㉢ 200.ERP정보관리사2급 : 30,000원 × 4명 = 120,000원
   2. 900.PAC(프레젠테이션능력인증자격) 2급 : 25,000원 × 3명 = 75,000원

10 ② ㉠ [인사/급여관리] → [인사관리] → [근속년수현황], 사업장(공란), 퇴직자(0.제외), 기준일(2025/01/01), 년수기준(2.미만일수 올림), 경력포함(0.제외)
   ㉡ 10년 이상 근속 : 100,000원 × 3명 = 300,000원
   15년 이상 근속 : 150,000원 × 9명 = 1,350,000원

11 ① ㉠ [인사/급여관리] → [인사관리] → [인사발령(사원별)], 발령호수(20250331), 사원명(엄현애) 선택

12 ② ㉠ [인사/급여관리] → [기초환경설정] → [지급공제항목등록], 급여구분(급여), 지급/공제구분(지급), 귀속연도(2025) [마감취소]클릭 확인
㉡ [지급공제항목등록] [P50.자격수당] 직급항목의 분류코드 내 [900.PAC(프레젠테이션능력인증자격) 2급] 자격증을 추가하고 계산식 내 25,000원의 금액을 적용한다.
㉢ [인사/급여관리] → [급여관리] → [상용직급여입력및계산], 귀속연월(2025년 03월), 지급일(1.급여), 조회되는 전체사원선택, [급여계산]버튼 클릭, 하단 급여총액 탭에서 과세금액을 확인한다.

13 ④ ㉠ [인사/급여관리] → [기초환경설정] → [급/상여지급일자등록]
㉡ <전월복사>를 통해 2024년 03월 '상여' 지급일을 복사 반영한다.
㉢ [인사/급여관리] → [급여관리] → [상용직급여입력및계산], 귀속연월(2025년 03월), 지급일(2), 조회 후 사원선택, [급여계산]버튼 클릭
㉣ 각 대상자별 과세총액 금액을 확인한다.

14 ② ㉠ [인사/급여관리] → [인사관리] → [인사정보등록] → [급여정보]탭 → 강민주선택
㉡ 계약시작년월(2025/01), 금액란에서 Ctrl + F3 → 시급 10,848원을 확인한다.
㉢ [인사/급여관리] → [급여관리] → [근태결과입력], 귀속연월(2025년 02월), 지급일(1), 강민주 사원의 근무일별 근태집계 내용을 확인.
㉣ 공제금액 : (지각시간 45분 + 조퇴시간 4시간 15분 + 외출시간 45분) × 책정임금 시급 10,848원 = 5.75(5시간 45분) × 10,848원 = 62,370(62,376)원

15 ① ㉠ [인사/급여관리] → [일용직관리] → [일용직급여입력및계산], 귀속연월(2025/03), 지급일(1) 조회되는 사원 선택 후 [일괄적용]클릭
㉡ [일괄적용]창에서 일괄적용시간(008:00), 일괄적용요일(평일 체크), [적용]
㉢ 해당 지급일자의 대상자는 모두 총무부 소속이며, 급여형태는 '시급(김소현)'과 '일급'인 대상자가 존재한다.(개인정보탭)

16 ③ ㉠ [인사/급여관리] → [일용직관리] → [일용직사원등록]에서 박지원 사원의 생산직비과세적용을 "함"으로 수정한다.
㉡ [인사/급여관리] → [일용직관리] → [일용직급여입력및계산], 귀속연월(2025/03), 지급일(2) 조회되는 전체사원 선택 후 [일괄적용]클릭 ㉢ [일괄적용]창에서 일괄적용시간(009:00), 일괄적용요일(평일 체크), 비과세신고분제외(8,000원, 입력) [적용], 각각의 조회된 내용을 확인한다.

17 ④ ㉠ [인사/급여관리] → [급여관리] → [연간급여현황], 조회기간(2024년 10월 ~ 2024년 12월), 분류기준(지급/공제), 사업장(2000, 3000), 조회구분(부서),사용자부담금(0.제외)
㉡ 조회된 내역의 지급총액과 공제총액을 확인한다.

18 ② ㉠ [인사/급여관리] → [급여관리] → [사원별급/상여변동현황], 기준연월(2025/02), 비교연월(2024/02), 사용자부담금(0.제외), 조회조건(사업장)

㉡ 모든 대상자는 현재 '생산부'에 속해있다.
㉢ '국민연금' 금액은 비교연월과 같다.

19 ③ ㉠ 인사/급여관리] → [급여관리] → [급/상여이체현황], 소득구분(1.급상여), 귀속연월(2025/02), 지급일(1), 무급자(1.제외) 조회조건(1.사업장_2000)
㉡ 해당 조회조건에서 가장 많은 급여를 지급받은 사원은 [박국현]이다.

20 ④ ㉠ [인사/급여관리] → [급여관리] → [수당별연간급여현황]
㉡ 조회기간(2025년 10월 ~ 2025년 12월), 수당코드(P06.근속수당), 조회조건(2.부서,생산부선택)
㉢ [P06.근속수당]을 가장 많이 지급받은 사원은 [박용덕]이다.

제 2 회   ERP정보관리사 인사2급 모의고사

[이론]

01	②	02	①	03	④	04	①	05	③
06	④	07	①	08	②	09	③	10	④
11	②	12	①	13	②	14	②	15	④
16	①	17	①	18	④	19	③	20	③

01 ② 특정 H/W와 S/W업체를 중심으로 개발되는 것은 아니다.
02 ① MRP I → MRP II → ERP→ 확장형ERP의 순이다.
03 ④ 리엔지니어링에 대한 설명이다.
04 ① 성과측정관리(BSC)는 SEM시스템(전략적기업경영)이다.
05 ③ 업적 및 성과 평가에 비례함은 성과주의 원칙이며 능력주의 원칙은연공주의보다는 능력중심의 관리를 말한다.
06 ④ 직군은 동일하거나 유사한 직무들의 집합을 말한다.
07 ① 회귀분석법에 대한 설명이다.
08 ② 임시직고용은 인력부족의 경우 조치해야 할 행동이다.
09 ③ 포드가 채택한 3S의 원칙에는 표준화, 전문화, 단순화이다.
10 ④ 상동적 오류에 대한 설명이다.
11 ② 액션러닝 훈련에 대한 설명이다.
12 ① 경력개발의 기본원칙은 적재적소의 배치원칙, 승진경로의 원칙, 자체 후진양성의 원칙, 경력기회 개발의 원칙이다.
13 ② 판매수당은 법정외수당이다.
14 ② 연봉제는 기업의 복잡한 임금체계와 임금 지급 구조의 단순화로 임금관리의 효율성을 증대시키는 장점이 있다.
15 ④ 자격 상실시에는 당해 사업장의 건강보험이 상실된 날로부터 14일 이내에 신고하여야 한다.
16 ① 근로소득의 원천징수세율에 대한 내용이다.
17 ① 라이프 사이클 복리후생은 근로자의 연령에 따른 생활 패턴 및 의식 변화를 고려하여 복리후생 프로그램에 차이를 두는 제도이다.
18 ④ 연차휴가, 생리휴가, 출산전후휴가는 법정휴가이고, 하계휴가, 경조휴가, 포상휴가는 약정휴가이다.
19 ③ 노동조합의 노동 3권은 단체행동권, 단체교섭권, 단결권이다.
20 ③ 사용자의 조업계속(대체고용)은사용자(기업측)에 의한 노동쟁의 행위이다.

[실무]

01	④	02	②	03	④	04	④	05	③
06	③	07	②	08	①	09	②	10	①
11	②	12	③	13	③	14	①	15	③
16	①	17	④	18	①	19	①	20	④

01 ④ ㉠ [시스템관리] → [회사등록정보] → [사업장등록]
㉡ [1000.회사본사] 사업장은 주사업장이지만 [2000.인천지점] 사업장은 종사업장이다.

02 ② ㉠ [시스템관리] → [회사등록정보] → [부서등록]
㉡ [3000.관리부문(인천지점)]에 속한 부서 중 '6100.경리부'는 현재 사용하지 않는다.

03 ④ ㉠ [시스템관리] → [회사등록정보] → [사용자권한설정] → 모듈구분(H.인사/급여관리) → 사용가능한 메뉴 → [인사관리/급여관리/퇴직정산관리] 조회
㉡ [퇴직금산정] 메뉴에 입력된 내역을 변경할 수 있다.

04 ④ ㉠ [인사/급여관리] → [기초환경설정] → [호봉테이블등록], 800.주임 선택, 호봉이력의 적용시작년월(2025/05) 입력
㉡ [일괄등록]버튼 클릭 호봉일괄등록창에서 기본급, 직급수당, 호봉수당의 초기치와 증가액을 입력 적용한다.
㉢ [일괄인상]버튼 클릭 호봉일괄인상창에서 기본급과 직급수당의 정률을 입력 적용한다.
㉣ 800.주임의 5호봉 호봉합계는 2,286,750원이다.

05 ③ ㉠ [인사/급여관리] → [기초환경설정] → [인사/급여환경설정]
㉡ B: 첫 상여세율은 입사일을 기준으로 계산한다.
㉢ D: 지방소득세특별징수명세/납부서의 데이터는 '귀속연월'/지급연월 모두 같은 경우에 집계된다.

06 ③ ㉠ [인사/급여관리] → [기초환경설정] → [급/상여지급일자등록], 귀속연월(2025/04)
㉡ '상여지급대상기간' 내 입사자와 퇴사자는 상여 지급대상에 포함된다.

07 ② ㉠ [인사/급여관리] → [인사관리] → [인사정보등록]
㉡ [정영수] 사원은 노조에 가입되어 있지만, 생산직총급여 과세 대상자이다.

08 ① ㉠ [인사/급여관리] → [인사관리] → [교육현황], 교육별사원현황 탭
㉡ 교육기간(2025/04/01 ~ 2025/04/30), 교육별사원현황 탭
㉢ 해당 교육 대상자 중 교육평가 결과가 'A'인 사원을 찾는다.

09 ② ㉠ [인사/급여관리] → [인사관리] → [인사발령(사원별)], 발령호수(20250415), 각 사원명 선택
㉡ [20140501.김화영] 사원은 발령 후 부서가 '관리부'에서 '총무부'로 변경된다.

10 ① ㉠ [인사/급여관리] → [인사관리] → [근속년수현황], 사업장(공란), 퇴사자(0.제외), 기준일(2025/05/27), 년수기준(1.미만일수 올림), 경력포함(0.제외)
㉡ 10년 이상 근속 : 100,000원 × 6명 = 600,000원
15년 이상 근속 : 200,000원 × 9명 = 1,800,000원

11 ② ㉠ [인사/급여관리] → [인사관리] → [인사정보등록] → 급여정보 탭
㉡ 상단의 [부양가족반영] → 인사기록카드 옵션 선택 후, '엄현애' 사원을 조회하여 반영 버튼을 클릭하여 부양가족 정보를 반영한다.
㉢ [인사/급여관리] → [급여관리] → [상용직급여입력및계산],[엄현애] 사원의 급여를 계산하고 실지급액을 확인한다.

12 ③ ㉠ [인사/급여관리] → [기초환경설정] → [급/상여지급일자등록], 귀속연월(2025년 05월), 순번(2)에서 지급일자(2025/05/31), 동시, 직종및급여형태별, [Enter↲]
㉡ 급여구분(특별급여), 상단의 일괄등록 → 사업장(2000.인천지점),급여형태(사무직 연봉, 생산직 월급 선택), 적용
㉢ [인사/급여관리] → [급여관리] → [상용직급여입력및계산], 귀속연월(2025년 05월), 지급일(2.특별급여 분리), 조회되는 각 대상자별 과세총액을 확인한다.

13 ③ ㉠ [인사/급여관리] → [인사관리] → [인사정보등록] → [급여정보]탭에서 '이성준' 사원 선택, 계약시작년월(2025/01), 금액란에서 [Ctrl] + [F3]하여 시급 17,291원을 확인한다.
㉡ [인사/급여관리] → [급여관리] → [근태결과입력], 귀속연월(2025년 4월), 지급일(1), '이성준' 사원의 [총 연장/총 심야시간]을 확인한다.
㉢ 1유형 근무수당 : 18.75 × 17,291 × 1.5 = 486,300 (486,309.375)
2유형 근무수당 : 10.50 × 17,291 × 2.5 = 453,880 (453,888.75)
초과근무수당 : 486,300 + 453,880 = 940,180

14 ① ㉠ [인사/급여관리] → [일용직관리] → [일용직급여입력및계산], 귀속연월(2025/05), 지급일(1) 조회되는 지급대상 사원 선택 후 [일괄적용]클릭
㉡ [일괄적용]창에서 일괄적용시간(009:00), 일괄적용요일(평일 체크), 비과세신고분제외(10,000원, 입력), [적용]
㉢ [일괄적용]창에서 일괄적용시간(004:00), 일괄적용요일(토요일 체크), [적용]
㉣ 조회되는 각 대상자별 내용을 확인한다.

15 ③ ㉠ [인사/급여관리] → [일용직관리] → [일용직사원등록] → [0017.정일용] 사원 정보 입력
㉡ [인사/급여관리] → [일용직관리] → [일용직급여입력및계산], 귀속연월(2025/05), 지급일(2) 조회, 상단의 [대상자추가] 클릭, 사원 전체 선택 후 [일괄적용]클릭
㉢ [일괄적용]창에서 일괄적용시간(009:00, 평일 체크) 적용
㉣ 하단 급여총액 탭에서 차인지급액을 확인한다.

16 ① ㉠ [인사/급여관리] → [급여관리] → [연간급여현황]
㉡ 조회기간/분류기준/사업장/사용자부담금 조회조건을 설정한다.
㉢ 과세총액과 비과세총액을 확인한다.

17 ④ ㉠ [인사/급여관리] → [급여관리] → [급/상여이체현황]
㉡ 해당 사업장의 급/상여 지급 대상자는 모두 8명이고, 총 실지급액은 45,727,620원이다.

18 ① ㉠ [인사/급여관리] → [급여관리] → [수당별연간급여현황]
㉡ 조회기간(2025/01 ~ 2025/03), 수당코드(T00.소득세), 사업장(1000.본사)
㉢ 가장 많이 원천징수 된 사원은 한국인이다.

19 ① ㉠ [인사/급여관리] → [급여관리] → [항목별급상여지급현황]

  ⓛ 귀속연월(2025/01 ~ 2025/03), 지급구분(100.급여), 사업장(2000.인천지점)), 집계구분(1.부서별)
  ⓒ 공제합계 금액을 확인한다.
20 ④ ⊙ [인사/급여관리] → [급여관리] → [월별급/상여지급현황]
  ⓛ 조회기간(2025/04 ~ 2025/04), 지급일(1), 조회구분(3.근무조), 근무조(002.2조)
  ⓒ '정영수' 사원의 '급여합계', '공제합계' 금액을 확인한다.

제 1 회 ERP정보관리사 인사2급 기출문제
99-2023.11.25

[이론]

01	①	02	②	03	③	04	④	05	①
06	①	07	①	08	②	09	③	10	②
11	①	12	①	13	①	14	④	15	③
16	③	17	②	18	③	19	①	20	①

01 ① 커스터마이징의 최소화
02 ② 인지자동화에 대한 설명이다.
03 ③ 기업 내 각 영역의 업무프로세스를 지원하고 통합 업무처리의 강화를 추구하는 시스템이다.
04 ④ 고객만족과 이윤 극대화
05 ① 일원관리에서 다원관리로 옮겨지고 있다.
06 ① 조직을 시스템으로 인식하는 것은 환경적응과 혁신의 시대에 대한 설명이다.
07 ① 질문지 개발에 시간이 많이 든다.
08 ② 명목집단법은 정성적 방법이다.
09 ③ 인재육성주의 원칙에 대한 설명이다.
10 ② 시간적 오류는 과거 행위보다 최근 행위에 더 큰 영향을 받아 판단하려는 경향을 말한다.
11 ① 정년퇴직, 파면/해고, 일시해고, 명예퇴직은 비자발적 이직에 해당되며 사직은 자발적 이직에 해당된다.
12 ① 시간과 비용이 비교적 많이 소요된다.
13 ① 베이스 업에 대한 설명이다.
14 ④ 5년 이상이 아니라 3년 이상이다.
15 ③ 스캔론플랜에 대한 설명이다.
16 ③ 근로자 참여의 원칙은 근로자 여론조사를 실시하거나 노사 대표가 공동으로 참여할 것을 유도하는 원칙이다.
17 ② 과세표준 1,400만원 초과 5,000만원 이하는 기본 세율 15% 적용된다.
18 ③ 탄력 근로시간제에 대한 설명이다.
19 ① 일반 노동조합의 설명이다.
20 ① 직장폐쇄는 사용자 측의 노동쟁의 이다.

[실무]

01	④	02	②	03	④	04	①	05	③
06	②	07	④	08	②	09	②	10	①
11	②	12	③	13	①	14	③	15	①
16	③	17	④	18	②	19	③	20	①

01 ④ ⊙ [시스템관리] → [회사등록정보] → [사업장등록]
  ⓛ <1000.(주)영원물산본사> 사업장은 본점사업장이면서 주(총괄납부)사업장이다.
02 ② ⊙ [시스템관리] → [회사등록정보] → [부서등록]
  ⓛ ① 현재 사용하지 않는 부서는 총 2개 이다.
   ③ [3000.(주)영원물산강원지점]에 속한 부서는 총 1개 이다.
   ④ '6100.연구개발부'의 사용시작일은 2020/01/01 이다.
03 ④ ⊙ [시스템관리] → [회사등록정보] → [사용자권한설정] → 모듈구분(H.인사/급여관리)
  ⓛ [전표관리]의 삭제권한을 제외하고 모든 메뉴에 대한 권한을 가지고 있다.
04 ① ⊙ [인사/급여관리] → [기초환경설정] → [호봉테이블등록], 700.대리 선택, 호봉이력의 적용시작연월(2025/11) 입력
  ⓛ [일괄등록]버튼 클릭 호봉일괄등록창에서 기본급과 직급수당의 초기치와 증가액을 입력 적용한다.
  ⓒ [일괄인상]클릭, [호봉일괄인상]창에서 기본급 정률(5.5%), 입력 [정률적용]
  ⓔ [일괄인상]클릭, [호봉일괄인상]창에서 직급수당(3,000원), 입력 [정액적용]
  ⓜ 문제에서 제시한 직급의 호봉합계를 확인한다
05 ③ ⊙ [인사/급여관리] → [기초환경설정] → [인사/급여환경설정]
  ⓛ 입사자의 경우 20일 초과 근무 시, 월 급여를 '월할' 지급한다.
06 ② ⊙ [인사/급여관리] → [기초환경설정] → [지급공제항목등록], [마감취소] 클릭
  ⓛ [P05.월차수당]은 입사자에게 지급하지 않는 항목이다.
07 ④ ⊙ [인사/급여관리] → [인사관리] → [인사정보등록], 재직정보와 급여정보에서 확인
  ⓛ 책정임금 확인: Ctrl + F3 → 암호입력은 무시함, 월급 확인
  ⓒ 20120101.정수연 사원의 급여이체은행은 '030.기업' 은행이며, 부녀자공제는 적용되지 않는다.
08 ② ⊙ [인사/급여관리] → [인사관리] → [교육현황] → [교육별사원현황]탭
  ⓛ 해당 교육 대상자 중 교육평가 결과가 'A'인 사원을 찾는다.
09 ② ⊙ [인사/급여관리] → [인사관리] → [사원입퇴사현황] → [이직현황]탭
  ⓛ 조회기간(2025/01 ~ 2025/06), 대상 기간의 평균 이직률을 확인한다.
10 ① ⊙ [인사/급여관리] → [인사관리] → [근속년수현황], 사업장(공란), 퇴사자(0.제외), 기준일(2025/10/31), 년수기준(2.미만일수 버림), 경력포함(0.제외)
  ⓛ 10년 이상 근속 : 100,000원 × 3명 = 300,000원
  ⓒ 15년 이상 근속 : 150,000원 × 6명 = 900,000원
  ⓔ 특별근속수당 지급액은 1,200,000원이다.
11 ② ⊙ [인사/급여관리] → [인사관리] → [인사정보등록] 급여정보탭에서 감면유형 및 기간을 설정한다.

ⓛ [상용직급여입력] 메뉴에서 2025년 11월 귀속의 급여 데이터를 조회한 뒤, '급여계산'을 진행한다.
ⓒ [상용직급여입력] 메뉴 하단의 급여총액 탭을 확인하여 '소득세' 총액을 확인한다.

12 ③ ⓘ [인사/급여관리] → [기초환경설정] → [급/상여지급일자등록]
ⓛ 귀속연월(2025년11월), 지급일자(2025/12/10), 분리, 직종및급여형태별 설정 → 급여구분(특별급여) → 특별급여지급대상 입력
ⓒ [인사/급여관리] → [급여관리] → [상용직급여입력및계산], 귀속연월(2025년 11월), 지급일(2), 조회 후 사원선택, [급여계산]버튼 클릭
ⓔ 각 대상자별 과세총액 금액을 확인한다.

13 ① ⓘ [인사/급여관리] → [인사관리] → [인사정보등록] → [급여정보]탭 → 이종현선택
ⓛ 계약시작년월(2025/01), 금액란에서 Ctrl + F3 → 시급 14,991원을 확인한다.
ⓒ [인사/급여관리] → [급여관리] → [근태결과입력], 귀속연월(2025년 10월), 지급일(1), 이종현 사원의 근무일별 근태집계 내용을 확인, 유형별 근무수당을 계산한다.
ⓔ 1유형근무수당 : (6.75 + 2.5) × 2 × 14,991 = 277,330 (277,333.50)
ⓜ 2유형근무수당 : (4.5 + 1.25) × 2.5 × 14,991 = 215,490 (215,495.625)
ⓗ 초과근무수당 : 277,330 + 215,490 = 492,820

14 ③ ⓘ [인사/급여관리] → [일용직관리] → [일용직사원등록]에서 부서(자재부), 급여형태(시급)인 대상자 '김은채, 박소담, 유성룡, 박동민'을 확인한다.
ⓛ [인사/급여관리] → [일용직관리] → [일용직급여입력및계산], 귀속연월(2025/11), 지급일(1) 조회, 급여대상자 체크선택 → 가운데 [추가] 버튼 클릭하여 일용직 급여대상자를 설정한다.
ⓒ 조회되는 전체사원 선택 후 [일괄적용]창에서 일괄적용시간(010:00), 일괄적용요일(평일 체크), 비과세적용(10,000원) [적용]
ⓔ 일괄적용]창에서 일괄적용시간(004:00), 일괄적용요일(토요일 체크), [적용], 하단 급여총액 탭에서 과세액을 확인한다.

15 ① ⓘ [인사/급여관리] → [일용직관리] → [일용직사원등록]에서 김한의 사원의 생산직비과세적용을 "함"으로 수정한다.
ⓛ [인사/급여관리] → [일용직관리] → [일용직급여입력및계산], 귀속연월(2025/11), 지급일(2), 조회되는 전체사원 선택 후 [일괄적용]클릭
ⓒ [일괄적용]창에서 일괄적용시간(009:00), 일괄적용요일(평일 체크), 비과세(신고제외-적용안함) [적용]
ⓔ 일괄적용]창에서 일괄적용시간(002:00), 일괄적용요일(토요일 체크), [적용], 하단 급여총액 탭에서 차인지급액을 확인한다.

16 ③ ⓘ [인사/급여관리] → [급여관리] → [연간급여현황], 조회기간 (2025년 07월 ~ 2025년 09월), 분류기준(과세비과세), 사업장(2000), 조회구분(부서) 사용자부담금(1.포함)
ⓛ 과세총액과 비과세총액을 확인한다.

17 ④ ⓘ [인사/급여관리] → [급여관리] → [급/상여이체현황], 소득구분(1.급상여), 귀속연월(2025/10), 지급일(1), 무급자(1.제외) 조회조건(1.사업장_2000)
ⓛ '신한은행'에서 이체된 금액은 '우리은행'에서 이체된 금액보다 많다.

18 ④ ⓘ [인사/급여관리] → [급여관리] → [월별급/상여지급현황], 귀속연월(2025년 10월 ~ 2025년 10월), 지급일(1), 조회구분(2.부서), 부서(3100.관리부) 조회
ⓛ 차인지급액은 14,029,670원이다.

19 ③ ⓘ [인사/급여관리] → [급여관리] → [사원별급/상여변동현황], 기준연월(2025/09), 비교연월(2024/09), 사용자부담금(1.포함), 조회조건(1.사업장_전체)
ⓛ 전체 공제된 '소득세', '지방소득세' 금액은 감소하였다.

20 ① ⓘ [인사/급여관리] → [급여관리] → [수당별연간급여현황]
ⓛ 조회기간(2025년 07월 ~ 2025년 09월), 수당코드(P02.가족수당), 조회조건(1.사업장 전체) 선택
ⓒ 보기 중 2025년 [P06.근속수당]을 가장 많이 지급 받은 사원은 한국인이다.

100-2024.01.27

제 2 회 ERP정보관리사 인사2급 기출문제

[이론]

01	③	02	④	03	③	04	③	05	①
06	③	07	③	08	③	09	③	10	④
11	④	12	④	13	③	14	④	15	①
16	①	17	③	18	④	19	①	20	②

01 ③ ERP 소프트웨어 개발을 위한 플랫폼을 클라우드 서비스로 제공받는 것이다.
02 ④ MRP→MRPⅡ→ERP→확장형ERP 순이다.
03 ③ 모든 사용자들은 사용권한이 있어야 기업의 정보에 접근할 수 있다.
04 ③ 최소한 ERP커스터마이징이 필요함을 강조한다.
05 ① 기업은 노동 능력 및 의욕 향상, 노동력 유지를 달성하기 위해 근로 생활의 질적인 충족을 추구한다.
06 ③ 능력있는 노동력을 확보하기 위한 관리영역은 근로조건관리에 해당한다.
07 ③ 워크 샘플링법에 대한 설명이다.
08 ③ 델파이기법에 대한 설명이다.
09 ③ 선발에서 기준 관련 타당성 중 예측 타당성에 대한 설명이다.
10 ④ 행위기준고과법은 절대평가 방법이다.
11 ④ 미이(F.Mee) 교수에 의한 교육훈련의 목적은 사고율 감소, 사기 제고, 품질의 개선, 근로자의 불평 해소, 감독자의 부담 경감, 결근과 인사이동의 감소 등이 있다.
12 ④ 일시해고, 정리해고, 명예퇴직, 정년퇴직, 파면/해고는 비자발적 이직에 해당된다.

13 ③ 최저임금위원회 기준 2024년도 9,860원, 2025년도 10,030원이다.
14 ① 통상임금에 대한 설명이다.
15 ① 홀리스틱 복리후생은 근로자를 전인적 인간으로서 육체적, 정신적, 심리적 측면에서 균형 잡힌 삶을 추구할 수 있도록 지원하는 제도이다.
16 ① 월 20만원의 식대이다.
17 ③ 2개 이상의 근로소득이 있는 경우 종된 근무지의 원천징수영수증을 주된 근무지의 원천징수 의무자에게 제출하여 연말정산한다.
18 ④ 재량 근로시간제에 대한 설명이다.
19 ① 단결권에 대한 설명이다.
20 ② 보이콧에 대한 설명이다.

[실무]

01	②	02	④	03	②	04	①	05	③
06	②	07	④	08	③	09	③	10	①
11	①	12	④	13	①	14	①	15	③
16	②	17	④	18	④	19	④	20	②

01 ② ㉠ [시스템관리] → [회사등록정보] → [사원등록], 부서(공란~공란), 사용자만 체크(☑)
㉡ '회계입력방식'은 〈수정〉이다.

02 ④ ㉠ [시스템관리] → [회사등록정보] → [부서등록]
㉡ '6100.경리부'는 [3000.관리부문(인천지점)]에 속해있으나, 사용종료일은 2022/12/31이다.

03 ② ㉠ [시스템관리] → [회사등록정보] → [사용자권한설정] → 모듈구분(H.인사/급여관리)
㉡ 퇴직소득원천징수영수증'은 본인이 속한 사업장의 퇴사자(또는 중도퇴사)에게만 교부할 수 있다.

04 ① ㉠ [인사/급여관리] → [기초환경설정] → [호봉테이블등록], 800.주임 선택, 호봉이력의 적용시작연월(2025/01) 입력
㉡ [일괄등록]버튼 클릭 호봉일괄등록창에서 기본급과 직급수당의 초기치와 증가액을 입력 → 적용한다.
㉢ [일괄인상]클릭, [호봉일괄인상]창에서 기본급 정률(7.5%) 입력, [정률적용]
㉣ [일괄인상]클릭, [호봉일괄인상]창에서 직급수당 정액(20,000원)입력, [정액적용]
㉤ 문제에서 제시한 직급의 호봉합계를 확인한다.

05 ③ ㉠ [인사/급여관리] → [기초환경설정] → [인사/급여환경설정]
㉡ 올바르게 설명한 [보기] 내용은 C와 D이다.

06 ② ㉠ [인사/급여관리] → [기초환경설정] → [지급공제항목등록], 급여구분(급여), 지급/공제구분(지급), 귀속연도(2025), [마감취소]클릭, 마감취소 로그인은 무시, 확인
㉡ [P02.가족수당]은 '야간근로수당' 비과세 적용 기준요건인 월정급여에 포함되는 지급항목이며, 입사자에게는 지급하고 퇴사자에게는 지급하지 않는다.

07 ④ ㉠ [인사/급여관리] → [인사관리] → [인사정보등록], [인적/재직/급여정보] 탭
㉡ [20140102.김희수] 사원은 학자금 상환 대상자이며, 2013/08 ~ 2018/08 까지 [T12. 중소기업취업감면(70%감면)] 대상자로 설정되어 있었다.

08 ③ ㉠ [인사/급여관리] → [인사관리] → [교육현황] 교육별사원현황 탭
㉡ 교육기간(2024/12/01~2024/12/31), 교육명(990.2024년 법정의무 교육)
㉢ [김윤미] 사원의 교육평가 결과는 '하'를 평가 받았다.

09 ③ ㉠ [인사/급여관리] → [인사관리] → [인사고과/상벌현황] → [상벌현황]탭
㉡ 상벌코드 : 100.고과포상, 퇴사자(제외), 조회, 보기에서 포상대상자가 아닌 사원을 고른다.

10 ① ㉠ [인사/급여관리] → [인사관리] → [근속년수현황], 사업장(공란), 퇴사자(0.제외), 기준일(2024/12/31), 년수기준(2.미만일수 올림), 경력포함(0.제외)
㉡ 15년 이상 근속 : 100,000원 × 1명 = 100,000원,
20년 이상 근속 : 200,000원 × 8명 = 1,600,000원
합계 1,700,000원

11 ① ㉠ [인사/급여관리] → [인사관리] → [인사정보등록] → [재직정보]탭 휴직기간 내용을 입력 설정한다.
㉡ [상용직급여입력] 메뉴에서 2024년 01월 귀속의 급여 데이터를 조회한 뒤, '급여계산'을 진행한다.
㉢ [상용직급여입력] 메뉴 하단의 급여총액 탭을 확인하여 '과세'총액을 확인한다.

12 ④ ㉠ [인사/급여관리] → [기초환경설정] → [급/상여지급일자등록]
㉡ 귀속연월(2025년01월), 지급일자(2025/01/31), 분리, 직종및급여형태별 설정 → 급여구분(특별급여) → 특별급여지급대상(인천지점의 사무직/생산직 월급) 입력
㉢ [인사/급여관리] → [급여관리] → [상용직급여입력및계산], 귀속연월(2025년 01월), 지급일(2), 조회 후 사원선택, [급여계산]버튼 클릭
㉣ 해당 지급일에서 급여를 계산하고 각 대상자 별 차인지급액을 확인한다.

13 ① ㉠ [인사/급여관리] → [인사관리] → [인사정보등록] → [급여정보]탭 → 정영수선택
㉡ 계약시작년월(2023/01), 금액란에서 Ctrl + F3 → 시급 16,493원을 확인한다.
㉢ [인사/급여관리] → [급여관리] → [근태결과입력], 귀속연월(2024년 12월), 지급일(1), 정영수 사원의 '근무일별 근태집계' 내용을 확인, 유형별 근무수당을 계산한다.
㉣ 1유형근무수당 : (14.5 + 6.75) × 2 × 16,493 = 700,950 (700,952.5)
㉤ 2유형근무수당 : (4.25 + 2.50) × 2.5 × 16,493 = 278,310 (278,319.375)
㉥ 초과근무수당 : 700,950 + 278,310 = 979,260원

14 ① ㉠ [인사/급여관리] → [일용직관리] → [일용직급여지급일자등록]에서 귀속연월(2025/01), 지급일(1), 부서(생산부), 급여형태(시급)인 대상자 '김인사, 최민용, 강하나, 백석준,문리리'를 확인한다.
㉡ [인사/급여관리] → [일용직관리] → [일용직급여입력및계산], 귀속연월(2025/01), 지급일(1) 조회, 상단 [대상자추

제 3 회 ERP정보관리사 인사2급 기출문제

101-2024.03.23

[이론]

01	③	02	③	03	④	04	④	05	③
06	①	07	②	08	③	09	④	10	④
11	④	12	②	13	③	14	④	15	④
16	④	17	②	18	②	19	②	20	③

01 ③   기존 업무처리에 대한 신속한 처리를 목적으로 함이다.
02 ③   전통적인 정보시스템의 업무처리 대상은 Task 중심이나 ERP는 Process 중심이다.
03 ④   ①②③ 특정 하드웨어나 특정 운영체제와 연계 가능하므로 보안성 강화는 기술적 특징이고, ①, ②, ③은 기능적 특징이다.
04 ④   SCM 모듈에서 마케팅(marketing), 판매(sales) 및 고객서비스(customer service)를 자동화 형식으로는 하지 않는다.
05 ③   3S원칙은 표준화, 전문화, 단순화이다.
06 ①   고임금·저노무비의 실천은 과학적관리의 인사관리를 말한다.
07 ②   직무명세서에 대한 설명이다.
08 ③   조직 내 모든 관리자들의 관리능력을 포함하여 그들의 자세한 정보를 모아놓은 목록은 관리자 목록이다.
09 ④   인력부족의 경우 조치해야 할 행동은 파견근로 활용, 초과근로 활용, 임시직 고용, 아웃소싱 등이다.
10 ④   평정척도고과법에 대한 설명이다.
11 ④   직원들의 업무 역량이 높아지므로 생산성이 증가하고 관리자의 부담은 오히려 감소한다.
12 ②   코칭리더십에 대한 설명이다.
13 ③   사용자는 근로자에게 통화로서 임금을 지급해야하며 현물급여는 금지된다.
14 ④   카페테리아식 복리후생제도에 대한 설명이다.
15 ④   5명 미만인 사업장은 가입대상 제외된다.
16 ④   150,000원이다.
17 ②   연말정산시 근로자가 제출하는 서류는 소득·세액 공제신고서, 기부금 명세서, 의료비 지급명세서, 신용카드 등 소득공제신청서 등이며 소득세 납부서는 근로자가 제출하는 서류가 아니다.
18 ②   출산 휴가는 법정휴가이다.
19 ②   클로즈드 숍, 유니언 숍, 오픈숍 등은 기본적 형태이고, ①, ③, ④는 변형적 형태에 해당한다.
20 ③   조직적 효력에 대한 설명이다.

[실무]

01	④	02	①	03	①	04	②	05	②
06	③	07	④	08	②	09	③	10	①
11	④	12	①	13	③	14	①	15	③
16	②	17	①	18	①	19	②	20	①

01 ④   ㉠ [시스템관리] → [회사등록정보] → [사업장등록], 각 사업장별 [기본등록사항]탭과 [신고관련사항]탭을 클릭하여 확인,

㉮버튼 클릭하여 '김인사, 최민용, 강하나, 백석준, 문리리'를 추가한다.
ⓒ 조회되는 전체사원 선택 후 [일괄적용]창에서 일괄적용시간(010:00), 일괄적용요일(평일 체크), 비과세(신고제외분) 10,000원 입력, [적용]
ⓓ [일괄적용]창에서 일괄적용시간(002:00), 일괄적용요일(토요일 체크), [적용]
ⓔ 해당 지급일자의 대상자는 총 31일 중 27일을 근무하였으며, [0016.문리리] 사원의 경우 소득세는 공제되지 않았다.

15 ③ ㉠ [인사/급여관리] → [일용직관리] → [일용직사원등록]에서 김향기 사원의 생산직비과세적용을 "함", 고용보험/국민연금/건강보험여부를 "여"로 수정한다.
ⓑ [인사/급여관리] → [일용직관리] → [일용직급여입력및계산], 귀속연월(2025/01), 지급일(2), 조회되는 전체사원 선택 후 [일괄적용]클릭
ⓒ 조회되는 전체사원 선택 후 [일괄적용]창에서 일괄적용시간(010:00), 일괄적용요일(평일 체크), 비과세(신고제외분) 10,000원 입력, [적용]
ⓓ [일괄적용]창에서 일괄적용시간(002:00), 일괄적용요일(토요일 체크), [적용]
ⓔ [급여총액]탭에서 차인지급액을 확인한다.

16 ② ㉠ [인사/급여관리] → [급여관리] → [연간급여현황], 조회기간(2024년 10월 ~ 2024년 12월), 분류기준(과세/비과세), 사업장(1000), 사용자부담금(1.포함)
ⓑ 조회된 내역의 과세총액과 비과세총액을 확인한다.

17 ④ ㉠ [인사/급여관리] → [급여관리] → [급여대장]
ⓑ 귀속연월(2024년12월), 지급일(1), 조회조건(1.사업장), 집계(3.근무조별)
ⓒ [출력항목] 버튼을 눌러 조회할 지급항목을 모두 선택하고, '집계'의 조회조건을 '3.근무조별'로 하여 조회한 뒤 답을 확인한다.

18 ④ ㉠ [인사/급여관리] → [급여관리] → [월별급/상여지급현황]
ⓑ 조회기간(2024/10 ~ 2024/12), 지급구분(100.급여), 조회구분(2.부서), 부서(2100.국내영업부)
ⓒ 각 지급/공제항목별 내역을 확인한다.
ⓓ 공제합계는 7,029,480원이다.

19 ③ ㉠ [인사/급여관리] → [급여관리] → [항목별급상여지급현황], 귀속연월(2024년 07월~2024년 09월), 지급구분(100.급여), 사업장(본사와 인천지점), 집계구분(1.부서별)
ⓑ 보기의 부서별 금액을 확인한다.

20 ② ㉠ [인사/급여관리] → [급여관리] → [수당별연간급여현황]
ⓑ 조회기간(2024년 07월 ~ 2024년 12월), 수당코드(P30.야간근로수당), 조회조건(사업장_빈칸)
ⓒ 'P30.야간근로수당'을 지급 받지 못한 사원은 이성준이다.

ⓒ [3000.인사2급 강원지점] 사업장의 업태는 '교육서비스업'이며, 관할세무서는 '221.춘천'이다.

02 ① ㉠ [시스템관리] → [회사등록정보] → [부서등록]
ⓒ [1000.인사2급 회사본사] 사업장에 속해 있는 부서는 총 6개가 있으며,
이 중 현재 사용하는 부서는 총 4개 이다.

03 ① ㉠ [시스템관리] → [회사등록정보] → [사용자권한설정] → 모듈구분(H.인사/급여관리)
ⓒ [인사관리]에 속한 [인사기록카드], [인사기록카드2] 메뉴에서는 출력 권한이 없다.

04 ② ㉠ [인사/급여관리] → [기초환경설정] → [호봉테이블등록], 700.대리 선택, 호봉이력의 적용시작연월(2025/03) 입력
ⓒ [일괄등록]버튼 클릭 호봉일괄등록 창에서 기본급과 직급수당의 초기치와 증가액을 입력 → 적용한다.
ⓒ [일괄인상]클릭, [호봉일괄인상]창에서 기본급 정률(4.7%) 입력, [정률적용]
ⓔ [일괄인상]클릭, [호봉일괄인상]창에서 직급수당 정액(5,000원)입력, [정액적용]
ⓕ 문제에서 제시한 직급의 호봉합계를 확인한다.

05 ② ㉠ [인사/급여관리] → [기초환경설정] → [인사/급여환경설정] → [기준설정]탭 클릭
ⓒ 올바르게 설명한 [보기]의 내용은 B이다.
• A : 사무직의 출결마감 기준일은 당월 1일에서 당월 말일까지이다.
• C : 2025년 3월 귀속 기준으로 월일수 산정 시, 해당 귀속 연월의
실제일수인 31일을 적용한다.
• D : 수습직의 경우 3개월 간 70%에 해당하는 급여를 지급받는다.

06 ③ ㉠ [인사/급여관리] → [기초환경설정] → [지급공제항목등록], 급여구분(급여), 지급/공제구분(지급), 귀속연도(2025), [마감취소]클릭 확인
ⓒ [P40.육아수당]은 수습직 사원에게는 일할로 지급하는 항목이다.

07 ④ ㉠ [인사/급여관리] → [인사관리] → [인사정보등록], [인적/재직/급여정보]탭
ⓒ [20110101.배유진] 사원은 생산직총급여 과세 대상자로 설정되어 있다.

08 ② ㉠ [인사/급여관리] → [인사관리] → [교육현황] → [교육별사원현황]탭
ⓒ 교육기간(2025/01/01~2025/01/31), 교육명(990.2025년 법정의무교육)
ⓒ 교육평가 결과가 '100점'이 아닌 사원은 오진형이다.

09 ③ ㉠ [인사/급여관리] → [기초환경설정] → [급/상여지급일자등록], 귀속연월(2025년02월)
ⓒ '상여' 지급 시 입사자의 경우 기준일수(20일) 초과 근무 시 상여 지급 대상 기간 내 근무일수에 상관없이 월할로 상여를 지급하며, 퇴사자의 경우 기준일수 초과 근무 여부에 상관없이 일할로 상여를 지급한다.

10 ① [인사/급여관리] → [인사관리] → [근속연수현황], 사업장(전체), 퇴사자(0.제외), 기준일(2025/02/28), 년수기준(2.미만일수 올림), 경력포함(0.제외), 조회
ⓒ 근속년수 10년 이상 근속수당 : 100,000원 × 3명 : 300,000원
근속년수 15년 이상 근속수당 : 200,000원 × 6명 : 1,200,000원

11 ④ ㉠ [인사/급여관리] → [인사관리] → [인사정보등록] 급여정보탭에서 박선우 사원 선택, 책정임금의 계약시작년39월(2025/03) 추가, 금액란에서 Ctrl+F3, 연봉 금액(39,270,000) 입력
ⓒ [인사/급여관리] → [급여관리] → [상용직급여입력및계산], 귀속연월(2025년 03월), 지급일(1), 조회 후 박선우 사원 선택, [급여계산]버튼 클릭, '과세총액'과 '소득세'를 확인한다.

12 ② ㉠ [인사/급여관리] → [기초환경설정] → [급/상여지급일자등록]
ⓒ 귀속연월(2025년03월), 지급일자(2025/03/31), 동시, 직종및급여형태별 설정 → 급여구분(특별급여) → 특별급여지급대상(본사와 강원지점의 전체 직종 월급) 입력
ⓒ [인사/급여관리] → [급여관리] → [상용직급여입력및계산], 귀속연월(2025년 03월), 지급일(2), 조회 후 사원선택, [급여계산]버튼 클릭
ⓔ 해당 지급일자의 지급인원은 직종별로 다른 금액의 특별급여를 지급 받았다.

13 ③ ㉠ [인사/급여관리] → [인사관리] → [인사정보등록] → [급여정보]탭 → 박용덕 선택
ⓒ 계약시작년월(2024/01), 금액란에서 Ctrl + F3 → 일급 139,458원, 시급 17,432원을 확인한다.
ⓒ [인사/급여관리] → [급여관리] → [근태결과입력], 귀속연월(2025년 02월), 지급일(1), 박용덕 사원의 '근무일별 근태집계' 내용을 확인, 근무수당을 계산한다.
ⓔ 기타수당 : (20일 × 139,458원) − [(0.25 + 3.5 + 1.75) × 17,432원]
= 2,789,160원 − 95,870원 = 2,693,290원

14 ③ ㉠ [인사/급여관리] → [일용직관리] → [일용직여지급일자등록]에서 귀속연월(2025/03), 지급일(1), 부서(자재부), 급여형태(시급)인 대상자 '김은채, 박소담, 유성룡, 박동민'을 확인한다.
ⓒ [인사/급여관리] → [일용직관리] → [일용직급여입력및계산], 귀속연월(2025/03), 지급일(1) 조회,
ⓒ 조회되는 전체사원(김은채, 박소담, 유성룡, 박동민) 선택 후 [일괄적용] 클릭 → 창에서 일괄적용시간(010:00), 일괄적용요일(평일 체크), 비과세(신고제외분) 15,000원 입력, [적용]
ⓔ [일괄적용]창에서 일괄적용시간(002:00), 일괄적용요일(토요일 체크), [적용]
ⓕ 해당 지급일자에 실제 지급된 금액이 가장 많은 사원은 [0002.김은채] 사원이며, 해당 사원에게 실제 지급된 금액은 5,761,470원 이다.

15 ③ ㉠ [인사/급여관리] → [일용직관리] → [일용직사원등록]에서 김한의 사원의 생산직비과세적용을 "함", 고용보험/국민연금/건강보험여부를 "여"로 수정한다.

ⓛ [인사/급여관리] → [일용직관리] → [일용직급여입력및계산], 귀속연월(2025/03), 지급일(2), 조회되는 전체사원 선택 후 [일괄적용]클릭
ⓒ 조회되는 전체사원 선택 후 [일괄적용]창에서 일괄적용시간(010:00), 일괄적용요일(평일 체크), 비과세(신고제외분) 10,000원 입력, [적용]
ⓔ [일괄적용]창에서 일괄적용시간(004:00), 일괄적용요일(토요일 체크), [적용]
ⓜ [급여총액]탭에서 차인지급액을 확인한다.

16 ② ⓞ [인사/급여관리] → [급여관리] → [연간급여현황]
ⓛ 조회기간/분류기준(지급/공제)/사업장(인천지점)/사용자부담금(포함), 조회조건을 설정한다.
ⓒ 지급총액과 공제총액을 확인한다.

17 ④ ⓞ [인사/급여관리] → [급여관리] → 급여대장
ⓛ 귀속연월(2025년02월), 지급일(1), 조회조건(1.사업장), 집계(6.직종별)
ⓒ [출력항목] 버튼을 눌러 조회할 지급항목을 모두 선택하고, '집계'의 조회조건을 '6.직종별'로 하여 조회, 확인

18 ① ⓞ [인사/급여관리] → [급여관리] → [월별급/상여지급현황]
ⓛ 조회기간(2024/07 ~ 2024/12), 지급구분(100.급여), 조회구분(2.부서), 부서(생산부, 자재부)
ⓒ 생산부 소계 - 근속수당은 4,030,890원이다.

19 ④ ⓞ [인사/급여관리] → [급여관리] → [항목별급상여지급현황]
ⓛ 귀속연월(2024/10 ~ 2024/12), 지급구분(100.급여), 사업장(전체), 집계구분(2.직종별)
ⓒ '근속수당'이 가장 적게 지급된 직종은 고문직이다.

20 ① ⓞ [인사/급여관리] → [급여관리] → [수당별연간급여현황]
ⓛ 조회기간(2024/10 ~ 2024/12), 수당코드(T00.소득세), 사업장(인천지점)
ⓒ 'T00.소득세'가 가장 적게 공제된 사원 강민주이다.

06 ③ 책임요소는 감독의 정도 및 인원, 관리감독, 시설관리, 기계설비, 직무개선, 책임, 원재료 등이다.
07 ④ 델파이 기법은 수요예측 방법이다.
08 ① 외부모집은 모집 비용 및 시간이 증가한다.
09 ② 인재육성주의 원칙에 대한 설명이다.
10 ② 상동적 태도에 대한 설명이다.
11 ① 낮은 비용으로 시행이 용이한 것은 직장 내 교육의 장점이다.
12 ③ 3단계는 유지단계인 인생의 중년기를 말하며, 소비보다는 집중적인 노력에 의하여 생산적인 활동이 활발하게 이루어지는 시기이다.
13 ② 임금형태에 대한 설명이다.
14 ② 이윤분배제도에 대한 설명이다.
15 ② 4대보험은 건강보험, 국민연금, 고용보험, 산업재해보상보험이다.
16 ③ 과세방법 중 분류과세에 대한 설명이다.
17 ④ 다음 달 10일까지 납부해야한다.
18 ① 재량 근로시간제에 대한 설명이다.
19 ① 유니온 숍에 대한 설명이다.
20 ① 태업에 대한 설명이다.

[실무]

01	④	02	①	03	②	04	②	05	①
06	④	07	④	08	③	09	③	10	①
11	②	12	①	13	①	14	③	15	②
16	④	17	③	18	③	19	①	20	③

01 ④ ⓞ [시스템관리] → [회사등록정보] → [사원등록], 부서(공란~공란), 사용자만 체크(☑)
ⓛ '검수조서권한'은 〈승인〉이다.

02 ① ⓞ [시스템관리] → [회사등록정보] → [부서등록]
ⓛ [1000.관리부문]에 속해 있는 부서 중 '1300.관리부'는 현재 사용하지 않는 부서이다.

03 ② ⓞ [시스템관리] → [회사등록정보] → [사용자권한설정] → 모듈구분(H.인사/급여관리)
ⓛ [퇴직정산관리]에 속한 메뉴 중 [퇴직소득원천징수영수증] 메뉴에서는
본인이 속한 사업장의 퇴사자(또는 중도퇴사)의 자료만 출력할 수 있다.

04 ② ⓞ [인사/급여관리] → [기초환경설정] → [호봉테이블등록], 700.대리 선택, 호봉이력의 적용시작연월(2025/05) 입력
ⓛ [일괄등록]버튼 클릭 호봉일괄등록 창에서 기본급과 직급수당의 초기치와 증가액을 입력 → 적용한다.
ⓒ [일괄인상]클릭 [호봉일괄인상]창에서 기본급 정률(3.6%) 입력, [정률적용]
ⓔ [일괄인상]클릭, [호봉일괄인상]창에서 직급수당 정액(10,000원)입력, [정액적용]
ⓜ 문제에서 제시한 직급의 호봉합계를 확인한다.

05 ① ⓞ [인사/급여관리] → [기초환경설정] → [인사/급여환경설정]
ⓛ 입사자의 경우 지정한 '기준일수' 이하 근무 시, 월 급여를 '일할' 지급한다.

102-2024.05.25
제 4 회 ERP정보관리사 인사2급 기출문제

[이론]

01	④	02	④	03	③	04	①	05	①
06	③	07	④	08	①	09	②	10	②
11	①	12	③	13	③	14	②	15	②
16	③	17	④	18	①	19	①	20	①

01 ④ 커스터마이제이션(Customization)에 대한 설명이다.
02 ④ ERP시스템 구축 후에는 IT아웃소싱 업체에 많은 의존을 하게 된다.
03 ③ 최소한 ERP커스터마이징이 필요함을 강조한다.
04 ① ERP는 통합업무시스템을 구축하여 기업활동의 모든 분야에서 발생하는 정보를 서로 공유하고 신속한 의사결정을 지원한다.
05 ④ 허시와 블랜차드 - 3차원 모델은 동기부여 이론이 아니고 리더십 이론이다.

- ② 수습직의 경우 75%의 급여를 3개월간 지급 받는다.
- ③ 〈2000.포시즌 인천지점〉 사업장만 〈1000.포시즌 본사〉 사업장의 종사업장으로 포함하여 신고한다.
- ④ 2025년 05월 귀속 기준으로 월일수 산정 시, 귀속월의 실제 일수인 31일을 적용한다.

06 ④ ㉠ [인사/급여관리] → [기초환경설정] → [지급공제항목등록], 급여구분(급여/특별급여/상여), 지급/공제구분(지급), 귀속연도(2025), [마감취소]클릭, 확인
㉡ [V00.상여]는 '퇴사자'에게 지급하지 않는 항목이며, 책정임금의 월급의 1.5배로 지급된다.

07 ④ ㉠ [인사/급여관리] → [인사관리] → [인사정보등록], [인적/재직/[급여정보]탭
㉡ [20140102.김희수] 사원의 학자금상환 통지액은 240,000원이다.

08 ③ ㉠ [인사/급여관리] → [인사관리] → [교육현황] → [교육별사원현황]탭
㉡ 교육기간(2025/01/01~2025/01/31), 교육명[991.임직원 정기교육(2025년)]
㉢ 교육평가 결과가 '상'이 아닌 사원은 오진형이다.

09 ③ ㉠ [인사/급여관리] → [인사관리] → [인사발령(사원별)], 발령호수(20250601)
㉡ 현재 '국내영업부' 소속이며, 발령 적용 후 '해외영업부'로 소속이 변경된다.

10 ① ㉠ [인사/급여관리] → [인사관리] → [근속년수현황], 사업장(공란), 퇴사자(0.제외), 기준일(2025/04/30), 년수기준(2.미만일수 올림), 경력포함(0.제외)
㉡ 15년 이상 ~ 20년 미만 : 150,000원 × 2명 = 300,000원
20년 이상 ~ : 200,000원 × 9명 = 1,800,000원

11 ② ㉠ [인사/급여관리] → [인사관리] → [인사정보등록], 김용수 [급여정보]탭
㉡ 감면유형(T13) 및 기간을 설정한다.
㉢ [상용직급여입력] 메뉴에서 2025년 05월 귀속의 급여 데이터를 조회한 뒤, '급여계산'을 진행한다.
㉣ [상용직급여입력] 메뉴 하단의 급여총액 탭을 확인하여 '소득세' 총액을 확인한다.

12 ③ ㉠ [인사/급여관리] → [기초환경설정] → [급/상여지급일자등록]
㉡ 귀속연월(2025년05월), 지급일자(2025/05/31), 분리, 직종및급여형태별 설정 → 급여구분(특별급여) → 특별급여지급대상(인천/강원지점의 사무직 월급) 입력
㉢ [인사/급여관리] → [급여관리] → [상용직급여입력및계산], 귀속연월(2025년 5월), 지급일(2), 조회 후 사원선택, [과세집계] → [급여계산] 클릭
㉣ 과세총액 금액을 확인한다.

13 ① ㉠ [인사/급여관리] → [인사관리] → [인사정보등록] → [급여정보]탭 → 제갈형서 선택
㉡ 계약시작년월(2024/01), 금액란에서 Ctrl + F3 → 시급 21,649원을 확인한다.
㉢ [인사/급여관리] → [급여관리] → [근태결과입력], 귀속연월(2025년 04월), 지급일(1), 제갈형서 사원의 '근무일별 근태집계' 내용을 확인, 유형별 근무수당을 계산한다.

㉣ 1유형 근무수당: (7.75 + 6.5) × 21,649 × 1.5 = 462,740원
2유형 근무수당: (3.5 + 1.25) × 21,649 × 2 = 205,660원
㉤ 초과근무수당 : 462,740원 + 205,660원 = 668,400원

14 ④ ㉠ [인사/급여관리] → [일용직관리] → [일용직급여지급일자등록]에서 귀속연월(2025/05), 지급일(1), 부서(자재부), 급여형태(시급)인 대상자(7명)를 확인한다.
㉡ [인사/급여관리] → [일용직관리] → [일용직급여입력및계산], 귀속연월(2025/03), 지급일(1) 조회,
㉢ 조회되는 전체사원 선택 후 [일괄적용] 클릭 창에서 일괄적용시간(010:00), 일괄적용요일(평일 체크), 비과세(신고제외분) 10,000원 입력, [적용]
㉣ [일괄적용]창에서 일괄적용시간(002:00), 일괄적용요일(토요일 체크), [적용]
㉤ 해당 지급일자의 대상자는 모두 신고 대상이 아닌 비과세 항목을 지급 받았다.

15 ② ㉠ [인사/급여관리] → [일용직관리] → [일용직사원등록]에서 한주원 사원의 생산직비과세적용을 "함", 고용보험/국민연금/건강보험여부를 "여"로 수정한다.
㉡ [인사/급여관리] → [일용직관리] → [일용직급여입력및계산], 귀속연월(2025/05), 지급일(2), 조회되는 전체사원(7명) 선택 후 [일괄적용]클릭
㉢ 조회되는 전체사원 선택 후 [일괄적용]창에서 일괄적용시간(012:00), 일괄적용요일(평일 체크), 비과세(신고제외분) 1201200,000원 입력, [적용]
㉣ [일괄적용]창에서 일괄적용시간(004:00), 일괄적용요일(토요일 체크), [적용]
㉤ [급여총액]탭에서 차인지급액을 확인한다.

16 ④ ㉠ [인사/급여관리] → [급여관리] → [연간급여현황]
㉡ 조회기간/분류기준/사업장/사용자부담금 조회조건을 설정한다.
㉢ 지급총액과 공제총액을 확인한다.

17 ③ ㉠ [인사/급여관리] → [급여관리] → [급여대장], 귀속연월(2025년 04월), 지급일(1)
㉡ [출력항목] 버튼을 눌러 조회할 지급항목을 모두 선택하고, '집계'의 조회조건을 '3.근무조별'로 하여 조회한 뒤 답을 확인한다.

18 ③ ㉠ [인사/급여관리] → [급여관리] → [월별급/상여지급현황]
㉡ 조회기간(2025/01 ~ 2025/03), 지급구분(100.급여), 조회구분(2.부서), 부서(관리부)
㉢ 각 지급/공제항목별 내역을 확인한다. 장기요양보험료는 132,480원이다.

19 ② ㉠ [인사/급여관리] → [급여관리] → [사원별급/상여변동현황], 기준연월(2025/03), 비교연월(2024/03), 사용자부담금(1.포함), 조회조건(사업장전체)
㉡ 전체 '건강보험' 공제액은 증가하였고 '고용보험' 공제액은 감소하였다.

20 ③ ㉠ [인사/급여관리] → [급여관리] → [수당별연간급여현황]
㉡ 조회기간(2025년 01월 ~ 2025년 03월), 수당코드(P06.근속수당), 조회조건(1.사업장, 인천지점)
㉢ 'P06.근속수당'을 가장 적게 지급 받은 사원은 신별 사원이다.

제 5 회 ERP정보관리사 인사2급 기출문제
103-2024.07.27

[이론]

01	①	02	③	03	④	04	③	05	③
06	③	07	①	08	③	09	③	10	④
11	④	12	③	13	②	14	④	15	③
16	①	17	③	18	①	19	①	20	④

01 ① 데이터베이스와 스토리지 등을 제공하는 서비스는 IaaS(인프라형 서비스)라고 한다.
02 ③ 전통적인 정보시스템의 업무처리 대상은 Task 중심이나 ERP는 Process 중심이다.
03 ④ "GAP분석" 활동은 패키지 기능과 TO-BE 프로세스와의 차이 분석이다.
04 ③ ERP는 기존 업무처리에 따라 ERP 패키지를 수정하는 것은 아니다.
05 ③ 매슬로우의 욕구계층이론과 맥그리거의 X·Y 이론은 행동과학적 인사관리에 대한 설명이다.
06 ③ 워크 샘플링법에 대한 방법이다.
07 ① • 노사협상력 증대는 직무설계의 목적이 아니다.
• 직무설계의 목적은 ①조직목표달성, ②이직 및 결근 감소, ③종업원 동기부여, ④종업원 만족도 향상, ⑤직무수행의 효율성 증대, ⑥작업의 생산성 향상, ⑦신기술에 대한 신속한 대응 등이다.
08 ③ 다운사이징은 인력 과잉 시 전략이다.
09 ③ 스트레스면접에 대한 설명이다.
10 ④ ④번은 현혹효과가 아니고 고정적 편견(stereotyping)에 대한 설명이다.
11 ④ 브레인스토밍에 대한 설명이다.
12 ③ 거래적 리더십에 대한 설명이다.
13 ② 해고예고수당은 통상임금이다.
14 ④ 표준시간급제이다.
15 ③ 65세 이후에 고용된 자는 고용보험 적용제외 대상이다.
16 ① 이자소득은 원천징수 대상소득이다.
17 ③ 183일이다.
18 ① 야간근로는 오후 10시부터 다음날 오전 6시까지를 말한다.
19 ① 일반 노동조합이다.
20 ④ 사용자의 대체고용은 사용자측면에서의 노동쟁의 행위의 유형이다.

[실무]

01	④	02	①	03	②	04	②	05	④
06	②	07	③	08	①	09	③	10	①
11	④	12	③	13	①	14	④	15	②
16	③	17	④	18	①	19	③	20	③

01 ④ ㉠ [시스템관리] → [회사등록정보] → [사업장등록]
㉡ 〈1000.본사〉 사업장도 원천징수이행상황신고 시, '반기' 신고를 하는 사업장이다.
02 ① ㉠ [시스템관리] → [회사등록정보] → [부서등록]
㉡ [4000.생산부문]에 속한 부서는 모두 사용 중 이다.
• ② 현재 사용하지 않는 부서는 총 2개 이다.
• ③ 〈1000.본사〉 사업장에 속한 부서 중 '1300.기획부', '2200.해외영업부'는 사용하지 않는다.
• ④ '1300.기획부'는 [2000.영업부문]에 속해 있으며, 사용종료일은
2019/12/31이다.
03 ② ㉠ [인사/급여관리] → [기초환경설정] → [인사기초코드등록], 〈4.사원그룹(G)〉
㉡ [일용직사원등록] 메뉴에서 현재 조회되고 있는 고용형태는 〈002.일용직〉, 〈003.기술직〉이다.
04 ② ㉠ [인사/급여관리] → [기초환경설정] → [호봉테이블등록], 700.대리 선택, 호봉이력의 적용시작연월(2025/07) 입력
㉡ [일괄등록]버튼 클릭 호봉일괄등록 창에서 기본급과 직급수당의 초기치와 증가액을 입력 → 적용한다.
㉢ [일괄인상]클릭, [호봉일괄인상]창에서 기본급 정률(4.5%), 직급수당 정률(3.0%)입력, [정률적용]
㉣ 문제에서 제시한 직급의 호봉합계를 확인한다.
05 ④ ㉠ [인사/급여관리] → [기초환경설정] → [인사/급여환경설정]
㉡ 퇴사자의 경우 지정한 '기준일수' 초과 근무 시, 월 급여를 '월할' 지급한다.
06 ② ㉠ [인사/급여관리] → [기초환경설정] → [급/상여지급일자등록], 귀속연월(2025년 06월)
㉡ '지급직종및급여형태' 기준으로 급여 대상자는 자동으로 반영된다.
07 ③ ㉠ [인사/급여관리] → [인사관리] → [인사정보등록] → [인적/재직/급여정보]탭 확인
㉡ [20040301.오진형] 사원은 생산직총급여 비과세 대상자이며, 국외소득은 존재하지 않는다.
08 ① ㉠ [인사/급여관리] → [인사관리] → [교육현황] → [교육별사원현황] 탭
㉡ 문제에서 주어진 코드 및 교육을 확인하고 해당 교육 대상자의 평가 등급을 확인합다
㉢ • 교육평가 A등급 1명 : 100,000원 x 1명 = 100,000원
• 교육평가 B등급 3명 : 50,000원 x 3명 = 150,000원
• 100,000원 + 150,000원 = 250,000원
09 ③ ㉠ [인사/급여관리] → [인사관리] → [인사기록카드] → 김종욱 사원의 [가족]탭 클릭
㉡ 부양가족 중 '김연숙', '김태민', '김태형'의 경우 '가족수당' 적용 대상자이다.

10 ① ㉠ [인사/급여관리] → [인사관리] → [근속년수현황], 사업장(공란), 퇴사자(0.제외), 기준일(2025/06/30), 년수기준(2.미만일수 올림), 경력포함(2.포함)
    ㉡ 15년 이상(7명, 1,050,000원)
11 ④ ㉠ [인사/급여관리] → [인사관리] → [인사정보등록] → [급여정보]탭, 배유진 선택
    ㉡ 책정임금의 계약시작년월(2025/07) 추가, 금액란(Ctrl + F3), 암호(빈칸)확인, 연봉(50,000,000원) 입력
    ㉢ [인사/급여관리] → [급여관리] → [상용직급여입력및계산], 귀속연월(2025년 07월), 지급일(1), 조회 후 사원선택, [급여계산]버튼 클릭, 과세총액을 확인한다.
12 ② ㉠ [인사/급여관리] → [기초환경설정] → [지급공제항목등록], 급여구분(특별급여), [보기]의 내용을 설정 반영한다.
    ㉡ [인사/급여관리] → [급여관리] → [상용직급여입력및계산], 귀속연월(2025년 06월), 지급일(1), 조회 후 사원선택, [급여계산]버튼 클릭
    ㉢ 과세총액을 확인한다.
13 ① ㉠ [인사/급여관리] → [인사관리] → [인사정보등록] → [급여정보]탭 → 박국현 선택
    ㉡ 계약시작년월(2023/01), 금액란에서 Ctrl + F3 → 시급 22,222원을 확인한다.
    ㉢ [인사/급여관리] → [급여관리] → [근태결과입력], 귀속연월(2025년 6월), 지급일(1), 박용덕 사원의 '근무일별 근태집계' 내용을 확인, 유형별 근무수당을 계산한다.
    ㉣ • 1유형 공제액: (1.75 + 1.5) × 1.5 × 22,222원 = 108,330원
       • 2유형 공제액: (2.25) × 2 × 22,222원 = 99,990원
       • 기본급 공제액: 108,330원 + 99,990원 = 208,320원
14 ④ ㉠ [인사/급여관리] → [일용직관리] → [일용직급여지급일자등록]에서 귀속연월(2025/07), 지급일(1), 부서(자재부), 급여형태(시급)인 대상자 '4명'을 확인한다.
    ㉡ [인사/급여관리] → [일용직관리] → [일용직급여입력및계산], 귀속연월(2025/07), 지급일(1) 조회,
    ㉢ 조회되는 전체사원(김은채, 박소담, 유성룡, 박동민) 선택 후 [일괄적용] 클릭 → 창에서 일괄적용시간(010:00), 일괄적용요일(평일 체크), 비과세(신고제외분) 12,000원 입력, [적용]
    ㉣ [일괄적용]창에서 일괄적용시간(002:00), 일괄적용요일(토요일 체크), [적용]
    ㉤ [0006.박소담] 사원은 생산직 비과세가 적용되지 않는다.
15 ② ㉠ [인사/급여관리] → [일용직관리] → [일용직사원등록]에서 황시윤 사원의 생산직비과세적용을 "안함", 국민연금/건강보험여부를 "여"로 수정한다.
    ㉡ [인사/급여관리] → [일용직관리] → [일용직급여입력및계산], 귀속연월(2025/07), 지급일(2), 조회되는 전체사원 선택 후 [일괄적용]클릭
    ㉢ 조회되는 전체사원 선택 후 [일괄적용]창에서 일괄적용시간(012:00), 일괄적용요일(평일 체크), 비과세(신고제외분) 12,000원 입력, [적용]

㉣ [일괄적용]창에서 일괄적용시간(004:00), 일괄적용요일(토요일 체크), [적용]
㉤ [급여총액]탭에서 차인지급액을 확인한다.
16 ③ ㉠ [인사/급여관리] → [급여관리] → [연간급여현황], 조회기간(2025년 04월 ~ 2025년 06월), 분류기준(지급/공제), 사업장(2000), 사용자부담금(1.제외)
    ㉡ 조회된 내역의 지급총액과 공제총액을 확인한다.
17 ④ ㉠ [인사/급여관리] → [급여관리] → [급/상여이체현황], 소득구분(1.급상여), 귀속연월(2025/06), 지급일(1), 무급자(1.제외) 조회조건(1.사업장_인천지점)
    ㉡ '우리은행'을 통해 급/상여를 지급 받는 인원은 3명이며, 총 이체 금액은 19,477,830원이다.
18 ① ㉠ [인사/급여관리] → [급여관리] → [수당별연간급여현황]
    ㉡ 조회기간(2025년 01월 ~ 2025년 06월), 수당코드(P06.근속수당), 조회조건(1.사업장_인천지점)
    ㉢ 'P06.근속수당'을 가장 적게 지급 받은 사원은 강민주이다.
19 ③ ㉠ [인사/급여관리] → [급여관리] → [항목별급상여지급현황], 귀속연월(2025년 04월~2025년 06월), 지급구분(100.급여), 사업장(전체), 집계구분(1.부서별)
    ㉡ '소득세'가 가장 많이 공제된 부서는 관리부이다.
20 ③ ㉠ [인사/급여관리] → [급여관리] → [월별급/상여지급현황]
    ㉡ 조회기간(2025/06 ~ 2025/06), 지급일(1), 조회구분(2.부서), 부서(자재부)
    ㉢ 각 항목별 내역을 확인한다.

104-2024.09.28

제 6 회 ERP정보관리사 인사2급 기출문제

[이론]

01	①	02	②	03	④	04	①	05	②
06	②	07	②	08	④	09	④	10	④
11	②	12	④	13	②	14	①	15	④
16	④	17	②	18	②	19	③	20	②

01 ① ERP는 통합업무시스템을 구축하여 기업활동의 모든 분야에서 발생하는 정보를 서로 공유하고 신속한 의사결정을 지원한다.
02 ② BPI(Business Process Improvement)라 한다.
03 ④ 확장된 ERP 환경에서 CRM시스템은 마케팅(marketing), 판매(sales) 및 고객서비스(customer service)를 자동화한다.
04 ① Open Multi-vendor: 특정 H/W 업체에만 의존하지 않고 다양한 시스템과 조합하여 사용할 수 있는 개념이다.
05 ② 포드 시스템의 3S원칙은 표준화 , 전문화 , 단순화이다.
06 ② • 노동력관리 : 고용관리와 개발관리가 해당된다.
      • 근로조건관리: 임금관리, 근로시간관리, 산업안전관리
07 ② 워크 샘플링법에 대한 설명이다.
08 ④ 직무의 내용을 고도화하여 작업상의 책임과 권한을 늘리는 것은 직무충실화에 대한 설명이다.

09 ④ 전문가 예측법은 판단적(정성적) 기법이다.
10 ④ 중요사건평가법에 대한 설명이다.
11 ② 직장 내 훈련은 전문적인 지식과 기능을 전달하기 어려운 단점을 가지고 있다.
12 ④ 발탁 승진에 대한 설명이다.
13 ② 종합과세 대상소득으로는 이자, 배당, 사업(부동산임대소득 포함), 근로, 연금, 기타소득이 있다.
14 ① 종합과세 대상 소득은 이자소득, 배당소득, 사업소득(부동산임대소득 포함), 근로소득, 연금소득,기타소득을 말한다.
15 ④ 연말정산 시기는 다음 해 2월 말일이다.
16 ④ 평균 임금에 대한 설명이다.
17 ② 경조금 및 학자금 지원은 임의 복리후생이다.
18 ② 55%이다.
19 ③ 유니언 숍에 대한 설명이다.
20 ② 대체고용은 사용자 측 쟁의행위이다.

[실무]

01	①	02	④	03	④	04	③	05	③
06	①	07	④	08	②	09	④	10	②
11	①	12	③	13	②	14	④	15	③
16	②	17	①	18	②	19	④	20	①

01 ① ㉠ [시스템관리] → [회사등록정보] → [사원등록], 부서(공란~공란), 사용자만 체크
㉡ '조회권한'은 〈회사〉이다.

02 ④ ㉠ [시스템관리] → [회사등록정보] → [부서등록]
㉡ 〈2000.인사2급 인천지점〉 사업장에 속한 부서 중 '6100.경리부'는 현재 사용하지 않는 부서이다.

03 ④ ㉠ [시스템관리] → [회사등록정보] → [사용자권한설정]
㉡ [소득자별정보현황] 메뉴에서는 본인이 소속된 부서의 자료를 변경할 수 있다.

04 ③ ㉠ [인사/급여관리] → [기초환경설정] → [호봉테이블등록], 800.주임 선택, 호봉이력의 적용시작연월(2025/09) 입력
㉡ [일괄등록]버튼 클릭 호봉일괄등록 창에서 기본급과 직급수당의 초기치와 증가액을 입력 → 적용한다.
㉢ [일괄인상]클릭, [호봉일괄인상]창에서 기본급 정률(3.5%) 입력, [정률적용]
㉣ [일괄인상]클릭, [호봉일괄인상]창에서 직급수당 정액(10,000원)입력, [정액적용]
㉤ 문제에서 제시한 직급의 호봉합계를 확인한다.

05 ③ ㉠ [인사/급여관리] → [기초환경설정] → [인사/급여환경설정]
㉡ 지방소득세 신고서의 데이터는 '귀속연월' / '지급연월'이 보누 일지하는 경우에만 집계된다.
㉢ ① '생산직' 직종의 출결마감기준일은 전월 25일부터 당월 24일까지 이다.
　　② 퇴사자의 경우 지정한 '기준일수' 초과 근무 시, 월급여를 '월할' 지급한다.
　　④ 2025년 08월 귀속 기준으로 월일수 산정 시, 당월일 기준으로 31일을 적용한다.

06 ① ㉠ [인사/급여관리] → [기초환경설정] → [지급공제항목등록], 급여구분(급여), 지급/공제구분(지급), 귀속연도(2025), [마감취소]클릭 확인
㉡ [P06.근속수당]은 '수습직' 에게는 지급하지 않는 항목이며, 근속기간이 6년인 경우 50,000원을 지급한다.

07 ④ ㉠ [인사/급여관리] → [인사관리] → [인사정보등록], [인적/재직/급여정보]탭
㉡ [20140102.김희수] 사원의 현재 책정된 임금의 연봉은 '37,000,000원'이며, 학자금상환 대상자이다.

08 ② ㉠ [인사/급여관리] → [인사관리] → [교육현황] → [교육별사원현황] 탭
㉡ 교육기간(2025/08/01~2025/08/31), 교육명(992.임직원역량강화교육)
㉢ 교육평가 A등급 3명(600,000원), B등급 3명(300,000원) 합계 900,000원

09 ④ ㉠ [인사/급여관리] → [인사관리] → [사원입퇴사현황], [이적현황] 탭
㉡ 조회기간(2024/07 ~ 2024/12)의 평균 이직률을 조회한다

10 ② ㉠ [인사/급여관리] → [인사관리] → [근속년수현황], 사업장(공란), 퇴사자(0.제외), 기준일(2025/08/31), 년수기준(2.미만일수 올림), 경력포함(0.제외)
㉡ 15년 이상 ~ 20년 미만: 100,000원 × 2명 = 200,000원
20년 이상 근속 ~: 150,000원 × 9명 = 1,350,000원, 합계 1,550,000원

11 ① ㉠ [인사/급여관리] → [인사관리] → [인사정보등록] → [급여정보]탭, 박지성 선택
㉡ 급여정보 탭에서 감면유형 및 기간을 설정한다.
㉢ [인사/급여관리] → [급여관리] → [상용직급여입력및계산], 귀속연월(2025년 09월), 지급일(1), 조회, [급여계산]버튼 클릭, '소득세' 총액을 확인한다.

12 ③ ㉠ [인사/급여관리] → [기초환경설정] → [급/상여지급일자등록]
㉡ 귀속연월(2025년 09월), 지급일자(2025/09/30), 분리, 직종및급여형태별 설정 → 급여구분(특별급여) → 특별급여 지급대상(본사/강원지점의 모든 직종 및 급여형태) 입력
㉢ [인사/급여관리] → [급여관리] → [상용직급여입력및계산], 귀속연월(2025년 09월), 지급일(2), 조회 후 사원선택, [과세집계] → [급여계산] 클릭
㉣ 과세총액 금액을 확인한다.

13 ② ㉠ [인사/급여관리] → [인사관리] → [인사정보등록] → [급여정보]탭 → 이성준 선택
㉡ 계약시작년월(2024/01), 금액란에서 [Ctrl] + [F3] → 시급 17,291원 확인한다.
㉢ [인사/급여관리] → [급여관리] → [근태결과입력], 귀속연월(2025년 8월), 지급일(1), 박용덕 사원의 '근무일별 근태집계' 내용을 확인, 유형별 근무수당을 계산한다.
㉣ ・1유형 근무수당 : (8 + 4.25) × 17,291 × 2 = 423,620원
　・2유형 근무수당 : (2.5 + 1.75) * 17,291 × 2.5 = 183,710원
　・초과근무수당 : 423,620원 + 183,710원 = 607,330원

14 ③ ⊙ [인사/급여관리] → [일용직관리] → [일용직급여지급일자등록]에서 귀속연월(2025/05), 지급일(1), 부서(경리부, 생산부), 급여형태(시급) 대상자 '8명'을 확인한다.
ⓒ [인사/급여관리] → [일용직관리] → [일용직급여입력및계산], 귀속연월(2025/09), 지급일(1) 조회,
ⓒ 조회되는 전체사원(8명) 선택 후 [일괄적용] 클릭 → 창에서 일괄적용시간(010:00), 일괄적용요일(평일 체크), 비과세(신고제외분) 12,000원 입력, [적용]
ⓔ [일괄적용]창에서 일괄적용시간(002:00), 일괄적용요일(토요일 체크), [적용]
ⓜ [0009.강하나] 사원에게 연장 비과세는 총 252,000원 지급 되었고, 소득세는 60,500원 공제되었다.

15 ③ ⊙ [인사/급여관리] → [일용직관리] → [일용직사원등록]에서 조혜나 사원의 생산직비과세적용을 "안함", 국민연금/건강보험여부를 "부"로 수정한다.
ⓒ [인사/급여관리] → [일용직관리] → [일용직급여입력및계산], 귀속연월(2025/09), 지급일(2), 조회되는 전체사원 선택 후 [일괄적용]클릭
ⓒ 조회되는 전체사원 선택 후 [일괄적용]창에서 일괄적용시간(010:00), 일괄적용요일(평일 체크), 비과세(신고제외분) 12,000원 입력, [적용]
ⓔ [일괄적용]창에서 일괄적용시간(004:00), 일괄적용요일(토요일 체크), [적용]
ⓜ [급여총액]탭에서 차인지급액을 확인한다.

16 ② ⊙ [인사/급여관리] → [급여관리] → [연간급여현황]
ⓒ 조회기간/분류기준/사업장/사용자부담금 조회조건을 설정한다.
ⓒ 과세총액과 비과세총액을 확인한다.

17 ① ⊙ [인사/급여관리] → [급여관리] → [급여대장]
ⓒ 귀속연월(2025년08월), 지급일(1), 조회조건(1.사업장), 집계(2.부서별)
ⓒ [출력항목] 버튼을 눌러 조회할 지급항목을 모두 선택하고, '집계'의 조회조건을 '2.부서별'로 하여 조회, 확인

18 ② ⊙ [인사/급여관리] → [급여관리] → [월별급/상여지급현황]
ⓒ 조회기간(2025/04 ~ 2025/06), 지급구분(100.급여), 조회구분(3.근무조), 근무조(002.2조)
ⓒ 각 지급/공제항목별 내역을 확인한다.
ⓔ 고용보험은 583,140원이다.

19 ④ ⊙ [인사/급여관리] → [급여관리] → [사원별급/상여변동현황], 기준연월(2025/08), 비교연월(2024/08), 사용자부담금(1.포함), 조회조건(전체)
ⓒ 전체 '소득세' 공제액 및 '기본급' 지급액은 변동 사항이 있다.

20 ① ⊙ [인사/급여관리] → [급여관리] → [수당별연간급여현황]
ⓒ 조회기간(2025년 01월 ~ 2025년 06월), 수당코드(T00.소득세), 조회조건(1.사업장, 2000.인천지점)
ⓒ 'T00.소득세'가 가장 적게 공제된 사원은 김화영이다.

105-2024.11.23

제 7 회 ERP정보관리사 인사2급 기출문제

[이론]

01	①	02	④	03	④	04	③	05	④
06	①	07	④	08	②	09	①	10	③
11	②	12	④	13	②	14	④	15	③
16	①	17	②	18	②	19	④	20	②

01 ① 데이터 수집 → 점검 및 탐색 → 전처리 및 정제 → 모델링 및 훈련 → 평가 → 배포의 순이다.
02 ④ 회사 D이다.
03 ④ 빅데이터의 주요 특성(5V)는 Volume(규모), Velocity(속도), Variety(다양성), Veracity(정확성), Value(가치)이다.
04 ③ ERP시스템 구축 후에는 IT아웃소싱 업체로부터 독립적으로 운영하기는 어렵다.
05 ④ 표준화, 전문화, 단순화는 포드의 관리법 중 3S 원칙에 해당한다.
06 ① 직무에 관한 설명이다.
 • 과업: 목표를 위하여 수행되는 하나의 명확한 작업 활동
 • 요소: 작업이 나누어질 수 있는 최소 단위
 • 직군: 동일하거나 유사한 직무들의 집단
07 ④ 사내게시판, 인트라넷 등에 공개모집하는 방법은 사내공모제이다.
08 ② • 수요가 공급보다 많은 인력 부족의 경우 초과근로 활용, 임시직 고용, 파견근로 활용, 아웃소싱 등의 행동을 취해야 한다.
 • 직무 공유제 (Job Sharing)는 두 명 이상의 근로자가 기존의 근로자 한 명이 담당하여 수행하던 업무를 나누어 수행하는 형태의 근로(일자리 나누기)를 말하는 것으로 인력 과잉의 경우 필요한 행동이다.
09 ① 패널 면접에 대한 설명이다.
10 ③ 중심화 경향에 대한 설명이다.
11 ② 인바스켓법에 해당하는 내용이다.
12 ④ 전직ㆍ사직은 자발적 이직이다.
13 ② 임금수준의 결정 요인으로는 근로자의 생계비, 기업의 지급 능력, 노동시장 요인 등이다.
14 ④ 산재보험은 기업이 아닌 국가가 책임을 지는 의무보험이다.
15 ③ 기업은 업종, 규모, 설비 등에 고려하여 지급 능력 안에서 임금의 상한선을 결정한다.
 • 임금수준은 종업원에게 지급되는 평균임금을 의미한다.
 • 최저임금을 보장해야한다.
 • 동종업에 종사하더라고, 다양한 원인에 의해 임금차이는 크게 발생할 수 있다.
16 ① 연말정산 월별 납부자의 신고·납부기한은 다음 해 3월 10일이다.
17 ② 선택적 근로시간제의 경우 1주간의 근로시간이 40-시간을 초과한 시간에 대해서 통상임금의 100분의 50을 가산하여 근로자에게 지급하기는 하지만 연장·야간 및 휴일근로로는 인정하지 않는다.
18 ② 휴업수당은 법정수당에 해당한다.
19 ④ 체크오프 제도에 대한 설명이다.
20 ② 스톡옵션제도는 자본 참가에 해당한다.

[실무]

01	②	02	③	03	①	04	④	05	④
06	③	07	②	08	①	09	④	10	③
11	②	12	①	13	②	14	①	15	④
16	③	17	①	18	②	19	③	20	②

01 ② ㉠ [시스템관리] → [회사등록정보] → [사원등록], 부서(공란~공란), 사용자만 체크
㉡ '회계입력방식'은 〈수정〉이다.

02 ③ ㉠ [시스템관리] → [회사등록정보] → [부서등록]
㉡ 각각 [1000.관리부문], [4000.생산부문], [5000.자재부문] 소속이다.

03 ① ㉠ [시스템관리] → [회사등록정보] → [사용자권한설정] → 모듈구분(H.인사/급여관리) → 사용가능한 메뉴
㉡ 인사기록카드의 변경 권한이 없기 때문에 추가 입력은 불가하다.

04 ④ ㉠ [인사/급여관리] → [기초환경설정] → [호봉테이블등록], 800.주임 선택, 호봉이력의 적용시작연월(2025/01) 입력
㉡ [일괄등록]버튼 클릭 호봉일괄등록 창에서 기본급과 직급수당의 초기치와 증가액을 입력 → 적용한다.
㉢ [일괄인상]클릭, [호봉일괄인상]창에서 기본급 정률(6.5%) 입력, [정률적용]
㉣ [일괄인상]클릭, [호봉일괄인상]창에서 직급수당 정액(12,500원)입력, [정액적용]
㉤ 문제에서 제시한 직급의 호봉합계를 확인한다.

05 ④ ㉠ [인사/급여관리] → [기초환경설정] → [인사환경설정]
㉡ 2025년 11월 귀속 기준으로 월일수 산정 시, 한달정상일로 설정된 30일을 적용한다.
• ① '생산직' 직종의 출결기준일은 전월 25일부터 당월 24일까지 이다.
• ② 퇴사자의 경우 지정한 '기준일수'를 초과하여 근무하면 월 급여, 초과하지 못하는 경우 급여를 일할 계산하여 지급한다.
• ③ 지방소득세 신고서는 '귀속연월'과 '지급연월'이 모두 일치하는 데이터를 집계한다.

06 ③ ㉠ [인사/급여관리] → [기초환경설정] → [지급공제항목등록], 급여구분(급여), 지급/공제구분(지급), 귀속연도(2025), [마감취소]클릭, 확인
㉡ 3년 이상 5년 미만 근무한 근로자는 [P06.근속수당]으로 [근무한년쉬]*[시급]만큼 지급된다.
• ① [P00.기본급]은 각 근로자마다 책정된 임금의 월급에 해당하는 금액이 지급된다.
• ② 근로자에게 자녀가 존재하는 경우 [P02.가족수당]으로 30,000원이 지급된다.
• ④ 새식구분이 [J06.육아휴직]인 근로자는 [P40.육아수당]으로 [월급]*0.8의 수당이 지급된다.

07 ② ㉠ [인사/급여관리] → [인사관리] → [인사정보등록], 강민주 사원 선택, [인적/재직/급여정보]탭
㉡ 입사일과 그룹입사일은 모두 2021/05/01로 동일하며, 수습기간을 거친 이력이 없다.

08 ① ㉠ [인사/급여관리] → [인사관리] → [교육현황] → [교육별사원현황]탭
㉡ 교육기간(2025/06/01~2025/06/30), 교육명[991.임직원역량강화교육(2025년)]
㉢ 이수여부가 다른 근로자는 [20000502.김종욱]이다.

09 ④ ㉠ [인사/급여관리] → [인사관리] → [인사발령(사원별)], 발령호수(20251001)
㉡ 현재 '해외영업부' 소속인 [ERP13102.이호재]의 직책도 변경된다.

10 ③ ㉠ [인사/급여관리] → [인사관리] → [근속년수현황], 사업장(공란), 퇴사자(0.제외), 기준일(2024/12/31), 년수기준(2.미만일수 버림), 경력포함(0.제외)
㉡ 15년 이상 20년 이하: 150,000원 × 6명 = 900,000원
20년 초과: 0명 합계 900,000원

11 ② ㉠ [인사/급여관리] → [인사관리] → [인사정보등록] → [재직정보]탭에서 휴직기간의 🔍 아이콘을 클릭하여 휴직 내용을 설정한다.
㉡ [상용직급여입력] 메뉴에서 2025년 11월 귀속 급여 데이터를 조회한 뒤, '급여계산'을 진행한다.
㉢ [상용직급여입력] 메뉴 하단의 급여총액 탭을 확인하여 '과세'총액을 확인한다.

12 ① ㉠ [인사/급여관리] → [기초환경설정] → [급/상여지급일자등록]
㉡ 귀속연월(2025년11월), 지급일자(2025/12/10), 분리, 직종및급여형태별 설정 → 급여구분(특별급여) → 특별급여지급대상 입력
㉢ [인사/급여관리] → [급여관리] → [상용직급여입력및계산], 귀속연월(2025년 11월), 지급일(2), 조회 후 사원선택, [급여계산]버튼 클릭
㉣ [상용직급여입력및계산]에서 급여계산 후,, [20161107.박선우] 사원의 과세총액을 확인한다.

13 ② ㉠ [인사/급여관리] → [인사관리] → [인사정보등록] → [급여정보]탭 → 김수영 선택
㉡ 계약시작년월(2024/01), 금액란에서 Ctrl + F3 → 시급 13,114원을 확인한다.
㉢ [인사/급여관리] → [급여관리] → [근태결과입력], 귀속연월(2025년 10월), 지급일(1), 김수영 사원의 '근무일별 근태집계' 내용을 확인, 공제금액을 계산한다.
㉣ 공제금액: (1시간 45분+ 4시간+ 2시간 45분) ×
          13,114원 = 8.5(8시간 30분) × 13,114원 = 111,460(111,469)원

14 ① ㉠ [인사/급여관리] → [일용직관리] → [일용직급여지급일자등록]에서 귀속연월(2025/11), 지급일(1), 부서(경리부, 생산부), 급여형태(시급) 대상자 '4명'을 확인한다.
㉡ [인사/급여관리] → [일용직관리] → [일용직급여입력및계산], 귀속연월(2025/11), 지급일(1) 조회,
㉢ 조회되는 전체사원(4명) 선택 후 [일괄적용] 클릭 → 창에서 일괄적용시간(009:00), 일괄적용요일(평일 체크), 비과세(신고제외분) 12,000원 입력, [적용]
㉣ [일괄적용]창에서 일괄적용시간(004:00), 일괄적용요일(토요일 체크), [적용]
㉤ 해당 지급일자의 대상자는 총 30일 중 25일을 근무하였으

며, 실지급액은 18,303,390원 이다.
15 ④ ㉠ [인사/급여관리] → [일용직관리] → [일용직사원등록]에서 류성준 사원의 생산직비과세적용을 "함", 국민연금/건강/고용보험여부를 "여"로 수정한다.
㉡ [인사/급여관리] → [일용직관리] → [일용직급여입력및계산], 귀속연월(2025/11), 지급일(2), 조회되는 전체사원 선택 후 [일괄적용]클릭
㉢ 조회되는 전체사원 선택 후 [일괄적용]창에서 일괄적용시간(010:00), 일괄적용요일(평일 체크), 비과세(신고제외분) 10,000원 입력, [적용]
㉣ [일괄적용]창에서 일괄적용시간(002:00), 일괄적용요일(토요일 체크), [적용]
㉤ [급여총액]탭에서 차인지급액을 확인한다.
16 ③ ㉠ [인사/급여관리] → [급여관리] → [연간급여현황]
㉡ 조회기간/분류기준/사업장/사용자부담금 조회조건을 설정한다.
㉢ 지급총액과 공제총액을 확인한다.
17 ① ㉠ [인사/급여관리] → [급여관리] → [급/상여이체현황]
㉡ 해당 사업장의 근로자는 모두 계좌이체를 통해 급/상여를 지급받았다.
18 ② ㉠ [인사/급여관리] → [급여관리] → [월별급/상여지급현황]
㉡ 조회기간(2025/07 ~ 2025/09), 조회구분(2.부서), 부서(생산부)
㉢ 소득세는 1,529,790원이다.
19 ③ ㉠ [인사/급여관리] → [급여관리] → [사원별급/상여변동현황], 기준연월(2025/10), 비교연월(2024/10), 사용자부담금(0.제외), 조회조건(사업장 전체)
㉡ [20030701.엄현애]사원의 근속수당은 비교연월에 비해 15,020원만큼 증가했다.
20 ② ㉠ [인사/급여관리] → [급여관리] → [수당별연간급여현황]
㉡ 조회기간(2025년 07월~2025년 09월), 수당코드(P06.근속수당), 조회조건(2.부서: 생산부, 자재부)
㉢ [P06.근속수당]의 총합이 가장 높은 사원은 [20130701.김수영]이다.

제 8 회 ERP정보관리사 인사2급 기출문제
106-2025.11.23

[이론]

01	③	02	①	03	③	04	④	05	②
06	①	07	②	08	②	09	④	10	④
11	①	12	③	13	③	14	②	15	②
16	②	17	④	18	④	19	③	20	②

01 ③ 1단계인 기초프로세스 자동화이다.
02 ① 사물인터넷(Internet of Things)에 대한 설명이다.
03 ③ 기존 업무처리에 따라 ERP 패키지를 수정하는 방법은 바람직하지 않다
04 ④ 설계단계인 패키지 기능과 TO-BE 프로세스와의 차이 분석이다.
05 ② 사람중심에서 역할중심으로 변화하였다.
06 ① • 요소는 작업이 나누어질 수 있는 최소단위를 말한다.
• 목표를 위하여 수행되는 하나의 명확한 작업 활동은 과업에 대한 설명이다.
07 ② 분석방법의 결정은 준비(예비) 단계에 해당한다.
08 ② 평가 과정이 복잡하고 비용과 시간이 많이 소요된다.
09 ④ 선발도구의 조건 중 신뢰성에 해당하는 내용이다.
10 ④ 전문적인 지식과 기능을 전달하기 어렵다.
11 ① 경력개발의 원칙으로는 적재적소배치의 원칙, 승진경로의 원칙, 후진양성과 인재육성의 원칙, 경력기회개발의 원칙 등이다.
12 ③ 코칭 리더십에 대한 설명이다.
13 ③ • 평균임금의 최저한도는 통상임금 적용 대상이다.
• 평균임금의 적용 대상으로는 퇴직급여, 휴업수당, 연차유급휴가수당, 재해보상 및 산업재해보상보험급여, 감급제재의 제한, 구직급여 등이다.
14 ② 직무발명 보상금으로서 500만원 이하의 보상금
• 자가운전보조금 월 20만원 한도이다.
• 직전 연도 총급여액이 3,000만원 이하로서 월정액 급여가 210만원 이하인 자가 받는 연장근로수당
• 근로자 또는 그 배우자의 출산이나 6세 이하 자녀의 보육과 관련하여 지급받는 월 20만원의 금액
15 ② 2025년도 적용연도 기준 최저임금 시급은 10,030원이다.
16 ② 4대보험은 건강보험, 국민연금, 고용보험, 산업재해보상보험이다.
17 ④ 경조휴가는 약정휴가이다.
18 ④ 단체교섭권에 관한 설명이다.
19 ③ • 긴급조정은 노동쟁의 조정제도에 해당한다.
• 근로자 측 노동쟁의 행위로는 파업, 태업, 보이콧, 피케팅, 생산통제, 준법투쟁 등이 있다.
20 ② 스캘론 플랜에 대한 설명이다.

[실무]

01	③	02	③	03	②	04	②	05	④
06	①	07	④	08	①	09	④	10	②
11	③	12	①	13	①	14	②	15	①
16	②	17	④	18	③	19	①	20	③

01 ③ ㉠ [시스템관리] → [회사등록정보] → [사원등록], 부서(공란~공란), 사용자만 체크
㉡ 인사입력방식은 '수정'이다.
02 ③ ㉠ [시스템관리] → [회사등록정보] → [부서등록]
㉡ [2000.㈜드림패션 인천지점] 사업장에 속한 속한 부서 중 '6100.경리부'는 현재 사용하지 않는다.
03 ② ㉠ [인사/급여관리] → [기초환경설정] → [인사기초코드등록], 출력구분(4.사원그룹(G)
㉡ [G5.직무] 중 '004.생산' 직무는 [인사정보등록] 및 [일용직사원등록] 메뉴에서 관리하고 있는 코드이다.
04 ② ㉠ [인사/급여관리] → [기초환경설정] → [호봉테이블등록], 800.주임 선택, 호봉이력의 적용시작연월(2025/01) 입력

ⓒ [일괄등록]버튼 클릭 호봉일괄등록 창에서 기본급과 직급수당의 초기치와 증가액을 입력 → 적용한다.
ⓒ [일괄인상]클릭, [호봉일괄인상]창에서 기본급 정률(3.5%), 직급수당
(4.0%)입력, [정률적용]
ⓔ 문제에서 제시한 직급의 호봉합계를 확인한다.

05 ④ ㉠ [인사/급여관리] → [기초환경설정] → [인사/급여환경설정]
ⓛ 원천징수이행상황 신고서의 신고 진행 시, 본점에서 다른 사업장까지 일괄로 취합하여 신고한다.

06 ① ㉠ [인사/급여관리] → [기초환경설정] → [급/상여지급일자등록], 귀속연월(2024년 12월) → [상여] 클릭, 직종 확인
ⓛ '상여' 지급 시, '상여지급대상기간' 내 입사자는 기준일수 초과/미만 근무에 따라 상여소득을 지급한다.

07 ④ ㉠ [인사/급여관리] → [인사관리] → [인사정보등록] → [인적/재직/급여정보]탭 확인
ⓛ [20140901.강민우] 사원은 배우자 공제가 적용되며, 학자금상환 대상자로 상환통지액은 200,000원이다.

08 ① ㉠ [인사/급여관리] → [인사관리] → [교육현황] → [교육별사원현황]탭
ⓛ A등급 2명: 150,000원 × 2명 = 300,000원
B등급 4명: 50,000원 × 4명 = 200,000원,
합계: 500,000원

09 ④ ㉠ [인사/급여관리] → [인사관리] → [인사기록카드], 엄현애 사원 선택, [가족]탭 클릭
ⓛ 부양가족 중 '엄기용', '나문용'은 동거를 하고 있지 않은 부양가족이다.

10 ② ㉠ [인사/급여관리] → [인사관리] → [근속년수현황], 사업장(공란), 퇴사자(0.제외), 기준일(2024/12/31), 년수기준(2.미만일수 올림), 경력포함(0.제외)
ⓛ 20년 이상 ~ : 200,000원 × 8명 = 1,600,000원
25년 이상 ~ : 250,000원 × 1명 = 250,000원,
총지급액: 1,850,000원

11 ③ ㉠ [인사/급여관리] → [인사관리] → [인사정보등록], [급여정보]탭에서 신별 사원 선택, 책정임금의 계약시작년월(2025/01)추가, 금액란에서 Ctrl + F3, 연봉 금액(45,000,000)입력, Enter↵
ⓛ [인사/급여관리] → [급여관리] → [상용직급여입력및계산], 귀속연월(2025년 01월), 지급일(1), 조회 후 전체 사원선택, [급여계산]버튼 클릭, 과세총액을 확인한다.

12 ① ㉠ [인사/급여관리] → [기초환경설정] → [급/상여지급일자등록], 귀속연월(2025년 01월), 새로운 지급일자를 등록하고 지급급여구분 및 지급직종 및 급여형태를 등록한다.
ⓛ [인사/급여관리] → [급여관리] → [상용직급여입력및계산], 귀속연월(2025년 01월), 지급일(2.특별급여), 조회되는 전체사원선택, [급여계산]버튼 클릭, [급여총액] 탭을 클릭하여 '과세' 총액을 확인한다.

13 ① ㉠ [인사/급여관리] → [인사관리] → [인사정보등록] → [급여정보]탭에서 김용수 사원선택, 계약시작월(2024/01), 금액란에서 Ctrl + F3하여 시급 14,739원을 확인한다.
ⓛ [인사/급여관리] → [급여관리] → [근태결과입력], 귀속연월

(2024년 12월), 지급일(1), 김용수 사원의 지각, 조퇴, 외출시간을 확인한다.
ⓒ 1유형 공제액 : (1.25 + 8.75) × 2 × 14,739원 = 294,780원
2유형 공제액: (6.5) × 2.5 × 14,739원 = 239,500원
기본급 공제액 : 294,780원 + 239,500원 = 534,280원

14 ② ㉠ [인사/급여관리] → [일용직관리] → [일용직급여지급일자등록]에서 귀속연월(2025/01), 지급일(1), 부서(생산부), 급여형태(시급) 대상자 '5명'을 확인한다.
ⓛ [인사/급여관리] → [일용직관리] → [일용직급여입력및계산], 귀속연월(2025/01), 지급일(1) 조회,
ⓒ 조회되는 전체사원(5명) 선택 후 [일괄적용] 클릭 → 창에서 일괄적용시간(010:00), 일괄적용요일(평일 체크), 비과세(신고제외분) 12,000원 입력, [적용]
ⓔ [일괄적용]창에서 일괄적용시간(004:00), 일괄적용요일(토요일 체크), [적용]
ⓜ [0014.백석준] 사원은 급여를 현금으로 지급 받으며, 장기요양보험료는 42,780원 공제되었다.

15 ① ㉠ [인사/급여관리] → [일용직관리] → [일용직사원등록]에서 김향기 사원의 생산직비과세적용을 "함", 국민연금/건강/고용보험여부를 "여"로 수정한다.
ⓛ [인사/급여관리] → [일용직관리] → [일용직급여입력및계산], 귀속연월(2025/01), 지급일(2), 조회되는 전체사원 선택 후 [일괄적용]클릭
ⓒ 조회되는 전체사원 선택 후 [일괄적용]창에서 일괄적용시간(010:00), 일괄적용요일(평일 체크), [적용]
ⓔ [일괄적용]창에서 일괄적용시간(002:00), 일괄적용요일(토요일 체크), [적용]
ⓜ [급여총액]탭에서 차인지급액을 확인한다.

16 ② ㉠ [인사/급여관리] → [급여관리] → [연간급여현황], 조회기간(2024년 10월 ~ 2024년 12월), 분류기준(과세/비과세), 사업장(2000), 사용자부담금(1.포함)
ⓛ 조회된 내역의 과세총액과 비과세총액을 확인한다.

17 ④ ㉠ [인사/급여관리] → [급여관리] → [급/상여이체현황]
ⓛ '기업은행'에 이체된 금액은 '국민은행'에 이체된 금액보다 많다.

18 ③ ㉠ [인사/급여관리] → [급여관리] → [수당별연간급여현황]
ⓛ 조회기간(2024/10 ~ 2024/12), 수당코드(T00.소득세), 사업장(본사)
ⓒ 'T00.소득세'가 가장 많이 공제된 사원은 김종욱이다.

19 ④ ㉠ [인사/급여관리] → [급여관리] → [급여대장], 귀속연월(2024년 12월), 지급일(1)
ⓛ [출력항목] 버튼을 눌러 조회할 지급항목을 모두 선택하고, '집계'의 조회조건을 '2.부서별'로 하여 조회 → 내용을 확인한다.
ⓒ '4100.생산부'의 야간근로수당은 200,000원이다.

20 ③ ㉠ [인사/급여관리] → [급여관리] → [월별급/상여지급현황]
ⓛ 조회기간(2024/10 ~ 2024/12), 조회구분(2.부서), 부서(관리부)
ⓒ 급여합계는: 57,628,920원이다.

저자약력

김익동

약력
숭실대학교 대학원 경영학과 졸업(회계학 전공)
(전)서울여자상업고등학교 교사
(전)명지대학교, 숭실대학교, 숭의여자대학교 강사
(전)경기대학교(서울캠퍼스), 한양여자대학교 강사
(전)더존데크윌, 동서울아카데미 강사
(전)대영직업전문학교, 국제인재능력개발원 강사

저서
교육부 2종 검정도서 회계원리(천재교육), 실용수학(교학사)
서울특별시교육청 2종 인정도서 원가회계, 세무회계(천재교육)
서울특별시교육청 전산세무회계실무, 기업회계실무(경영과회계)
서울특별시교육청 2종 인정도서 기업자원관리(ERP)실무(경영과회계)
경기도교육청 2종 인정도서 금융비즈니스일반(서울교과서)
경기도교육청 2종 인정도서 기업자원 통합관리(도서출판 다음)
서울특별시교육청 2종 인정도서 S-plus 전산회계(나눔A&T) 외 다수

서승희

약력
건국대학교 행정대학원 석사
전)가톨릭대학교(성심)경영학부 겸임교수
㈜더존비즈온 지식서비스센타 전임강사
한국평생학습교육원 NCS경영아카데미 총괄이사
유투브 서실장의 더존실무톡톡 운영중
서승희의 진짜세무실무(SSHEDU.KR) 운영중

저서
스마트에이 재무회계실무BASIC, MASTER, 인사급여실무「도서출판희소」
스마트에이 원천세신고실무 Point40「나눔에이엔티」
스마트에이 연말정산실무 Point42「나눔에이엔티」
스마트에이 부가가치세신고실무 Point50「나눔에이엔티」
스마트에이 법인세신고실무 Point50「나눔에이엔티」
FAT(회계실무) 1·2급 「나눔에이엔티」

나눔 ERP정보관리사 인사2급

개정 4판	2025년 4월 18일
저자	김익동·서승희
발행처	나눔에이엔티
발행인	이윤근
주소	서울시 성북구 보문로35길 39
전화	02-924-6545
팩스	02-924-6548
등록	제307-2009-58호
홈페이지	www.nanumant.com
ISBN	978-89-6891-442-3 (13320)
정가	**19,000원**

나눔에이엔티는 정확하고 신속한 지식과 정보를 독자분들게 제공하고자 최선의 노력을 다하고 있습니다. 그럼에도 불구하고 모든 경우에 완벽성을 갖출 수 없기에 본 서의 수록내용은 특정사안에 대한 구체적인 의견제시가 될 수 없으며, 적용결과에 대하여 당사가 책임지지 않으니 필요한 경우 전문가와 상담하시기 바랍니다.
이 책은 저작권법에 의해 보호를 받는 저작물이므로 당사의 서면허락 없이는 어떠한 형태로도 무단 전재와 복제를 금합니다.

※ 파본은 구입하신 서점이나 출판사에서 교환해 드립니다.